KB267566

유한계급론

유한계급론(아카데미판)
제도들의 진화를 고찰한 경제학적 연구

첫　판　1쇄 펴낸날 | 2005년 2월 18일
개정판　1쇄 펴낸날 | 2012년 2월 6일
개정2판 1쇄 펴낸날 | 2026년 1월 31일

펴낸곳 | 써네스트
브랜드 | 우물이 있는 집
펴낸이 | 강완구

출판등록 | 2005년 7월 13일 제 2017-000293호
주　　소 | 서울시 마포구 양화로 56, 1521호
전　　화 | 02-332-9384
팩　　스 | 0303-0006-9384
이 메 일 | sunestbooks@yahoo.co.kr

값 18,000원
ISBN 979-11-94166-72-6 03300

유한계급론

제도들의 진화를 고찰한 경제학적 연구

소스타인 베블런 지음/ 김성균 옮김

우물이 있는 집

THE THEORY OF THE LEISURE CLASS

An Economic Study of the Evolution Institutions(1899)

일러두기

1. 이 책에서 《 》는 단행본, 정기간행물, 장편논문을 표시하고, 〈 〉는 단편논문, 에세이, 기사문, 시(詩)를 표시한다.

2. 이 책의 모든 각주는 번역자가 붙인 것들이다.

차례

《유한계급론》의 현대적 의미

소스타인 베블런이 1899년에 출간한 고전 《유한계급론》만큼 맹렬하게 부자들을 공격하는 책은 드물다. 독일 법학자·정치경제학자·철학자 카를 마르크스(Karl Marx, 1818~1883)는 대체로 자본주의의 대적(大敵)이라고 지목된다. 그런데 그가 독일 철학자·정치경제학자·역사학자 프리드리히 엥겔스(Friedrich Engels, 1820~1895)와 공저하여 1848년에 발표한 《공산당선언(The Communist Manifesto)》에서 "부르주아계급은 모든 국가의 생산과 소비에 세계적 성격을 부여했다"고 주장해서 그런지 사실상 부자들을 찬양하는 듯이 보인다. 이런 마르크스와 엥겔스와 비교되면, 부르주아계급을 에둘러서라도 칭찬하거나 치하할 만한 재주를 타고나지 못한 듯이 보이는 베블런은 부자들의 소비 방식을 봉건시대의 유습으로 치부했다.

《유한계급론》은 상류계급의 허튼짓을 통렬하게 규명한 책으로서 가장 유명하다. 이 책에 담긴 베블런의 논지는 다음과 같이 요약될 수 있다. 부자가 소유한 많은 돈을 타인들에게 가장 효과적으로 과시하는 방법은 그 돈을 아예 하찮게 여기듯이 행동하는 것인데, 고용하여 부리는 하인들에게 생산업을 면제해 주는 관행도 그런 방법의 일환이다. 전통적인 모든 경제 논리를 일거에 뒤엎어버리는 베블런의 이런 논지는 부자들의 과시 행태를 당연시한 많은 세속적 통념이 너무나 쉽게 망각될 수 있었던 까닭을 해명한다.

베블런이 주장하듯이, 부자들은 편안한 의복보다는 과시할 수 있는 의복을 훨씬 더 선호한다. 그래서 부유한 상류계급은 언제나 기본적 신체보호기능과 거의 무관하게 "그들의 금력(金力)을 누구에게나 단번에 확인시킬 수 있는 과시용" 의복들을 입는다. 상류계급의 남자는 과시적 여가 활동, 과시적 낭비, 과시적 소비에 몰두하다가 이윽고 "다양한 풍미를 자랑하는 고급 요리들, 남성용 음료들과 장신구들, 근사한 의류와 건축물, 무기류(武器類), 사냥감들, 무용수들, 흥분제들을 감별하는 전문가"가 되어버린다. 이런 남자는 마치 미래를 내다본답시고 오직 과거만 돌이켜보는 부르주아에 비견될 수 있다. 세계가 혁명에 휩싸여도 부르주아계급의 공장들은 상품을 계속 생산하고 그들의 생활양식도 르네상스 시대의 우아한 양식을 모방한다.

마르크스와 엥겔스는 세계의 모든 노동자가 단결하면 부르주아계급을 타도할 수 있을 것이라고 생각했다. 이 두 사람처럼 혁명적이기보다는 훨씬 더 냉소적이던 베블런은 부자들의 자화상을 신랄하게 묘파하려고 노력했다. 적어도 19세기부터 부자들은 스스로 존귀한 계급이라고 믿기 시작했고, 근검절약이라는 대단한 가치의 소유자들이라고 자신했다. 그들에게 빈민은 그런 가치를 결핍한 자들로 보였다. 미국 학자 벤저민 프랭클린(Benjamin Franklin, 1706~1790)은 1745년에 발간한 《가난한 리처드의 연감(Poor Richard's Almanac)》에서 "구매자는 눈(目)을 100

개나 가져야 하지만 판매자는 눈을 1개만 가져도 족하다"라고 주장했다. 부르주아들은 결핍을 최소화하고, 오늘의 쾌락을 희생하여 내일의 이익에 바치며, 소비하기보다는 투자하는 식으로 재력을 획득하면 신에게도 책임을 다하는 셈이라고 자신할 것이다. 베블런과 동시대를 살았던 독일 사회경제학자 막스 베버(Max Weber, 1864~1920)는 벤저민 프랭클린의 주장을 원용하여, 애오라지 경건한 신앙심만으로 신의 영광을 추구한다고 자신한 프로테스탄트(개신교 신자)들이 자본주의 혁명의 핵심 세력으로서 득세할 수 있었던 사연을 규명했다.

베블런이 부자들을 그토록 신랄하게 혹평한 까닭은 '그들의 모든 종교적 신념과 모든 소비 양식이 오히려 가톨릭교에 맞서 종교개혁을 주도한 프로테스탄트들에게 용인된 가톨릭교의 유습들이라는 것'이다. 베블런은 개념을 정교하게 가다듬지도 않았고 역사의 시대들을 정밀하게 구분하지도 않았으며 현존하는 종교들을 논급하지도 않았다. 하지만 그가 과시적 소비의 특징을 부각하려고 선택한 어휘들은, 흥미롭게도, 가톨릭교를 저주하려던 프로테스탄트들이 자주 사용한 것들이었다. 그는 실용성보다는 과시성을 지향하는 현대사회의 소비가 "의례"나 "제례"의 성격을 띤다고 주장한다. 그런 소비의 특징은 "예배하는 신자들의 심정을 부쩍 고양하여 위안하는 …… 호화찬란한 종교 건물"에서 집전되는 "경건한" 의례나 예배로 가장 뚜렷이 표현되면서 가장 진하게 농축된다. 종교 건물의 주인과 하인을 막론한 모든 거주자는 나름의 우월성을 증명해야 하는데, 그리하려면 "특별하고 화려한 의복을 차려입고 …… 과시해야 한다." 독일 신학자 마르틴 루터(Martin Luther, 1483~1546)를 위시한 ― 노르웨이에서 미국으로 이주한 베블런의 부모도 루터교인들이었다 ― 프로테스탄트들은 가톨릭교의 성향을, 이성적 인간들에게는 무가치하게 치부될 미신과 기적을 믿는 성향과 유사한, 의례적이고 상징적인 과시 성향으로 간주했다. 베블런이 신중하게 선택한 어휘를 사용하여 거듭 질타하듯이, 과시적 소비는 이성에 호소하지 않고 감정에 호소하는 의례적인 격세유전의 소치에 불과하다.

베블런의 시대부터 현재까지 부유층이 빈곤층을 겨냥하여 집요하게 표출한 불만들 중 하나는 '모든 빈민은 너무나 자주 감정에 휘둘린다'라는 것이다. 왜냐하면 부자들은 다음과 같이 믿기 때문이다. 첫째, 부자들의 휘황한 장식품에 매료되는 빈민은 장래에 받을 수 있는 보상을 희생하는 대신에 눈앞의 쾌락만 추구한다. 둘째, 알코올중독에 쉽게 걸리고 자제력을 결핍한 빈민일수록, 잉글랜드 철학자 토머스 홉스(Thomas Hobbes, 1588~1679)의 유명한 지적처럼, 더럽고 험악하며 저열하기 그지없는 생활에 매몰되기 십상이다.

그러나 베블런의 세계에서 부자들은 유쾌한 생활을 향락하는 데 필요한 결정적 방편을 부지불식간에 빈민한테서 오히려 훨씬 자주 많이 획득한다. 빈민을 야만인으로 간주하고 부자를 문명인으로 간주하는 편견에 맞선 베블런은 양측 모두가 똑같이 폭력에 매료된다고 지적한다. "견해차를 거의 언제나 결투로 해결해버릇하는 자들은 오직 상류계급의 신사들과 불한당뿐이다." 베블런의 관점에서는 결투나 길거리 싸움이나 똑같은 싸움질이다. 하나같이 구경꾼들의 격정(激情)에 호소하는 이 두 가지 싸움질은 자신의 명예를 타인들의 눈에 비춰 확인받고 과시하려는 "발달을 억제당한 남자의 도덕성"의 발로라고 이해된다.

베블런의 관점에서 스포츠도 폭행과 마찬가지로 실행 방식부터 불량하고 몰지각한 활동이다. 스포츠를 종교 생활과 비교하는 베블런은 부자들뿐 아니라 빈민마저 스포츠라는 미신에 사로잡힌다고 비판했는데, 이것은 스포츠 생활을 겨냥한 유례없이 지독한 모욕이었다. 불량배나 범죄자들과 마찬가지로 충분히 훈련받은 스포츠맨들도 "평균적인 남자들보다 더 순순히 소속 공동체의 공인된 신조를 신봉할뿐더러 종교의례에도 더 기꺼이 동참하는 성향을 보인다"고 베블런은 지적한다. 어쩌면 베블런은 현대의 농구 경기에서 자유투를 실행하기 직전에 손가락으로 십자가를 그어버릇하는 농구선수를 봐도 별로 놀라지 않을 것이고, 승리를 확신한 순간에 신에게 감사기도를 하듯이 합장하는 여타 스포츠 종목의 선수들을 보더라도 그리 놀라지 않을 것이다. 베블런의 관점에서 종교도 스포츠도 행운을 믿는 신심(信心)을 강조하는 전근대적 활동에 불과하다. 그런 신심을 품은 종교인들이나 스포츠 옹호자들은, 예컨대, 인간이 신의 영광을 달성할 수 있다고 믿거나 미식축구의 결과도 이미 예정된 것이라고 믿는다. 사회에서 과시적 소비 체제가 계속 유지된다면 스포츠도 속행될 것이라고 베블런이 확신했듯이, 사회에서 스포츠가 상징적 역할을 계속 담당한다면 결국 "오늘날 집단생활의 경제적 긴급사태에 부응할 수 있는 유용성의 대부분을 상실한 고풍스러운 생활도식"이 다시 득세할 것이다.

현재에도 그렇듯이 베블런의 시대에도 스포츠는 대학 문화를 지배했다. 대학교수들은 체육학과에서 요란하게 거행되는 운동대회를 경멸했을 수도 있겠지만, 고등교육 자체가 사실상 경쟁적 약탈의 매력을 강화하는 활동이었다. 특유한 예식이나 학사모·가운·배지로 상징되는 특유한 복색을 발달시킨 대학교들도 "각자의 수제자에게 학문을 대물려서"

학문적 권위를 세습하는 학자들로 구성된 "전문화한 성직자 계급"의 지배를 받았다. 그러나 교육체계 중에도 "하등한 기술적·실용적인 과정들과 분과들"은 베블런의 비판을 거의 받지 않았다. 왜냐하면 기술학교들과 지역대학들은 결국 유한계급에게 착취당하는 힘겨운 노동 세계의 현실과 너무나 가까웠기 때문이다. 그러나 오늘날 이른바 명문대학이라고 통칭되는 고등교육기관들은, 베블런의 관점에서는, 무용한 상류계급을 유용한 자들로 착각되게 만드는 기능을 제외한 어떤 공공기능도 수행하지 못하는 "보수적" 기관들일뿐더러 심지어 "반동적" 기관들이기도 하다. 무엇보다도 대학교는 원래 종교기관이었다. 베블런의 관점에서, 고전이나 인문학을 가르치는 현대의 대학교들은 "그런 부류의 지식을 습득하여 과시하려고 시간과 노력을 낭비하는 대학생들을" 후원하는 재래식 교육 관행들만 답습하는 "고등교육용 신학교들"에 불과하다. 현대의 대학교들을 신랄하게 해부한 베블런의 냉소적 연구는 분명히 대학 세계가 그를 거부했다는 사실과 관련될 것이다. 그가 활동한 시대의 경제학은 현대의 경제학과 다르게 응용수학의 분과도 아니면서 보수적 견해와 협소한 연구 방법에 몰입했기 때문에, 그는 경제학에서 자신의 특유한 사상적 모험을 감행할 만한 가치를 거의 발견하지 못했다.

베블런의 저서들을 관류하는 특유한 문체(文體)는 유한계급 생활과 결코 타협하지 않았던 그의 입장을 선연히 반영한다. 그는 "중세 아이슬란드 영웅전설들을 대단히 그럴싸하게 꾸미는 하밍자[1]를 믿는 신념"처럼 막연한 근거들마저 풍성하게 기꺼이 동원하여 논증하므로, 그의 저

---

1) hamingja: 이 낱말은 전쟁터에서 탁월한 전공(戰功)이나 영웅적 위업을 달성하도록 전사를 돕고 그에게 행운을 가져다주는 정령(精靈)들이나 수호신이나 영능(靈能)을 총칭하는 고대 노르웨이에서 유래한 아이슬란드어인데, 주로 "행운"을 뜻한다. 깁타(gipta), 가이바(goefa), 오위드나(audna)는 이 낱말의 동의어들이다.

서를 읽는 독자들은 대단한 집중력을 발휘해야 한다. 그는 마치 오지의 수수께끼 같은 풍습을 규명하려고 직접 현장을 답사하여 관찰하는 종족학자나 인류학자처럼 그가 살던 시대의 미국을 관찰한다. 그는 관찰 결과를 설명하면서 그의 당대에 유행한 잉글랜드 자연학자·진화생물학자 찰스 다윈(Charles Darwin, 1809~1882)의 자연선택설을 응용한다. 이런 맥락에서 그의 논저들에는 "장두금발형(長頭金髮型), 단두흑발형(短頭黑髮型), 지중해형(地中海型)" 같은 모호하지만 흥미로운 인종학[2]이나 골상학(骨相學)의 범주들이 자주 거론된다. 베블런은 영어에 새로운 어휘를 많이 추가했지만, 그런 어휘들 중에도 "과시적 소비"라는 어휘는 가장 과격한 반론에 휩싸였다. 그의 저서들은 비 내리는 휴일에 서재의 안락의자에 느긋하게 앉아 독서를 즐기는 사람에게는 읽힐 만한 것들이 아니다. 그의 저서들은 천천히 차근차근 신중하게 읽혀야 한다.

《유한계급론》은 특히 영어권에서 이른바 "베블런학파(Veblenesque)"라는 흥미로운 신조어마저 출현시켰다. 현대 경제학계는 무려 100여 년 전에 출간된 베블런의 이 명저에 필적할 만한 처방전을 아직도 내놓지 못한다. 그런 한편에서 오늘날 일반대중에게도 얼마간 유명하고, 적어도, 경제학계에서는 인정받는 존 케네스 갤브레이스(John Kenneth Galbraith, 1908~2006), 줄리엣 쇼어(Juliet Schor, 1955~), 로버트 해리스 프랭크(Robert Harris Frank, 1939~)를 위시한 많은 저명한 경제학자

---

2) ethnology: 이 낱말은 한국에서 대체로 민족학(民族學), 민족지학(民族誌學), 인종학(人種學)이나 문화인류학(文化人類學)이라고 번역된다. 그런데 근래에 '민족'이라는 낱말의 부적절성이 일각에서 거론되었고, 최근에는 '인종'이라는 낱말의 문제성마저 인식되기 시작하면서, 기존의 번역어들을 대신할 만한 '종족학(種族學)'이나 '족류학(族類學)'이나 '족속학(族屬學)' 같은 번역어들도 모색되곤 한다. 그러나 베블런이 《유한계급론》을 집필한 시대와 이 낱말을 사용한 맥락뿐 아니라 이 낱말에 담긴 편견들마저 아울러 감안되면, 본서에서는 '인종학'이라는 번역어가, 비록 아쉬우나마, 여타 번역어보다 조금 더 타당할 수 있다.

가 베블런의 영향을 받았다. "베블런학파"라는 호칭은 현대 자본주의의 모순 — 특히 거의 모든 현대인은 확실히 알지만 전문(직업적) 경제학자들만 모르는 모순 — 을 파헤치고 폭로하는 작업에 종사하는 사람을 의미한다. 예컨대, 원시적 자연미를 고스란히 간직한 어느 호숫가의 고풍스런 저택을 매입하려는 구매자가 있다고 치자. 그런데 얼마 지나지 않아 그 저택을 매입하려는 다른 구매자들이 나타난다. 그때부터 최초 구매자의 눈에는 그 호숫가의 원시적 자연미가 시원찮아 보이기 시작했다. 그래도 최초 구매지가 그 저택을 매입하고자 한다면 과연 합리적 개인이라고 평가될 수 있을까? 하물며, 이른바 나스닥(NASDAQ)이라는 혼돈스러운 도박판이 엄연한 합법성을 공인받는 상황에서, 그것에 휘둘리는 도시를 비리·사기·투기·협잡·헛소문의 진흙탕으로 전락시킬 수도 있으니까, 그것을 불법화시켜야 마땅하다고 우리가 과연 주장할 수 있을까? 우리가 이 허술한 질문들을 완벽하게 가다듬으려면 베블런의 풍자적 감성을 배워야 할 것이다.

베블런 시대의 생활만큼 현대의 생활도 불공정하다. 미국 현직 대통령 조지 워커 부시(George Walker Bush, 1946~)가 만약 지금 고등학교 졸업반이라면 예일 대학교(Yale University)에 입학하기 어려울지 모른다. 하지만 설령 그가 예일 대학교에 입학하지 못해도 부시 일가의 금력과 인맥을 등에 업는다면 그보다 더 영리하고 똑똑한 빈민출신자들을 앞질러 출세할 가능성은 훨씬 더 높을 것이다. 더구나 1990년대 말엽에 붐을 일으킨 미국 주식시장에서 발생한 막대한 수익의 대부분을 챙겨간 투자자들은 우수한 두뇌의 소유자들이 아니라 행운을 맞이한 자들이었다. 19세기의 상류계급에서 유행한 전리품 같은 '초호화 전원별장

(trophy home)'들은 20세기 말엽에도 유행했다. 현대에 실제로 발견되는 이른바 '전리품 아내(trophy wife: 첩실)'들도 베블런이 일찍이 예언한 현대사회의 우울한 단면이다. 베블런은 부자들에 얽힌 감정들을 문제시하고 불신한 반면에 기술자들과 실용적 기계들을 칭송했다. 하지만 그는 당대의 부자들을 질투하거나 시샘하기보다는 오히려 그들의 작태에 분노했기 때문에 그들을 공격했다. 베블런의 처지에서 냉소와 풍자는 분노를 표현하는 가장 적합한 기법들은 아니었어도 유일하게 가용한 기법들이었다. 만약 부자들이 여타 부유하지 않은 사람들과 다르게 생각하고 다른 방식으로 계속 살아간다면, 그리고 우리에게 다가올 미래가 과거와 다르지 않다면, 베블런이 풍자 기법을 능수능란하게 사용하여 집필한 이 책은 계속 읽힐 것이다.

2001년

앨런 울프[3]

---

3) Alan Wolfe: 미국 보스턴(Boston) 대학교 정치사회학교수 겸 보이시(Boisi) 종교 및 미국 공공 생활연구소장. 《정치적 분석(Political Analysis)》(1972), 《합법성의 한계들: 현대 자본주의의 정치적 모순들(The Limits Of Legitimacy: Political Contradictions of Contemporary Capitalism)》(1977), 《도덕적 자유(Moral Freedom)》 같은 저서들을 집필했다.

소스타인 베블런의 이력과 업적

　미국 자본주의 사회와 경제 제도를 신랄하게 비판하여 미국의 자만심을 뒤흔든 독창적 경제학자·사회학자·심리학자 소스타인 베블런은 1857년 7월 30일 미국 중북부 위스콘신주(Wisconsin州) 남동부에 위치한 소도시 케이토(Cato) 근교의 개척 농가에서 태어났다.

　그의 아버지 토머스 앤더슨 베블런(토마스 안데르손 베블렌; Thomas Anderson Veblen, 1818~1906)과 어머니 카리 번디(카리 분데; Kari Bunde, 1825~1907)는 노르웨이에서 1846년 2월에 결혼했고 1847년 9월에 미국 위스콘신주의 대도시 밀워키(Milwaukee)로 이주했다. 토머스와 카리는 가난했고 영어도 잘 몰랐지만, 토머스는 숙련된 목공 기술과 건축 기술을 발휘하여 돈을 벌었고, 카리는 꿋꿋이 남편을 내조하여 가정을 꾸렸다. 부부는 열두 자녀를 낳았는데, 소스타인은 여섯째였다. "소스타인"이라는 이름은 그의 외조부 소스타인 분데(Thorstein O. Bunde, ?~?)에서 유래했다.

　1856년에 케이토로 이주한 베블런 부부는 1864년에 위스콘신주의 서쪽에 접경한 미네소타주(Minnesota州) 남동쪽 라이스 카운티(Rice

County)의 소도시 너스트랜드(Nerstrand) 인근에 농장을 마련하여 자녀들과 함께 정착했다.

자녀들의 교육을 중시한 토머스는 다섯 살짜리 소스타인을 학교에 보냈다. 어머니의 성품과 두뇌를 물려받아서 그랬는지 정신적으로 조숙했고 농사일이나 집안일을 많이 분담하지도 않은 소스타인은 타고난 지성의 호기심을 충족할 기회를 적잖이 누렸을 것이다. 다른 형제자매와 함께 가까운 중학교와 고등학교를 다닌 소스타인은 열일곱 살이던 1874년에 너스트랜드의 인근 도시 노스필드(Northfield)에 있는 칼턴 칼리지(Carleton College)에 입학했다. 미국 역사학자·작가 제프 앰 소브(Jeff M. Sauve)가 기록하듯이, "칼턴 칼리지에서 베블런은 반골 기질을 타고난 냉소적 부적응 학생처럼 보였다. 그는 확실히 총명했지만, 다른 학생들은 그의 총명함을 쉽사리 알아채지 못했다."[1] 그곳에서 베블런은 철학을 전공했고 경제학을 부전공했다. 그에게 많은 영향을 끼친 칼턴 칼리지의 경제학 교수 존 베이츠 클라크(John Bates Clark, 1847~1938)는 나중에 미국 신고전파 경제학의 주도자가 되었다. 베블런은 그곳에서 철학과 경제학뿐 아니라 사회과학, 자연과학, 고전문헌학에도 관심을 기울이면서 사회경제학의 기본지식을 쌓았다.

1880년에 칼턴 칼리지를 졸업한 베블런은 미국 동북해안의 메릴랜드주(Maryland州)에 위치한 대도시 볼티모어(Baltimore)의 존스 홉킨스 대학교(Johns Hopkins University)로 진학하여 미국 철학자 찰스 샌더스 피어스(Charles Sanders Peirce, 1839~1914)의 지도를 받으며 철학

---

1) 제프 앰 소브, 〈'유한계급' 이론가 소스타인 베블런은 미네소타주에서 학업을 시작했다('Leisure class' theorist Thorstein Veblen got his academic start in Minnesota)〉, 《민포스트(MinnPost)》(2020년 3월 16일).

유한계급론

을 공부했다. 베블런의 주요한 관심 분야는 독일 철학자 임마누엘 칸트(Immanuel Kant, 1724~1804)의 비판철학, 프랑스 철학자 오귀스트 콩트(Auguste Comte, 1798~1857)의 실증철학, 잉글랜드 철학자·생물학자·인류학자·사회학자 허버트 스펜서(Herbert Spencer, 1820~1903)의 사회진화론, 찰스 다윈의 진화론적 자연철학이었다.[2]

그러나 소망하던 박사학위를 존스 홉킨스 대학교에서 취득하지 못한 베블런은 코너티켓주(Connecticut州)의 남해안도시 뉴헤이븐(New Haven)에 있는 예일 대학교로 전학하여 학자금을 자급하면서 계속 공부할 수 있었다. 1884년에 첫 학술논문 〈칸트의 판단력 비판(Kant's Critique of Judgment)〉을 학술지 《저널 오브 스페큘레이티브 필로소피(Journal of Speculative Philosophy)》에 발표한 베블런은 박사학위논문 《인과응보론(因果應報論)의 윤리적 근거들(Ethical Grounds of a Doctrine of Retribution)》을 예일 대학교에 제출하여 박사학위를 취득했다. 이 논문은, 안타깝게도, 1935년 예일 대학교에서 분실된 이후 현재에도 발견되지 않았다. 다만, 러시아 출신 미국 경제사상사학자 조지프 도프먼(Joseph Dorfman, 1904~1991)이 기록했듯이, 베블런의 박사학위논문은 "예일 대학교 교수이던 진화사회학자 윌리엄 그레이엄 섬너(William Graham Sumner, 1840~1910)의 조언을 수용하고, 허버트 스펜서의 진화사상과 칸트의 도덕철학을 연구한 논문"[3]이라고 알려졌을 뿐이다.

베블런은 그렇게 철학박사가 되었어도 이후 7년간 실업자 신세를 모

<hr>

2) 윌리엄 재피(William Jaffe, 1898~1980: 미국 경제사학자), 《소스타인 베블런의 경제론과 사회이론(Les Theories Economiques et Sociales de Thorstein Veblen)》(Paris, 1924) 참조.

3) 조지프 도프먼, 《소스타인 베블런과 그의 미국(Thorstein Veblen and his America)》(1934) 참조.

면하지 못했다. 그랬던 까닭은 비록 명확하지는 않아도 얼추 네 가지로 요약될 수 있다. 첫째, 그의 박사학위 논문은, 그것의 제목이 암시하듯이, 학계에서 바람직하지 않게 평가받았을 것이다. 왜냐하면 그의 논문은 기독교에서 중요시되는 "인과응보"를 의문시하거나 불신하는 듯이 보이기 때문이다. 둘째, 당시의 미국에는 노르웨이 출신 이민자들을 경원시한 편견이 어지간히 잔존했다. 셋째, 베블런은 기독교를 신봉하지 않은 불가지론자(不可知論者; agnostic)라고 인식되었다.[4] 넷째, 미국 사회학자 찰스 라이트 밀스(Charles Wright Mills, 1916~1962)의 말마따나 "베블런은 누구에게도 복종하지 않는 반골이었다."[5] 어쩌면 이것이 베블런을 예일 대학교에서 소외시킨 가장 중대한 까닭이었을 것이라고 추정된다.

그토록 실망스러운 상황에서 말라리아에 걸려 허약해진 베블런은 너스트랜드의 농장으로 돌아와 요양하면서 광범위한 독서에 전념했다. 그동안 건강을 얼마간 회복한 베블런은 13세기 바이킹족(Viking族) 시대의 아이슬란드(Iceland)에서 기록된 9만 단어짜리 영웅서사시 《락스타일라 사가》[6]를 영어로 번역하는 작업을 속행했다. 그는 서른 살이던 1890년에 번역을 완료했지만 1925년에야 번역서를 출간할 수 있었는데, 그즈음에 미국의 곳곳에는 베블런주의자들과 베블런 동호회들이 활동했다.[7]

1888년에 베블런은 미국 중서부지방 명문가의 여성 엘런 롤페(Ellen

---

4) 레프 유진 도브리언스키(Lev Eugene Dobriansky, 1918~ 2008: 미국 경제학자·외교관), 《베블런주의: 새로운 비판(Veblenism: A New Critique)》(Public Affairs Press, 1957, p. 6).

5) 찰스 라이트 밀스, 1953년판 《유한계급론》에 붙인 〈서론(Introduction)〉.

6) 《The Laxdæla Saga》: 9세기후반~11세기에 형성된 "아이슬란드 영웅전설"들로 구성된 이 사가(서사시)는 《락스될라 사가(Laxdœla saga)》나 《락사르달러족(Laxárdalr族)의 사가(The Saga of the People of Laxárdalr)》라고 별칭된다.

7) 브루스 로빈스(Bruce Robbins, 1949~: 미국 문학자·작가), 〈소스타인 베블런의 이론(A Theory of Thorstein Veblen)〉, (미국 격월간 문화·정치·경제잡지) 《더 배플러(The Baffler)》(April 12, 2021).

Rolfe, 1864~1926)와 결혼했고, 1891년에는 미국 동부의 뉴욕주(New York州)에 있는 코넬 대학교(Cornell University)의 대학원에 진학하여 경제학을 공부했다.

1892년에 코넬 대학교에서 시카고 대학교(Chicago University)로 옮겨간 경제학 교수 제임스 로런스 로플린(James Laurence Laughlin, 1850~1933)의 추천을 받은 베블런은 시카고 대학교에서 석학회원(fellow)의 자격을 수여받아서 조교로 활동하기 시작했다.

1894년에 시카고 대학교 강사로 임용된 베블런은 1895~1896년에는 전임강사로 승진하여 정치경제학의 범위와 방법을 강의했고, 같은 대학교의 출판부에서 발행하던 월간 정치경제 학술지《저널 오브 폴리티컬 이코노미(Journal of Political Economy)》의 편집자로도 활동하기 시작했다. 그리고 1901년에 조교수로 승진하여 1905년에 사임할 때까지 사회주의이론의 역사를 강의했다.

그러나 시카고 대학교에서 재직한 베블런의 14년 세월은 결코 순탄하지 않았다. 그의 이단적인 행동 방식과 사상, 그의 지루한 강의와 직관적 애정 생활은 그와 대학 당국의 갈등을 연발시켰다. 잉글랜드 하트퍼드셔 대학교(University of Hertfordshire) 경영학과 연구교수 제프리 마틴 허지슨(Geoffrey Martin Hodgson)이 총평하듯이 "베블런은 훌륭한 사상가였지만 그의 동료 학자들 사에서는 문화적·사회적 아웃사이더였다."[8] 1899년 시카고 대학교에서 베블런의 지도를 받아 박사학위를 취득하고 1908년까지 강사와 조교수로서 재직한 경제학자 웨슬리 클레어 미첼(Wesley Clair Mitchell, 1874~1948)이 1929년에 회고했듯이,

---

8) 《경제학이 역사를 망각한 사연: 사회과학에 담긴 역사적 특이성의 문제(How Economics Forgot History: The Problem of Historical Specificity in Social Science)》(2001, p. 228)

"베블런은 불온한 천재였다. 그는 학생의 무의식에 주입된 당대의 상식들을 해부하는 외계인 같았다. 그가 날마다 가장 익숙하게 생각한 것들은 마치 그의 내면에 침투한 외계인들의 진기한 산물들 같았다. 여태껏 사회과학계의 내로라하는 학자들 중에 오직 베블런만이 상황의 미묘한 폭정에서 정신을 해방시켰고 오직 그만이 탐구 영역을 확장했다."[9] 더구나 미국 역사학자 존 패트릭 디긴스(John Patrick Diggins, 1935~2009)가 지적했듯이 "베블런과 여자들의 관계는 미국 문화사에서 가장 분분하게 논란되지만 가장 드물게 기록된 문제들 중 하나"[10]라서 출처 불명의 막연한 풍문들만 구전될 따름이다. 하여튼, 그런 와중에도 베블런은 미국 철학자 존 듀이(John Dewey, 1859~1952), 미국 사회학자 윌리엄 아이저크 토머스(William Isaac Thomas, 1863~1947), 미국 철학자·사회학자·심리학자 조지 허버트 미드(George Herbert Mead, 1863~1931), 독일 출신 미국 심리학자·생물학자 제이크스 로우브(Jacques Loeb, 1859~1924), 독일계 미국 인류학자 프란츠 보아스(Franz Boas, 1858~1942) 같은 걸출한 학자들과 교유하며 자극받을 수 있는 지식 환경에 둘러싸이는 행운을 누렸다.

***

그동안 베블런은 낮에는 시카고 대학교에서 강의와 정치경제학술지 편집에 전념했고, 밤에는 어느 친구한테 빌린 자그마한 셋방에서 고독하

---

9) 조지프 도프먼, 《소스타인 베블과 그의 미국》(p. 505).

10) 존 패트릭 디긴스, 《야만시대의 음유시인: 소스타인 베블런과 현대사회론(The Bard of Savagery: Thorstein Veblen and Modern Social Theory)》(Seabury Press, 1978, p. 161).

게 집필에 매진했다. 1899년에 베블런은 드디어 현대 미국 고등교육을 문화적 야만주의의 증례로 규정하며 통렬하게 비판한 첫 저서 《유한계급론》을 펴냈다. 이 저서는 출간되자마자 미국 지성계를 발칵 뒤집어놓았고 베블런을 순식간에 유명인사로 만들었다. 왜냐하면 그것은 고전 경제학의 금과옥조 같았던 두 가지 근본 교리를 통박했기 때문이다. 두 교리 중 하나는 자본가의 이익은 사회의 이익과 일치한다는 것이었고, 다른 하나는 경쟁 체계가 경제를 역동적으로 진보시킨다는 것이었다. 베블런은 이 저서에서 특히 자신의 논지를 핵심적으로 표현하는 "과시적 소비"라는 표현을 사용하여 학술서도 대중적 인기를 누릴 수 있다는 사실마저 증명했다.

미국 식물학자·사회학자 레스터 프랭크 워드(Lester Frank Ward, 1841~1913)와 작가·문학평론가 윌리엄 딘 하월스(William Dean Howells, 1837~1920)는 《유한계급론》을 격찬했을 뿐만 아니라 특히 우호적이고 구체적인 서평에서 《유한계급론》을 가장 통렬한 사회풍자서로 해석했다.

"조지프 도프먼의 1934년판 베블런 전기 《소스타인 베블런과 그의 미국》에서 베블런은 지성계의 주류(主流)를 벗어난 '아웃사이더,' 강단학계에 '연연하지 않는' 사상가라고 묘사된다. [그런데] 베블런은 오히려 이렇게 주류를 '벗어나서' 마치 '올림포스의 신들처럼 초연(超然)'할 수 있었기 때문에 이단적 경제 사상을 정립하고 《유한계급론》에서 경제 동향을 신랄하게 비판할 수 있었다."[11] 물론 미국 경제학자·통계학자 존 커밍스(John Cummings, 1868~1936)가 논평했듯이 "사회학의 일반론

---

11) 찰스 캐믹(Charles Camic: 미국 사회학자), 《베블런: 경제학을 해체한 경제학자의 이력(Veblen: The Making of an Economist Who Unmade Economics)》(Harvard University Press, 2020, p. 5).

에 공헌하는 베블런의 《유한계급론》은 …… 대단히 독창적인 성격을 띠 므로 그것을 요약하기는 지극히 어려울뿐더러 매우 부적절하다."[12] 그러 나 미국 경제학자 월터 스튜어트(Walter W. Stewart, 1885~1958)가 간 파했듯이 "베블런은 비록 체계 수립자(system-builder)는 아니었어도 가장 체계적인 정신의 소유자라서 자신의 사상을 떠받치는 근간을 언제 나 자각했다."[13] 이런 맥락에서 미국 경제학자 로버트 레카크먼(Robert Lekachman, 1920~1989)이 요약할 수 있었듯이, "《유한계급론》의 가장 현저한 네 범주는 (1) 과시적 소비, (2) 대리 소비, (3) 과시적 여가, (4) 과 시적 낭비이다. 사회활동, 고등교육, 종교의례, 상류계급 소비재의 대부 분은 놀랍게도 이 범주들 중 어느 하나에 정확히 맞아떨어지는 듯이 보 인다."[14] 비슷한 맥락에서 미국 경제학자·사회이론가·작가 스튜어트 체 이스(Stuart Chase, 1888~1985)의 다음과 같은 견해도 주목받을 만하다.

　"《유한계급론》은 어쩌면 베블런의 가장 대중적인 저서로서 남을 것 이다. 저서의 논지는 간단하다. 최저생계 기준을 상회하는 사람들은 사 회에서 본디 실용하도록 취득한 잉여분을 실용하지 않는다. 그들은 잉여 분을 실용하여 각자의 생활을 확장하여 더 현명하게, 더 지혜롭게, 더 사 려 깊게 생활하려고 애쓰기보다는 오히려 저마다 잉여분을 취득했다는 사실을 타인들에게 각인시키려고 애쓴다. 베블런은 그렇게 각인되는 인 상(印象)을 창출하는 방편과 수단을 과시적 소비로 총칭한다. 과시적 소 비는 소비자의 이기적 자아를 우쭐하게 부풀리는 향락 사업에 그의 돈, 시간, 노력을 아주 헛되이 낭비하는 활동이다. …… 《유한계급론》은 쌍

---

12) 존 커밍스, 《저널 오브 폴리티컬 이코노미》(1899년 9월)에 기고한 서평.

13) 월터 스튜어트가 1958년 어느 날 미국 경제학자 웨슬리 클레어 미첼에게 보낸 편지.

14) 로버트 레카크먼, 《유한계급론》(1967)에 붙인 〈서문(Introduction)〉.

발권총 같다. 강대한 금력의 소유자들은 사치스러운 낭비행각으로써 미약한 금력의 소유자들보다 우월한 신분을 차지하는데, 그러면 미약한 금력의 소유자들은 가처분 금력을 모조리 소진해서라도 각자의 신분을 상승시키려고 전력투구한다. …… 베블런의 문체를 처음 맛보는 사람은 비록 불쾌하지는 않아도 생소하게 느끼지만, 그것을 한번 맛 들인 사람은 도저히 끊지 못할 정도로 통렬하고 유쾌하게 느낀다. …… 베블런은 미래세대에게 나아가야 할 궤도를 제시한 천문학자 같았다. 세기의 전환기에 그는 사실들을 착실히 수집하고 경제학의 역사에서도 가장 대담한 해석을 감행하여 그런 사실들을 종합했고, 향후 수십 년간 경제학의 역사에 적용될 것이 확실한 이론적 틀을 예시했다."[15]

같은 맥락에서 미국 캘리포니아 대학교 명예교수·문학자 마사 밴터(Martha Banta)도 주장하듯이, 《유한계급론》은 정말 중대한 저서이다. …… 절묘한 서술기법, 참신한 문체, 당당한 용기를 겸비한 이 저서의 수준은 야만적으로 전리품을 노획하고도 어떻게 사용할지 거의 모르는 극소수 인간들에게 막대한 거액이 쥐어지는 사태를 폭로하려고 애쓴 다른 저작들의 수준을 훌쩍 상회한다."[16] 그렇게 "오용되는 재력과 과시적 소비를 아이러니하게 탐색한 도발적인 사회행동분석서"이자 "자신의 첫 저서이면서도 가장 유명한 저서 《유한계급론》에서 베블런은 인간의 지극히 중요한 행동기준들 중 몇몇을 문제시하면서 우리의 취향, 교육, 의복, 문화에 강요되는 다양한 규범들의 허점을 통렬하고 재기 발랄하게 폭로하고 풍자한다."[17]

---

16) 스튜어트 체이스, 《유한계급론》(New York: The Modern Library, 1934)에 붙인 서문.

16) 마사 밴터, 《유한계급론》(Oxford University Press, 2007)에 붙인 서문.

17) 《유한계급론》(New York & Toronto: The New American Library, 1953)에 첨부된 발문 〈우

그리하여 존 패트릭 디긴스가 설명하듯이, "베블런주의(Veblenism)"라는 낱말은 기존에 신성시된 확고한 모든 것을 겨냥한 심술궂으리만치 풍자적이고 신랄한 관찰과 비평을 의미하기 시작했다.[18] 《타임(Time)》에서 "베블런의 도발적 문체는 그를 현대 미국의 가장 강렬한 풍자 작가로 만들었다"고 평가된다. 《미니에폴리스 트리뷴(The Minneapolis Tribune)》에서 "모든 성마른 미래세대는 베블런을 발견해야 하고, 자기만족감에 흠뻑 젖은 기성세대는 베블런을 재발견해야 한다"고 강조된다. 미국 작가·문학평론가 앨프레드 카진(Alfred Kazin, 1915~1998)은 "베블런의 저서에 깃든 풍자적 요소는 화려한 불꽃처럼 찬연한 세련미를 자랑한다"면서 "그는 미국 역사상 지극히 경이로운 상상력을 발휘한 인물들 중 한 명이다"고 단언했다.

한 세기가 지나자 이 책은 경제학계뿐 아니라 사회학계와 역사학계에서도 고전으로 인정받기 시작했다. 하버드 대학교(Harvard University) 경제학 교수 존 케네스 갤브레이스가 찬탄하듯이 《유한계급론》은 부자들의 행동 결과들을 탁월하고 적나라하게 조명한 …… 경이로운 책이다. 또한 이것은 신사다운 체하고 사회적인 체하는 저작 대다수를 포함하는 여태껏 영어로 쓰인 산문들 중에 가장 독창적인 문체를 자랑하는 역작이다. 이 책의 내용 중 일부분은 미국 자본주의가 고도로 발달하던 19세기 말의 미국 사회에도 고스란히 적용될 수 있지만 풍요로운 현대 사회에는 더 적확하게 적용될 수 있다. …… 이 책을 한 번이라도 읽어본 사람이라면 누구나 부자들은 반드시 과시적 방식으로만 재화를 소비한다는 사실

리의 사회적 기준들을 겨냥한 아이러니한 눈초리(An Ironic Look at Our Social Standards)〉.

18) 존 패트릭 디긴스, 《소스타인 베블런: 유한계급론(Thorstein Veblen: Theorist of the Leisure Class)》(1999, pp. 35~36).

을 한눈에 확인할 수 있을 것이다.”[19]

미국 역사학자·사회철학자 루이스 멈퍼드(Lewis Mumford, 1895~1990)의 관점에서도 “베블런은 우리의 경제적 질서에 내재한 사회적 모순을 마르크스 이후 가장 선구적으로 분석한 학자였다. …… 그의 저서들은 표면에서는 금욕적이고 간소하게 보이지만 심부(深部)에서는 생각 체계를 마비시킬 만치 극렬한 감정과 들끓는 격정의 용암처럼 보인다. 해박한 지식을 풍자와 융합할뿐더러 독자에게는 거의 고문하듯이 배경지식마저 요구하는 개괄적 서술을 세련된 분석과 융합하는 그의 저서들은 ‘막대사탕처럼 보이도록 포장된 다이너마이트’ 같은 개성을 반영하는 듯이 보인다. …… 베블런의 사상은 여태껏 조명되지 않은 신체 조직을 꿰뚫고 조직 내부마저 선연히 조명한 엑스레이 같은 것이었다. 게다가 그는 오늘날 미국 경제적 질서의 주요한 기능을 교란시키는 역사적 원인마저 규명한 괴짜 병리학자였다.”[20]

그럴 뿐만 아니라 미국《원자력 과학자 회보(Bulletin of the Atomic Scientists)》(Vol. 21, No. 4, 1965)의 뒤표지에 게재된 시카고 대학교 출판부의 광고에서는 미국 정치철학자 하비 맨스필드 주니어(Harvey Mansfield Jr., 1932~), 미국 역사학자 레너드 크리거(Leonard Krieger, 1918~1990), 미국 러시아 전문가 밸런타인 체보타리오프 빌(Valentine Tschebotarioff Bill, ?~?)의 저서들과 미국 국회도서관원 폴 루이스 호레키(Paul Louis Horecky, 1913~1999)의 편저도 베블런의 영향을 받았다고 강조하려는 의도로 베블런의《유한계급론》을 인상적으로 평가한 다

---

19) 존 케네스 갤브레이스, 《유한계급론》(Houghton Mifflin School, 1973)에 붙인 〈서문(Introduction)〉.

20) 루이스 멈퍼드, 《새터데이 리뷰 오브 리터리처(Saturday Review of Literature)》(12 Jan. 1935)에 기고한 서평.

음과 같은 문구도 발견된다. "1899년에 자그마한 셋방에서 다이너마이트 하나가 폭발했다. …… 고전 경제학의 기반을 뒤흔든 그의 첫 저서는 오늘날에도 세계를 흔들어대는 여진(餘震)을 연발시킨다. 그것은 루이스 멈퍼드가 '막대사탕처럼 보이도록 포장된 다이너마이트'에 비유한 소스타인 베블런의 《유한계급론》이었는데, 조용하게 거듭 숙독되면서 막강하고 혁명적인 위력을 발휘했다."

그런 한편에서 《유한계급론》의 의미를 미국에만 한정시키지 않고 더 확장할 수 있을 가능성마저 암시하는 미국 사회학자·정치경제학자 귀도 자코모 프레파라타(Guido Giacomo Preparata)의 의견도 기억될 만하다. 프랑스 사회학자·인류학자 마르셀 모스(Marcel Mauss, 1872~1950)는 1925년에 유명한 논저 《증여론(Essai sur le don)》을 펴냈고 훗날 프랑스 철학자·사회학자·인류학자·작가 조르주 바타유(Georges Bataille, 1897~1962)의 '낭비' 개념[21]에 결정적 영향을 끼쳤지만, 프레파라타가 설명하듯이, 《증여론》의 출판년도보다 사반세기나 앞선 1899년에 "소스타인 베블런은 명저 《유한계급론》에서 야만 기질의 영향을 받는 '낭비적 소비'나 '과시적 소비'를 상세히 고찰하여 바타유의 낭비 개념을 이미 충분히 발달시켰다. 그러나 《증여론》을 집필하던 모스는 영어를 잘 몰랐다. 베블런은 《유한계급론》(제8~10장)에서 모든 유해한 낭비, 전쟁, 게임, 구경거리, 기만적 의례, 이색적이고 사치스러운 방탕, 불가해하고 부조리한 유행복을 현대의 기계산업사회에서 복원되는 고풍스럽고 야만적인 특질들의 유산들로 간주했다. 바타유보다 30여 년을 더 앞서 베블

---

21) 조르주 바타유, 《저주받은 몫(La Part maudite)》(1949) 참조.

런은 '데메테르[22]의 수호를 받던 농경 단계가 전쟁과 그것을 경제적으로 떠받친 노예제도를 주도한 남성 위주의 약탈 문화 단계로 변이한 결정적 과정'을 설명했다. 베블런뿐 아니라 바타유도 이런 변이의 요인들을 비록 정확히 알지는 못했지만, 그런 변이는 두 단계의 '정신적 차이'를 표시한다고 주장했다."

***

1904년에 베블런은 《기업론(The Theory of Business Enterprise)》을 펴내면서 더 유명해졌다. 그런 한편에서 미국의 기업 제도를 이단적으로 직격하는 이 책은 '베블런은 마르크스주의자인가?'라는 의혹을 증폭시켰다. 그러나 베블런은 마르크스를 매우 독창적인 사상가로 인정하고 마르크스의 경제결정론(the economic determinism)을 새로운 방식으로 응용하면서도 마르크주의 이론들 대부분을 비판하거나 거부하는 냉정한 입장을 견지했다.[23] 베블런의 사생활을 둘러싸고도 말들이 많았다. 동료 교수의 부인과 불미스런 일에 연루된 베블런은 1905년에 시카고 대학교 조교수직을 사임하고 1906년에 미국 서부의 캘리포니아주(California州)에 있는 스탠포드 대학교(Stanford University)로 이직했다. 이후에도 다른 여러 여성과 연루된 스캔들에 휘말린 베블런은 1909년에는 스탠포드 대학교 교수직마저 사임할 수밖에 없었다.

1911년에 아내 엘런 롤프와 이혼한 베블런은 미국 중동부의 미주리 주

---

22) Demeter: 그리스 신화에 나오는 농경과 수확을 주관하는 지모신(地母神).

23) 존 앳킨슨 홉슨(John Atkinson Hobson, 1858~1940: 잉글랜드 경제학자·사회과학자), 《베블런(Veblen)》(1936, p. 65) 참조.

립대학교(Missouri State University) 교수로 부임하면서부터 집필에 열중했다. 1914년에 베블런은 자신의 최고 역작이라고 생각한 《기량 발휘 본능[24]과 산업기술의 실태(The Instinct of Workmanship and the State of the Industrial Arts)》를 펴냈는데, 이것은 그가 《유한계급론》의 서론에서 제안한 개념을 확대 발전시킨 논저였다. 같은 해에 그는 자신의 제자였던 앤 브래들리 비번스(Ann Bradley Bevans, 1877~1920)와 결혼했다.

제1차 세계대전이 발발한 이듬해인 1915년에 베블런은 독일과 군국주의 경제정책을 고찰한 《독일제국과 산업혁명(Imperial Germany and Industrial Revolution)》을 펴냈다. 그리고 1917년에 그는 평화를 위협하는 자본주의 체제를 검토한 《평화의 본질과 지속기간을 고찰한 연구(An Inquiry into the Nature of Peace and the Terms of its Perpetuation)》를 펴냈다. 1918년에 미국 기업들의 이해관계에 총체적으로 종속된 단과대학들과 종합대학교들의 실태를 신랄하게 비판한 《미국의 고등교육(The Higher Learning in America)》을 펴낸 그는 1919년에 논문집 《현대 문명에서 과학이 차지하는 위상(The Place of Science

---

24) 技倆發揮本能(instinct of workmanship): 이것은 '제작본능(製作本能)'이나 '작업본능(作業本能)' 아니면 '기예본능(技藝本能)'이나 '기공본능(技工本能)'이라고 번역될 수도 있다. 그런데 베블런은 《기량 발휘 본능과 산업기술의 실태》(제2장)에서 "기량 발휘 본능과 부모성향(parental bent; 보육본능)의 긴밀하고 줄기찬 동시발생은 어쩌면 기량 발휘 본능이 대체로 '부모성향 덕택에 중요시되는 목적들'을 달성하려는 성향이라는 것을 암시할 것이다"고 설명한다. 베블런의 이런 설명과 함께, 본서의 제4장에서 이런 본능에 순응하려는 성향은 "카드놀이·요트놀이·골프와 다양한 스포츠"에서도 표현된다고 논급된다는 사실, 그리고 《역사적 기록 원칙을 준수한 새로운 옥스퍼드 영어사전(A New English Dictionary on Historical Principles)》(1928)과 현대의 《옥스퍼드 영어사전(Oxford English Dictionary)》에 등재되어 설명된 워크먼쉽(workmanship)이라는 영어의 의미들마저 감안되면, '제작본능'이나 '작업본능'이라는 다소 협의(狹義)한 번역어보다는, '재료를 활용하여 기능(機能)과 내용을 가진 새로운 물건이나 예술 작품을 만듦'을 뜻하는 제작과 유사한 작업, 기예, 공작(工作), 인공(人工), 공업, 공예, 수공업, 수제(手製), 창작, 예술 같은 활동들뿐 아니라 기량, 솜씨, 기술, 기능(技能), 기교(技巧), 기법(技法), 재주, 재간, 손재주, 손재간, 수완(手腕)마저 아울러 함의할 수 있는 '기량 발휘 본능'이 '특정한 인간 행위들의 과시성'을 부각하려는 베블런의 의도를 조금이라도 더 반영하는 더 포괄적인 번역어라고 평가될 수 있을 것이다. 여기서 한 발 더 나아가면, 기량 발휘 본능은 '기량 과시 본능'이나 '솜씨자랑 본능'이라고 번역될 수도 있을뿐더러 심지어 '장인(匠人), 장색(匠色), 장빗, 공인(工人), 명장(明匠), 명공(明工), 작가(作家), 선수(選手)'의 본능마저 함의할 수 있다고 추정될 수 있을 것이다.

in Modern Civilization)》을 펴냈고 경제학과 사회학을 탐구한 여러 중요한 논문을 발표했다.

베블런은 세상을 떠나기 전 10여 년간 뉴욕시의 뉴스쿨 대학교(The New School)에 소속한 진보적 교육기관인 사회 연구 뉴스쿨(The New School for Social Research: NSSR)에서 강의했다. 이 시기에 그는 1919년에 펴낸 《기득권과 산업기술의 현황(The Vested Interests and the State of Industrial Arts)》을 집필했고 같은 해에 이 저서를 《기득권과 일반인(The Vested Interests and the Common Man)》으로 개칭하여 재출간했으며 《기술자들과 가격제도(The Engineers and the Price System)》(1921)와 《부재자토지사유권 제도와 현대의 기업(Absentee Ownership and Business Enterprise in Recent Times)》(1923) 같은 경제 경영 관련 논저들을 집필했다.

베블런은 1929년 8월 3일 캘리포니아주 자치도시 팔로알토(Palo Alto) 근교에서 조용히 영면했다. 그리고 몇 달 후에는 그가 오래전부터 예견했던 대공황이 미국을 엄습했다. 1934년에는 그의 유고집 《우리의 변동하는 질서를 고찰한 에세이집(Essays in Our Changing Order)》이 출간되었다.

1936년에 존 앳킨슨 홉슨은 "전형적인 자본주의국가인 미국에서 남자들의 행태에 경제결정론을 적용하는 참신한 방식은 실제로 당대의 사상에 이바지한 베블런의 핵심적 공로"[25]였다고 평가했다.

1973년에는 존 케네스 갤브레이스가 "베블런의 위업은 부자들의 행태, 부요(富饒)를 추구하는 자들의 행태, 그리고 자신들의 부요에 명예

---

25) 홉슨, 《베블런(Veblen)》(1936, p. 65).

를 덧붙이려고, 아니면 돈으로써 명예를 구매할 수 있다고 믿어서, 명예를 갈망하는 자들의 행태를 광범하게 무시(無時)로 논평했다는 것이다” 라고 논평했으며 “베블런의 시대에도 이후에도 금전 자체를 탐구한 사람은 있었지만 금력을 취용(取用)하려는 남녀들의 행동양식을 냉철하고 날카롭게 꿰뚫어 본 사람은 오직 베블런뿐이었다”[26]라고 결론지었다.

---

26) 존 케네스 갤브레이스, 《유한계급론》(1973)에 첨부한 〈서문〉

저자 서문

　이 책의 목적은 유한계급(有閑階級; leisure class)을 현대 생활의 경제적 요인으로 간주하여 그것의 가치와 위상을 논증하는 것이다. 그러나 이 목적의 범위를 조금도 벗어나지 않는 논증은 사실상 불가능했다. 왜냐하면 논증 과정에는 부득이하게 유한계급 제도의 기원과 계보도 감안되어야 했고 경제적 요인으로 분류되지 않는 사회생활의 특징들마저 감안되어야 했기 때문이다.

　이 책에서 논증을 떠받치는 전제(前提)들로서 이따금 참조되는 경제론이나 인종학[1]의 일반론들은 독자에게 다소 생경할 수 있다. 그러나 이 책의 "제1장 서론"은 그런 전제들의 이론적 특질을 충분히 암시하므로 논증의 초점을 흐리지 않을 것이라고 기대된다. 미국 사회학 전문 계간학술지《아메리칸 저널 오브 소시올로지(American Journal of Sociology)》제4권에 수록된 나의 연속논문 〈기량 발휘 본능과 노동의 지루함(The Instinct of Workmanship and the Irksomeness of Labor)〉, 〈소유권의 기원들(The Beginnings of Ownership)〉, 〈야만시

---

1) 본서에 수록된 발문 《〈유한계급론〉의 현대적 의미》의 "각주 2)" 참조.

대 여성들의 신분(The Barbarian Status of Women)〉에서는 그런 전제들의 이론적 위치가 더 명료하게 설명되었다. 그러나 다소 참신하게 보이는 그런 일반론들이, 독자의 관점에서, 전거(典據)나 자료의 뒷받침을 충분히 받지 못한다고 판단되면, 그것들에 의존하는 논증은 경제론에 조금이라도 기여할 만한 가치마저 완전히 상실할 수 있다. 이런 맥락에서 이 논증은 그렇게 참신한 일반론들에 완전히 의존하지 않는다.

이 책에서 채택된 증례들이나 논증용 자료들은 일상생활과 동떨어진 난해한 현상들이 아니다. 한편으로는 편의상, 다른 한편으로는 모든 사람에게 익숙한 현상들의 의미가 오해될 여지를 줄이게끔, 채택된 이런 증례들이나 자료들은 대체로 일상생활의 현장에서 자주 관찰되거나 널리 악명을 떨치는 현상들이다. 이 책에서 시도된 논증이 비록 일상생활의 소박한 사실들에나 저열한 현상들에 의존하더라도, 아니면, 인간들의 생활에서 내밀하게 발생하여 이따금 그런 내밀성을 방패막이로 삼아 경제 논리의 충격을 모면하곤 하는 현상들에 의존하더라도, 문학적 적합성이나 과학적 타당성을 판단하는 독자의 감각을 폄훼하지는 않을 것이라고 나는 기대한다.

일상생활과 그렇게 동떨어진 현상들에서 파생한 논증용 전제들과 근거 자료들뿐만 아니라 인종학에서 형성된 여느 이론에나 추론에도 더 익숙하고 더 쉽게 접근할 수 있는 상당한 교양을 갖춘 독자들은 그것들의 출처를 쉽사리 짐작할 수 있을 것이다. 그래서 나는 이 책에 인용한 자료들의 출처나 이론들의 전거를 일일이 표기하는 학계의 관행을 엄수하지 않았다. 또한 내가 주로 예증하려고 인용한 몇몇 발췌문의 출처도 표시하지 않았지만, 상당한 교양을 갖춘 독자들은 그것들의 출처를 아주 쉽게 기억해 낼 것이다.

소스타인 베블런

제1장
서론: 유한계급의 기원과 발달

최고로 발달한 유한계급 제도는 봉건시대 유럽이나 막부시대 일본의 야만 문화처럼 상당히 발달한 야만 문화에서 발견된다. 그런 야만 문화를 가진 사회들에서는 계급 차별 관습이 매우 엄격하게 준수된다. 이런 차별 관습을 유발하는 계급적 차이들에 담긴 가장 현저한 경제적 의미의 특징은 몇몇 계급에게 각별히 분담되는 직업들 사이에서 준수되는 차별 관습이다. 상류계급들은 관습대로 생산업(生産業)을 면제받거나 금지당하고, 얼마간 명예로운 특정한 직업들에만 종사하도록 예정된다. 모든 봉건사회에서 가장 명예로운 직업은 전쟁이고, 종교업(宗敎業)은 전쟁에 버금가는 직업으로 공인된다.

물론 전쟁을 노골적으로 즐기지 않는 야만 사회에서는 종교업이 전쟁보다 더 명예로운 직업으로 공인될 것이다. 일반적으로 봉건사회에서는 전쟁을 전담하는 전사(戰士)들과 종교업을 전담하는 (신부, 목사, 승려 같은) 성직자들을 막론한 상류계급들에게는, 아주 드문 경우를 제외하면, 생산업을 면제해 주는 규칙이 준수되는데, 그런 면제는 그들의 우월한 신분을 나타내는 경제적 표시로서 공인된다. 인디아(India: 인도;

印度)의 브라만(Brahman)계급은 전사계급과 성직자계급에게 생산업을 면제해 주는 규칙의 확연한 증례이다.

상당히 발달한 야만 문화를 가진 사회들에서 유한계급이라고 통칭될 수 있는 계급들은 저마다 상당히 분화(分化)한 여러 부속 계급(sub-class)을 포함한다. 또한 부속 계급별로 분담하는 직업들도 각기 상당히 분화한 부속 직업들을 포함한다. 유한계급은 대체로 귀족계급과 성직자계급뿐 아니라 그들을 받드는 수많은 시중꾼과 수행원들마저 포함한다. 그래서 유한계급의 부속 직업들도 다종다양하게 분화되지만 비생산업(非生産業)이라는 경제적 특성을 공유한다. 이런 상류계급용 비생산업들은 대체로 정치, 전쟁, 종교의례, (사냥, 놀이, 도박을 아우르는) 스포츠에 포함될 수 있다.

야만 문화의 원시 단계인 초기 발달 단계에서 유한계급은 아직 뚜렷하게 식별되지 않는 양상을 보인다. 유한계급의 특징들뿐 아니라 유한계급용 직업들의 특징들도 아직 각별하게 세련되지도 복잡하지도 않다. 중남태평양의 폴리네시아제도(Polynesia諸島)에는 대형 사냥감이 서식하지 않으므로 원주민들의 생활도식(生活圖式)에서 사냥은 명예로운 위상을 차지하지 못하지만, 사냥을 제외한 여타 명예로운 활동은 대체로 야만 문화의 초기 발달 단계에 속하는 유한계급의 상태를 뚜렷이 예시한다. 북유럽 영웅전설(사가)들을 빚어낸 중세 아이슬란드 사회도 그런 발달 단계의 유한계급을 잘 예시한다. 이런 사회에서는 계급 차별 관습이 엄수될뿐더러 계급별로 분담하는 직업들을 차별하는 관습도 엄수된다. 육체노동과 생산업뿐 아니라 생계용 일상 노동과 직결되는 모든 직업은 오직 열등한 하류계급에게만 전가된다. 이런 하류계급에는 노예들과 하인들이 포함되고 일반적으로 모든 여자도 포함된다. 그런데 만약 귀족계급도 여러 등급으로 변별된다면, 상위 등급의 귀족 여자들은 대체로 생산업을 면제받든지 아니면 적어도 더 비천한 육체노동만은 면제받을 것이다. 상류계급의 남자들은 모든 생산업을 면제받을뿐더러, 규범화된 관습을 적용받으면, 생산업을 아예 금지당하기도 한다. 그들에게는 엄밀하게 한정된 직업만 용납된다.

상당히 발달한 야만 문화에서 상류계급의 남자들에게 용납되는 직업들은 정치, 전쟁, 종교업, 스포츠이다. 이 4대 직업에 합치하는 활동이 상류계급들의 생활도식을 지배하지만, 왕이나 족장 같은 최상류계급은 이런 활동들 중에도 오직 자신이 다스리는 사회의 관습이나 상식에 합치하는 활동만 실행할 수 있다. 실제로 상류계급의 생활도식이 아주 발달한 곳에서는 심지어 스포츠조차 최상류계급에게 합당한지 의문시된다. 유한계급의 하위 등급(하위유한계급)들에게는 다른 몇몇 직업도 용납된다. 그러나 그런 직업들은 전형적인 유한계급용 직업들 중 한두 가지에 부속한다. 예컨대, 무기류나 전투장비나 전투용 카누를 제작하고 수리하는 직업들, 말(馬)이나 개(犬)나 매(鷹) 같은 가축을 돌보거나 조련하는 직업들, 종교의례 도구를 준비하는 직업도 그런 부속 직업들이다. 하위유한계급들보다 더 열등한 하류계급들은 그렇게 부속하는 명예로운 직업들에서도 배제된다. 왜냐하면 그런 부속 직업들도 비록 생산업의 성격을 빤하게 드러내지만 유한계급의 고유한 4대 직업과 아주 멀게나마 관련되기 때문이다.

여기서 우리가 야만 문화의 초기 발달 단계보다 더 원시적인 단계들을 살펴봐도 완전히 발달한 유한계급을 발견하지 못할 것이다. 하지만 그런 원시적 야만 문화는 유한계급 제도를 생성시킨 관습, 동기(動機), 환경을 예시하고 그 제도의 초기 발달 단계들을 암시한다. 세계 각지에 현존하는 유목부족들과 수렵부족들은 유한계급을 생성시킨 야만 문화의 더 원시적인 단계들을 예시한다. 북아메리카의 모든 수렵부족에서 그런 단계들은 쉽게 발견될 수 있다. 이 부족들에는 확실한 유한계급이 존재한다고 단언될 수 없다. 부족을 구성하는 계급들은 각기 다른 역할을 분담하고, 그런 분담 역할을 기준으로 구별되지만, 가장 우세한 계급도 노동을 충분히 면제받지 못하기 때문에 완전한 "유한계급"으로 분류될 수 없다. 이만한 경제적 수준에 도달한 부족들은 남성용 직업과 여성용 직업을 분명히 구별하는 시점에까지 경제적으로 계속 분화했고, 이제 그런 구별은 불공정한 차별의 성질을 띤다. 그렇게 경제적으로 분화한 모든 부족에서 규범화된 관습은 차후에 완전한 생산업들로 발달할 직업들을 여자들에게 전담시킨다. 남자들은 여자들의 비천한 생산업들을 면제받고 전쟁, 사냥, 스포츠, 종교업을 전담하도록 예정된다. 이런 관습은 여자 노동과 남자 노동을 가르는 아주 선명한 구분선을 무난하게 보여준다.

이렇게 두 가지 노동을 가르는 구분선은 노동계급과 유한계급을 가르는 구분선과 일치하는데, 상당히 발달한 야만 문화에서도 같은 구분선이 발견된다. 직업들이 다양해지고 전문화되면, 이런 구분선은 생산업과 비생산업을 가르기 시작한다. 야만 문화의 초기 발달 단계에서 유지되는 남성용 직업은 나중에 발달하는 생산업종으로 분류될 만한 어떤 직업도 발생시키지 않는다. 상당히 발달한 야만 문화에서도 존속하는 남성용 직업들은 오직 생산업종으로 분류되지 않는 전쟁, 정치, 스포츠, 학문, 종교업 같은 것들뿐이다. 물론 그런 야만 문화에서는 생산업종으로 분류될 만한 남성용 직업도 잔존하지만 아주 드물고, 그나마도 생산업종으로 분류되면 의심받을 어업(漁業)의 부속 직업과 무기, 장난감, 스포츠용품을 만드는 제조업 같은 직업들만 눈에 띄게 명맥을 유지한다. 그러므로 사실상 모든 생산업은 원시적 야만 사회에서 여성용 노동으로 분류된 일들의 자연스러운 결과들이다.

원시적 야만 문화에서 남자들의 업무도 여자들의 노동 못지않게 집단생활에는 반드시 필요하다. 남자들의 업무는 심지어 여자들의 노동만큼이나 집단생활에 필요한 식량과 생필품을 공급하는 데도 일조할 수 있다. 실제로, 그런 문화에서 남자들의 업무도 이런 "생산적인" 성격을 빤하게 드러내기 때문에 전통적인 경제학 논저들에서는 사냥이 원시적 생산업의 표본으로 간주된다. 그러나 사냥하는 야만인은 그렇게 생각하지 않는다. 그는 자신은 노동자가 아니므로 여자들과 같은 노동자로 분류될 수 없다고 생각할뿐더러 자신의 업무도 여자들의 따분한 단순잡무(單純雜務)로 분류될 수 없다고 생각한다. 왜냐하면 여자들의 단순잡무를 노동이나 생산업과 동일시하는 그는 자신의 업무를 여자들의 단순잡무와 혼동하는 처사를 용납할 수 없다고 생각하기 때문이다. 모든 야만 사회에는 남자의 과업과 여자의 과업을 차별하는 깊은 통념이 존재한다. 남자의 과업은 비록 소속집단의 생계유지에 일조할 수는 있어도, 시종일관 아주 탁월하고 유효하므로, 여자들의 평범한 단순잡무와 비교되면 불명예를 뒤집어쓸 수밖에 없다고 인식된다.

문화적으로 훨씬 더 원시적인 미개인 집단들에서는 직업들의 구별도 훨씬 덜되고, 계급 차별과 직업 차별도 지속적으로 엄수되지 않는다. 물론 원시적 미개 문화의 확실한 증례는 거의 발견되지 않는다. 왜냐하면

"미개한" 사회로 분류되는 거의 모든 집단이나 공동체는 더 발달한 문화 단계에서 퇴보한 흔적을 조금이라도 간직하기 때문이다. 그러나 원시적 미개 문화의 특성들을 역력하게 드러내는 — 퇴보한 문화에서는 결코 파생하지 않는 몇몇 집단을 포함하는 — 집단들이 존재한다. 그들의 문화는 야만 사회들의 문화와 다르다. 왜냐하면 원시적 미개 문화에는 유한계급도 없을뿐더러 유한계급 제도를 생성시키는 아니무스[2]나 정신자세도 거의 없기 때문이다. 경제적 계급 차별 체계를 갖추지 않은 이런 원시적 미개인 공동체들은 인류의 작은 부분이나 아주 미미한 부분밖에 차지하지 않는다. 이런 공동체들의 미개 문화는 벵골만(Bengal灣) 안다만군도(Andaman群島)의 부족들에서도 발견되고 인디아 남부 닐기리고원(Nilgiri高原)의 토다족(Toda族)에서도 발견된다. 유럽인들을 처음 마주친 시절에 이 부족들의 생활도식은 유한계급을 배출하지 않은 생활도식의 표본과 거의 같았다. 예컨대, 일본 홋카이도(北海島)의 아이누족(アイヌ族)에도 어쩌면 유한계급이 없을 것이고, 남아프리카 부시먼족(Bushman族)의 몇몇 부족과 에스키모족(Eskimo族: 이뉴닛족Inuit族)의 몇몇 부족에도, 비록 더 의심스러울망정 하여튼, 유한계급이 없을 것이다. 북아메리카 푸에블로족(Pueblo族)의 몇몇 부족에도 유한계급이 없을 확률은 높을 것이다. 이런 부족들의 전부가 아닌 대다수는 현재의 수준에서 답보하는 문화를 보전하기보다는 오히려 상당히 발달한 야만 문화에서 퇴보했을 가능성이 농후하다. 만약 그렇다면, 그들은 여기서 시도되는 논

---

2) animus: '굳센 영혼'을 뜻하는 이 라티움어(Latium語; 라틴어; Latin)는 오스트리아 심리학자 카를 구스타프 융(Carl Gustav Jung, 1875~1961)이 1923년부터 '여성 무의식에 잠재한 남성 무의식의 요소'를 뜻하도록 사용하면서 유명해진 심리학용어이다. 그러나 19세기의 서양에서 이 낱말은 대체로 용감하고 남성다운 '기질'을 뜻하는 낱말로서 사용되었다. 베블런도 이런 맥락에서 '약탈 기질'을 암시하도록 이 낱말을 사용했을 것이라고 추정된다.

증의 사례들로 채택될 수 있겠지만 이들을 진짜 "원시적인" 인간 집단들과 거의 동일시하는 논증의 사례들로도 채택될 수 있을 것이다.

확실한 유한계급을 배출하지 않은 이런 공동체들의 사회구조와 생활방식에서 발견되는 다른 몇몇 특징도 서로 닮았다. 이런 공동체들의 규모는 작고 구조는 단순하며 고풍스럽다. 이들은 대체로 평화롭게 정주(定住)하는 가난한 공동체들이다. 이들의 경제 체계에서 사유권(私有權)은 뚜렷한 특징이 아니다. 물론 이들의 규모는 현존하는 공동체들 중에 가장 작지도 않고, 이들의 사회구조도 모든 면에서 가장 조야(粗野)하지도 않다. 더구나 이들과 같은 부류에는 확실한 사유권 체계를 미비한 모든 원시공동체가 반드시 포함되지도 않는다. 그러나 이런 부류에는 가장 평화로운 원시 집단뿐 아니라 어쩌면 평화로운 천성을 타고났을 모든 원시인 집단도 포함되는 듯이 보인다는 사실은 기억되어야 한다. 실제로 이런 부류에 포함되는 공동체 구성원들의 가장 현저한 특징은 폭행이나 협잡질을 당해도 다소 미온적으로 반응하는 유순한 성정이다.

초기 발달 단계의 공동체들에서 발견되는 습관들과 문화적 특성들은 유한계급 제도의 생성 과정을 암시하는 증거들이다. 원시적 미개 문화가 야만 문화로 변이하던 과정에서 유한계급 제도는 서서히 생성했는데, 그런 과정은, 더 정확하게는, 평화로운 생활 습관이 일관된 호전적 생활 습관으로 변이한 과정이었다. 일관된 유한계급 제도를 생성시킬 수 있는 공동체는 다음과 같은 필수조건들을 확실하게 갖춰야 한다.

첫째, 공동체에서 전쟁을 즐기든지 대형동물 사냥을 즐기든지 아니면 둘 모두를 즐기는 약탈생활 습관이 정착해야 한다. 이런 공동체에서 미숙한 유한계급의 남자들은 폭력이나 모략을 사용하여 타인을 상해하는

유한계급론

습관에 물들어야 한다.

둘째, 공동체 구성원들의 상당수가 단순잡무를 꾸준히 분담하지 않아도 필수품을 충분히 쉽게 획득할 수 있어야 한다.

유한계급 제도는 직업들을 유가치한 것들과 무가치한 것들로 양분하여 차별한 오래된 관습의 자연스러운 결과이다. 이런 해묵은 차별 관습이 우세한 곳에서 유가치한 직업들은 명예로운 훈업[3]으로 분류될 만한 것들이고, 무가치한 직업들은 훈업의 요소로 간주될 만한 것을 완전히 결여한 일상생계용 필수직업들이다.

이런 차별 관습은 현대 산업사회에서는 거의 무의미하기 때문에 경제학자들의 관심을 거의 끌지 못했다. 여태껏 경제학 논의를 주도한 현대 경제학들의 상식은 이런 차별 관습을 형식적이고 비현실적인 것처럼 보이게 만든다. 그러나 이런 차별 관습은 심지어 현대 생활에서도 통용되는 진부한 선입견처럼 아주 끈질기게 존속한다. 예컨대, 비천한 직업들을 혐오해버릇하는 현대인들의 습관도 오래된 차별 관습의 유산이다. 이것은 인간들을 우등 인간과 열등 인간으로 양분하여 차별하는 관습의 일종이다. 문화 발달의 초기 단계에서는 개인의 실력이 사건들의 동향을 결정하는 더 직접적인 더 확실한 요소라고 생각되었으므로 일상생활에서는 훈업의 요소가 더 중요시되었다. 그래서 이런 사실은 더 많은 관심을 모았다. 결과적으로 초기 문화에서 속행된 차별은 오늘날에 진행되는 차별보다 더 불가피했고 더 확실했을 것이라고 추정된다. 차별은 그렇듯 계속 발달한 사실이었던 만큼 충분히 타당하고 적절한 근거들에 의존하

---

3) 勳業(exploit): 무훈(武勳), 무공(武功), 전공(戰功), 위업(偉業), 업적(業績), 공적(功績), 공로(功勞)라고 번역될 수도 있는 이 낱말은, 베블런이 이 단원의 후반부에서 설명하듯이, 단순히 '약탈(predation)'과 '착취(exploitation)'만 뜻하기보다는 '명예'마저 아울러 뜻하도록 사용된다.

는 실질적 관습이다.

사실들을 특정한 관점에서 봐버릇하는 습관을 유발하는 관심이 변하면 사실들을 차별하는 습관의 근거도 변한다. 그렇게 차별되는 사실들의 특징은 시대의 우세한 관심을 곧바로 잡아끄는 현저하고 실질적인 차별 근거이다. 이런 사실들을 다른 관점에서 파악해버릇하고 다른 목적에 비추어 평가하는 사람에게는 기존의 여느 차별 근거도 비현실적인 것으로 보일 것이다. 행동의 다양한 목적들과 방침들을 변별하여 분류하는 습관은 언제 어디서나 필연성을 압도한다. 왜냐하면 그런 습관은 실천론이나 생활도식을 완수하는 과정에 필수불가결하기 때문이다. 생활의 사실들을 분류하는 방식의 결정요인으로서 선택되는 특수한 관점이나 각별한 특성을 좌우하는 것은 그런 사실들을 구별하려는 관심이다. 그러므로 문화가 발달하면, 사실들을 변별하는 기준의 근거들도 변하고, 사실들을 분류하는 절차의 기준도 변한다. 왜냐하면 생활의 사실들을 파악하려는 목적이 변하면서 그런 사실들을 바라보는 관점도 변하기 때문이다. 그래서 문화의 특정한 단계에서 동종(同種)으로 분류된 행동들의 특징과 몇몇 사회계급의 특징들이 현저하며 확실하다고 인정되더라도 그 문화의 후속 단계에서는 분류의 목적들에 비슷하게 부합하는 중요성을 유지하지 못할 것이다.

그러나 기준들과 관점들의 변화는 오직 단계적으로만 진행되므로 일단 공인되었던 기준을 타파하거나 완전히 삭제하는 식으로 종결되는 경우는 드물다. 현대에도 생산업과 비생산업은 습관적으로 차별된다. 현대의 이런 차별 습관은 훈업과 단순잡무를 차별한 야만적 습관의 변종이다. 전쟁, 정치, 공개 종교의례, 공공오락을 전담하는 직업들은, 인민의 관점에서는, 물질적 생활 수단을 힘들여 생산하는 노동과 본질적으로 다르게 인지된다. 이런 직업들과 노동을 가르는 구분선은 초기 야만 사회의 구분선과 정확히 일치하지 않지만, 주요한 구분선은 아직 폐기되지 않았다.

오늘날 상식적으로 묵인되는 차별 습관은, 요컨대, 오직 궁극적으로 비인간적인 것들을 이용하려고 애쓰는 인간의 노력만 생산업으로 간주한다. 인간을 강제로 이용하려는 인간의 노력은 생산업의 기능이라고 인지되지 않는다. 그러나 비인간적 환경을 이용하여 인간의 생활 수준을 향상시키려는 모든 노력은 생산업으로 분류된다. 고전학파의 전통을 가장 온전하게 보전하고 각색한 경제학자들은 현재 인간의 "자연을 지배하는 능력"을 산업생산력의 특유한 사실로 간주한다. 자연을 지배하는 이런 산업생산력은 짐승들의 생명과 모든 자연력(自然力)마저 지배하는 인간의 능력으로 간주된다. 이런 선입견이 인류와 짐승들 사이에 구분선을 긋는다.

그러나 이 구분선은 다른 종류의 선입견들에 물든 다른 시대의 인간들이 인류와 짐승들 사이에 그은 구분선과 일치하지 않는다. 미개인의 생활도식이나 야만인의 생활도식에서 이 구분선은 다른 위치에 다른 방식으로 그어진다. 야만 문화를 보전한 모든 공동체에서는 현상들을 포괄적 두 집합으로 갈라서 대립시키는 구분선을 감지하는 남자의 기민하고 폭넓은 감각이 발달한다. 그런 남자는 그렇게 대립시킨 두 집합 중 하나에는 자신을 포함시키고 다른 하나에는 자신의 음식을 포함시킨다. 그런 공동체에서는 경제현상들을 비(非)경제현상들과 대립시키는 구분선을 감지하는 남자의 감각도 발달하지만 현대적 양상을 띠지는 않는다. 이런 구분선은 인간과 짐승들 사이에 위치하지 않고 활동물(animate thing)들과 부동물(inert thing)들 사이에 위치한다.

여기서 내가 의도적으로 "활동하는(animate)"이라는 형용사로써 부각하려는 야만인의 통념은 "생물"이라는 낱말로써 부각할 수 있을 야만인의 통념과 다르다. 물론 이런 설명은 지나친 노파심의 발로일 수 있다. 하여튼, 여기서 활동물은 모든 생물을 포함하지는 않아도 대단히 많은 무생물을 포함한다. 폭풍우, 질병, 폭포처럼 강렬한 자연현상은 "활동물"들이라고 인정된다. 그러나 열매들과 약초들뿐 아니라 심지어 집파리, 구더기, 나그네쥐(레밍), 양(羊)처럼 거의 눈에 띄지 않는 동물들도 무더기로 목격되지만 않으면 평소에는 "활동물"들이라고 인식되지 않는다. 왜냐하면 여기서 사용된 "활동물"이라는 낱말이 타물(他物)에 빙의하는 영혼이나 정령을 반드시 함의하는 것은 아니기 때문이다. 이 낱말의 개념에는 애니미즘[4]을 신봉하는 미개인이나 야만인이 통과의례를 집행하거나 치르는 습관의 영향을 받아서 무서워하는 것들이 포함된다. 그런 무서운 것들에는 광범한 자연물들과 자연현상들이 아주 많이 포함된다. 부동물과 활동물을 양분하여 대립시키는 구분선은 몰지각한 사람들의 생각 습관들 속에 여전히 잔존하고, 근래에 유행하기 시작한 인생론과 자연론에도 심대한 영향을 끼친다. 그러나 이 구분선은 문화와 신앙의 초기 발달 단계들에서는 분명히 광범하게 세력을 떨치면서 심원하고 실질적인 영향력을 발휘했지만 우리의 일상생활에서는 그리하지 못한다.

야만인은 다음과 같은 두 가지 활동의 차원을 매우 다르게 생각한다.

---

4) Animism: '자연만물에는 영혼이나 정령이 깃들인다'라고 믿는 신념이나 종교관념을 뜻하는 이 낱말은 정령숭배, 정령신앙(精靈信仰), 정령신교(精靈信敎), 영혼숭배, 영혼신앙, 영혼신교(靈魂信敎)라고 번역될 수 있다.

유한계급론

두 활동 중 하나는 부동하는 자연물을 가공하거나 이용하는 활동이고, 다른 하나는 "활동하는" 사물들과 자연력들을 다루는 야만인 자신의 활동이다. 이런 두 활동을 가르는 구분선은 비록 모호하고 변위(變位)할 수 있어도 현실성과 설득력을 겸비하므로 야만인의 생활도식에 충분히 영향을 끼칠 수 있다. 어떤 목적을 달성하려고 활동하는 야만인은 자신이 활동물들로 인식한 것들의 집합 때문에 활동한다고 상상해버린다. 이런 목적 달성용 활동은 목적에 부합하는 사물이나 현상을 "생동하는" 사실로 지정해버린다. 투박한 미개인이나 야만인은 어디에서나 자신의 눈에 거슬리는 활동을 보면 오직 자신이 즉각 생각해낼 수 있는 ― 그러니까, 자신의 행위를 자각하는 자신의 의식에 즉각 떠오르는 ― 낱말들만 사용하여 해석해버린다. 그러면 이제 그의 눈에 거슬리는 활동은 인간 행위와 동일시되고, 또 그리되는 한에서, 생동하는 사물들은 인간 행위자들과 동일시된다. 이렇게 인격화되는 현상들에는 특히 아주 무섭거나 불가해한 행동을 감행하는 인간들마저 포함되는데, 이 모든 현상을 적절하게 다룰 수 있는 정신과 솜씨는 모름지기 부동물들을 다루는 데 필요한 정신과 솜씨와 달라야 한다고 인식된다. 이 현상들을 더 성공적으로 다루는 활동은 생산업이 아니라 훈업이다. 훈업은 근면성의 표현이 아니라 용맹성의 표현이다.

부동물과 활동물을 가르는 이 소박한 구분선을 지키는 원시사회집단의 활동들은 두 종류로 양분되는 경향을 띤다. 현대식으로 표현되면, 한 종류는 훈업이고 다른 종류는 생산업이다. 생산업은 새로운 물건을 제작하려는 노력이고, 피동적인 "짐승 같은" 재료를 사용하여 새로운 물건을 만든 제작자의 기량은 그 물건에 새로운 목적을 부여한다. 그러나 훈업은, 행위자에게 유익한 결과로 마무리되는 한에서, 이전에 활동한 다른 행위자의 다른 목적 달성용 역량을 자신의 목적 달성용 역량으로 변환하는 활동이다. 우리가 아직도 사용하는 "짐승 같은 재료"라는 표현은 야만인에게는 심오한 의미로 실감될 어떤 것을 내포할 것이다.

훈업과 단순잡무를 가르는 구분선은 남녀를 가르는 구분선과 일치한다. 남녀를 가르는 차이 요소들은 체격, 근력, 기질이지만, 어쩌면 이것들 중에 더 결정적인 차별요소는 기질일 것이다. 이런 남녀 차이 요소들은 확실히 일찍부터 남녀노동을 분화시킨 원인이었다. 훈업으로 분류되는 활동들은 대체로 남성에게 할당된다. 왜냐하면 남성이 여성보다 더 강인하고, 더 대담하며, 긴급한 격무를 더 빠르게 완수할 수 있고, 자기주장·경쟁심·공격성을 더 쉽게 표출하기 때문이다. 원시 집단에서는 구성원들 각자의 체격, 생리적 특성, 기질이 미미한 차이를 보일 수 있다. 실제로 안다만제도의 부족들처럼 우리에게 알려진 더 고풍스러운 공동체들 중 몇몇의 구성원별 체격, 생리적 특성, 기질의 차이는 상대적으로 미미하여 중요시되지 않는다. 그러나 이런 신체 조건 및 아니무스를 기준으로 남녀를 가르는 구분선이 남녀역할을 분화시키기 시작하면서부터 원초적 남녀 차이도 자연스럽게 확대되기 시작할 것이다. 직업들을 분배하는 새로운 방식에 선택적으로 적응하는 과정도 누적되기 시작할 것이다. 특히 더 강인한 체력과 정신력을 적잖이 발휘해야 할 정도로 거친 환경에 거주하면서 사나운 동물들을 상대해야 하는 원시 집단의 선택적 적응 과정은 더 두텁게 누적될 것이다. 대형 사냥감을 추격해버릇하는 습관은 대담성, 민첩성, 잔인성 같은 남성의 기질들을 더 많이 요구하므로 남녀역할 분화를 더 촉진하고 더 확대할 수 있을 것이 거의 확실하다. 그리고 그런 습관에 물든 집단이 다른 집단들을 적대시하기 시작하면서부터 남녀역할 분화는 훈업과 생산업을 차별하는 더 발달한 형식을 띠기 시작할 것이다.

그런 약탈적 사냥꾼집단에서는 전투와 사냥이 강건한 남자들의 직무로서 공인된다. 여자들은 그런 집단에서 분담해야 마땅하게 인식되는 다른 업무들을 분담한다. 이런 맥락에서 남자의 직무를 완수하지 못하는 구성원들은 여자들로 분류된다. 그런데 남자들의 사냥과 전투는 동일한 일반적 성격을 공유한다. 사냥과 전투는 똑같이 약탈 본능의 발로들이다. 전사와 사냥꾼은 직접 씨앗을 뿌리지도 않은 땅에서 작물을 수확하는 자들에 비유될 수 있다. 그들의 체력과 지략을 공격적으로 발휘하는 전투와 사냥은 생필품을 만드는 여자들의 근면하고 평범한 노동과 확연히 다르게 인식된다. 그래서 전투와 사냥은 생산노동으로 간주되기보다는 오히려 재산을 강탈하고 취득하는 활동으로 간주될 수 있다. 야만적 남성의 그런 활동이 최고로 발달하여 여자들의 노동과 최대 격차를 보이면, 용맹성을 과시하지 못하는 모든 노력은 남성에게는 무가치하다고 생각되기 시작한다. 이렇게 형성된 전통이 일관성을 획득하면, 공동체의 상식은 이 전통을 떠받들어 행동 규범으로 승격시킨다. 그러면 이런 문화 수준에서는 폭행이나 협잡질마저 불사하는 용맹성을 기반으로 삼지 않는 여느 직업이나 취득 행위도 자존심을 품은 남자에게는 도덕적으로 용납되지 않을 것이다. 이런 약탈적 사냥꾼집단에서 약탈생활이 오래 지속되다가 완전히 습관화되면 사회경제적으로 강성한 남자의 공직(公職)으로 변이한다. 이런 공직을 전담하는 남자는 자신을 방해하거나 회피하려고 생존투쟁마저 감행하는 사회경제적 경쟁자들을 살해하거나 파멸

시킬 수 있고, 사회경제적 권리를 보장해달라고 집요하게 주장하는 저항
세력들을 제압하여 굴종시킬 수 있다. 훈업과 단순잡무를 이토록 집요하
고 까다롭게 이론적으로 차별하는 습관의 뚜렷한 증례는 많은 수렵부족
에서 준수되는 사냥관습이다. 그런 부족들의 남자는 추살한 사냥감을 집
으로 손수 가져오면 안 되고 자신의 여자(부인이나 하녀)를 사냥터로 보
내 사냥감을 집으로 운반하는 비천한 잡무를 대행시켜야 한다.

＊＊＊

　앞에서 암시되었듯이, 훈업과 단순잡무를 차별하는 관습은 직업들을
불공평하게 차별하는 관습이다. 훈업으로 분류될 수 있는 직업들은 유가
치하고 명예로우며 고귀하게 인식된다. 그런 반면에 훈업의 요소를 포함
하지 않는 직업들뿐 아니라 특히 굴종이나 복종을 수반하는 직업들은 무
가치하고 저열하며 비천하다고 인식된다. 품위, 가치, 명예 같은 것의 개
념은 개인들에게 적용되든 행실에 적용되든 계급들의 발달과 계급 차별
방식들의 발달에 영향을 끼치는 가장 중요한 요소이다. 그러므로 여기서
이 개념의 유래와 의미가 간략하게나마 고찰되어야 한다. 이 개념을 떠
받치는 심리적 근거의 윤곽은 다음과 같이 암시될 수 있다.
　무엇이든 반드시 선택해야 하는 경우에 남자는 행위자이다. 자신의
충동적 행위를 "목적 달성용" 행위와 동일시하는 그는 자신의 행위를
스스로 주도한다고 생각한다. 그는 가능한 모든 행위를 감행하여 구체
적이고 객관적이며 비개인적인 어떤 목적을 달성하려고 노력하는 행위
자이다. 그는 이런 행위자의 자격을 빌미로 유효한 업무를 선호하고 무

효한 노력을 혐오하는 취향을 가진다. 그는 실효성이나 효력은 장점이라고 생각하며 무효성이나 낭비나 무능력은 단점이라고 생각한다. 이렇게 차별해버릇하는 기질이나 성정은 기량 발휘 본능이라고 통칭될 수 있다. 생활환경이나 생활전통이 '상이한 개인 능력들을 비교해버릇하는 습관'을 조성하는 모든 곳에서 기량 발휘 본능은 결국 개인들을 경쟁시키거나 차별하려는 비교 습관으로 변한다. 이런 결과의 파급범위를 결정하는 얼마간 중요한 요소는 공동체 구성원들의 기질이다. 여느 공동체에서나 개인들을 그렇게 차별하려는 비교가 습관화되면, 명백한 성공은 그렇게 성공한 개인을 우러르는 존경심을 유발하는 빌미로 이용될 수 있는 만큼 공동체 구성원들의 목적으로 변이한다. 왜냐하면 자신의 능력을 타인들의 눈에 띄게 발휘하는 개인은 타인들의 존경을 받고 비난을 모면하기 때문이다. 그리하여 기량 발휘 본능은 결국 개인의 능력을 증명하려는 경쟁심으로 변한다.

사회적 발달의 원시 단계에 머무는 공동체는 아직 평화로운 생활 습관을 유지하고 또 어쩌면 정주하는 생활 습관도 유지할 것이다. 사유권 체계(私有權體系)를 아직 미비한 그런 공동체에서 개인의 능력은 대체로 집단생활을 촉진하는 몇몇 직업에서만 가장 일관되게 발휘될 수 있다. 그런 집단의 구성원끼리 벌이는 경제적 경쟁은 대체로 생산능률을 높이려는 경쟁이 될 것이다. 게다가 경쟁 유발 요인도 강하지 않고 경쟁 범위도 넓지 않을 것이다.

공동체의 평화롭고 미개한 생활 습관이 약탈생활 습관으로 변하면 경쟁 조건들도 변한다. 경쟁 기회와 경쟁 유발 요인도 대폭 확장되면서 매우 절실해진다. 남자들의 활동은 훈업의 성격을 점점 더 확연하게 띤다.

사냥꾼들을 비교하거나 전사들을 비교하는 차별은 줄곧 더 쉬워지고 더 견고하게 습관화된다. 남자들은 용맹성의 확실한 증표들 ― 전리품들 ― 이야말로 생활공간을 장식하는 물건들의 근본 특징을 대변한다고 생각해버릇하기 시작한다. 사냥꾼의 노획물이나 침략자의 전리품은 그들의 출중한 실력을 표시하는 증거물로서 존중되기 시작한다. 공격은 정당한 행동 방식으로서 공인되고, 전리품은 성공한 공격의 확실한 증표로서 공인된다. 이런 문화 단계에서 자기과시(自己誇示)의 공인된 유가치한 형식은 경쟁이다. 강탈하거나 강취(强取)한 용품이나 용역(用役)도 경쟁한 승자의 관습적 증거로서 인정된다. 그런 반면에 재화를 강탈하지 않고 다른 방식으로 취득하는 행위는 가장 부강(富强)한 남자에게 어울리지 않는 부끄러운 짓이라고 괄시되기 시작한다. 생산업이나 사역[5]도 부끄러운 짓이라고 괄시된다. 그리하여 훈업은 한편으로는 강탈·강취와 차별되기 시작하고 다른 한편으로는 생산업과 차별되기 시작한다. 노동은 괄시당하는 만큼 넌더리나는 노역의 성질을 획득한다.

원시 야만인의 관점에서 "명예롭다"라는 형용사는, 그것의 단순한 내용이 여러 갈래로 분화하면서 계통상 동일한 관념들을 덧생장시키는 바람에 모호해지기 전까지, 오직 우세한 힘의 발휘만 의미했을 것이다. "명예롭다"는 "두렵다"를 의미했을 것이고, "유가치하다"는 "무척 우세하다"를 의미했을 것이다. 명예로운 행위는, 요컨대, 성공했다고 인정받는 공격 행위에 불과하다. 공격은 남자들이나 짐승들을 상대하는 싸움이라

---

5) 使役(personal service): 이 용어는 '개인에게 예속·종속되거나 고용·채용되어 그를 떠받들거나 섬기거나 시중하거나 수발하거나 보좌하거나 수행하느라 그의 지시, 명령, 분부 따위를 이행하는 가노(家奴), 노비(奴婢), 노복(奴僕), 노예, 도우미, 머슴, 몸종, 보좌인, 부하, 비서, 사동(使童), 사환(使喚), 수발꾼, 수행원(隨行員), 시동(侍童), 심부름꾼, 앞잡이, 집사, 하수인, 하인 같은 일꾼의 노릇, 임무, 소임, 직분, 업무 따위'를 뜻한다.

고 해석되는 곳에서 특별하게 중요시되는 명예로운 활동은 강한 근력을 발휘하는 것이다. 모든 근력 발휘 활동을 인격이나 "의지력"의 발현으로 해석해버릇하는 소박하고 고풍스러운 습관은 이처럼 강한 근력을 찬양하는 인습을 엄청나게 강화한다. 야만부족들뿐 아니라 더 발달한 문화권의 종족들에서도 유행하는 명예로운 칭호들은 이처럼 소박한 명예 관념의 흔적을 공유한다. 족장들을 떠받들고 왕들과 신들을 섬기는 거의 모든 칭호나 존칭은 그것들을 가납(嘉納)하여 듣는 개인에게 특별한 성향을 전가(轉嫁)하는데, 그것은 바로 압도적 폭력과 불가항력적 파괴력을 행사하려는 성향이다. 현대의 더 문명화된 사회들에서도 이런 성향을 전가하는 칭호들이나 존칭들의 기능은 일정하게 유지된다. 이왕이면 더 사나운 맹수들이나 맹금류의 형상을 의전용 문장(紋章)으로 삼으려는 편파적 풍조도 바로 이런 기능을 강화한다.

가치나 명예를 따지는 이런 야만적 풍조가 상식화된 곳에서는 생명을 박탈하는 활동 — 사나운 짐승이나 난폭한 인간처럼 무서운 경쟁자를 살해하는 활동 — 이 최고로 명예롭다. 살해자의 우세한 근력을 표현하므로 고평가되는 이런 활동은 그의 모든 살해 행위에 매력적 가치를 부여할뿐더러 심지어 그의 모든 살해 도구와 보조 도구들에도 그런 가치를 부여한다. 무기들은 명예로운 도구들로 간주되고, 심지어 사냥터나 전쟁터에서 극히 미미한 생명을 빼앗는 무기를 사용하는 직분조차 명예롭다고 인지된다. 그런 동시에 생산업은 괄시받는데, 이런 상식이 통용되는 곳에서 생산도구들과 생산수단들을 사용하는 활동은 강건한 남자들의 품위를 실추시키는 짓이다. 노동은 넌더리나는 노역이라고 통념된다.

***

　여기서 다음과 같은 가설이 제시될 수 있다. 문화의 진화 과정에서 원시 남자 집단들의 평화로운 초기 단계는 전투를 집단의 공공연한 대표적 직업으로 삼는 후속 단계로 변이할 것이다. 그러나 이 가설은 그 집단이 생활의 평화와 선의(善意)를 확고하게 유지한 단계에서 전투를 사실상 최초로 개시한 후속 단계나 더 발달한 단계로 갑자기 변이했을 가능성을 의미하지 않는다. 또한 이 가설은 원시 문화가 약탈 문화로 변이하면 모든 평화로운 생산업이 사라져버린다는 것을 의미하지도 않는다. 사회 발달의 모든 초기 단계에서는 싸움은 얼마간 발생하기 마련이다. 짝짓기(sexual) 경쟁은 싸움이나 투쟁을 다소 자주 유발했을 것이다. 원시적 인간 집단들의 유명한 습관들뿐 아니라 유인원(類人猿)들의 유명한 습성들도 이런 사연을 예시한다. 또한 인간 본능을 자극하는 유명한 실험의 결과는 이런 사연을 더 확실히 예시한다.

　그래서 다음과 같은 반론도 제기될 수 있다. 앞에서 가설된 바와 같은 평화로운 생활의 초기 단계는 존재할 수 없었다. 왜냐하면 문화의 초기 진화 단계에서는 투쟁이 발생하기 마련이기 때문이다. 그러나 이 반론은 앞에서 제시된 가설의 논지를 헛짚은 것이다. 왜냐하면 그 가설의 논지는 그런 단계에서 전투가 돌발하거나 산발하거나 심지어 다소 습관적으로 빈발한다는 것이 아니라, 호전적 생각 습관이 생성된다는 것이다. 요컨대, 그런 단계에서는 사실들과 사건들을 투쟁의 관점에서 판단해버릇하는 생각 습관이 우세해진다는 것이다. 인간 집단의 약탈 문화는 오직 다음과 같은 조건들에서만 성립한다.

첫째, 집단구성원들의 약탈적 심성이 습관화되어 공인된 정신자세가 되어야 한다.

둘째, 투쟁이 집단에서 통용되는 생활논리의 현저한 특징이 되어야 한다.

셋째, 집단의 상식은 투쟁의 관점에서 남자들과 사물들을 평가하기 시작해야 한다.

그래서 평화로운 문화와 약탈 문화를 가르는 본질적 차이는 기계적 차이가 아닌 정신적 차이이다. 집단생활의 물질적 사실들이 변하면 정신자세도 덩달아 변한다. 그래서 약탈적 심성에 적합한 물질적 환경들이 변하면 그런 정신자세도 서서히 변한다. 약탈 문화의 하한선은 생산업의 한계선이다. 생산업 종사자들의 생존에 필요한 물품뿐 아니라 쟁취해야 하는 부가가치마저 창출할 수 있을 만큼 생산방식들을 효율적으로 발달시키지 않은 여느 집단이나 계급도 약탈을 습관적이고 관행적인 생활방편으로 삼지 못한다. 기술지식의 발달 수준과 도구들을 다루는 솜씨는 평화로운 문화를 약탈 문화로 변이시키는 결정요인이다. 그래서 약탈 문화는 인간을 무서운 동물로 변이시킬 만한 무기들을 발달시키지 못하면 일찍부터 실현될 수 없다. 그리고 일찍이 진행된 도구들의 발달과 무기들의 발달은 당연히 두 가지 다른 관점에서 파악된 동일한 사실이다.

모든 문제를 싸움으로 해결하려는 습관이 남자들의 모든 일상적 생각을 싸움에 몰입시키지만 않으면, 그리고 그런 습관이 남자의 생활을 지배하는 특질로 변이하지만 않으면, 집단생활은 초기의 평화로운 특성을 드러낼 것이다. 어떤 집단이 그런 약탈적 심성을 다소 불완전하게라도 분명히 획득할 수 있다면, 약탈적 아니무스는 그 집단의 생활도식과 행동규범들을 다소나마 통제할 수 있을 것이다. 그래서 약탈 문화는 약탈하려는 성향들, 습관들, 전통들의 누적적 발달 과정에 편승하여 서서히 형성될 것이라고 추정된다. 집단의 생활환경이 변하기 때문에 진행되는 이런 누적적 발달 과정은 평화로운 생활을 발달시키지도 보전하지도 않는다. 이 과정은 오히려 약탈생활에 이바지하는 인간본능의 약탈적 특성들을 발달시키고 보전하며, 그런 생활에 이바지하는 인간행동의 약탈적 전통들과 규범들을 발달시키고 보전한다.

이렇듯 원시 문화의 평화로운 단계가 존재했을 것이라는 가설을 떠받치는 증거들의 대부분은 인종학에서 발견되기보다는 오히려 심리학에서 발견되므로, 여기서 자세히 거론될 수는 없다. 그런 증거들은 인간본능의 오래된 특성들이 현대 문화에도 잔존할 것이라는 가설을 논증하는 후속 단원에서 다시 고찰될 것이다.

제2장
금력 과시 경쟁

　문화의 진화 과정에서 유한계급의 출현 시점과 사유권의 발생 시점은 일치한다. 두 시점은 필연적으로 일치할 수밖에 없다. 왜냐하면 유한계급 제도와 사유권 제도는 동일한 경제력의 결과들이기 때문이다. 그래서 발달 초기 단계의 두 제도는 사회를 구성하는 동일한 일반적 사실들의 두 가지 다른 측면에 불과하다.

　이 단원에서 고찰될 유한계급의 여가와 사유권은 사회구조의 기본요소들이자 관습적 사실들이다. 습관적 직무태만은 유한계급을 성립시키지 않는다. 단순히 재화를 이용하고 소비한다는 기계적 사실도 사유권을 성립시키지 않는다. 그러므로 이 단원의 관심사는 직무태만의 기원도 아니고, 유용한 물품들이 사사롭게 소비되기 시작한 시점도 아니다. 이 단원은 한편으로는 관습화된 유한계급의 기원과 본성에 초점을 맞추면서 다른 한편으로는 관습화된 권리나 정당한 사용권(使用權)으로 간주되는 사유권의 기원들에 초점을 맞춘다.

　유한계급과 노동계급의 차별을 유발한 초기의 구분선은 야만 문화의 초기 단계에서 유지되는 남자들의 업무와 여자들의 노동을 가르는 구분선이다. 마찬가지로 사유권의 최초 형식은 공동체의 여자들을 사사로이 소유할 수 있는 강력한 남자들의 사유권이다. 이 사실들이 더 일반적인 용어로, 그리고 야만적 생활논리의 취지에 더 어울리게, 표현될 수 있다면, '남자의 여자 사유권'이라고 통칭될 수 있을 것이다.

여자들을 점유하는 관습이 생기기 전에 유용한 물품들을 점유하는 관습은 분명히 존재했다. 이렇게 보는 견해의 증거들은 여자 사유권을 전혀 인정하지 않는 현존하는 오래된 공동체들에서 유지된 관행들이다. 그런 모든 공동체의 남녀를 불문한 모든 구성원은 다양한 용품들을 사사로이 습관적으로 점유하고 사용한다. 하지만 그런 공동체들에서 그런 용품들은 그것들을 점유하여 소비하는 개인의 사유물들이라고 생각되지 않는다. 몇몇 사소한 개인용품을 습관적으로 점유하고 소비하는 관행은 사유권을 문제시되게 만들지 않고도 유지된다. 그러니까 이 관행은, 요컨대, 사유권과 무관한 개인용품들의 관습화된 정당한 사용권을 문제시되게 만들지 않는다.

여자 사유권은 야만 문화의 초기 단계들에서 여성을 강탈하여 포로로 삼는 관행과 함께 탄생했을 것이 확실하다. 여자들을 강탈하여 점유하는 관행을 탄생시킨 것은 전리품으로써 이용될 수 있는 여자들의 유용성이 없을 것이라고 추정된다. 적대하는 공동체의 여자들을 강탈하여 전리품으로 삼는 관행은 사유-결혼(私有-結婚)의 형식을 발생시켰고 마침내 남자가부장의 통솔을 받는 가족을 탄생시켰다. 이 과정에서 확대된 노예제도는 여자들뿐 아니라 다른 포로들과 하층민들에게도 적용되었고, 그것과 함께 확대된 사유-결혼제도는 적대하는 공동체에서 강탈된 여자들뿐 아니라 소속 공동체의 다른 여자들에게도 적용되었다. 그리하여 약탈 생활 환경에서 진행된 경쟁은 한편으로는 강제 결혼 관습을 유발했고 다른 한편으로는 사유권을 공인하는 관습을 유발했다. 이 두 가지 관습적 제도는 최초 발달 단계에서는 구별되지 않는다. 왜냐하면 두 제도 모두 자신의 훈업을 얼마간 지속적으로 과시하여 자신의 용맹성을 증명하려는 성공한 남자들의 욕망의 발로이기 때문이다. 또한 두 제도는 똑같이 모든 약탈공동체에 만연하는 지배 성향에도 이바지한다. 여자 사유권에서 출발한 사유권의 개념은 여자들의 생산품을 사유할 권리마저 포함하는 개념으로 자연스럽게 확대되었고, 마침내 인간들을 사유한 권리뿐 아니라 물건들을 사유할 권리마저 발생시킨다.

이런 과정에서 일관된 재화 소유 체계가 서서히 성립한다. 그리하여야만 문화의 최종 발달 단계에서는 소비될 수 있는 재화의 유용성이 재화의 가치를 결정하는 가장 중뿔난 요소로써 인식되기 시작했지만, 그래도 재력은 여전히 재력 사유자의 우세를 증명하는 명예로운 증거로서 유용성을 결코 상실하지 않는다.

＊＊＊

사유권 제도가 발견되는 모든 곳에서는, 그것이 아무리 미진해도, 경제적 과정은 재화를 사유하려는 남자끼리 벌이는 투쟁의 성격을 띤다. 경제론은 이런 재력투쟁(財力鬪爭)을 사실상 생존투쟁으로 해석해버리는 습관에 물들었는데, 특히 근대화된 고전 경제론들을 철두철미하게 신봉하는 경제학자들은 이런 해석 습관에 더 심하게 찌들었다. 그러나 생존투쟁은 대체로 비효율적인 초기 생산업들의 특성이 확실하다. 그것은 생계 수단을 얻으려고 부단히 과로해야 하는 공동체의 빈궁한 생활마저 겨우 용납할 정도로 몹시 "척박한 자연" 환경에서 속행되는 모든 생산업의 특성이기도 하다. 그러나 오늘날 모든 진보하는 사회는 이런 기술 발달의 초기 단계를 뛰어넘어 발전한다. 생산업 종사자들에게 그들의 헐벗은 생활 수준을 상당히 향상시킬 만한 것을 제공할 만큼 생산업의 효율성도 향상된다. 이런 새로운 생산 조건에서 더욱 치열해진 재력투쟁이 생활 편의 용품을 더 많이 사유하려는 경쟁이라고 설명되어도, 그리고 근본적으로는 재화를 소비하여 누릴 수 있는 신체적 안락을 증진하려는 투쟁이라고 설명되어도, 경제론의 관점에서는 여태껏 이상하게 보이지 않았다.

재화를 취득하고 축적하는 행위의 목적은 축적한 재화를 소비하는 것이라고 관습적으로 주장된다. 물론 이런 소비는 재화 사유권자의 직접 소비일 수도 있고, 그에게 의탁하는 가족의 소비일 수도 있으며, 이론상 그와 동일시되는 식솔들의 소비일 수도 있다. 하여튼 이런 소비는 재화 취득의 경제적이고 합법적인 목적이라고 인지되지만, 오직 이론적으로만 감안되어야 할 것이다. 이런 소비는 당연히 소비자의 육체 안락 욕구를 포함하는 육체적 욕구들에 부응하든지, 아니면, 소비자의 정신적·심미적·지성적 욕구나 여타 욕구를 포함한 이른바 고상한 욕구들에 부응할 것이라고 추정될 수 있다. 특히 경제문건의 모든 독자에게 익숙한 '유행대로 재화를 낭비하는 행태'는 이런 고상한 욕구들을 에둘러 충족시킬 것이라고 추정될 수 있다.

그러나 재화 축적 의욕을 부단히 자극할 수 있다고 평가될 수 있는 재화 소비의 의미는 결코 순진하게 이해되지 말아야 한다. 사유권을 발생시킨 근본 원인은 경쟁이다. 그리고 경쟁의 근본 원인은 사유권 제도를 탄생시켜서 부단히 발달시킬뿐더러 사유권 제도의 영향을 받는 사회구조의 모든 특징마저 계속 발달시킨다. 재력 사유자는 명예를 부여받는다. 왜냐하면 재력 사유는 차별 요소이기 때문이다. 무엇보다 이런 논법이야말로 재화 소비를 가장 적절하게 설명할 수 있고, 상상 가능한 다른 모든 재화 취득 욕구마저 가장 적절하게 설명할 수 있을뿐더러, 특히 재력을 축적하려는 모든 욕구마저 가장 적절하게 설명할 수 있다.

거의 모든 재화를 사유재산으로 공인하는 사회에서는 '절박한 생계의 필연성'이 '상대적으로 빈곤한 구성원들의 강력하고 항구적인 행동 원인'이라는 사실은 당연히 무시될 수 없다. 생존 욕구나 육체 안락 욕구는 육체노동에 습관적으로 종사하고 불안정한 생계 기반을 걱정하며 재화를 거의 축적하지도 못한 빈곤계급들의 재화 취득 의욕을 당분간 자극하는 우세한 원인일 수 있다. 그러나 앞으로 시도될 논증에서 드러나겠지만, 심지어 이런 빈곤계급들에서도 육체 욕구를 자극하는 원인이 때때로 추정되는 만큼 확실하게 우세하지는 않다. 그런 한편으로 재력축적에 관심을 집중하는 사회 구성원들과 사회 계급들에서는 생존 욕구나 육체 안락 욕구가 결코 중요한 역할을 하지 않는다. 사유권은 최저 생존 조건과는 무관한 환경에서 탄생하여 인간의 제도로서 성장했다. 우세한 원인은 처음부터 재력을 기준으로 차별하려는 욕구였다. 그래서 향후에 진행된 모든 발달 단계에서도 잠시 위세를 떨친 예외적 욕구를 제외한 다른 여느 욕구도 이런 재력 차별 욕구의 권좌를 찬탈하지 못했다.

재산은 원래 약탈을 성공한 집단의 전리품으로서 간수된 노획물이었다. 약탈을 감행한 집단이 원시공동체와 별로 다르지 않은 한에서, 그리고 여타 적대하는 집단들과 밀접한 관계를 계속 유지하는 한에서, 사유물들의 유용성이나 사유화된 인간들의 유용성을 결정한 요소는 대체로 그것들의 사유자와 그것들을 약탈당한 적대하는 집단을 비교하여 차별하는 관행이었다. 개인 이익들과 개인의 소속집단 이익들을 구분하는 습관은 확실히 더 늦게 발달한다. 원시공동체 같은 집단에서 명예로운 전리품의 사유자와 그것을 소유하지 못한 이웃들을 비교하여 차별하는 관행은 사유물들의 유용성을 결정지은 요소로서 오래전에 출현한 것이 확실하다. 하지만 그런 관행이 처음부터 사유물들의 가치를 결정지은 중대한 요소는 아니었다. 남자의 용맹성은 아직 근본적으로 소속집단의 용맹성이었고, 약탈품의 소유자는 소속집단의 명예를 지키는 제1수호자라고 자부했다. 공동체의 관점에서 약탈을 고평가하여 훈업으로 인식해버릇하는 이런 습관은 사회 발달의 후기 단계들에서도 발견된다. 이런 습관은 특히 전쟁의 명예를 존중하는 습관과 상통한다.

그러나 사유권을 인정하는 관습이 일관성을 획득하기 시작하면, 사유재산을 떠받친 차별용 비교를 인정하던 관점은 곧장 변하기 시작할 것이다. 한 가지 변화는 사실상 다른 변화의 반영에 불과하다. 사유권의 초보단계는 재화를 노골적으로 강탈하고 횡령하여 취득하는 단계이다. 이런 단계는 포로들의 사유재산을 기반으로 형성된 초기 생산조직의 후속 발달 단계로 변이하기 시작한다. 그러면 약탈적 유목 집단은 얼마간 자급자족하는 생산공동체로 발달하고, 그들의 소유물은 성공한 약탈의 증거들로 평가되기는커녕 오히려 그것들의 소유자가 소속 공동체의 다른 개인들보다 우월하다는 사실의 증거들로 평가되기 시작한다. 그런 차별용 비교습관은 이제 가장 먼저 소유자와 소속집단의 다른 구성원들을 비교하는 관행으로 변한다. 재산은 아직 전리품의 성격을 띤다. 그러나 문화가 발전하면, 재산은 외견상 평화로운 유목 생활 방식을 준수하는 집단의 구성원끼리 더 많은 재물을 사유하려고 벌이는 경쟁에서 이긴 구성원들의 전리품으로 차츰 변해간다.

공동체의 일상생활에서, 그리고 남자들의 생각 습관 속에서, 생산활동이 약탈 활동을 서서히 제거하면, 축적된 재산은 약탈적 훈업의 전리품을 대신하여 우세와 성공을 대변하는 관습적 징표로 차츰 변해간다. 그렇게 정립된 생산업이 발달하면, 재력은 그것의 사유자에게 부가되는 명예와 존경의 관습적 근거로서 상대적 중요성과 효력을 획득한다. 재력은 용맹성을 더 직설적으로 표시하는 또 다른 증거로서 계속 존경받는다. 성공한 약탈 공격이나 호전적 훈업은 군중의 환호와 찬사를 계속 촉발하든지, 아니면, 좌절한 경쟁자들의 질투심을 계속 자극한다. 그러나 우세한 실력을 이렇게 직접 과시하여 차별 요소를 획득할 수 있는 기회들의 영역도 발생빈도도 점점 감소한다. 그런 동시에 생산적 공격을 감행할 기회들의 범위와 가용성은 증가하고, 외견상 평화로운 유목 생산 방식들로 재산을 축적할 기회들의 범위와 가용성도 증가한다. 그러면 이제 재산은 심지어 영웅의 위업이나 대업(大業)과 구별되는 명예로운 성공의 증거로서 가장 쉽게 인정받을 만큼 더욱 중요시된다. 그리하여 재산은 그것의 사유자를 떠받드는 존경의 관습적 근거로서 공인된다. 이제 공동체에서 조금이라도 명예를 누리려는 구성원은 반드시 일정한 재산을 사유해야 한다. 명예를 획득하는 구성원은 반드시 재산을 취득하고 축적해야 한다. 축적된 재화가 이렇게 능력의 징표로서 일단 공인되자마자 재력의 사유는 사유자에게 쏠리는 존경심의 독립적이고 확실한 근거를 표시할 것이라고 추정되기 시작한다. 누구라도 능력을 직접 발휘하여 공격적으로 재화를 취득하든, 아니면, 타인들한테서 증여받거나 상속받아 수동적으로 재화를 취득하든, 하여간 그가 재화를 사유했다는 사실은 그가 누릴 수 있는 명예의 관습적 근거로서 공인된다. 애초에는 단순히 능력의 증거로만 평가된 재력의 사유는, 인민의 관점에서는, 칭찬받을 만한 자연스러운 행위로 보이기 시작한다. 재력은 이제 본디 명예를 타고나는 것이라고 공인되면서 재력 사유자에게 명예를 부여한다. 이런 평가가 더욱 정교해지면, 직계 조상이나 방계 조상의 재산을 상속받아 수동적으로 취득한 개인의 재력이 오직 자력으로 재산을 취득한 개인의 재력보다 오히려 더 명예롭다고 평가되기 시작한다. 그러나 이런 차별 관습은 금력 과시 문화(pecuniary culture)의 후기 발달 단계에 속하므로, 이런 차별 관습의 위상은 나중에 고찰될 것이다.

　재력의 사유가 비록 평범한 명예와 지탄받지 않는 사회적 위상의 근거로 공인되었더라도, 용맹성과 훈업은 여전히 그것들을 최고로 평가하는 인민의 존경심을 유발하는 이유로서 잔존할 수 있다. 약탈 본능은 약탈 능력을 인정하는 심성을 조장한다. 이런 본능과 심성은 장기간 유지된 약탈 문화의 원칙대로 생활한 인간들의 생각 습관에 깊숙이 스며든다. 전쟁에서 굉장한 약탈 능력을 발휘하거나 정치에서 유사(類似)-약탈 능력을 발휘하는 인간이 획득하는 명예들이야말로 인간 세상에서 가장 높은 명예들일 수 있다고 여전히 널리 인식된다. 그러나 일정한 명예를 공인받는 사회적 지위의 목적들 때문에 이런 명예 획득 방법들은 재화를 취득하고 축적하는 방법들로 대체되었다. 초기 약탈 단계의 야만 부족에서는 남자가 명예로운 사회적 지위를 차지하려면 부족의 기준에 부합하는 신체의 강인성, 지략, 무력을 반드시 겸비해야 했듯이, 재력을 기준으로 명예를 평가하는 사회에서 명예로운 지위를 차지하려는 구성원은 재력의 다소 막연하나마 일정한 관습적 기준을 반드시 충족해야 한다. 한편에서는 일정한 재력이 다른 한편에서는 일정한 용맹성이 명예의 필수조건이므로, 보통 수준을 상회하는 재력이나 용맹성은 칭찬받을 만한 명예로운 것이라고 인식된다.

소속 사회에서 공인되는 이처럼 다소 막연한 보통 수준에 미달하는 용맹성이나 재산을 사유한 구성원은 동료 남자들의 존경을 받기 어렵기 때문에 결국 그의 자존심도 상처를 입는다. 왜냐하면 개인의 자존심은 대체로 그를 향한 이웃들의 존경심에서 생겨나기 때문이다. 오직 비상한 기질을 타고난 개인들만이 동료들한테 멸시당해도 오랫동안 자존심을 지킬 수 있다. 물론 그런 기질을 타고나지 않아도 그런 처지에서 자존심을 오랫동안 지키는 예외자들도 분명히 존재하는데, 특히 강력한 종교적 확신의 소유자들은 더 오래 더 꿋꿋하게 자존심을 지킨다. 그러나 이런 분명한 예외자들 중에도 진정한 예외자는 드물다. 왜냐하면 그들은 대체로 자신들의 행동이 어떤 초자연적 목격자한테 승인받을 것이라고 확신하는 상상에 의존하기 때문이다.

그러므로 재산 사유는 존경의 근거로 널리 공인되자마자 자기만족감의 필수조건으로 변한다. 그런 자기만족감이 이른바 자존심이다. 재화 사유권을 인정하는 모든 사회에서 개인은 적어도 자신과 같은 계급으로 분류되는 타인들 못지않게 많은 재화를 사유해야만 비로소 안심할 수 있다. 그래서 이런 사회에서는 타인들의 재화보다 조금이라도 더 많은 재화를 사유하는 개인의 심정은 최고로 유쾌해진다. 그러나 개인이 새로운 재화를 취득하면서 재력의 새로운 기준을 유발해버릇하는 습관에 물들면, 그때부터 새로운 기준은 이전의 기준이 그에게 안겨주던 것보다 현저히 더 큰 만족감을 그에게 안겨주지 않기 시작한다. 여느 경우에나 이런 추세는 현존하는 금력 기준을 새로운 재력 증강의 출발점으로 부단히 변질시킨다. 그러면 만족의 새로운 기준을 발생시키는 이런 추세는 이웃들의 금력을 자신의 금력과 비교하는 개인의 새로운 금력 분류법을 발생시킨다. 이 문제와 관련된 한에서, 축재(蓄財)하는 개인의 목적은 금력의 관점에서 사회의 나머지 타인들과 자신을 비교하여 더 높은 지위를 차지하는 것이다. 그런 비교가 자신에게 확실히 불리하다고 생각하는 정상적이고 평균적인 개인은 자신의 당면한 불운을 탓하는 만성적 불만감을 곱씹으며 살아갈 것이다. 그리고 그가 소속한 사회나 사회계급의 평균적 금력 기준으로 인정될 만한 기준을 충족하면, 그의 만성적 불만감은 그의 금력과 이런 평균적 금력 기준의 격차를 점점 넓게 벌리려는 불안한 긴장감으로 변할 것이다. 차별용 비교는 그것을 실행하는 개인에게는 결코 유리할 수 없다. 왜냐하면 그는 금력으로써 명예를 다투는 경쟁자들보다 상대적으로 훨씬 유리한 고지에 자신을 기꺼이 올려놓지 않을 것이기 때문이다.

재력의 본성상 그것을 추구하는 여느 개인의 욕망도 충족되기 어렵고, 그것을 추구하는 평균적이거나 일반적인 욕망의 충족은 확실히 아예 불가능할 것이다. 더구나 재력이 아무리 광범위하게, 혹은 평등하게, 혹은 "공정하게" 분배될 수 있어도, 그리고 사회의 보편적 재력이 아무리 증강되어도, 모든 타인보다 더 많은 재화를 축적하려는 모든 사람의 욕망에서 생겨나는 이런 축재 욕구를 거의 충족시키지 못한다. 때때로 추정되듯이, 만약 생존 욕구나 육체 안락 욕구가 축재의 원인이라면, 생산 능력을 발전시킨 사회는 모든 구성원의 경제적 욕구를 얼마간 충족시킬 것이라고 추정될 수 있을 것이다. 그러나 재력투쟁은 본질적으로 차별용 비교 습관대로 명예를 추구하는 경쟁이기 때문에 어떤 경쟁자도 확실한 명예를 획득하지 못할 것이다.

그렇지만 오직 금력으로써 우월한 지위를 차지하여 동료 남자들의 존경과 선망을 받으려는 이런 욕망만이 재력을 취득하고 축적하려는 의욕을 자극하는 것은 아니다. 현대 산업사회에서는 가난을 벗어나려는 욕망뿐 아니라 더 많은 안락과 안정을 추구하려는 욕망도 축적 과정의 모든 단계에서 축재 의욕을 자극한다. 그러나 이런 욕망들의 충족 기준은 이제 금력을 과시하려는 경쟁 습관의 영향을 매우 많이 받기 시작한다. 이런 금력 과시 경쟁이 바로 개인의 안락과 버젓한 생활에 요구되는 소비 방식들의 대부분을 규정하고 소비품들의 대부분을 선정한다.

게다가 금력에서 발생하는 권력도 금력 과시 경쟁을 자극한다. 행위자의 성격을 타고나서 중대한 활동을 편애하고 모든 헛된 노력을 혐오해 버릇하는 심성에 물든 남자는, 개인 생활과 밀접한 집단과 개인을 분류하지도 차별하지도 않는 유대감에 의존하여 생활하는 소박한 공동체문화를 벗어나도, 그런 심성을 버리지 못한다. 그가 협소한 이기심에 휘둘리는 약탈생활을 시작하면, 이런 심성은 그의 생활도식을 규정하는 우세한 특성으로서 그를 계속 따라다닌다. 성취를 편애하고 헛수고를 혐오하는 심성은 근본적인 경제적 욕구로서 잔존한다. 그런 심성은 설령 변하더라도 완전히 변하지 않고 단 두 가지만 변할 따름이다. 첫째, 그런 심성의 표현형식이 변한다. 둘째, 그런 심성에 물든 남자의 활동을 집중시킬 수 있는 대상들이 변한다. 사유권을 공인하는 체제에서는 재화를 취득하고 축적하는 행위가 어떤 목적의 과시적 달성에 가장 쉽게 이용될 수 있는 수단을 제공한다. 또한 남자끼리 벌이는 자존심 대결이 더 확연하게 의식될수록, 성취를 편애하는 심성 — 기량 발휘 본능 — 은 상대방의 금력보다 더 우세한 금력을 획득하려는 긴장감에 점점 더 쉽게 사로잡힌다. 자신의 금력을 다른 남자들의 금력과 비교하여 더 명예롭게 보이려고 검증받는 남자의 상대적 성공은 남자 행위의 관습적 목적이 된다. 금력 과시 경쟁의 공인된 합법적 목적은 다른 남자들의 금력과 자신의 금력을 비교하여 자신을 더 명예롭게 보이려는 남자의 성과가 된다. 그래서 헛수고를 혐오하는 심성은 금력 과시 경쟁을 유발하는 원인과 밀접하게 유착한다. 그런 심성은 금력 과시의 성공 기준에 미달하는 상대방의 모든 결점을 들춰내고 그것들의 모든 증거를 신랄하게 비난하면서 금력의 명예를 추구하는 경쟁을 격화시킨다. 목적 달성용 노력은 이제 무엇보다도 축적한 재력을 더욱 명예롭게 과시하려는 노력, 아니면, 그런 과시로서 마무리되는 노력을 의미하기 시작한다. 그래서 재력을 축적하려는 남자들의 욕구를 자극하는 원인들 중에 가장 광범하고 강력한 원인은 언제나 이런 금력 과시 경쟁을 유발하는 원인에 포함된다.

여기서 내가 새삼 강조하지 않아도 무방하겠지만, 이 단원에서 사용된 "차별용"이라는 낱말은 그것이 형용하는 현상들을 칭찬하거나 비하하거나 권장하거나 개탄하려는 의도를 일절 포함하지 않는다. 이 낱말은 각자의 상대적 재산이나 가치를 비교하여 — 심미적 소양이나 도덕적 소양을 비교하여 — 각자의 지위와 등급을 판정하고, 자신에게도 타인들에게도 합법적으로 기대될 수 있을 상대적 자기만족도(自己滿足度)를 부여하여 규정하려는 개인들의 비교 습관을 묘사하는 기법의 일환으로 사용되었다. 그래서 차별용 비교는 개인들의 가치를 평가하는 과정이다.

제3장
과시적 여가

만약 앞에서 대략적으로 묘사된 남자들의 금력 과시 경쟁이 다른 경제적 능력들 때문에, 아니면, 경쟁 과정의 다른 특징들 때문에 교란되지 않았다면, 이 경쟁의 직접 효과는 남자들을 생산적이고 검소한 인간들로 변화시켰을 것이다. 이런 변화는 흔히 생산노동으로써 재화를 획득하는 하류계급에서는 얼마간 실현된다. 특히 정착 농업사회의 노동계급들에서는 이런 변화가 더 확실하게 실현된다. 이런 사회에서 재산은 상당히 세분되고 법률과 관습은 노동계급에게 생산물의 일정량을 다소나마 공유할 권리를 보장해 준다. 이들 하류계급은 어떤 경우에도 노동을 면제받지 못하기 때문에 노동의무는 이들의 가치를 별로 훼손하지 않는데, 적어도, 소속 계급의 내부에서는 확실히 그렇다. 오히려 노동은 이들의 공인된 생활 방식이기 때문에 이들은 각자의 노동력에 어울리는 명예를 얼마간 경쟁적으로 추구한다고 자부한다. 이것은 대체로 노동계급에게 용납되는 유일한 경쟁이다. 노동계급은 오로지 생산능력을 발휘하고 근검절약해야만 재화를 취득하여 축적할 수 있기 때문에, 명예를 추구하는 금력 과시 경쟁은 그들의 근면성과 절약 성향을 얼마간 증강하는 효과를 발휘할 것이다. 그런데 나중에 고찰될 경쟁 과정의 몇몇 부수적 특징은 열세한 금력을 가진 계급들의 경쟁 방향뿐 아니라 우세한 금력을 가진 계급들의 경쟁 방향마저 매우 구체적으로 제한하거나 변경하기 시작한다.

그러나 우리가 지금부터 살펴볼 우세한 금력계급의 양상은 사뭇 다르다. 물론 이 계급의 근면성과 절약 성향을 발동시키는 원인도 아예 없지는 않다. 그러나 금력 과시 경쟁의 부수적 요건들이 이 계급의 행동을 워낙 엄밀하게 제한하기 때문에, 모든 절약 성향은 실질적으로 억제되고, 근면성을 발동시키는 모든 원인은 무효해지기 십상이다. 이런 부수적 요건 중에 가장 불가피하면서도 가장 광범한 것은 생산노동에 불참해야 한다는 것이다. 이것은 야만 문화에는 특히 정확하게 부합하는 요건이다. 약탈 문화의 남자들은 노동을 허약성에 결부하고 주인에게 조아리는 노예의 복종에 결부하여 생각해버릇하기 시작한다. 그래서 노동은 열등성의 표시로 간주되면서 최상계급의 남자에게는 부적합한 부끄러운 짓이라고 인식되기 시작한다. 노동을 저열한 활동으로 인식시킨 이런 전통은 여태껏 절대로 사라지지 않았다. 사회가 점점 분화하는 과정에서 이 전통은 오히려 의심을 불허하는 유구한 관습으로서 공인되는 바람에 공리(公理)의 강제력마저 획득했다.

재력이나 권력을 단순히 사유하기만 하는 남자는 다른 남자들의 존경심을 충분히 얻지도 유지할 수도 없다. 재력이나 권력은 증거로서 제시되어야 한다. 왜냐하면 오직 증거만이 존경받기 때문이다. 그래서 재력의 증거는 재력 사유자의 중요성을 타인들에게 각인시키고 그의 중요성을 인지하는 타인들의 감각을 생생하게 고스란히 유지시킬뿐더러 그의 자기만족감을 고양하여 보존하는 데도 어지간히 유용하다.

문화의 최초 단계를 제외한 모든 단계에서 정상적인 성년 남자가 "버젓한 환경과 인맥"에 둘러싸이고 "비천한 임무들"을 면제받으면 그의 자존심은 안도하면서 고양된다. 그는 자신의 습관적 체면 기준에 미달하는 생활용품들을 억지로 사용해야 하거나 그런 기준에 미달하는 가치를 가진 일상적 활동들을 억지로 수행해야 하는 처지로 내몰리면 심지어 동료들한테 인정받을지 비난받을지 알려고 모든 촉각을 곤두세우기도 전부터 이미 자신의 인간적 존엄성이 모욕당했다고 느낀다.

남자의 비천한 생활 방식과 명예로운 생활 방식을 이론적으로 차별해버릇하는 오래된 생각 습관은 오늘날에도 대단한 위력을 발휘한다. 그래서 비천한 노동을 보며 본능적 혐오감을 느끼지 않는 상류계급은 드물다. 우리의 생각 습관이 비천한 머슴살이에 결부해버리는 직업들도 있는데, 우리의 감각은 그런 직업들에 특유하게 부속하는 의례적 불결성(不潔性)을 실감한다. 고상한 취미를 즐기는 모든 개인의 감각은 머슴들에게 관습적으로 요구되는 특정한 임무들과 정신적 오염의 불가분성(不可分性)을 느낀다. 저열한 환경과 인맥, 비천한 싸구려 습관들, 비속한 생산업들은 곧바로 비난받고 기피된다. 그것들은 최고 수준의 정신생활, 즉 "고상한 생각"과 양립할 수 없다고 인지된다. 고대 그리스 철학자들의 전성시대부터 현재에까지 사려(思慮)할 줄 아는 남자들은 인간이 고귀하거나 우아한 생활을 누리려거나 심지어 결백한 생활을 누리려면 두 가지 조건을 겸비해야 한다고 인정했다. 두 조건 중 하나는 일정한 여가를 누려야 한다는 것이고, 다른 하나는 인생의 당면한 일상적 목적들에 부응하는 생산과정들과 접촉해야 하는 활동을 면제받아야 한다는 것이다. 모든 문명화된 남자의 관점에서 여가를 누리는 유한생활(有閑生活)과 그런 생활의 결과들은 우아하고 고상하게 보인다.

재력을 표시하는 여가의 가치뿐 아니라 재력을 표시하는 다른 증거들의 가치도 이렇듯 솔직하게 주관적으로 평가되지만 대부분은 확실히 부수적이고 파생적인 것이다. 이런 가치의 일부분은 타인들의 존경심을 획득하는 수단으로써 이용될 수 있는 여가의 유용성을 반영하고, 다른 부분은 심리적 대체 작용의 결과이다. 노동 행위는 열등한 능력의 관습적 증거라고 인식되었다. 그래서 노동 행위는, 그것에 얽힌 모든 사연을 일거에 생략당하면서, 본질상 비천하다고 직관된다.

본격적 약탈 단계에서, 그리고 특히 그런 약탈 단계에 후속하는 생산업의 외견상 평화로운 초기 발달 단계들에서, 여가를 누리는 생활은 금력을 가장 편리하게 가장 확실히 증명하므로 우세한 능력마저 가장 편리하게 가장 확실히 증명한다. 그런데 이런 증명은 오직 유한계급의 남자가 언제나 명백히 한가롭고 안락하게 생활할 수 있어야만 가능하다. 이런 단계에서 재산의 대부분은 노예들이고, 재력과 권력의 사유자에게 돌아가는 부가(附加) 이득의 대부분은 노예들의 사역과 그런 사역의 직접 산물들이다. 그래서 과시적 무노동(無勞動)은 우세한 금력의 성취를 과시하는 관습적 표시가 되고 명예의 관습적 지표가 된다. 그런 반면에 생산노동은 가난과 복종의 징표로 간주되어 사회에서 명예로운 지위에 어울리지 않는 일로서 공인된다. 그리하여 유행하는 금력 과시 경쟁은 생산 습관과 근검절약 습관을 일률적으로 조장하지 않는다. 이런 경쟁은 정반대로 생산노동을 에둘러 모욕한다. 설령 문화의 초기 단계에서 형성된 해묵은 전통이 노동을 괄시하지는 않았더라도, 노동은 가난의 증거로서 불명예를 뒤집어쓸 수밖에 없었을 것이다. 약탈 문화의 오래된 전통은 생산 노역을 강건한 남자들에게는 어울리지 않는 부끄러운 일로 인식시킨다. 약탈 생활 방식이 외견상 평화로운 생활 방식으로 변이하는 과정에서 이런 전통은 폐기되기는커녕 오히려 더 강화된다.

비록 유한계급 제도의 탄생 시점이 사유권의 탄생 시점과 일치하지는 않아도, 유한계급 제도는 생산업에 따라붙은 불명예를 빌미로 삼았던 만큼 어떻게든 사유권의 초기 결과들 중 하나로서 탄생했을 것이다. 비록 유한계급은 이론상 약탈 문화의 탄생 시점부터 존재했어도, 약탈 문화가 금력 과시 문화의 단계로 변이하는 과정에서 유한계급 제도의 의미는 갱신되면서 완전해졌다. 이런 사연은 주목되어야 한다. 왜냐하면 바로 이 시점부터 이론상으로도 사실상으로도 "유한계급"이 비로소 존재하기 시작하기 때문이다. 요컨대, 이 시점에서 유한계급 제도가 마침내 완성되었다고 총평될 수 있다.

본격적 약탈생활 단계에서 유한계급과 노동계급을 가르는 구분선은 다소 의례적인 구분선에 불과하다. 강건한 남자들은 자신들의 관점에서 비천한 단순잡무로 인식되는 모든 활동을 멀리하려고 늘 조심한다. 하지만 그들의 활동도 실제로 집단의 생존에 적잖이 이바지한다. 외견상 평화로운 생산업의 후속 단계를 대표하는 일반적 특징들은 '확립된 가노제도(家奴制度)', '가축떼', '목동들과 양치기들로 구성된 노예계급'이다. 여태껏 발전한 생산업 덕택에 공동체는 이제 사냥에 의존하지 않아도, 아니면, 여타 훈업으로 분류되어 마땅할 다른 활동들에 의존하지 않아도, 생계를 유지할 수 있다. 바로 이 시점부터 유한계급 생활을 특징짓는 것은 실용적인 모든 직업을 과시적으로 면제받는 관행이다.

　역사상 유한계급 생활의 이런 완성 단계에서 유한계급에게 용납되는 전형적이고 특유한 직업들은 이전 시대의 유한계급에게 용납된 직업들과 대동소이하다. 이런 직업들은 정치, 전쟁, 스포츠, 종교업이다. 까다로운 이론의 자잘한 흠집들을 지나치게 들춰버릇하는 사람들은 아무래도 이런 직업들은 여전히 우연하게 간접으로만 "생산적인" 직업들이라고 주장할 것이다. 그러나 이런 직업들에 종사하는 유한계급의 일반적이고 표면적인 욕구는 생산노동으로써 재력을 증강하려는 욕구가 분명히 아니다. 문화의 다른 모든 단계와 마찬가지로 이런 단계에서도 정치와 전쟁은, 적어도 부분적으로는, 종사자들의 금력을 증강시키기 때문에 속행된다. 하지만 그것은 약탈이나 횡령처럼 명예롭다고 인식된 방법으로 증강된 금력이다. 이런 직업들은 약탈 본능의 발로들이므로 생산업종에 포함되지 않는다. 사냥은 이런 직업들과 엇비슷하면서도 다르다. 사냥 생활의 본격 단계를 벗어난 공동체에서 사냥은 두 가지 다른 직업으로 분화하여 서서히 변이한다. 두 직업 중 하나는 주로 이득을 노리는 교역이다. 그러나 사냥이 교역으로 변이하면 훈업의 요소를 사실상 잃어버리든지, 아니면 적어도 돈벌이용 생산업이라고 비난받을 만한 활동의 요소를 충분히 씻어내지 못한다. 사냥의 또 다른 변종은 스포츠인데, 이것은 단순히 약탈 충동을 표출하는 활동에 불과하다. 스포츠용 사냥은 금력을 취득하려는 확연한 욕구를 결코 자극하지는 않지만, 다소 확실한 훈업의 요소를 포함한다. 발달한 유한계급의 생활도식에 포함되면 칭찬받고 당연시될 수 있는 유일한 사냥도 '손재주로 간주되어 비난받을 만한 모든 요소를 깨끗이 떨쳐버린 스포츠용 사냥'이다.

　무노동은 명예롭거나 칭찬받을 만한 처신이라고 인식되면서부터 곧바로 체면 유지용 필수 행동이라고 인식되기 시작한다. 축재의 초기 단계들에서 재산을 명예의 근거로 강조하는 고집은 매우 순진하고 아주 오만하다. 무노동은 재력의 관습적 증거이므로 사회적 지위의 관습적 징표이다. 재력의 장점을 강조하는 이런 고집은 여가를 훨씬 더 열심히 강조하는 고집을 초래한다. 사물에 붙은 표시의 속성은 사물의 속성이다.[6] 견고한 인간 본성의 법칙에 종속하는 규범은 재력의 관습적 증거를 즉각 포착하여 남자들의 생각 습관에 각인시킨다. 그런 습관에 물든 남자들은 재력의 관습적 증거야말로 본질적으로 유가치하며 고귀한 어떤 것이라고 생각해버릇한다. 그러나 생산노동이 똑같은 규범대로 비슷한 과정을 거쳐 남자들의 생각 습관에 각인되면 이중적 의미에서 본질적으로 무가치해진다. 규범은 마침내 노동을 사회적으로 불명예스럽게 인식되도록 만들어버리는 동시에 고귀하고 자유로운 남자에게는 도덕적으로 용납될 수 없을뿐더러 유가치한 생활에도 어울리지 않는다고 인식되도록 만들어버린다.

노동을 금기시하는 이런 터부(taboo)의 영향력은 생산계급들마저 분화시킨다. 인구밀도가 상승하고 약탈 집단이 정착 산업공동체로 성장하면, 사유권을 제어하는 공권력 및 관습들의 적용 범위와 일관성이 증가한다. 그러면 이제 단순히 강탈만 일삼는 남자들의 축재는 실제로 불가능해지는데, 이런 맥락에서, 고상하되 가난한 남자들은 생산업에 종사해도 재력을 취득할 수 없다. 그들은 빌어먹거나 굶주릴 수밖에 없다. 그래서 과시적 여가의 규범(canon)이 여가 과시 풍조를 산출할 만한 모든 곳

---

6) Nota notae est nota rei ipsius: 고대 그리스 철학자 아리스토텔레스(Aristoteles, 서기전 384~322)의 삼단논법(연역법)에서 유래한 이 문장은 '서술어의 속성은 주어의 속성이다'라고 번역될 수도 있다. 이런 맥락에서 이 문장은 '여가는 재력의 증거이고, 재력은 명예의 증거이므로, 여가는 명예의 증거이다'를 의미한다.

에는 이류(二流)유한계급이 출현할 것이다. 겉만 번지르르한 가짜 유한
계급으로 간주될 수 있는 이류유한계급은 궁핍하고 불편한 생계를 불안
하게 이어갈 수밖에 없는 극빈자들이지만 도덕적 수치를 무릅써야 하는
돈벌이용 직업에는 종사하지 않으려고 한다. 과거 한때 과시적 여가를
누리다가 퇴락한 유한계급의 신사숙녀는 오늘날에도 결코 드물지 않다.
육체노동을 극심하게 천시하여 괄시하는 이런 감정은 널리 만연하므로
금력 과시 문화를 아직 발달시키지 않은 종족들에게도 낯설지 않을뿐더
러 모든 문명 종족에게도 낯설지 않다. 유한계급의 행태를 오랫동안 습
관화하면서 까다로운 감수성을 함양한 개인들은 육체노동을 수치스럽
게 느껴버릇한다. 이런 수치감은 심각한 위기 상황에서는 심지어 자기보
존 본능마저 도외시할 정도로 강력해질 수 있다. 그래서 예컨대, 폴리네
시아제도의 몇몇 족장은, 체면을 세워야 하는 연회에서는, 음식을 손수
집어먹느니 차라리 굶어 죽기로 작정했다. 족장의 인격에 따라붙는 과도
한 신성이나 터부가 이런 행태를, 적어도 부분적으로나마, 유발했을 것
이 분명하다. 족장의 손과 접촉한 것은 터부시되었을 것이고, 그런 터부
는 족장의 손과 접촉한 것을 인간의 음식물로 인식되지 않게 했을 것이
다. 그러나 터부는 노동의 무가치성이나 노동의 도덕적 불화합성을 인지
하는 감각에서 자연스럽게 파생한다. 그래서 폴리네시아 족장들의 행태
는, 심지어 이런 터부의 맥락에서 해석되더라도, 처음에 실행되었을 때
보다 명예로운 여가의 표준에 훨씬 잘 부합한다. 프랑스의 어느 국왕은
이런 터부의 더 확실한, 아니면 적어도 더 정확한, 증례이다. 그는 체통을
지키려고 도덕적으로 지나치게 인내하다가 목숨을 잃었다. 어느 날 그의
왕궁에 화재가 발생했는데도, 하필이면 그의 왕좌를 옮기는 담당 관리가

그의 곁에 없었기 때문에, 그는 치명적 화상을 입을 때까지 고통을 참으며 왕좌에 꿋꿋이 앉아 있었다. 하지만 그는 죽도록 고통을 참았기 때문에 국왕의 지극한 위엄을 비천한 노동으로 오염시키지 않았다.

> 명예도 희생하고 인생의 모든 귀중한 가치마저 희생하여
>
> 생계를 도모하는 처사야말로 가장 막심한 죄악이라는 것을 명심하라.[7]

이 단원에 사용되는 "여가"라는 낱말이 직무태만이나 무위무사(無爲無事)를 뜻하지 않는다는 사실은 앞에서 이미 논급되었다. 이 낱말은 시간의 비생산적 소비를 의미한다. 시간이 비생산적으로 소비되는 까닭은 다음과 같다. 첫째, 생산노동을 무가치하게 여기는 감정이 시간을 그렇게 소비시킨다. 둘째, 시간의 비생산적 소비는 여유로운 생활에 필요한 금력의 증거이다. 유한계급 남자의 명예로운 여가는 그의 생활을 날조하여 이상적인 생활로 보이도록 연출하고, 구경꾼들은 그렇게 연출된 그의 생활을 보면서 감동받지만, 그는 자신의 모든 생활을 구경꾼들의 시야에 항상 드러내지는 않는다. 그는 부득이하게 구경꾼들의 시야에 드러내지 말아야 하는 자신의 사생활에도 시간을 할당해야 할뿐더러, 자신이 그런 시간마저 유한계급 남자의 체면에 걸맞게 소비한다는 사실을 증명할 수 있어야 한다. 그는 자신이 구경꾼들의 눈에 띄지 않는 곳에서도 체면에 걸맞게 자신의 여가시간을 소비했다고 증명할 만한 몇 가지 방법을 강구할 것이다. 그런 증명은 오직 그렇게 소비된 여가시간의 몇 가지 구

---

7) summum crede nefas animam praeferre pudori, ot propter vitam vivendi perdere causas: 이 것은 고대 로마 풍자시인 데키우스 유니우스 유베날리스(Decimus Junius Juvenalis, 55~127이 후)의 《풍자시(Satire)》 제VIII편에 포함된 시구(詩句)이다..

체적이고 지속적인 결과를 구경꾼들에게 제시하는 간접적 방법을 사용해야만 가능하다. 그런 방법은 마치 자신이 고용한 수공업자들과 하인들의 노동으로써 생산된 구체적인 제품들을 구경꾼들의 눈에 띄는 곳에 계속 진열해 두는 유한계급 남자의 익숙한 행태를 닮았다.

생산노동의 지속적 증거는 생산노동의 실체적(實體的) 산물인데, 널리 소비되는 몇몇 제품도 그런 산물들이다. 훈업도 생산노동과 비슷하게 실체적 결과를 산출할 수 있을뿐더러 실제로 자주 그리한다. 그런 결과는 전리품이나 약탈품처럼 과시되는 진열품으로써 이용될 수 있다. 야만 문화의 후기 발달 단계에는 인습적으로 공인된 훈업의 징표라고 인식될 수 있을 명예훈장이나 명예휘장을 착용하는 관습이 형성된다. 그런 훈장이나 휘장은 그것이 상징하는 훈업의 총량이나 등급마저 암시할 것이다. 인구밀도가 상승하고 인간관계가 복잡다단해지면 생활의 모든 세부 사항은 정제되고 선별된다. 이런 과정에서 전리품들의 용도가 발달하여 직급, 작위(爵位), 학위, 훈장을 수여하는 체계로 변이하는데, 특히 갖가지 의전용 문장도안(紋章圖案), 메달, 상패도 그런 체계의 전형적 증례들이다.

경제적 관점에서 직분의 일종으로 간주되는 여가생활은 훈업생활과 흡사하게 보인다. 여가생활을 특징짓고 그것의 점잖은 판단기준으로서 존속하는 성과들은 훈업의 전리품들을 빼닮았다. 그러나 더욱 엄밀한 관점에서 파악된 여가 활동은 훈업과도 다르고, 본질적으로 무용한 것들을 제재로 삼는 겉으로만 생산적인 여느 직업과도 다르기 때문에, 실체적 산물을 거의 남기지 않는다. 그래서 과거에는 여가의 판단기준은 대체로 "비실체적(非實體的)" 재화의 형식을 띠었다. 옛 여가의 그런 비실체적 증거들은 유사(類似)-학문이나 유사-예술의 성과들이다. 물론 인간 생활의 향상에 직접 공헌하지 않는 과정들과 사건들을 아는 지식도 그런 증거이다. 그래서 예컨대, 폐어(廢語)들과 신비학(神祕學)들을 아는 지식, 정서법(正書法)을 아는 지식, 통사론과 작시법(作詩法)을 아는 지식, 다종다양한 가내음악(家內音樂)이나 가내예술(家內藝術)을 헤아리는 지식, 최신식 의복·가구·마차를 알아채는 지식, 사냥감, 스포츠, 애완견이나 경주마 같은 애완동물들에 빠삭한 지식도 현대에 존재한다. 지식의 이 모든 갈래를 최초로 습득하여 최초로 유행시킨 욕구는 자신의 모든 시간을 생산업에 투여하지 않는다는 사실을 증명하려는 유한계급의 소망이 아닌 전혀 다른 어떤 욕구였을 것이다. 하지만 이렇게 습득되어 유행한 지식이 비생산적 시간 소비의 유용한 증거들로서 인정받지 못했다면 현대에까지 살아남지도 못했을뿐더러 유한계급의 관습적 성과들로서 존속하지도 못했을 것이다.

어떤 의미에서 이런 성과들은 학문의 갈래들로 분류될 수 있다. 이것들의 곁에도 바깥에도 학문의 영역부터 육체적 습관과 민활성에까지 영향을 끼치는 사회적 사실들의 더 넓은 범주가 존재한다. 이런 범주에는 일반적으로 알려진 예절과 교양, 세련된 화술(話術), 단정한 태도, 격식과 의례를 준행(遵行)하는 습관도 포함된다. 이런 사실들은 타인들의 시야에 훨씬 더 적나라하고 중뿔나게 노출되기 때문에 여가생활의 명예를 표시하는 필수증거들이라고 더 널리, 더 엄격하게 강조된다. 여기서 다음과 같은 사실은 기억되어야 한다. 예의범절로 분류되는 모든 의례 준행 습관은 문화의 후기 발달 단계에서도 남자들의 존경심을 유발하는 요소로서 중요시되지만, 과시적 여가가 명예의 징표로서 가장 성행하는 단계의 문화에서는 그런 습관들이 훨씬 더 중요시된다. 외견상 평화로운 산업 단계에서 예의범절의 모든 것을 빤하게 아는 야만인은 후세대 남자들 사이에서는 매우 고상한 남자를 제외한 다른 누구보다도 더 고매한 신사라고 소문난다. 실제로 사회에서 가부장제가 쇠퇴했기 때문에 예의범절도 차츰 퇴락했다고 널리 인식되든지, 아니면, 적어도 그렇다고 현재에는 믿긴다. 구시대의 많은 유한남자(有閑男子)는 무례한 행실에 유감을 표시하도록 교육받았고, 심지어 현대 산업사회에서 성장한 중산층의 행태에도 유감을 표시하도록 교육받았다. 진정한 생산계급들 사이에서 진행된 의례 규약의 퇴락이나 생활의 저속화(低俗化)는 까다로운 감수성을 가진 모든 사람에게 현대 문명의 대흉사(大凶事)들 중 하나로 인식되었다. 분주하게 생활하는 인민의 손을 타면서 진행된 의례 규약의 퇴락은, 제기될 수 있는 모든 반론과 별개로, 다음과 같은 사실을 증명한다. 예의범절은 유한계급 생활의 소산이고 징표이며, 오직 신분제를 고수하는 체제에서만 완전히 번창한다.

자신의 시간을 아주 많이 소비하여 예의범절을 습득했다고 증명하려는 예의 바른 유한남자의 의식적(意識的) 노력에서는 예의범절의 기원이나 계보가 발견되지 않을 것이 확실하다. 자고로 혁신과 마름질의 당면 목표는 아름다움의 새로운 출발점이나 풍부한 표현의 새로운 출발점을 더욱 유력하게 만드는 것이었다. 인류학자들과 사회학자들이 추정해 버릇하듯이, 예절 관습들을 규정한 의례 규약의 대부분을 탄생시키고 발달시키는 것은 타인의 환심을 사거나 타인에게 선의를 표시하려는 인간의 욕망이다. 그리고 예절 관습의 여느 후기 발달 단계에서도 이 욕망이 예의 바른 개인들의 행동을 일절 자극하지 않는 경우는 드물다. 우리에게 강조되는 예의범절은 한편으로는 세련된 몸짓이고 다른 한편으로는 옛날의 지배 행위나 사역 행위나 개인적 접촉 행위를 재현하는 상징적이고 관습화된 유풍(遺風)이다. 예의범절의 대부분은 신분 관계를 표현한다. 그래서 예의범절은 한편으로 지배를 상징하면서 다른 한편으로는 복종을 상징하는 무언행(無言行: pantomime)이다. 약탈 습관과 이 습관에서 유래한 지배 성향과 복종 성향이 오늘날 공인된 생활도식을 특징짓는 모든 곳에서 행동의 모든 세밀한 격식은 극도로 중요시된다. 이런 곳에서 직위와 직함에 어울리는 의례 준행 습관을 세심하게 배려하는 심성은 외견상 평화로운 유목약탈 문화의 야만인들 사이에서 공인된 이상적 심성과 흡사하다. 유럽 대륙의 몇몇 국가에서는 이런 심성의 잔재를 뚜렷이 나타내는 증례들이 발견된다. 이런 공동체들에서 오래전부터 공인된 이상적 심성은 예의범절을 준행하는 존경의 표시를 본질적으로 존귀한 사실로서 인정해버릇하는 심성과 엇비슷하다.

본디 상징 행위와 무언행으로써 시작된 예절은 오직 상징된 사실들과 상징된 속성들만 표시할 뿐이었다. 그러나 교제하는 인간들이 상징적 사실들을 생략하기 시작하자 예절은 변이하기 시작했다. 인민의 관점에서 예절은 이제 본질적 유용성을 타고나는 것이라고 인식되기 시작했다. 그래서 예절은 최초에 미리 드러내 보였던 사실들과 매우 동떨어진 거룩한 성격을 획득했다. 모든 남자는 예절 규약을 벗어나는 것들을 본능적으로 괄시하기 시작했다. 그들의 일상적 관점에서 훌륭한 예절은 인간의 탁월성을 나타내는 후천적 표시일 뿐 아니라 존귀한 인간 영혼의 불가결한 특징이다. 예절을 위반하는 행동만큼 우리의 본능적 혐오감을 강하게 촉발하는 행동은 드물다. 우리가 만약 이른바 에티켓(etiquette)을 준행하는 의례적 습관들에 본질적 유용성을 부여하는 방향으로 진보했다면, 하여간, 우리의 대다수는 에티켓 위반행위를 위반자의 본질적 무가치성과 따로 분리하여 감지할 수 없을 것이다. 신념을 어기는 행위는 용서받을 수 있어도 예절을 어기는 행위는 용서받지 못한다. "예절이 인간을 만들었다."[8]

그러나 비록 예절이 이런 본질적 유용성을 간직해도, 예절을 실행하는 자의 관점에서나 구경하는 자의 관점에서나, 예절의 본질적 타당성을 인지하는 이런 감각은 예절과 교양을 유행시킬 수 있는 거의 유일한 기반이다. 그것들을 장래에 떠받칠 경제적 기반은 훌륭한 예절의 습득에 필요한 시간과 노력을 용납하는 유한직업(有閑職業)이나 비생산적 직업의 명예로운 성격에서 탐색되어야 한다. 오직 예절을 장기간 속행하는 사람만 훌륭한 예절을 아는 지식과 준행하는 습관을 함양할 수 있다. 훌륭한 예절은 시간, 실습 기회, 비용을 요구하므로 노동에 시간과 역량을 빼앗기는 사람들은 그런 예절을 습득할 수 없다. 그래서 세련된 취향, 예절, 생활 습관은 상류계급의 유용한 증거들이다. 훌륭한 예절을 아는 점잖은 사람의 지식은 구경꾼의 시야를 벗어나서 소비된 그의 사생활이 돈벌이를 일절 노리지 않은 성과들을 거둔 활동에 소비되었다는 사실의 명백한 증거로서 인정된다. 최근에는 예절이 여가를 누리는 유한생활의 증표이기 때문에 유가치하다고 분석되기도 한다. 그래서 거꾸로, 여가는 금력의 평판을 가늠하는 관습적 수단이기 때문에, 금력체면(金力體面; pecuniary decency)을 조금이라도 열망하는 모든 사람은 반드시 예절에 다소라도 숙달해야 한다.

구경꾼들의 눈앞에서 소비되지 않는 명예로운 유한생활의 대부분은

---

8) manners maketh man.: 이것은 잉글랜드의 민간에 전래되는 속담이다.

오직 다음과 같은 세 가지 요건을 충족하는 실체적이고 가시적인 결과를 남겨야만 명예 획득에 일조할 수 있다. 세 요건들은 각각 그런 결과가 명예로운 유한생활의 증거로써 제시될 수 있어야 한다는 것, 평가될 수 있어야 한다는 것, 명예 획득을 갈구하는 경쟁자들의 편에서 제시된 동종(同種)의 소산들과 비교될 수 있어야 한다는 것이다. 그런 결과들 중에도 유한계급의 예절이나 몸가짐 같은 것들은 단순히 고집되는 무노동의 효과들인데, 심지어 무노동이 딱히 문제시되지 않으며 유한계급의 풍요와 지배력이 학문적으로 널리 인정되지 않는 곳에서도 그런 결과들이 산출된다. 특히 이런 식으로 몇 세대에 걸쳐 존속하는 유한생활은 그렇게 생활하는 개인의 인격에 지속적이고 선연한 영향을 남길뿐더러 그의 행동습관과 행실에는 더 지속적이고 더 선연한 영향을 남길 것이 확실시된다. 그러나 누적되는 유한생활의 모든 암시 요소와 수동적으로 습관화되어 숙달되는 모든 예절은 두 가지 방식으로 개선될 수 있다. 두 방식 중 하나는 명예로운 여가의 증표들을 물색하여 주도면밀하게 획득하는 것이고, 다른 하나는 노동을 면제받았다는 사실의 이런 우연한 증표들을 엄격하고 체계적인 규율에 맞춰 확실하게 과시하는 것이다.

여기서 관건은 분명히 더 많이 노력하고 더 많은 비용을 소모하는 개인이 유한계급의 체면치레용 예절을 실질적으로 더 숙달할 수 있다는 것이다. 그러니까 정반대로, 개인이 자신의 돈벌이에나 여타 직접 소득에 전혀 유리하지 않는 관례들을 더 숙달하려면, 그리고 그런 관례들을 준행해버릇하는 자신의 습관을 더 뚜렷이 증명하려면, 반드시 암암리에 소비해야 할 시간과 자산을 더 많이 소비해야 하고, 그래야만 더 높은 명예를 획득할 수 있다. 이런 맥락에서 훌륭한 예절을 숙달하려고 치열하게 경쟁하는 개인들은 엄청난 고통을 감수하면서도 예절 습관들을 함양하려고 애쓴다. 그러면 예절의 세부 요건들은 포괄적 규율로 발달한다. 자신의 명예를 훼손당하지 않고 체면치레하려는 모든 사람은 이런 규율을 엄수해야 한다. 그리고 다른 한편에서, 예절을 파생시킨 이런 과시적 여가는 서서히 발달하면서 힘겨운 반복적 품행 훈련으로 변이하고, 예절에 부합하는 소비용품들을 선택하여 예절대로 소비할 수 있는 취향과 감별력을 함양하는 교육으로 변이한다.

이런 맥락에서 기민한 모방과 체계적 품행 훈련이 병리적 성향이나 특이 성향을 띠는 인격과 행태를 산출할 가능성은 주목받을 만하다. 왜냐하면 이 가능성이 바로 여태껏 교양계급을 의도적으로 산출하려는 계획에 이용되었고 때때로 사뭇 다행한 결과를 산출했기 때문이다. 세간에는 속물화(俗物化: snobbery)라고 인식되는 이런 과정에서 상당히 많은 가문과 친족들의 혈통과 예법이 고상하게 보이도록 진화하지만, 그런 진화의 모든 중간단계는 생략된다. 이렇게 모든 중간단계를 건너뛰고 속물화된 고상한 혈통은 세인들에게는 유한계급의 유전인자(遺傳因子) 같은 것이라고 인식되기 십상이다. 그래서 이런 혈통의 자손들은 금력에 걸맞은 예절을 더 오래도록, 그러나, 더 순조롭게 훈련했을 다른 혈통의 자손들보다 결코 본질적으로 열등하지 않다고 인식된다.

게다가 최근에 공인된 복잡한 예절 규약은 예절에 부합하는 소비 수단과 예의 바른 소비 방법들로서 존중되는 만큼 적당히 준행된다. 이렇게 존중되는 이상적 예절 규약을 준행하는 충실도(充實度)의 개인별 차이들이 비교될 수 있기 때문에, 개인들도 예절과 교양의 진보에 상응하여 저마다 함양한 예절과 교양의 정확도와 효과를 기준으로 차등화(差

等化)되고 서열화(序列化)될 수 있다. 이런 견지에서 두터운 신망은 대체로 명예의 요건이다. 그런 신망은 관심을 끄는 사물들과 관련하여 공인된 취향 규범들과 일치해야 획득될 수 있으므로, 금력에 걸맞은 지위를 존중하는 의식(意識)과 무관할뿐더러 명예를 추구하는 여느 경쟁자의 여가수준(餘暇水準)과도 무관하다. 그러나 과시적 여가의 법칙은 명예 획득용 취향 규범들을 부단히 감독하고, 취향 규범들은 실제로 꾸준히 변경되고 개정되면서 그 법칙의 요구사항들과 점점 더 합치한다. 그렇게 가능해진 차별의 가장 뚜렷한 근거는 또 다른 차별의 근거가 될 수 있겠지만, 훌륭한 예절을 형성하는 우세한 원칙과 불변하는 취향은 여전히 시간의 실질적이고 명백한 낭비를 요구한다. 이런 원칙의 지배 영역에는 자잘한 변수들의 영역이 다소 적잖이 포함될 수 있겠지만, 그것들은 내용의 변수들이 아니라 형식과 표현의 변수들이다.

일상적 교제용 예절의 대부분은 당연히 배려와 친절한 선의의 직접 표현이다. 인간 행동의 이런 요소를 표현하거나 인정하는 사연을 설명하려고 인간 행동의 저변에 깔린 명예욕까지 애써 추적하려는 시도는 대체로 불필요하다. 그러나 예절 규약은 명예욕에서 유래할 수 있다. 예절은 신분의 표현들이다. 예컨대, 빈민을 상대하거나 금력계급에 종속된 하층민을 상대하는 우리의 행태는 비록 겉으로는 지배욕의 적나라한 원초적 표현을 때때로 무척 자제하고 완화하는 듯이 보여도 신분상 우월한 자들의 행태와 다르지 않다. 이것은 유심히 관찰하는 누구에게나 충분히 간파되는 빤한 사실이다. 이 경우와 비슷하게, 우월한 자들을 상대하는 우리의 행태는 확실히 다소 관습화된 복종의 태도를 표현하고, 동등한 자들을 상대하는 우리의 행태도 대체로 그런 태도를 표현한다. 고상한 신사나 숙녀의 거만한 행태는 경제적 환경을 지배할 수 있는 재력과 그런 환경에 예속되지 않는 독립성을 아주 확연하게 증명할뿐더러, 정당하고 정중한 태도를 인지하는 우리의 감각에도 확실한 호소력을 발휘한다고 인식된다. 자신들보다 더 우월한 자는 아예 없고 자신들에 필적할 자는 거의 없다고 자부하는 이런 최상위 유한계급에서 예절은 그들의 가장 충실하고 가장 원숙한 표현이라고 인식된다. 또한 이런 최상위 유한계급은 자신들의 예절에 하위계급들의 행동규범으로 소용되는 분명한 공식을 부여한다. 그렇게 공식화된 예절 규약은 신분을 암시하는 가장 확실한 규약이므로 모든 비천한 생산노동과 불화(不和)하는 성질을 가장 확연하게 드러낸다. 자신을 떠받드는 사역을 요구해버릇하고 자신의 행동 결과를 아예 개의치 않아버릇하는 습관에 젖은 사람의 굉장한 자부심과 거만한 친절은 최상위 유한남자의 생득권리(生得權利)이자 징표라고 인식된다. 이런 행태는 인민에게는 훨씬 더 많은 것을 의미한다고 인식된다. 평범한 인민은 이런 행태를 우월한 가치의 근본 속성으로 인식하므로 이런 행태에 기꺼이 순응하고 복종한다.

***

제2장에서도 암시되었듯이, 사유권 제도를 발생시킨 것은 인간들을 사유할 권리였다고, 특히 더 정확하게는, 여자들을 사유할 권리였다고 믿겨도 무방하다. 세 가지 요인이 그런 재산을 획득하려는 욕구를 자극한 듯이 보인다. (1) 첫째 요인은 타인들을 지배해버릇하고 제압해버릇하는 사유권자의 심성이다. (2) 둘째 요인은 사유권자의 용맹성을 표시

하는 증거로서 과시될 수 있는 피사유인(被私有人)들의 유용성이다. (3) 셋째 요인은 피사유인들이 실행할 수 있는 사역들의 유용성이다.

경제의 발달 과정에서 사역은 특이한 위치를 차지한다. 외견상 평화로운 생산업의 단계에서, 그리고 특히 이런 일반적 단계의 한계들을 벗어나지 않는 생산업의 초기 발달 단계에서, 사역들의 유용성은 대체로 인력재산(人力財産)을 취득하려는 욕구의 우세한 자극 요인이었을 것이라고 짐작된다. 사역꾼[9]들의 가치는 각자의 사역을 기준으로 평가되었다. 그러나 사역꾼들이 보유한 또 다른 두 가지 유용성의 절대적 중요성이 감소해도 사역들의 유용성은 우세한 자극 요인의 위상을 잃지 않는다. 변천하는 생활환경은 오히려 사역꾼들의 유용성을 더 뚜렷하게 부각시켜 인력재산 취득 욕구를 더 강하게 자극한다. 여자들과 기타 노예들은 재력의 증거 겸 축재수단으로서 고평가되었다. 만약 목축종족(牧畜種族)이 가축들과 함께 여자들과 노예들마저 소유한다면, 그들은 차익(差益)을 노리는 일상적 투자용으로 그들을 소유할 것이다. 그런 맥락에서 여성 노예제도는 외견상 평화로운 문화의 경제생활을 특징지을 것이다. 이런 문화의 단계로 진입한 종족들 — 예컨대, 고대 시인 호메로스(Homeros, 서기전8~7세기) 시대의 그리스인들 — 사이에서 여자는 심지어 가치평가 단위로도 사용되기 시작한다. 이런 문화에서 생산 체계의 기반은 가노제도이고 여자들은 대체로 노예들일 가능성이 매우 높다. 이런 생산 체계에서 대대적으로 성행하는 인간관계는 주종관계(主從關係)이다. 재력의 공인된 증거는 '많은 여자를 사유하는 동시에 각자의 주인

---

9) 使役꾼(servant): 이 책에서 이 낱말은 '개인에게 예속·종속되거나 고용·채용되어 사역하는 가노, 노복, 노비, 노예, 도우미, 머슴, 몸종, 보좌인, 부하, 비서, 사동, 사환, 수발꾼, 수행원, 시동, 심부름꾼, 앞잡이, 집사, 하수인, 하인 같은 일꾼들'의 총칭이다.

을 시중들거나 주인용 물품들을 생산하느라 사역하는 다른 노예들마저 사유한다는 사실'이다.

노동이 분화되기 시작하면서부터, 주인을 수발하는 사역과 시중은 사역꾼들 중 몇몇의 특별한 직무로 변이하지만, 오직 생산업에만 종사하는 사역꾼들은 주인을 직접 상대하는 모든 관계에서 차츰 멀어진다. 그런 동시에 가사 노동을 포함한 사역들에 종사하는 다른 사역꾼들은 돈벌이용 생산업을 차츰 면제받는다.

일반적 생산업을 면제하는 이런 관행의 진보 과정은 대체로 아내나 본처의 생산업을 면제하는 관행과 함께 시작될 것이다. 그러면 정착 생활을 습관화한 공동체의 남자들은 관습적 여자공급처이던 적대하는 부족들의 여자를 납치하여 아내로 삼는 약탈혼(掠奪婚)을 이제 감행할 수 없다. 이런 정착 생활 문화가 확립된 곳에서 본처는 대체로 고상한 혈통의 여자이고, 바로 그런 사실 때문에 그녀는 비천한 잡무를 더 빨리 면제받을 것이다. 여기서 고상한 혈통이라는 개념의 유래도 논의될 수 없을 뿐더러 그런 개념이 결혼제도의 발달 과정에서 차지하는 위상도 논의될 수 없다. 왜냐하면 고상한 혈통이란 축적한 재력이나 확고한 특권을 오래도록 유지하여 고상해진 가문의 혈통이라고 정의되어도 이 단원의 목적에는 충분히 부응할 것이기 때문이다. 이런 고상한 혈통을 타고난 여자는 두 가지 이유 때문에 결혼 상대자로서 선호된다. 첫째, 그녀와 결혼한 남자는 그녀의 유력한 혈족과 제휴할 수 있다. 둘째, 우월한 가치는 많은 재물과 강대한 권력을 겸비한 혈통을 타고난다고 인식된다. 결혼하기 전에는 친정아비의 가노였던 그녀는 자신을 구매한 남편과 결혼하고도 여전히 남편의 가노로서 살아가겠지만, 그런 동시에 친정아비의 고상한 혈통마저 계승한다. 그리하여 비천한 사역들을 전담하는 그녀의 동료-사역꾼들과 마찬가지로 그런 사역들을 전담해야 하는 그녀의 처지는 그녀의 도덕심과 불화하기 시작한다. 그녀가 자신의 주인(남편)에게 아무리 철저히 예속될 수 있더라도, 그리고 그녀의 출신 계급과 동등한 사회계급의 남자 구성원들보다 그녀가 더 열등할 수 있어도, 고상한 혈통의 유전성(遺傳性)을 인정하는 원칙은 그녀를 평범한 노예들보다 훨씬 높은 지위로 승격시킬 것이다. 이 원칙이 규범적 권위를 획득하면 곧바로 그녀에게 고상한 혈통을 대표하는 여가를 일정하게 누릴 수 있는 특권을 부여할 것이다. 이 원칙이 더 강화되면, 그녀를 사유한 남편의 재력이 허락하는 범위에서, 그녀는 가내수공업뿐 아니라 비천한 사역마저 면제받을 권리를 획득할 것이다. 생산업이 계속 발달하고 재산이 상대적 소수자들에게 집중되면, 상류계급의 재력을 비교하는 관습적 기준은 상승한다. 가내수공업을 면제받을 아내(본처)의 권리는 비천한 가사 노동마저 면제받을 권리로 차츰 확장되는데, 이런 추세는, 만약 다른 아내(후처)들이 존재한다면, 그녀들에게도 적용될뿐더러 가주(家主; 남편)를 직접 상대하는 다른 사역꾼들에게도 적용될 것이다. 물론 가주와 사역꾼의 관계가 멀면 멀수록 면제 권리가 확장되는 속도는 더 느려진다.

사역꾼들이나 하인들로 구성된 특수계층도, 가주의 금력이 허락하는 범위에서, 이런 사역에 따라붙은 매우 의미심장한 중요성에 편승하여 더욱 발달한다. 가치와 명예를 구현하는 가주의 풍모는 가장 유력한 사회적 지위의 표식이다. 사회에서 명예로운 지위를 누리는 동시에 자존심마저 지키려는 가주의 핵심 관건은 자신의 지시를 즉행(卽行)할 수 있는 유능하고 전문적인 사역꾼들을 부려 먹으면서도 자신을 시중드는 그들의 주요한 사역을 결코 직업으로 인식되지 않도록 조치하는 것이다. 이런 전문적 사역꾼들은 가주를 받드는 사역의 실행자들이기 때문에도 유용하지만 가주의 과시 수단들이기 때문에 더 유용하다. 이들은 단순히 과시 수단들의 처지에 얽매이지만 않으면 대체로 가주의 지배욕을 충족시킬 만한 영역에서 가주에게 만족감을 안겨줄 수 있다. 물론 꾸준히 늘어나는 가재도구들은 당연히 더 많은 사역을 요구할 수 있다. 그러나 가재도구들은 대체로 편의 수단들이 아닌 명예 획득 수단들이라서 늘어나기 때문에 더 많이 요구되는 사역은 별로 중요시되지 않는다. 더 고도로 전문화된 사역꾼들의 대다수는 이런 유용성을 가진 모든 사역을 더 능란하게 실행한다. 그리하여 가내사역꾼(家內使役꾼)들과 가노들은 줄곧 점점 더 차별화되고 다변화되는 동시에 그들의 생산노동을 면제하는 관행도 차츰 진보한다. 그들의 사역은 그들에게 품삯을 지불할 수 있는 가주의 금력을 표시하는 증거이므로, 가내사역꾼들의 직분에 포함되는 책임은 일정하게 꾸준히 감소하는 경향을 띠고, 그들의 사역도 결국에는 유명무실해진다. 가주를 최측근에서 가장 눈에 띄게 시중드는 사역꾼들은 이런 경향을 특히 더 확연하게 예증한다. 그런 사역꾼들은 생산노동을 과시적으로 면제받고, 이런 과시적 면제는 가주의 재력과 권력을 표시하는 증거로서 소용될 수 있는데, 바로 이런 면제와 증거가 사역꾼들에게 유용성의 대부분을 부여한다.

이런 식으로 과시적 여가를 실행하는 데 적합한 전문 사역꾼 집단을 고용하는 관행이 얼마간 발달하면, 사역을 매우 중대한 업무처럼 보이도록 실행할 수 있는 남자들이 사역꾼들로서 여자들보다 훨씬 선호되기 시작한다. 그런 남자들은 특히 여자들보다 확실히 더 강건하고 더 많은 품삯을 지급받는 제복을 착용한 마부들이나 수행원들처럼 건장한 미남자들이어야 한다. 이런 전문적 사역들은 더 많은 시간과 인력을 낭비할 수 있는 재력을 과시하므로 남자들에게 훨씬 더 적합하다. 그리하여 유한계급 경제에서는 초기 남자 가부장 시대의 가사를 전담하던 분주한 주부(主婦)와 그녀의 근면한 하녀들이 어느덧 유한녀[10]와 그녀에게 알랑거리는 시녀(侍女)들로 변모하기 시작한다.

생활의 모든 수준과 모든 영역에서, 그리고 경제 발달의 모든 단계에서, 유한녀의 여가와 시녀들의 여가는 유한남자의 고유한 여가와 다르다. 특히 유한남자의 여가가 겉으로는 힘겨운 노동을 요구하는 직업처럼 보인다고 유한녀나 시녀들의 여가와 동일시되면 안 된다. 왜냐하면 유한녀와 시녀들의 여가는 대체로 가주를 빈틈없이 시중드느라, 아니면, 잡다한 가재도구들을 보존하고 관리하느라 분주한 사역의 형식을 띠기 때문이다. 그래서 유한녀와 시녀들이 노동의 모든 현상을 기피하기 때문에 이런 사역이 여가로 분류될 수 있는 것은 아니다. 단지 그녀들이 생산노동을 거의 또는 전혀 실행하지 않기 때문에 이런 사역이 여가로 분류될 수 있을 따름이다. 유한녀에게, 아니면, 하녀들에게나 가사도우미들에게 의무적으로 요구되는 모든 사역의 대다수는 어지간히 번거롭고 힘들다. 또한 이런 사역들과 자주 직결되는 목적들의 달성도 가족구성원 전체의 편안한 생활에 지극히 필요하다고 인식된다. 이런 사역들 중에도 가주의 신체적 활동이나 안위에만 이바지하거나 가족의 휴식에만 이바지하는 사역들은 생산노동으로 분류되어야 하고, 이런 실질적 노동을 제외한 나머지 사역들만 여가 활동으로 분류되어야 한다.

---

10) 有閑女(lady): 귀부인, 여주인, 마님, 숙녀, 귀공녀, 아씨.

그러나 현대의 일상생활에서 가사조역(家事助役)으로 분류되는 사역들의 대다수가 의례의 성격을 띠고, 문명화된 남자의 편안한 생활에 필요한 "용품들"의 다수도 의례용품의 성격을 띤다. 그렇다면 의례적 사역들과 용품들은, 여기서 사용되는 여가라는 낱말의 의미를 적용받으면, 여가 활동과 여가용품으로 분류되어야 마땅하다. 하지만 그런 사역들과 용품들은 체면치레하는 버젓한 생활에도 불가결할 수 있다. 그리고 그것들의 대다수나 전부가 비록 의례적 성격을 띨 수 있을망정 심지어 일신(一身)의 안락에도 똑같이 불가결할 수 있다. 그렇지만 아무래도 그것들은 오직 의례적 성격을 띠어야만 불가결할 수 있다. 왜냐하면 우리는 여태껏 의례적 오명이나 불명예를 뒤집어쓰지 않으려면 반드시 그런 사역들을 시켜야 하고 그런 용품들을 사용해야 한다고 교육받았기 때문이다. 그것들이 누락되면 우리는 불쾌감을 느낀다. 하지만 그것들의 누락이 우리의 신체를 곧바로 불편하게 만든다고 우리가 불쾌감을 느끼지도 않을뿐더러, 관습상 우량한 것과 불량한 것을 감별할 만큼 훈련받지 못한 우리의 취향이 그런 누락을 참지 못한다고 우리가 불쾌감을 느끼지도 않는다. 이런 설명이 옳다면, 그런 사역들에 소모된 노동은 여가 활동으로 분류되어야 한다. 그래서 경제적 자유와 자주권을 누리지 못하는 사람들의 의례적 사역들은 대리 여가 활동[11]으로 분류되어야 한다.

주부들과 하녀들의 대리 여가 활동은 가사조역들에 포함된다. 특히 명예 획득 경쟁이 긴박하고 치열한 곳에서는 이런 대리 여가 활동들이 단순잡무들로 변이하는 사태가 빈발할 수 있다. 이런 변이는 현대 생활에서도 자주 발견된다. 이런 변이가 발생하는 곳에서 주부나 하녀 같은

---

11) 代理餘暇活動(vicarious leisure): 대리 여가, 여가대행활동(餘暇代行活動).

사역계급(使役階級)의 소임들을 포함하는 가내 사역들은 대리 여가 활동이라고 통칭되기보다는 차라리 '허비되는 노력'이라고 통칭되어야 더 적당할 것이다. 그러나 대리 여가 활동이라는 용어의 장점은 이런 가내 사역들의 유용성을 떠받치는 실질적 경제기반을 명쾌하게 암시하는 동시에 이런 가내 사역들의 계보마저 암시한다는 것이다. 왜냐하면 이런 사역 직업들은 일정한 시간과 노력의 과시적 낭비를 요구하는 만큼 가주에게나 가족에게 금력의 명예를 부여하는 방법으로서 흔히 이용되기 때문이다.

이런 과정에서 부속유한계급이나 이류유한계급이 파생한다. 이 계급의 임무는 일류유한계급(一流有閑階級)이나 합법적 유한계급의 명예를 높이는 대리 여가 활동이다. 이런 대리유한계급(代理有閑階級)은 나름대로 습관화한 생활도식의 특징 때문에 일류유한계급과 구별된다. 가주계급(家主階級)의 여가 활동은, 적어도 겉으로는, 노동하지 않으려는 기질의 특권적 발로처럼 보이므로 가주의 생활을 더 행복하고 더 만족스럽게 만들어줄 것이라고 추정된다. 그러나 생산노동을 면제받는 사역계급의 여가 활동은 얼마간 강요된 활동이라서 사역꾼의 안락과 일반적으로든 근본적으로든 직결되지 않는다. 사역꾼의 여가는 그의 고유한 여가가 아니다. 만약 그가 물심양면으로 가주에게 완전히 얽매인 사역꾼이면서 하위유한계급의 일원도 아니라면, 그의 여가 활동은 평소에 전문화된 사역처럼 보이도록 위장되어 가주의 생활 만족도를 상승시키는 방향으로 실행된다. 이런 사역꾼의 태도와 생활 방식은 예속관계를 확연하게 증명한다. 아내를 근본적으로 사역꾼의 처지에 얽매는 경제의 단계에서는, 그러니까, 남자 가부장에 종속된 가족의 우세가 지속되는 한에서는, 아내의 태도와 생활 방식도 줄곧 이런 예속관계를 증명한다. 사역꾼이 유한계급의 생활도식에 요구되는 조건들을 충족하려면 가주에게 복종하는 태도를 보여야 할뿐더러 전문적으로 훈련받아 숙달한 사역의 결과들마저 뽐내야 한다. 하인이나 아내는 특정한 소임들을 실행하면서 노예근성을 드러내 보여야 한다. 더구나 그들은 반드시 사역 솜씨를 숙달하여 실행할 수 있는 재능을 선보여야 할 뿐 아니라 유효한 과시적 사역의 규범들을 훈련받아 준행할 수 있는 자질마저 선보여야 한다. 심지어 오늘날에도 노예 관계를 형식적으로 증명하는 이런 자질과 숙달된 솜씨는 상류층 가정주부의 주요한 자랑감 중 하나일뿐더러 많은 품삯을 받는 사역꾼들의 유용성을 구성하는 주요소이기도 하다.

우수한 사역꾼은 가장 먼저 자신의 지위를 숙지한다는 사실을 과시해야 한다. 그가 몇몇 바람직한 기계적 결과를 도출하는 방법을 알아도 충분하지 않다. 그는 무엇보다도 이런 결과들을 반드시 형식대로 도출하는 방법마저 알아야 한다. 가내 사역은 정신활동이라기보다는 오히려 기계적 기능일 수 있다. 우수한 사역의 형식체계는 점점 더 정교해지면서, 특히 이런 대리 여가 활동을 수행하는 사역계급의 행동 방식을 규제한다. 이런 형식의 규범들을 벗어난 모든 언동은 비난받는다. 물론 그런 언동은 기계적 능력의 결핍을 증명한다고 비난받지 않을뿐더러 심지어 노예적 태도나 노예근성의 부재를 증명한다고 비난받지도 않는다. 최근에 분석되었듯이, 그런 언동은 오히려 전문적으로 훈련받지 못했다는 사실을 증명하기 때문에 비난받는다. 사역을 숙달하는 전문적 훈련은 시간과 노력의 소비를 요구한다. 그래서 확연하게 발휘된 고도로 전문화된 사역 솜씨야말로 사역꾼이 생산업에 습관적으로 종사하지 않으며 과거에도 그리하지 않았다는 사실의 증거라고 주장된다. 그런 솜씨는 훨씬 더 오래전부터 그가 대리 여가 활동을 시작했다는 사실의 명백한 증거로 간주된다. 숙련된 사역은 다음과 같은 이유들 때문에 유용하다고 인식된다. 첫째, 숙련된 사역은 우수하고 뛰어난 솜씨를 선호하는 주인의 본능을 만족시킨다. 둘째, 숙련된 사역은 자신의 생활에 예속되어 생활하는 자들을 과시적으로 지배하려는 주인의 욕심을 충족한다. 셋째, 숙련된 사역은 즉석에서 실행되는 미숙련자의 단순한 과시적 여가 활동에 소비될 만하게 보이는 인력보다 훨씬 더 많은 인력을 소비했다는 사실마저 증명한다. 만약 유한남자에게 고용된 집사나 마부가 농업이나 목축업에 종사했을 가능성을 암시할 만큼 서툰 솜씨로 유한남자의 식사를 준비하거나 마차를 몬다면, 유한남자는 몹시 불평할 것이다. 그런 서툰 솜씨는 숙련된 전문 사역꾼들을 부려 먹지 못하는 주인의 무능력을 의미할 수 있다. 그것은 결국 형식들의 엄정한 규범을 준수하여 전문적으로 사역할 수 있는 숙련된 사역꾼을 확보하는 데 필요한 시간, 노력, 교육비를 소모할 수 없는 주인의 무능력을 의미할 것이다. 만약 사역꾼의 서툰 솜씨가 수단을 완비하지 못한 주인의 결핍을 증명한다면 사역의 주요한 실질적 목적을 무산시킬 것이다. 왜냐하면 사역꾼들의 주요한 용도는 그들에게 품삯을 지불할 수 있는 주인의 금력을 증명하는 것이기 때문이다.

이런 맥락에서 미숙련 사역꾼은 저렴함이나 무용성을 직접 암시하므로 고용주의 기분을 잡친다고 해석될 수도 있을 것이다. 물론 실제로 그렇지는 않다. 사역꾼의 미숙련이 저렴함이나 무용성과 간접으로 관계될 가능성이 훨씬 다분하다. 이런 간접 관계는 일반적인 것이다. 어떤 근거에서나 우리에게 인증되기 시작한 것이면 무엇이든 자족(自足)하는 것으로서 우리에게 곧바로 호소하기 시작한다. 그러면 이제 그것은 우리의 생각 습관들에 기대어 본질적으로 타당하다고 인식되기 시작한다. 그러나 여느 피상적 행동규범도 인기리에 보전되려면 그런 행동규범의 발달 기준을 형성하는 습관이나 자질의 뒷받침을 계속 받든지 아니면 적어도 그런 습관이나 자질과 불화하지 않아야 한다. 대리 여가 활동이나 과시적 사역 소비의 필요성은 사역꾼들을 부려 먹으려는 욕구를 자극하는 우세한 요인이다. 이런 자극 요인이 계속 우세할 동안에는, 공인된 관례를 벗어나서 견습사역꾼의 미숙련을 암시할 만한 모든 서툰 사역 솜씨는 곧바로 고용주의 기분을 잡쳐버릴 것이 거의 확실하다. 사치스러운 대리 여가 활동의 요건은 우리의 취향을 — 그러니까, 이 문제들과 관련하여 타당한 것을 식별하는 우리의 감각을 — 지도하고 구성하면서, 간접으로, 선택적으로, 작용하기 때문에 불편한 미숙련 사역들을 용납하지 않고 억제하면서 제거한다.

만장일치로 인정되는 재력의 기준이 상승하면, 잉여재산의 과시 수단으로서 사역꾼들을 소유하고 착취하는 방식은 점점 더 정교해진다. 재화 생산에 종사하는 노예들을 사유하고 건사할 수 있는 능력은 재력과 용맹성의 증거로 간주되지만, 아무것도 생산하지 않는 사역꾼들을 사유할 수 있는 능력은 더 강대한 재력과 더 높은 지위의 증거로 간주된다. 이런 원리가 통용되는 곳에서 사역계급이 발생하는데, 유한남자는 사역꾼들을 더 많이 부려 먹을수록 그들에게 애오라지 자신만 맹목적으로 섬기는 임무만 전담시키기도 더 쉬울뿐더러 수많은 사역을 비생산적으로 소비할 수 있는 자신의 능력을 증명하기도 더 쉽다. 그러면 이제 유한남자의 명예를 보존하는 임무를 생업으로 삼는 사역꾼들이나 하인들의 노동이 분화되기 시작한다. 그들의 한 집단이 유한남자의 용품들을 생산하면, 주로 그의 아내나 본처를 시중드는 또 다른 집단은 과시적 대리 여가 활동에 그런 용품들을 소비한다. 그런 집단들의 생산과 소비는 많은 비용을 소모해도 우세한 재력을 유지할 수 있는 유한남자의 능력을 증명한다.

가내 사역의 발달 과정과 본성을 다소 이상화(理想化)하여 도식화하는 이런 개괄적 설명은 "외견상 평화로운" 생산단계로 지칭될 수 있는 문화 단계에 가장 잘 부합한다. 이 단계에서 사역은 처음으로 경제 제도의 위상을 차지하고, 공동체의 생활두식에서는 최대 영역을 차지한다. 문화의 발달 과정에서 본격적 약탈 단계와 잇따르는 외견상 평화로운 단계는 야만 생활의 연속단계들이다. 외견상 평화로운 단계의 두 가지 특징은 다음과 같다. 첫째, 평화와 질서는 형식적으로 준수된다. 둘째, 압제와 계급 대립이 워낙 심해서 평화로운 생활은 절대로 불가능하다. 여러 목적을 감안하는 관점에서, 그리고 경제적 관점을 벗어난 다른 관점에서, 이 단계는 신분체제(身分體制)의 단계라고 지칭되어도 무방할 듯이 보인다. 신분체제라는 용어는 이 단계에서 통용되는 인간관계의 방법을 적절히 요약할뿐더러 문화의 이런 수준에서 우세한 남자들의 정신자세마저 깔끔하게 요약한다. 그러나 경제적 진화의 이런 단계에서 우세한 생산방식들의 특징을 묘사하는 동시에 생산업 발달의 동향을 암시하는 바람직한 용어는 "외견상 평화로운"일 것이다. 서양 문화권의 사회들에만 한정되면, 경제발달의 이런 단계는 어쩌면 지나간 과거일 것이다. 물론 그런 사회에서도 비록 소수일망정 몹시 과시적인 일파에게는 이런 단계가 여전한 현재일 것이다. 왜냐하면 그런 일파에서는 야만 문화의 특유한 생각 습관들이 상대적으로 미진하게 해체되었기 때문이다.

사역은 특히 재화의 분배 및 소비와 관련하여 여전히 중대한 경제적 요소이다. 그러나 이런 방면에서도 사역의 상대적 중요성은 이제 확실히 감소했다. 이런 대리 여가 활동은 과거보다는 오히려 현재에 최고로 발달했다. 그리고 현재에 대리 여가 활동의 가장 확실한 증표는 상위유한계급(上位有閑階級)의 생활도식에서 발견될 것이다. 이 계급은 오래된 문화의 전통들, 관습들, 생각 습관들을 가장 폭넓게 수용하여 가장 유효하게 발달시키면서 보전했으므로 현대 문화에 어지간히 이바지했다고 평가될 수 있다.

현대 산업사회들에서는 일상생활의 안전과 편의를 돕는 기계제품들이 고도로 발달했다. 그래서 오늘날에는 더 오래된 관습에서 유래한 전통적 명예 규범을 신봉하지 않는 누구도 몸종이나 가사도우미 같은 사역꾼들을 거의 고용하지 않을 것이다. 노약자나 심신미약자를 보살피도록 고용되는 사역꾼들만은 이런 추정의 예외로 분류될 수 있다. 하지만 이런 사역꾼들은 가내사역꾼들로 분류되기보다는 오히려 숙련된 간호인들로 분류되어야 마땅하기 때문에 진정한 예외들이라기보다는 차라리 표면상 예외들이다.

오늘날, 예컨대, 유복한 생활을 향락하는 중산층의 가족이 가내사역꾼들을 보유하는 가장 그럴싸한 표면상의 이유는 '가내사역꾼들을 미비한 가족의 구성원들은 현대의 유복한 생활에 요구되는 필수노동을 완수할 수 없다'라는 것이다. 그런 가족의 구성원들이 필수노동을 완수할 수 없는 두 가지 이유는 다음과 같다.

(1) 그들은 과다한 "사회적 책임들"을 짊어진다.

(2) 그들이 완수해야 할 노동은 워낙 과중하고 과다하다.

이 두 가지 이유는 각각 다음과 같이 설명될 수 있다.

(1) 버젓한 체면을 강요하는 규약에 얽매인 그런 가족의 구성원들은 크고 작은 사교회합(社交會合), 드라이브(자동차 유람) 친목회, 각종 동호회, 바느질 봉사단체, 스포츠, 자선 봉사단체와 기타 유사한 사회적 회합들에 참여하여 과시적 여가 활동을 실행하면서 각자의 여유시간과 여유 노력을 모조리 겉치레로 소비해야 한다. 이런 활동들에 시간과 정력을 소모하는 사람들은 버젓한 복색을 요구하고 기타 과시적 소비마저 요구하는 이 모두 의례적 관행을 몹시 지겹지만 불가피하게 준수할 수밖에 없다고 내심으로 인정해버린다.

(2) 과시적 재화 소비의 요건대로 겸비해야 하는 주택, 가구, 장식장, 옷장, 식탁 같은 생활 방편들이 점점 더 정교해지고 사치스러워졌기 때문에 소비자들은 그것들을 구매해도 타인의 도움을 받지 못하면 예절에 맞게 사용하지 못한다. 유복한 중산층 가족의 구성원들은 체면치레해버릇하는 상투적 습관대로 고용한 도우미들을 대체로 혐오해서 접촉하지 않으려고 애쓴다. 하지만 그런 가족의 구성원들은 가내용품들의 성가신 소비를 도우미들에게 분담시켜야 하므로 혐오감을 감수하고 품삯을 지불한다. 가내사역꾼들과 매우 숙련된 전문 시중꾼 집단을 고용하는 행태는 금력체면을 세우려는 도덕적 욕구를 충족하는 대신에 신체적 안위를 포기하는 행태이다.

현대 생활에서 실행되는 대리 여가 활동의 최대 증표는 이른바 가내책무(家內責務)들이라고 지칭되는 활동들로 구성된다. 이런 책무들은 현재 특정한 부류의 사역들로 급속하게 변이한다. 이런 사역들은 가주의 사익(私益)에 부응하도록 실행되지 않고, 사업체 — 아내를 가주와 표면상 동등한 구성원으로 대우하는 집단 — 의 일종으로 간주되는 가족의 명예에 부응하도록 실행된다. 이렇게 실행되는 사역들의 혜택을 누리는 가족이 사유-결혼(私有-結婚)의 오래된 기반에서 빠르게 멀어지면, 가내책무들도 당연히 본연의 대리 여가 활동이라는 범주를 빠르게 벗어나기 십상이다. 다만 고용된 사역꾼들이 실행하는 가내책무들만은 그런 범주를 벗어나지 않는다. 요컨대, 대리 여가 활동은 오직 신분체제를 근거로 삼든지 아니면 구매되는 사역을 근거로 삼아야만 가능하기 때문에, 여느 시점에든 인간 교류 관계에서 신분 관계가 사라지면 대리 여가 활동도 생활의 중대한 부분으로 간주되는 한에서 덩달아 사라질 것이다. 그러나 이 조건에는 다음과 같은 조건이 추가되어야 한다. 가족이 존속하는 한에서, 심지어 가주가 분가(分家)해도, 가족의 명예에 부응하도록 실행되는 이런 비생산노동들은 비록 조금 다르게 인식될지언정 여전한 대리 여가 활동으로 분류되어야 한다. 이런 대리 여가 활동은 예전에는 가산(家産)을 독점한 가부장의 명예를 지키도록 실행되었지만 이제는 '유사(類似)-개인사업체 같은 가족(quasi-personal corporate household)'의 명예를 지키도록 실행된다.

제4장
과시적 소비

앞에서 고찰되었듯이 대리유한계급은 진화하면서 거의 모든 노동계급과 다르게 차별화되었다. 그런 과정에서 노동은 더욱 분화했고 다양한 사역계급의 노동도 분화했다. 사역계급의 일부는 주로 대리 여가 활동의 종사자들로 구성된다. 그들은 재화의 대리 소비 같은 새로운 부속 임무들을 떠맡기 시작한다. 이런 소비의 가장 확연한 형식은 사역꾼들의 제복(制服)과 널따란 숙소(宿所)에서 발견된다. 대리 소비의 이런 형식 못잖게 확연하고 유효하면서도 훨씬 널리 유행하는 또 다른 형식은 유한녀와 유한가족구성원들이 음식, 의복, 주택, 가구를 소비하는 형식이다.

그러나 유한녀의 출현 시점보다 훨씬 더 오래전부터 진행된 경제적 진화의 어느 시점에서 금력을 증명하는 전문적 재화 소비가 다소 정교하게 체계적으로 이미 실행되기 시작했다. 소비의 차별화도 심지어 진정한 금력으로 간주될 만한 것의 출현 시점보다 더 오래된 시점에서 시작되었다. 약탈 문화의 초보 단계에서 소비의 차별화가 시작되었다면, 심지어 약탈생활이 시작된 직후부터 소비의 차별화가 시작되었을 것이라고 추정될 수도 있다. 재화 소비의 이렇듯 가장 원시적인 차별화는 나중에 우리에게 아주 익숙해지는 모든 것의 차별화와 비슷하게 진행된다. 이 두 가지 차별화는 대체로 의례적 성격을 띠지만, 가장 원시적인 차별화는 훗날의 차별화와 다르게 축적된 재력을 기반으로 진행되지 않는다. 재력을 증명할 수 있는 소비의 유용성은 파생된 유용성으로 분류되어야 한다. 그것은 남자들의 생각 습관들에 이미 내재하는 확립된 차별 기준의, 선택작용에 의존하는, 새로운 목적에 부합하는 유용성이다.

약탈 문화 초기 단계들에서는 오직 경제적 차별 요소만이 '강건한 남자들로 구성되는 명예롭고 우월한 계급'과 '노동하는 여자들로 구성되는 비천하고 열등한 계급'을 가르는 대략적 구분선을 형성할 따름이다. 그런 단계들에서 강요되는 이상적 생활도식에 적합한 남자들의 직무는 여자들의 생산품을 소비하는 것이다. 여자들도 자신들의 생산품을 소비하지만, 오직 생산노동에 우연히 필요해서 소비할 따름이다. 그런 소비는 여자들의 노동을 속행시키는 방편이라서 여자들의 안락하고 풍족한 생활과 직결되지 않는다. 재화의 비생산적 소비는 무엇보다도 용맹성을 표시하고 인간존엄성을 정표(旌表)하는 명예로운 행위라고 인식된다. 다음으로 이런 소비는 아예 본질상 명예로운 행위라고 인식되는데, 더 바람직한 것들의 소비는 특히 더 명예로운 행위라고 인식된다. 여자들과 아이들에게는 특별한 식품들의 소비가 터부시될뿐더러 희귀한 장식품들의 소비도 심심찮게 터부시된다. 그래서 만약 남자들의 하류(노예)계급이 존재한다면, 그들에게도 이런 터부가 강제될 것이다. 문화가 더 발달하면, 이런 터부는 다소 엄격하면서도 단순한 관습으로 변이할 수 있다. 그러나 이런 단계의 문화에서는, 차별을 지속시키는 이론적 근거가 터부이든 더 방대한 관습이든 다른 무엇이든 상관없이, 관습적 소비체계(消

費體系)의 특색들은 쉽게 변하지 않는다. 가노제도를 기반으로 삼는 생산업의 외견상 평화로운 단계에서는 '비천한 생산계급은 오직 생계유지에 필요할 수 있는 것만 소비해야 한다는 일반원칙'이 다소 엄격하게 적용된다. 그러면 사치품들과 편의용품들은 당연히 유한계급에게 귀속된다. 터부시되는 특정한 음식들과 더욱 각별하게 터부시되는 특정한 음료들은 상류계급만의 소비품들로서 엄격하게 관리된다.

식생활을 규정하는 의례적 차별의 증거는 도취용 음료들과 흥분제들을 소비하는 관습에서 가장 확실하게 발견된다. 이런 소비품들은 비쌀수록 더 고귀하며 명예롭다고 인지된다. 그래서 하류계급들과 특히 여자들은 이런 흥분제들을 소비하지 말아야 하는 금욕을 더 심하게 강요당한다. 물론 이런 흥분제들이 아주 저렴하게 유통되는 지역들에서는 이런 금욕이 강요되지 않는다. 아주 먼 옛날부터 가부장 체제의 최전성기에 이르기까지 여자들은 이런 사치품들을 준비하고 관리해야 하는 소임을 떠맡았고, 고상한 가문의 점잖은 남자들은 이런 사치품들을 소비할 수 있는 특권을 누렸다. 그래서 자유롭게 술을 과음하고 흥분제들을 남용하는 그들의 술주정과 병리적 행태들은, 제3자의 관점에서는, 오히려 허랑방탕할 특권을 누리는 그들의 우월한 신분을 증명하는 명예로운 행위들이라고 인식되기 십상이다. 무절제한 방탕이 유발하는 병증들은 몇몇 종족에서는 남자의 특질들이라고 기껍게 인정된다. 심지어 그런 방탕에서 유래한 몇몇 신체질환의 병명(病名)이 "고귀하다"나 "고상하다"를 뜻하는 일상용어(日常用語)로 쓰이는 사태마저 발생하기도 했다. 사치해버릇하는 악덕의 징후들은 오직 문화의 비교적 이른 초기 발달 단계에서만 관습상 우월한 신분의 징표들로 인식되어 미덕들로 간주되다가 마침내 공동체의 존경심마저 강요하는 경향을 보인다. 그러나 사치해버릇하는 몇몇 악덕에 따라붙는 명예의 위력은 부유층이나 귀족계급의 허랑방탕한 남자들에게 쏠리는 비난을 어지간히 감소시킬 정도로 오랫동안 유지되었다. 그런 명예를 유지시킨 불공정한 차별 습관이 현대에는 흥분제들을 사용하는 여자들, 미성년자들, 하층민들에게 쏠리는 비난을 증폭시킨다. 이렇게 불공정한 전통적 차별 습관의 위력은 오늘날에 더 발달한 종족들에서도 고스란히 유지된다. 유한계급은 이런 차별 습관의 표본을 예시하는데, 이런 습관이 관습들을 규제하는 불가피한 강제력을 유지하는 곳에서 관찰되는 여자들의 대다수가 흥분제들을 삼가는 전통적 금욕을 실행한다.

명예로운 계급들의 여자들은 흥분제들을 삼가는 금욕을 더 철저하게 실행한다고 규정하는 이런 논리는 상식을 무시할 정도로 지나치게 치밀한 듯이 보일 수 있다. 그러나 세심한 관찰력의 소유자에게는 쉽사리 파악될 수 있는 사실들이 예증하듯이, 여자들에게 요구되는 더 철저한 금욕의 상당 부분은 불가피한 관습에서 유래한다. 이런 관습은 여자를 가노로 간주하는 가부장 제도의 전통이 가장 엄격하게 고수되는 곳에서, 대체로, 가장 강력하다. 이런 전통은 비록 본연의 적용 영역과 강제력을 아주 많이 잃어버렸어도 본연의 의미만은 아직 고스란히 간직한다. 이런 전통의 맥락에서 가노로 간주되는 여자는 오직 생필품만 소비해야 하고, 이례적으로 다른 물품들을 소비하더라도, 오직 그녀를 사유한 주인의 안락에나 명예에 이바지하는 것들만 소비해야 한다. 진정한 사치품들의 소비는 그것들을 소비하는 당사자의 안락과 직결된 소비이므로 주인의 증표이다. 그를 제외한 모든 식솔은 오직 그의 허락이나 묵인을 받아야만 사치품들을 소비할 수 있다. 그래서 가부장 제도의 전통에 근본적으로 얽매인 생각 습관을 체질화한 구성원들의 공동체들에서는, 최소한 부자유스러운 하인계급이 사치품들을 사용하면 관습상 비난받는다는 사실만 감안되어도, 사치품들에 걸린 터부의 유산들이 발견될 수 있다. 특정한 몇몇 사치품에 걸린 터부는 더 뚜렷한 유산을 남긴다. 왜냐하면 그런 사치품들을 사용하는 하인계급은 저마다 섬기는 주인들의 안락감이나 쾌감을 훼손할 수 있든지, 아니면, 다른 이유로 그것들의 정당성을 의심스럽게 만들 수 있기 때문이다. 서양 문명권에서는 매우 보수적인 중류계급(中流階級; 중산층)의 관점에서 이런 다양한 흥분제의 사용은 이런 두 가지 이유 모두 때문에, 아니면, 적어도 한 가지 이유 때문에 비난을 피하지 못한다. 그래서 다음과 같은 사실은 워낙 중요하므로 반드시 기억되어야 한다. 게르만 문화권에서도 가부장의 예절을 중시하는 감각을 굳건하게 계승한 매우 보수적인 중류계급들의 여자들이야말로 마취제들과 알코올 음료들의 사용을 제한하는 터부에 가장 광범하게 속박된다. 이런 계급들에서 당연한 의무로서 공인되는 일반규칙이 바로 여자들은 오직 각자의 주인에게 이로운 것들만 소비해야 한다는 것이다. 이 규칙은 다양한 자격조건을 요구한다. 여태껏 가부장 제도의 전통이 점점 약화된 만큼이나 그런 자격조건들은 더 다양해졌다. 의복과 잡다한 가사용품들을 소비하는 여자들의 행위는 이런 규칙의 확실한 예외로 간주되어야 한다는 반론도 당연히 제기된다. 그러나 이런 예외는 결국 실질적 소비보다 훨씬 더 과시적인 소비의 특성을 확실히 드러낸다.

경제 발달의 초기 단계들에서 무한정한 재화 소비는, 그러니까 이론상 생계용 최소 소비를 초과하는 모든 소비는, 대체로 유한계급에게만 전담된다. 경제 발달의 평화로운 단계가 시작되면, 재화 사유권(財貨私有權)이 공인되고, 임금노동이나 소가족경제(小家族經濟)를 기반으로 삼는 생산 체계가 정립된다. 그러면 유한계급에게만 무한정한 재화 소비를 전담시키는 원칙은 사라지는 경향을 보인다. 그러나 이 단계보다 더 오래된 외견상 평화로운 단계에서는 이후 시대의 경제생활에 줄곧 영향을 끼친 유한계급 제도의 다양한 전통들이 형성되었고 일관성을 획득했다. 그런 단계에서 유한계급에게만 무한정한 재화 소비를 전담시킨 원칙은 관습법(慣習法)의 강제력을 획득했다. 이 원칙은 여태껏 안락에 공헌하는 소비의 규준을 제공했다. 그래서 이 규준을 현저히 벗어나는 모든 소비는 불온한 소비들로 간주될 것이고, 경제가 더 발달하면, 그런 소비들은 조만간 확실히 배격될 것이다.

그러면 외견상 평화로운 단계에서 유한남자는 생계와 신체 능력 발휘에 필요한 최소량을 초과하는 생활용품들을 소비한다. 그의 소비는 소비재들의 품질을 감별하는 전문적 소비로 변해간다. 그는 갖가지 식품, 주류(酒類)와 음료, 도취제와 흥분제, 주택, 사역과 용역, 장식품, 의류, 무기류와 장신구, 오락물, 부적(符籍), 우상(偶像)이나 신상(神像)을 자유롭게 소비할뿐더러 최고품들을 골라서 소비한다. 그가 소비하는 품목들은 점점 개량되는데, 그런 과정에서 진행되는 혁신의 촉진 원리와 당면 목표는 개인적 안락과 행복에 부응하도록 개량된 더 세련된 제품들의 유효성을 향상시키는 것이 확실하다. 하지만 그런 유효성 향상만이 그런 제품들을 소비하는 유일한 목적으로서 존속하는 것은 아니다. 명예 규범도 그런 목적의 바로 곁에 존속하면서 그런 규범의 기준대로 존속시킬 혁신을 결정한다. 이렇게 더 우수한 재화의 소비는 재력의 증거이기 때문에 명예로운 행위라고 인정된다. 그래서 정반대로 그런 기준에 합당한 품질을 갖춘 재화를 합당한 수량만큼 소비하지 못하는 처지는 열등성과 결함의 증표라고 인식된다.

음식과 음료 같은 소비재들의 품질을 까다롭게 따져서 차별하는 관행이 발달하면 곧바로 유한남자의 생활 예절에도 영향을 끼칠뿐더러 그의 학습과 지식 활동에마저 영향을 끼친다. 그는 이제 단순히 성공한 공격적 남성 — 강인하고 슬기로우며 용맹한 남자 — 에 머물지 않는다. 그는 단순 무식한 무지렁이로 취급당하지 않으려면 고상한 감별력마저 함양해야 한다. 왜냐하면 이제부터 그는 감별력을 반드시 갖춰야만 소비재들 중에 고급품과 저급품을 다소 까다롭게 따져서 차별할 수 있기 때문이다. 그는 다양한 풍미를 지닌 고급요리들, 남성용 음료들과 장신구들, 근사한 의류와 건축물들, 무기류, 사냥감들, 춤꾼(무용수)들, 흥분제들을 감별하는 전문가로 변해간다. 이런 감별력을 발휘하는 심미안(審美眼)의 함양은 시간과 근면한 적응을 요구한다. 그래서 이런 심미안을 함양하려는 유한남자에게 요구되는 조건들은 그의 유한생활을 '과시적 유한생활에 어울리는 생활 방법을 체득하는 다소 지겹고 힘겨운 실습'으로 변화시키기 십상이다. 그에게 요구되는 다음과 같은 두 가지 조건은 서로 밀접하게 관련된다. 첫째, 그는 재화를 자유롭게 소비해야 하면서도 유한생활의 기준에 합당한 재화를 소비해야 한다. 둘째, 그는 근사한 예절대로 재화를 소비하는 방법을 숙지해야 한다. 그의 유한생활은 합당한 형식대로 실행되어야 한다. 그러면 이제 그의 유한생활은 이 책의 제3장에서 지적된 방식대로 훌륭한 예절을 선보이기 시작한다. 고상한 예절과 생활 방식은 과시적 여가의 기준과 과시적 소비의 기준에 부합하는 요건들이다.

고급재화의 과시적 소비는 유한남자의 명예 획득 방편이다. 그가 재력을 더 많이 축적하면, 타인의 도움을 전혀 받지 않고 혼자 단독으로 그런 재화의 과시적 소비를 실행하려고 아무리 애써도, 그의 풍부한 재력을 충분히 증명할 수 없을 것이다. 그래서 그는 친구들과 경쟁자들에게 비싼 선물을 제공하고 성대한 잔치와 연회를 베풀면서 자신의 재력을 증명하려고 애쓴다. 선물과 잔치의 기원은 어쩌면 유치한 과시욕의 기원과 다를 것이다. 그래도 선물과 잔치는 아주 오래전부터 유치한 과시욕에 부응하는 유용성을 획득했고 여전히 과시적 특성을 간직한다. 이런 맥락에서 선물과 잔치의 유용성은 오래전부터 현재에까지 선물과 잔치를 관습화시킨 본질적 근거로서 존속했다. 포틀래치[12]나 무도회(舞蹈會)처럼 사치스러운 연회들은 주최자의 재력을 과시하도록 각별하게 준비된다. 이런 연회의 주최자는 자신의 경쟁자를 연회에 초청하여 자신과 비교하기를 바란다. 초청을 수락한 경쟁자는 주최자의 재력을 과시하는 수단으로써 이용된다. 주최자는 고가품들을 혼자 소비할 수 없을 만치 과다하

---

12) potlatch: 이것은 북서부 아메리카 원주종족(原住宗族)들끼리 재력과 권력을 과시하려고 선물을 주고받으며 벌이는 축제용 잔치나 연회를 뜻하는 낱말이다. 조르주 바타유는 1949년에 펴낸 《저주받은 몫》(제1권 제2부 제2장)에서 포틀래치를 "경쟁적이고 과시적인 증여"행위로 이해한다. "틀링깃족(Tlingit族), 하이다족(Haida族), 침샨족(Tsimshian族), 콰키우틀족(Kwakiutl族)의 사회생활에서 포틀래치는 가장 중요시된다. 이 종족들 중에도 가장 미개한 종족은 성년식, 혼례식, 장례식처럼 개인적 여건의 중대한 변화를 표현하는 의례들에서 포틀래치를 거행한다. 물론 더 문명화된 종족들에서도 포틀래치는 축제의 일환으로서 여전히 거행된다. 그런 종족들은 축제용 포틀래치를 거행할 수도 있지만, 처음부터 포틀래치용 축제를 거행할 수도 있다. 포틀래치는 상업과 마찬가지로 재력을 순환시키는 방편이지만 흥정을 배제한다. 포틀래치는 대체로 경쟁하는 두 족장 중 한 명이 경쟁자를 모욕하며 도발하여 경쟁자에게 답례의무를 떠맡기려고 상당히 많은 재물을 증여하는 엄숙하고 성대한 의례의 형식을 띤다. 재물을 증여받은 경쟁자는 증여자한테서 받은 모욕을 무효화시켜야 하므로 증여자의 도발을 수락해야 한다. 그런 도발을 수락하는 과정은 경쟁자가 답례의무를 떠맡기로 계약하는 과정이므로 증여자의 도발을 수락하면 답례의무를 완수해야 한다. 그런 경쟁자는 오직 증여받은 재물보다 훨씬 많은 재물을 증여자에게 재증여하는 새로운 포틀래치를, 조속히, 더 성대하게 거행해야만 답례의무를 완수할 수 있다. 요컨대, 경쟁자는 증여받은 재물을 증여자에게 이자를 붙여서 재증여해야 한다."

유한계급론

게 준비하여 연회를 베푸는데, 그러면 경쟁자는 다음과 같은 세 가지 역할을 동시에 실행한다. 첫째, 경쟁자는 주최자를 대리하여 연회용 고가품들을 소비한다. 둘째, 경쟁자는 그런 고가품들의 소비 현장을 목격하는 증인이 된다. 셋째, 경쟁자는 주최자의 숙달된 에티켓을 목격하는 증인의 역할마저 수행한다.

이렇게 사치스러운 연회들은 당연하게도 과시욕뿐 아니라 더 흥겨운 다른 의욕들마저 표현한다. 흥겨운 회합을 즐기는 관습은 어쩌면 술잔치와 종교를 발생시킨 의욕들에서 유래했을 것이다. 이런 의욕들은 문화의 후기 발달 단계에서도 존속하지만, 따로따로 독립되어 존속하지는 않는다. 근대화된 유한계급의 향응(饗應)들과 연회들은 종교에는 적게나마 필요해서 존속할 수 있고, 유흥과 향락에는 아주 많이 필요해서 존속할 수 있지만, 불공정한 차별에도 소용될 수 있다. 그리고 이런 향응들과 연회들은 더 널리 인정될 만한 이런 의욕들에 외견상 공정한 근거를 제공하므로 오히려 불공정한 차별에는 유효하게 소용된다. 그러나 오히려 그래서 재화를 대리로 소비하는 행위뿐 아니라 많은 노력과 비용을 소비해야 숙달할 수 있는 에티켓을 과시하는 행위도 이렇게 흥겨운 사회적 회합의 경제효과를 감소시키지 않는다.

유한계급이 재력을 축적하면, 유한계급의 기능과 구조는 더욱 발달하고, 유한계급의 내부에서는 차별화가 진행되기 시작한다. 그러면 유한계급 구성원들의 서열과 등급을 차별하는 다소 정교한 체계가 등장한다. 재력 세습과 잇따른 상류계급 세습은 이런 내부 차별화를 촉진한다. 상류계급 세습은 의무적 여가(obligatory leisure)의 세습과 함께 진행된다. 그래서 여가생활을 누릴 만한 잠재력을 충분히 갖춘 상류계급은 명예로운 여가생활을 속행하는 데 필요한 재력을 완비하지 않아도 세습될 수 있다. 고상한 혈통은 명예롭게 마음대로 소비할 수 있는 재물을 충분히 갖추지 않아도 계승될 수 있다. 그러면 극빈한 유한남자들로 구성되는, 앞에서 스치듯이 언급된, 이류유한계급(하위유한계급)이 생겨난다. 이런 반쪽짜리(half-caste; 혼혈) 유한남자들은 계급내부차등체계(階級內部差等體系)의 적용을 받는다. 부요(富饒)한 유한계급에서도 상위에 속하거나 최상위에 근접하는 혈통과 재력 중 어느 하나를 세습하든지 아니면 모두를 세습하는 유한남자들의 등급은 더 저급한 혈통이나 더 미약한 재력을 세습하는 유한남자들의 등급보다 더 높게 평가된다. 이런 하위유한계급에서도 특히 가난하거나 극빈한 남자들은 상위유한계급의 남자들에게 의탁하거나 충성하는 후견 체계에 가입한다. 그런 하위급 유한남자들은 각자의 후견인한테서 명예 증진 수단이나 유한생활 수단을 얻는다. 그들은 후견인의 가신(家臣)이나 집사나 사역꾼으로 변한다. 그래서 후견인에게 의탁하여 생활하는 하위급 유한남자들은 후견인의 지위를 나타내는 지표들이고 후견인의 잉여재산을 대리로 소비하는 대리 소비자들이다. 게다가 이런 방계유한남자(傍系有閑男子)들의 다수는 재력을 거의 미비한 남자들이다. 그래서 이들 중 몇몇은 아예 대리 소비자들로 간주될 수 없고, 다른 몇몇은 오직 부분적으로만 대리 소비자들로 간주될 수 있다. 그러나 방계유한남자들의 다수는 후견인의 집사들과 식객들이므로 자격요건과 무관하게 대리 소비자들로 분류될 수 있다. 그들의 다수도, 다른 하급 귀족들의 다수와 마찬가지로, 저마다 얼마간 포괄적인 대리 소비자 집단을 거느리는데, 그런 집단에는 그들의 아내와 자녀가 포함될뿐더러 그들의 하인과 집사 같은 사역꾼들도 포함된다.

대리 여가 활동과 대리 소비의 이런 차등도식(差等圖式)을 시종일관 지배하는 규칙은 다음과 같이 요약될 수 있다. 첫째, 대리 여가 활동과 대리 소비는 특정한 예절대로 실행되어야 하든지, 아니면, 특정한 상황에나 특정한 훈장에 걸맞게 실행되어야 한다. 둘째, 그런 예절이나 상황이나 훈장은 대리 여가 활동과 대리 소비를 시키는 가주를 명백하게 표시해야 할뿐더러 그런 활동과 소비의 당연한 결과로써 증진되는 명예를 익숙하게 누리는 가주를 명백하게 표시해야 한다. 가주나 후견인에게 충성하는 사람들의 대리 소비와 대리 여가 활동은 가주나 후견인의 명예 증진용 투자(投資)로 간주될 수 있다. 성대한 연회들과 자선 행사들은 이런 투자 의도를 충분히 드러낸다. 그런 연회장에서나 자선 행사장에서는 공공연한 명성을 빌미로 주최자에게나 후견인에게 명예가 곧바로 전가된다. 후견인의 부하들과 집사들이 후견인의 측근에서 대리 여가 활동과 대리 소비를 실행하면 그런 여가 활동과 소비를 대리시킨 장본인을 모든 타인에게 확실히 인식시킬 수 있으므로 결국 후견인에게 명예를 전가할 수 있다.

이런 식으로 확고해질 수 있는 명예로운 존경심을 품은 집단이 커질수록 그 집단에서 대행되는 여가 활동에 명예가 전가된다는 사실을 암시할 수 있는 특권적 수단은 더 많이 요구되고, 이런 목적에 부응하는 제복들, 표장(標章)들, 근무복(勤務服; livery; 정복正服)들이 유행하기 시작한다. 제복이나 근무복을 착용해야 하는 처지는 상당한 의존성을 암시할 뿐더러 실제로든 외견상으로든 노예의 처지를 표시한다고 평가될 수도 있다. 제복이나 근무복을 착용하는 사람들은 대략 두 부류로 나뉠 수 있다. 한 부류는 자유인들이거나 상류계급에 포함될 수 있고, 다른 부류는 노예들이나 하류계급일 수 있다. 이런 사람들이 실행하는 사역들도 고상한 사역들과 비천한 사역들로 나뉠 수 있다. 물론 이런 이분법(二分法)은 실제로 일관되게 엄수되지 않는다. '비천한 사역들 중에 덜하게 비천한 사역'과 '고상한 사역들 중에 덜하게 명예로운 사역'을 겸행하는 사람도 드물지 않다. 그래도 일반적 이분법은 무시될 수 없다. 물론 다음과 같은 두 가지 사실은 이런 이분법을 다소 교란할 수 있다. 첫째, 고상한 사역들과 비천한 사역들을 가르는 이런 기본적 이분법은 겉치레로 실행되는 사역의 본성을 근거로 삼는다. 둘째, 사역꾼에게 사역을 시키거나 근무복을 착용시키는 개인의 지위를 근거로 명예로운 사역들과 불명예스러운 사역들을 가르는 파생적 이분법은 기본적 이분법을 교란한다.

그래서 유한계급의 전담 직종으로서 당연시되는 직업들은 명예롭다고 인식된다. 정치, 전투, 사냥 같은 직업들뿐 아니라 무기류와 장신구류를 매만지는 직무들마저 포함하는 이런 직업들은, 요컨대, 외견상 약탈업종으로 분류될 수 있다. 그런 반면에 생산계급의 전담 직종은 비천하다고 인식된다. 이런 직종에는 수공업이나 기타 생산노동, 비천한 사역들이 포함된다. 그러나 최상류층의 개인을 섬기는 비천한 사역은 대단히 명예로운 직무로 변이할 수 있다. 예컨대, 공주의 시녀나 여왕의 시녀 또는 국왕의 마부(馬夫)나 사냥개 조련사가 전담하는 직무들도 명예롭다고 인식된다. 특히 국왕의 마부와 사냥개 조련사가 전담하는 직무들은 다소 일반적인 사역의 원리를 암시한다. 이런 직무들에서도 문제시되는 비천한 사역은 전투와 사냥 같은 유한계급의 전담 직종과 직결될 수밖에 없을 때마다 그런 직종의 영향을 반영하면서 명예로운 성격을 쉽게 획득한다. 이런 과정에서, 본질상 비천한 사역으로 분류되는 직종에 대단한 명예가 따라붙기 시작할 수 있다.

　평화로운 생산업의 후기 발달 단계에는 제복을 착용한 게으른 용병들을 고용하는 관습이 차츰 사라진다. 후견인이나 가주의 표장을 부착한 피후견인들의 대리 소비는 근무복을 착용한 하인들의 활동으로 축소된다. 그런 과정에서 고급화되는 근무복은 노예 상태의 상징, 아니면 더 정확하게는, 노예근성의 상징처럼 인식되기 시작한다. 무장한 집사의 근무복(군복)에는 언제나 명예로운 성격을 띠는 휘장 같은 것이 부착되지만, 근무 복이 오직 비천한 사역만 상징하는 의복으로 전락하면 이런 명예로운 성격은 사라진다. 그러면 근무복은 그것을 착용하도록 요구받는 거의 모든 사람에게 불쾌한 의복이라고 인식된다. 우리는 실질적 노예 상태를 아직 거의 벗어나지 못해서 그런지 노예근성을 조금이라도 탓하거나 비꼬는 언행에는 여전히 극도로 예민하게 반응한다. 노예근성을 혐오하는 이런 감정은 심지어 몇몇 회사의 소속 직원들만 착용하도록 특별히 지정된 근무복이나 제복을 향해서도 표출된다. 미국에서 이런 반감은 심지어 근무복이나 제복을 반드시 착용해야 하는 관리들, 군인들, 공무원들마저 — 은근히 막연하게 — 불신할 정도로 극심하다.

　노예사유권(奴隷私有權)이 사라지면, 유한남자 1인당 거느리는 대리 소비자의 인원수는 대체로 감소하는 경향을 보인다. 그에게 의탁하여 대리 여가 활동을 실행하는 피후견인의 인원수도 당연히 감소하는 경향을 보일뿐더러 어쩌면 더 급격하게 감소할 것이다. 이런 대리 소비를 실행하는 집단과 대리 여가를 실행하는 집단은 비록 완전히 일관되게 일치하지는 않아도 대체로 일치한다. 대리 소비와 대리 여가를 사역해야 하는 의무를 위임받은 최초의 피후견인은 아내나 본처였다. 그리고 유한계급 제도의 후기 발달 단계에서는 이런 의무적 사역들을 관습적으로 실행하는 인원수가 차츰 감소하는데, 그러면 아내 혼자서 이런 사역들을 계속 실행할 것이라고 예상될 수 있다. 사회의 상류계층에서는 이런 두 가지 사역 모두가 아주 많이 요구된다. 그래서 상류계층의 아내는 당연하게도 여전히 다소 많은 하인의 시중을 받으며 두 가지 사역을 실행한다. 그러나 사회의 더 낮은 계층의 아내일수록 혼자서 두 가지 사역을 전담하는 현상은 더 확연해진다. 오늘날 서양 문화권의 사회들에서는 이런 현상이 중하류계급에서 쉽게 발견된다.

바로 여기에서 흥미로운 역전 현상이 발생한다. 서양 문화권의 중하류계급에서는 가주가 여가 활동을 일절 과시하지 않는다는 사실이 공통적으로 관찰된다. 가주의 과시적 여가 활동은 환경의 압력을 받아서 완전히 폐지된다. 그래도 중류계급의 아내는 가족과 가주의 평판을 높이려고 대리 여가 활동을 속행한다. 현대의 여느 산업사회에서나 상대적으로 낮은 계층의 제1사실 ─ 가주의 과시적 여가 활동 ─ 은 상대적으로 높은 계층에서부터 사라져간다. 중류계급의 가주는 여태껏 경제적 환경의 압력을 받아서 그런지 오늘날에는, 평범한 사업자처럼, 생산업의 성격을 다분히 내포하는 직업들에 때때로 종사하며 생계를 유지하기 시작했다. 그러나 제1사실에서 파생한 제2사실 ─ 아내에게 위임된 대리 여가와 대리 소비, 그리고 하인들의 보조적 대리 여가 활동 ─ 은 차후에도 명예의 요건들을 등한시되게 방치하지 않을 관습으로서 계속 유행한다. 현대 산업사회에서 지극히 근면하게 일하는 남자는 결코 드물지 않다. 왜냐하면 그가 아내에게 현대의 상식에 부합하는 대리 여가 활동을 사역시킬 수 있어야만 아내는 대리 여가 활동을 실행하여 그의 노고에 합당하게 보답

할 수 있기 때문이다.

그런 의도로 아내에게 위임되는 여가가 무노동이나 게으름의 단순한 표현은 당연히 아니다. 아내의 여가는 거의 언제나 일정한 업무, 가내책무, 사교활동처럼 보이도록 위장된다. 그런 업무, 가내책무, 사교활동은 거의 또는 오로지 다음과 같은 목적에만 부응한다고 분석될 수 있다. 이 목적이란 아내가 돈벌이나 소득을 추구하는 어떤 직업에도 종사하지 않는다고, 아니면, 종사하지 않아도 된다고 증명하는 것이다. 예절을 고찰한 이전의 논증에서도 이미 고찰되었듯이, 중류계급에서 가정주부의 시간과 노력을 요구하는 관습적 집안일들의 대부분도 이런 목적에 부응하는 성격을 띤다. 그녀의 시간과 노력을 낭비시킨 집안일들의 결과가 우아하지 않거나 정갈하지 않으면, 중류계급용 예절에 숙달한 남자들은 기꺼워하지 않는다. 그러나 우아하고 정갈한 결과들을 기꺼워하는 취향은 바로 그렇게 낭비된 노력의 증거들을 요구하는 예절 규범의 선택적 방침에 부합하도록 형성된 것이다. 우리는 낭비된 노력의 결과들을 기꺼워한다. 왜냐하면 우리는 여태껏 대체로 그것들을 기꺼워하게끔 교육받았기 때문이다. 그런 결과들을 산출해야 하는 집안일들은 대단한 정성을 요구한다. 그것은 형태와 색채의 적절한 조화를 세심하게 배려하는 정성일뿐더러 심미적 목적으로 분류되어도 무방할 또 다른 목적들에도 부응하는 정성이다. 그래서 그런 정성의 결과들이 때때로 다소 중요한 심미적 가치를 획득한다는 사실은 부정될 수 없다. 이런 맥락에서 강조되는 거의 모든 것은 다음과 같이 요약될 수 있다. 우아하고 편안한 생활에 요구되는 이런 집안일들과 관련된 가정주부의 노력은 시간과 재산을 과시적으로 낭비해야 한다는 법칙대로 형성된 전통들에 종속한다. 만약 미관(美

觀)이나 편의가 성취되어야 한다면, 그리고 다소 우연한 상황에서 성취
되어야 한다면, '낭비되는 노력의 중대한 경제법칙에 종속하는 수단들과
방법들'로써 성취되어야 한다고 강조될 것이다. 중류계급의 가정용품들
중에 더 명예롭고 "자랑스러운" 것들은 한편으로는 과시적 소비의 증표
들이고 다른 한편으로는 가정주부에게 위임된 대리 여가의 증거로서 제
시되는 소품들이다.

아내에게 전담되는 대리 소비의 요건은 심지어 대리 여가의 요건에
미달하는 금력을 보유한 계층에도 영향을 끼친다. 그런 계층에서는 의례
적 청소 같은 행위에 노력을 낭비하는 척하는 허례는 거의 관찰되지 않
고, 과시적 여가 활동을 감행하려는 의식적(意識的) 노력도 전혀 발견되
지 않지만, 체면치레용 예절은 아내에게 가족과 가주의 명예에 부응하는
몇몇 재화의 과시적 소비를 여전히 요구한다. 그래서 실제로도 이론상으
로도 처음에는 남편에게 사역하는 단순노무자 겸 가노였던 아내가, 그러
니까 남편에게 이롭도록 소비해야 하는 재화들의 생산자였던 아내가, 이
제는 '남편이 생산한 재화들'의 의례적 소비자로 변이했는데, 이것은 아
주 오래된 제도의 진화가 초래한 현대적 결과이다. 그래도 아내는 여전
히 이론상 남편의 가노가 거의 확실하다. 왜냐하면 여가와 소비를 대행
해버릇하는 습관은 부자유스러운 노예의 불변하는 징표이기 때문이다.

중하류계급에 속하는 가족의 의례적 대리 소비는 유한계급 생활도식
을 직접 표현하는 행위로 간주될 수 없다. 왜냐하면 중하급으로 분류되
는 금력을 보유한 가족은 유한계급에 소속할 수 없기 때문이다. 유한계
급 생활도식은 중하류계급의 관점에서는 오히려 한층 더 고급한 생활도
식을 표현하는 듯이 보인다. 유한계급은 명예의 차원에서는 사회구조의

최상층을 차지한다. 그래서 유한계급의 생활 예절과 가치 기준들은 명예 규준을 소속 사회에 제시한다. 이런 기준들을 엇비슷하게라도 준수해버릇하는 습관은 모든 하류계급에게 의무화된다. 현대 문명사회들에서 계급들을 차별하는 구분선들은 여태껏 점점 더 모호해지고 변위되기도 쉬워졌는데, 이렇게 변동하는 모든 곳에서 상류계급이 강요하는 명예 규준의 고압적 영향력은 미미한 방해를 받으면서도 사회구조의 최하층에까지 확대된다. 그러면 계급별 구성원들은 소속 계급보다 한 계단 더 높은 계급에서 유행하는 생활도식을 고상한 생활의 표준형으로 인정하고 그런 표준형을 실현하려는 생활에 전심전력한다. 그런 표준형을 실현하지 못하면 명예와 자존심을 훼손당할 수밖에 없는 상황에서 계급별 구성원들은, 적어도 겉으로나마, 공인된 규범을 준수해야 한다.

고도로 조직화된 산업사회에서 명예의 궁극적 기반은 금력이다. 이런 사회에서 금력을 과시하고 명예를 획득하거나 유지하는 두 가지 방법은 여가 활동과 과시적 소비활동이다. 그래서 이 두 방법은 과시할 만한 금력을 여전히 보유하는 중하류계급에서도 유행한다. 그리고 이 방법들을 채택한 중하류계급의 가족에서는 아내와 자녀들에게 이 방법들을 대행하는 임무의 대부분이 위임된다. 심지어 겉치레용 여가 활동마저 포함하는 모든 여가 활동을 아내에게 위임하지 못하는 하류계급의 가족에서도 재화의 과시적 소비는 속행되고 아내와 자녀들은 그런 소비를 계속 대행한다. 물론 그런 가족의 남자도 과시적 소비에 상당하는 활동을 실행할 수 있고, 실제로도, 평소에 그런 활동을 실행한다. 그러나 빈민굴로 떠밀리는 신세만 가까스로 모면한 빈곤계급의 가족에서는 남자가 고가품들의 과시적 소비를 사실상 중단하고, 자녀들도 곧바로 그런 소비를 중단하는데, 그러면 여자(아내)가 가족의 금력체면을 사실상 대표하는 유일한 구성원으로 남는다. 사회의 극빈 계급마저 포함하는 모든 계급은 모든 관습화된 과시적 소비를 단념하지 않는다. 최심(最甚)한 생계 위협에 시달리는 계급을 제외한 모든 계급은 과시적 소비재의 범주에 포함되는 최신상품들을 포기하지 않는다. 그런 모든 계급은 금력체면에 부합하는 최신식 장신구나 최신식 허례용품을 보유할 수만 있다면 굉장히 열악하고 불편한 생활마저 감수할 것이다. 역사상 모든 계급과 모든 국가는 물질적으로 아무리 빈곤해도 굴하지 않고 더 고상하거나 더 정신적인 욕구를 충족시키는 모든 것을 포기하지 않았다.

＊＊＊

　　과시적 여가와 과시적 소비의 발달 과정을 가늠한 앞선 고찰에서 드러났듯이, 명예에 똑같이 부응하는 이 두 가지 과시 활동의 유용성은 두 활동에 똑같이 포함된 낭비의 요소에서 유래한다. 이런 낭비는 한편으로 시간과 노력의 낭비이고 다른 한편으로는 재화의 낭비이다. 이 두 가지 낭비는 재력 소유를 증명하는 방법들이라서 관습상 동등하다고 인식된다. 이 두 방법 중 어느 것이 채택되느냐는 문제의 관건은, 예절의 다른 원천에서 유래한 다른 기준들의 영향을 받지만 않으면, 단순히 어느 것이 더 편리한 과시 방법이냐는 것이다. 경제 발달의 상이한 단계별로 두 방법 중 더 편리한 것이 선호될 수 있다. 문제는 두 방법 중 어느 것이 영향을 끼치려는 신념의 소유자들에게 가장 효과적으로 먹혀드느냐는 것이다. 이 문제에 관습은 여태껏 상황별로 다른 방법이 선호되었다고 응답한다.

평범한 소문에 불과한 평판조차 유효하게 납득할 만치 작고 단출한 공동체나 사회집단에서는, 그러니까 사사로운 친분과 잡담을 나누는 이웃공동체의 영역을 벗어나지 않는 명예를 획득하려는 개인의 적응을 요구하는 인간 환경에서는, 두 방법이 비슷한 효력을 발휘한다. 그래서 사회 발달의 초기 단계들에는 두 방법이 거의 동등한 효력을 발휘한다. 그러나 두 방법의 차이가 더 뚜렷해지고 더 광범한 인간 환경에서도 영향을 발휘하도록 요구되면, 소비활동은 평범한 체면치레 방편으로서 여가활동에 포함되기 시작한다. 이런 현상은 특히 경제 발달의 평화로운 후기 단계에서는 확연해진다. 현대의 소통 수단과 인구이동은 개인을 수많은 타인의 시야에 노출시킨다. 그렇게 노출되는 개인의 명예를 판단하려는 타인들의 수단은 오직 그들에게 직접 관찰되는 개인의 과시할 수 있는 재화뿐이다(그리고 어쩌면 예절도 그런 수단일 것이다).

현대 산업 조직은 다른 구분선을 준수하면서도 동일한 방향으로 작용한다. 현대 산업 체계의 급박한 상황들은 개인들과 가족들의 관계를 단순한 병렬 관계로 변질시키기 일쑤이다. 기계적으로 인사치레만 하는 개인들의 이웃 관계는 대체로 사회적 이웃 관계가 아닐뿐더러 친분 관계도 아니다. 게다가 이웃들의 조변석개하는 호평은 매우 사무적인 것이다. 일상생활에서 이토록 매정한 관찰자들에게 개인의 금력을 각인시킬 수 있는 유일하게 실용적인 방법은 그의 금력을 증명하는 끈질긴 과시 활동뿐이다. 현대 사회에서는 서로의 일상생활을 모르는 많은 개인이 특정한 장소들에 대규모로 점점 더 자주 모인다. 교회, 극장, 무도장, 호텔, 공원, 상점도 그런 장소들이다. 그런 장소들에 모여든 변덕스러운 관찰자들에

게 자신의 금력을 각인시키고 그들의 시선을 모으며 자기만족감을 희락
(喜樂)하려는 개인은 자신의 금력을 표시하는 서명을 관찰자들에게 확
인시킬 수 있는 필체로 남겨야 한다. 그래서 현대 산업은 과시적 소비의
유용성을 과시적 여가의 유용성보다 더 높게 상승시키는 방향으로 발달
하는 것이 분명하다.

다음과 같은 사실도 주목받을 만하다. 개인끼리 접촉하는 인간관계가
가장 만연하고 인구이동이 가장 빈발하는 사회에서 소비는 체면 요소들
중에 가장 집요하게 강조되는 요소일뿐더러 명예 획득 방법들 중에도 가
장 유용한 방법이다. 과시적 소비는 도시인구의 소득 대비 지출을 시골
인구의 그것보다 상대적으로 더 많이 요구하고, 그런 요구는 점점 더 불
가피해진다. 그러면 시골인구보다 도시인구가 체면치레를 속행하느라
그날그날 생계를 유지해버릇하는 습관에 더 심하게 물든다. 그래서 그런
지, 예컨대, 미국에서는 시골 농민 가족의 소득수준과 도시 기능공(技能
工) 가족의 소득수준이 동등해도, 농민 가족의 의복과 예절은 기능공 가
족의 그것들보다 유행에 뒤쳐진다고 널리 인식된다. 물론 도시인구가 과
시적 소비로써 만끽할 수 있는 특별한 자족감을 훨씬 더 열렬히 갈구하
는 천성을 타고나지는 않는다. 하물며 시골인구가 금력체면을 더 미온적
으로 존중하지도 않는다. 그러나 이런 요구, 습관, 인식을 유발하는 자극
뿐 아니라 이런 자극의 일시적 효력마저 도시에서 더 확연하다. 그래서
과시적 소비는 더 쉽게 이용될 수 있는 체면치레 방법이나 명예 획득 방
법으로 변이하고, 명예를 다투느라 경쟁하는 도시인구는 과시적 소비의
일반적 기준을 점점 상승시킨다. 그러면 도시에서 금력체면을 일반적 기
준에 부합하도록 암시하려는 개인은 과시적 소비에 상대적으로 더 많은

금력을 소모해야 한다. 이렇게 상승한 관습적 기준에 부합하는 요건은 의무화된다. 계급의 높낮이와 체면 기준의 높낮이는 정비례하므로, 이런 체면치레의 요건은 계급 하락을 무릅쓰더라도 엄수되어야 하는 의무로서 공인된다.

소비는 시골에서보다 도시에서 생활 기준의 더 중대한 요소가 된다. 시골에서는 금력명예(金力名譽)의 일반적 취지에 충분히 부응할 만큼 이웃들의 입소문으로 알려지는 저축과 편안한 가정생활이 소비를 얼마간 대신한다. 편안한 가정생활이 대부분과 그것을 향락하는 여가의 대부분도 과시적 소비의 항목들로 분류되어야 마땅하다. 또한 저축의 대부분도 과시적 소비의 항목으로 분류될 수 있다. 도시 기능공들의 저축액은 농민들이나 시골 주민들의 저축액보다 적다. 저축액의 과시효과가 농촌과 시골마을의 환경보다 도시의 환경에서 더 미약하다는 사실은 이런 저축액의 차이를 얼마간 유발하는 원인이 확실하다. 농촌과 시골마을의 모든 주민은 서로의 생활 형편에도 빠삭할뿐더러 서로의 금력에는 특히 더 빠삭하다. 도시의 기능공들과 노동계급들에게 노출되면 과시적 소비를 추가로 자극할 것이라고 쉽게, 단번에, 인식되는 이런 요인은 저축 총액을 대폭 감소시키지는 못한다. 그러나 체면치레 비용의 기준을 누적적으로 상승시키는 이런 자극요인은 저축성향을 억제하는 매우 강력한 효과를 발휘할 수밖에 없다.

이런 명예 규범의 결과들에 포함되는 예절의 적절한 증례는 공공장소에서 목격되는 술을 홀짝거리듯이 마시는 관행, "과도하게 인사치레하는" 관행, 허풍떠는 관행이다. 이런 관행은 도시의 노동자들과 수공업자들을 포함하는 중하류계급에서 대체로 통용되는 관습이다. 이 계급에 포함될 수 있는 숙련된 인쇄공들 사이에서도 이런 관습을 따르는 과시적 소비가 대대적으로 유행할뿐더러 때때로 비난받는 아주 확실한 결과들을 초래하기도 한다. 그래서 이 계급의 특유한 습관들은 일반적으로 다음과 같은 두 원인 중 어느 하나의 결과들이라고 인식된다. 두 원인 중 하나는 이 계급의 것으로 간주되는 모호한 도덕적 결함 같은 것이고, 다른 하나는 이 계급의 직업이 종사자들에게 불가해한 방식으로 파급할 것이라고 추정되는 도덕적 악영향이다. 예컨대, 일반적인 인쇄소에서 근무하는 조판공(組版工)들과 인쇄공들의 관행은 다음과 같이 요약될 수 있다.

특정한 인쇄소나 도시에서 습득되는 인쇄술은 거의 모든 다른 인쇄소나 도시에서도 쉽게 통용될 수 있다. 왜냐하면 인쇄술은 숙련된 인쇄공의 타성(惰性)을 거의 유발하지 않기 때문이다. 더구나 인쇄업은 평균 수준을 상회하는 지능과 교양을 요구하므로, 인쇄업계의 종사자들은 공정별로 조금씩 다르게 요구되는 노동의 모든 변수에도 많은 다른 업계의 종사자들보다 일반적으로 더 쉽게 적응한다. 그래서 인쇄공의 편안한 휴식도 타성을 거의 유발하지 않는다. 그런 동시에 인쇄업계의 임금수준도 높기 때문에 인쇄업 종사자들은 직장을 상대적으로 쉽게 옮길 수 있다. 그러므로 인쇄업 종사자들의 직장 이동률은 매우 높고, 또 어쩌면 인쇄업만큼 명확하게 조직된 유력한 다른 여느 직업 종사자들의 직장 이동률보다도 더 높을 것이다. 인쇄업 종사자들은 직장을 옮길 때마다 안면을 트는 새로운 동료들과 관계를 맺는다. 그들의 인간관계는 비록 일회적이고 느슨해도 그들은 서로의 호의를 당분간 존중한다. 동료애를 느끼는 감정들은 인간의 과시 성향을 강화하는데, 이런 과시 성향은 새로운 인간관계의 요구들에 가장 근사하게 부응할 방향으로 그들의 금력을 낭비시킨다. 다른 업계들처럼 인쇄업계에서도 과시적 낭비가 유행하자마자 낭비 규범이 관습화되면서 과시적 낭비를 공인된 체면 기준에 합체시킨다. 그런 다음에 낭비 규범은 이런 체면 기준을 새로운 행동의 출발점으로 삼아 동일한 방향으로 그런 행동을 선도할 것이다. 왜냐하면 인쇄업계의 모든 종사자 사이에서 당연시되어 준수되는 낭비의 기준에 단순히 무감동하게 부합하기만 하는 낭비는 무효하기 때문이다.

낭비는 평균적 노동자들보다 인쇄공들 사이에서 더 성행한다. 이런 현상은 평균적 노동자들보다 인쇄업 종사자들이 직장을 더 쉽게 옮기고 인간관계를 더 느슨하게 맺기 때문에, 적어도 얼마간, 자연스럽게 발생할 수밖에 없다. 그러나 최근에 분석되었듯이, 낭비에 요구되는 높은 기준의 본질적 근거는 우세를 증명해버릇하고 금력으로써 체면치레해버릇하는 과시 성향에 불과하다. 이런 성향은, 예컨대, 프랑스의 소자작농(小自作農)들을 인색한 구두쇠들로 만들고, 미국의 갑부들을 대학, 병원, 박물관의 건립자들로 만든다. 만약 인간 본성의 다른 특질들이 용납할 수 없는 과시적 소비의 규범을 대폭 상쇄하지 않았다면, 도시들에 현존하는 기능공들과 노동계급들이 아무리 많은 임금을 받거나 많은 소득을 올려도 저축하기는 논리적으로 불가능했을 것이다.

그러나 재력만이 명예의 기준은 아니고 재력 과시 규범만이 유일한 행위규범도 아니다. 명예의 다른 기준들도 존재하고, 다소 강제적인 다른 행위규범들도 존재한다. 이것들 중 몇몇은 과시적 낭비의 폭넓고 근본적인 규범을 강조하거나 제한하기 시작한다. 여가와 과시적 재화 소비의 선전효과만 간략히 검토해도 우리는 이 두 가지 활동이 금력 경쟁의 현장을 처음부터 아주 공평하게 양분(兩分)했을 것이라고 추정할 수 있다. 그리고 경제가 계속 발달하며 사회의 규모가 커지자, 여가 활동은 근거를 차츰 상실하며 위축되기 쉬웠을 것이라고 추정될 수 있다. 그동안 과시적 재화 소비는 절대적으로도 상대적으로도 점점 더 중요해졌을 것이고, 결국에는 최저생계용품을 제외한 모든 소비재를 흡수해 버렸을 것이다. 그러나 여태껏 상황은 실제로 이런 이상적 도식과 다소 다른 방향으로 전개되었다. 여가 활동은 처음부터 최우선순위를 차지했고, 문화의 외견상 평화로운 단계에서는, 재력의 직접증거 겸 체면의 기준 요소로서 낭비적 재화 소비보다 훨씬 더 고상하다고 인식되기 시작했다. 그런 단계를 벗어난 이후부터 소비는 점점 더 널리 유행하다가 오늘날에는 마침내 확고부동한 최우선순위를 차지했지만, 최저생계용품을 제외한 모든 생산물을 흡수하기는 아직 요원하다.

명예 획득 방법으로써 여가 활동의 오래된 주도권은 고상한 직종과 비천한 직종을 차별한 오래된 구분선에서 유래했을 수 있다. 여가 활동은 명예로울뿐더러 한편으로는 비천한 노동을 면제받을 수 있는 자격의 증표이기 때문에 강제적 의무로 변이한다. 오래전부터 고귀한 계급과 비천한 계급을 가르며 진행된 계급 분화는 명예로운 직종들이나 저열한 직종들을 차별하던 관습에서 유래한다. 이런 전통적 차별 관습은 외견상 평화로운 문화의 초기 단계에서 체면치레를 강요하는 규범으로 발달한다. 여가 활동이 소비와 마찬가지로 재력의 증거로서 여전히 충분히 유효하다는 사실은 여가 활동의 주도권을 강화한다. 같은 문화의 초기 단계에 속하는 개인에게 노출되는 상대적으로 소소하고 안정된 인간 환경에서 여가 활동은 실제로 그토록 유효하므로, 모든 생산노동을 괄시하던 오래된 전통의 조력을 받으면, 가난한 유한계급을 대규모로 발생시킬뿐

더러 심지어 오직 최저생계용품만 생산하도록 공동체의 산업을 제한하
는 경향마저 드러낸다. 물론 산업을 이토록 극심하게 제한하는 활동은 기
피된다. 왜냐하면 명예 획득 욕구보다 더 절박한 욕구를 충족하려고 악착
같이 일하는 노예의 노동은 노동계급의 최저생계용품뿐 아니라 잉여제품
마저 생산할 수밖에 없기 때문이다. 문화 발달의 후기 단계들에서는 명예
의 근거로서 유용한 과시적 여가의 용도는 상대적으로 차츰 감소한다. 왜
냐하면 한편으로 재력을 증명하는 소비의 효력이 상대적으로 증가하기
때문이다. 그러나 다른 한편으로는 과시적 낭비 습관과 어울리지 않게 이
질적이고 얼마간 상반하는 또 다른 요인의 영향이 과시적 여가의 용도를
감소시킬 것이다.

이런 이질적 요인이 바로 기량 발휘 본능이다. 이 본능은, 다른 상황
들에서도 발동할 수 있다면, 남자들의 심정을 자극하여 생산능률에 찬동
하고 인간에게 유용한 모든 것에 찬동하도록 부추긴다. 이 본능은 자산
이나 노력의 낭비를 비난하도록 남자들의 심정을 자극한다. 모든 남자의
심정에 내재하는 이 본능은 심지어 매우 불리한 상황에서도 표출된다.
그래서 자산이나 노력을 아무리 헛되이 소모하는 낭비도 현실에서 가능
하려면 최소한 과시적 목적에 부응하는 다소 그럴싸한 핑계만은 반드시
갖춰야 한다. 앞 단원에서 고찰되었듯이, 기량 발휘 본능은 특수한 상황
들에서는 훈업을 애호하는 취향으로 귀결되며, 고귀한 계급과 비천한 계
급을 가르는 불공정한 차별 관습으로 귀결된다. 이 본능은 과시적 낭비
의 법칙과 상충하는 한에서 명백하게 헛된 낭비의 실질적 유용성을 강조
하기보다는 오히려 그런 낭비를 싫어하고 미학적으로 결코 용납하지 않
으려는 영속적 불쾌감을 표현한다. 기량 발휘 본능의 주도성(主導性)은

본능적 애정의 본성에 속한다. 그래서 이 주도성은 기량 발휘 본능의 요건들을 확연하게 노골적으로 거스르는 위반들에 대체로 직접 영향을 끼친다. 그런 위반들 중에는 오직 반성되어야만 판별될 수 있는 실질적 위반들이 있는데, 기량 발휘 본능의 주도성은 반드시 다소 느리고 느슨한 강제력을 발휘해야만 그런 실질적 위반들에 영향을 끼칠 수 있다.

노예들이 모든 노동을 모조리 혹은 대체로 전담하여 속행하는 한에서, 모든 생산적 노력을 멸시하는 감정은 남자들의 심중에 줄곧 현존하면서 기량 발휘 본능을 워낙 심하게 억제하므로, 기량 발휘 본능은 산업에 유용한 방향으로 진정한 효력을 발휘하지 못한다. 그러나 노예제도와 신분제도에 의존하는 외견상 평화로운 단계가 임금노동과 현금지불제(現金支拂制)에 의존하는 평화로운 산업 단계로 변이하면, 기량 발휘 본능은 더 유력하게 작동하기 시작한다. 그러면 기량 발휘 본능은 유가치한 것을 애호하는 남자들의 견해를 공격적으로 조장하기 시작하고, 적어도 자기만족의 예비규범(豫備規範)에 필적할 만큼 중뿔나게 표출된다. 모든 중요한 외부요인을 아랑곳하지 않고 기량 발휘 본능에 순응하는 개인들은, 그리고 특히 그런 성년자들은, 오늘날 사라져가는 소수자들에 불과하다. 그들은 일정한 목표를 달성하려는 의욕을 결코 느끼지 않거나, 인간에게 유용한 어떤 사물이나 사건이나 관계를 형성할 수 있는 활동을 결코 억지로 강행하지 않는다. 명예로운 여가를 장려하고 비천한 실용성을 기피하도록 부추기는 더욱 인접한 강제적 자극 요인은 기량 발휘 본능에 순응해버릇하는 성향을 심하게 억누를 수 있으므로, 그런 성향은 오직 겉치레 시늉으로만 표출될 수 있을 뿐이다. 예컨대, "사회적 의무들," 이런저런 유사(類似) - 예술 작업이나 유사 - 학술 활동, 주택의 조경 작업과 실내장식, 바느질 자선 봉사활동이나 의류 수선 동호회 활동, 최신 유행복, 카드놀이·요트놀이·골프와 다양한 스포츠 활동도 그런 성향을 표출한다. 그러나 삭힌 달걀들을 가득 담은 둥지에 암탉을 들여앉히는 행위가 포란본능(抱卵本能)의 존재를 반증할 수 없듯이, 기량 발휘 본능이 상황들의 압력을 받으면 헛수고로 귀결될 수 있다는 사실도 기량 발휘 본능의 현존을 반증할 수 없다.

사익(私益)을 노리는 활동이나 공익을 노리는 활동뿐 아니라 그런 활동을 비천한 생산적 활동으로 전락시키지 않으려는 의도에 부응하는 활동마저 이토록 어색하게 감행하는 현대 유한계급의 태도는 외견상 평화로운 단계에 속하는 유한계급의 태도와 확연히 다른 차이를 드러낸다. 이전 단원에서도 고찰되었듯이, 문화의 초기 발달 단계에서 인간 만사를 지배한 노예제도와 신분제도는 우직한 약탈을 목적하지 않은 노력을 비난한 여느 언행도 가로막지 않았다. 그런 단계에도 적대하는 집단들이나 그런 집단의 종속계급들을 공격하거나 강제로 억압하려고 행동해버릇하는 성향을 습관화한 직종이 존속할 수 있었다. 이런 직종은 일정한 목적에 부응했는데, 그 목적이란 '사실상 실용적인 직종들에 의존하지 않을뿐더러 심지어 외견상 실용적인 직종들에도 의존하지 않는 유한계급의 압력을 완화하고 그들의 활력을 다른 방향으로 배출시키기'였다. 사냥도 이런 목적에 얼마간 부응했다. 공동체가 평화로운 산업 조직으로 발달하고, 더 충실해진 토지 점유권이 사냥을 시시한 여흥으로 위축시키자, 의미심장한 직종을 추구하는 활력의 압력은 다른 방향에서 배출구를 찾아야 했다. 절박한 노동이 사라지자, 실용적 노력에 따라붙는 불명예의 날카로운 칼날도 무뎌지기 시작했다. 그때부터 기량 발휘 본능은 더 집요하고 더 일관되게 표출되기 시작했다.

기량 발휘 본능에 맞선 최소한의 저항선(抵抗線)은 여태껏 얼마간 변위했다. 이전에는 약탈 활동에서 배출구를 발견한 활력은 이제 외견상 실용적인 목적에 부응하는 방향에서 부분적으로 배출된다. 그리하여 외견상 무의미한 여가 활동이 비난받기 시작했는데, 특히 명예로운 여가생활[13]의 전통에 어긋나는 방향으로 작용한 평민의 혈통을 물려받은 유한계급의 대부분에서 더욱 비난받기 시작했다. 그러나 생산적 노력의 본성을 간직한 모든 직종을 천시하는 명예 규범의 위력은 여전해서 내용상 실용적이거나 생산적인 모든 직종의 유행을 용납하지 않으며, 불가피하게 용납할 수밖에 없는 경우에도 지극히 짧은 순간에만 용납할 것이다. 그래서 유한계급의 과시적 여가 활동이 여태껏 변했을망정, 그것의 내용은 불변했고 형식만 변했을 따름이다. 상충하는 두 요건을 화해시킬 수 있는 것은 겉치레 활동이다. 그래서 의례적 성격을 띠는 다종다양하고 난해한 예법들과 사회적 의무들이 발달한다. 그러면 나름대로 뭔가를 개량하겠다는 그럴싸한 목표를 내세운 다종다양한 단체들이 창립되어 그런 목표를 구현하는 나름의 복색과 직함을 공식화한다. 그런 단체들의 구성원들은 서로 뻔질나게 교류하면서 수다하게 대화해도 그런 교류의 유효한 경제적 가치를 심사숙고해야 할 까닭을 끝내 모를 수 있다. 또한 그들은, 마치 씨줄과 날줄을 복잡하게 엉클어 난해한 옷감을 짜듯이, 의미심장한 직종을 겉치레로 시늉할뿐더러, 얼마간 진지한 목적에 부응하려는 의도적 노력의 다소 선명한 요소를 언제나 반드시 드러내지는 않아

---

13) 오티움 쿰 디그니타테(otium cum dignitate): 이것은 고대 로마 정치인 푸블리우스 세스티우스(Publius Sestius, 서기전5세기경 생몰)를 옹호한 정치인·철학자 마르쿠스 툴리우스 키케로(Marcus Tullius Cicero, 서기전106~43)의 《세스티우스를 옹호하는 연설(Pro Sestio)》에 언급된 "존귀하게 여유롭다(cum dignitate otium; 쿰 디그니타테 오티움)"라는 문구에서 유래했다.

유한계급론

도 대체로 드러내는 편이다.

대리 여가의 더 협소해진 영역에서도 비슷한 변화가 진행되었다. 가부장 체제의 최전성기에 가정주부는 확실히 무위무사하면서 무료하게 시간을 소모했다. 그러나 발달한 문화의 평화로운 단계에서 가정주부는 집안일들을 부지런히 돌본다. 가내사역을 발달시킨 이런 변화의 현저한 특징들은 앞에서 이미 간략하게 고찰되었다.

재화의 과시적 소비와 사역이나 인력의 과시적 소비를 망라하는 모든 과시적 소비의 진화 과정은 시종일관 다음과 같은 요건을 명백하게 함축한다. 그 요건은 '과시적 소비자가 자신의 명예를 효과적으로 높이려면 반드시 사치품을 과시적으로 소비해야 한다는 것'이다. 과시적 소비가 명예로우려면 반드시 과시적 낭비여야 한다. 이런 맥락에서, 최저생계용품의 소비는, 최소생필품마저 아껴야 할 정도로 절대빈곤에 시달리는 극빈자들의 소비와 비교되지 않으면, 결코 명예로운 가치를 산출할 수 없을 것이다. 설령 그렇게 비교되더라도 최저생계용품의 소비는 가장 무미건조하고 시시한 체면을 제외한 어떤 소비 기준도 산출하지 못할 것이다. 물론 금력이 아닌 다른 능력들을 차별하려는 비교를 용납할 수밖에 없는 생활 기준이 아직 존재할 수 있다. 예컨대, 도덕성이나 신체적 능력이나 지능이나 심미적 능력을 다각적으로 차별하는 비교도 가능하다. 오늘날에 이 모든 다각적 비교는 유행한다. 이런 능력들을 비교하는 과정은 대체로 금력을 비교하는 과정과 뒤엉키듯이 맞물리기 때문에 두 과정은 거의 분간되지 않는다. 이런 혼동은 특히 오늘날 '지성적이고 심미적인 능력이나 실력의 표현 결과들'을 비교하여 차별하는 관행에도 정확히 적용된다. 그래서 우리는 본질상 오직 금력의 차이에 불과한 것을 심미적 능력의 차이나 지성적 능력의 차이로 해석하기 일쑤이다.

＊＊＊

　"낭비"라는 낱말의 용법은 유감스러운 측면을 포함한다. 일상생활에서 이 낱말이 사용되면 비난하려는 저의를 암시한다. 낭비의 범주에 속하는 행동 원인과 현상들을 더 적절하게 묘사할 다른 낱말이 없기 때문에 이 연구서에는 낭비라는 낱말이 사용되었다. 그리고 이 낱말은 인간의 생산물이나 인력의 부당한 소비를 함의하므로 독자의 불쾌감을 유발하지는 않을 것이다. 경제론의 관점에서 낭비적 소비는 다른 여느 소비보다 더 정당하지도 않고 더 부당하지도 않다. 이런 소비는 인간 생활에나 인간 행복에 대체로 유익하지 않기 때문에 이 연구서에서 "낭비"라고 지칭된다. 그러나 이런 소비를 실행하기로 작정한 개인의 관점에서 이런 소비가 노력이나 금력의 낭비나 오용이라고 인식되면, 이 연구서에서는 "낭비"라고 지칭되지 않는다. 왜냐하면 이런 소비를 실행하기로 작정한 개인은 이런 소비를 '헛되다고 비난받지 않을 다른 소비들'과 비교하여 자신에게 상대적으로 더 유용한 소비를 선택했다고 생각해버리기 때문이다. 소비자는 자신이 선택한 소비의 형식과 무관하게, 아니면 자신이 선택한 소비의 목표와 무관하게, 자신이 실행하는 소비는 자신이 선택했기 때문에 자신에게 유용하다고 생각해버린다. 소비자의 개인적 관점에서는 낭비의 문제가 본격적 경제론의 영역에서 발생하지 않는 듯이 보인다. 그래서 "낭비"라는 낱말의 이런 특수한 용법은 과시적 낭비 규범에 얽매인 소비자의 행동 원인이나 목표들을 비난하려는 저의를 결코 암시하지 않는다.

그러나 일상생활에서 사용되는 "낭비"라는 낱말은 낭비의 특성을 드러내는 것을 비난하려는 저의를 암시하는데, 이것은 또 다른 이유들 때문에 주목받을 만하다. 이런 상식적 저의는 기량 발휘 본능을 노출한다. 낭비를 겨냥한 민중의 비난은 '보통 사람이 평안하려면 반드시 인간의 모든 노력과 모든 향락에서 생활과 행복을 대체로 향상시키는 요소를 발견할 수 있어야 한다고 주장하려는 의도'를 노출한다. 어떤 경제적 사실이든 무조건 인정받으려면 반드시 비개인적(보편적) 유용성을, 그러니까 인류의 관점에서 파악되는 유용성을, 검증받아야 한다. 타인과 비교되는 개인의 상대적 장점이나 우세한 경쟁력은 경제적 양심을 충족하지 못하므로, 경쟁적 소비는 경제적 양심의 승인을 받지 못한다.

엄밀하고 정확하게 규정되는 과시적 낭비의 목록에는 오직 금력을 불공정하게 비교하는 차별 습관에서 유래한 소비만 포함되어야 한다. 그러나 개인은 여느 품목이나 요소의 소비를 실행하든 대행시키든 그런 소비를 반드시 과시적 낭비로 인식하지 않아도 이 목록에 포함시킬 수 있다.

최초에 낭비를 강조한 생활 기준의 요소는 변이하면서 결국에는 소비자에게 생활의 필수 요건으로 인식되는 사태가 빈발한다. 그러면 최초에 강조된 요소는 소비자가 습관적으로 소비하는 다른 여느 품목처럼 불가결한 것이 될 수 있다. 이런 습관적 소비의 목록에 때때로 포함되는 만큼 이런 소비의 원리를 적용받는 예절의 증례들로서 제시될 수 있는 품목들은 각종 카펫과 태피스트리, 은제식기류(銀製食器類), 웨이터의 각종 서비스, 실크해트, 반듯하게 다림질된 리넨,[14] 보석류와 최신 유행복

---

14) '카펫'은 '양탄자'나 '융단(絨緞)'이고, '태피스트리(tapestry)'는 '다채로운 색실로 그림을 수놓은 실내벽걸이용 직물'이며, '웨이터(waiter)'는 '각종 상점에 근무하는 종업원'이고, '실크해트(silk

이다. 그러나 여태껏 형성된 습관과 관습대로 소비되는 이 품목들의 불가결성은 소비를 '낭비라는 낱말의 특수한 의미에서 낭비와 비낭비(非浪費)로 나누는 분류법(分類法)'과 거의 무관했다. 모든 소비가 그런 분류법대로 판별되려면 반드시 인간 생활의 전반적 향상에 직접 기여하느냐 — 비개인적(보편적) 생활 과정을 촉진하느냐 — 여부를 검증받아야 한다. 왜냐하면 이런 검증의 결과가 기량 발휘 본능의 판정 근거이기 때문이고, 이 본능은 경제적 진실이나 타당성에 얽힌 모든 문제를 심사하는 최종 항소법원과 같기 때문이다. 심사해야 할 문제를 제기하는 것은 냉정한 상식이다. 그래서 문제는 개인적 습관과 사회적 관습이라는 기존의 여건에서 실행된 소비가 특정한 소비자를 만족시키거나 안심시키느냐 여부가 아니라, 습득된 취향들과 무관하게, 그리고 관례 규범과 관습적 체면 규범과도 무관하게, 이런 소비의 결과가 생활을 실질적으로 더 편안하고 더 풍족하게 하느냐 여부이다. 이런 소비를 규정하는 관습이 금력을 불공정하게 비교하는 차별 습관에서 유래하는 한에서, 그리고 이런 소비가 이렇듯 금력으로써 획득하는 명예의 원리나 상대적인 경제적 성공의 원리에 의존하지 않으면 관습화·규범화될 수 없는 것인 한에서, 관습적 소비는 낭비의 범주에 포함되어야 한다.

반드시 순전히 낭비되는 소비용품만이 과시적 낭비의 범주에 포함될 수 있는 것은 분명히 아니다. 단일한 품목이 사용되는 동시에 낭비될 수 있다. 소비자의 관점에서 그런 품목의 유용성을 조성하는 '사용과 낭비의 비율'은 지극히 다양할 수 있다. 소비재뿐 아니라 생산재의 대다수도 배합된 두 구성요소(사용과 낭비)를 드러낸다. 그렇지만 낭비의 요소

---

hat)'는 '남성정장용 서양식 중절모자'이며, '리넨(linen)'은 '아마사(亞麻絲)로 짜인 직물이나 의류'이다.

유한계급론

는 대체로 소비재에서 우세한 경향을 보이는 반면에 사용의 요소는 생산재에서 우세한 경향을 보인다. 외견상 순전히 겉치레에만 소용될 성싶게 보이는 것들에서도 언제나 최소한 겉치레를 포함하는 일정한 사용 의도가 발견될 수 있다. 그런 한편으로, 세밀히 관찰되기만 한다면, 특정한 생산공정에 적합하게 고안된 특수한 기계류와 공구들뿐 아니라 산업용 중장비들에서 발견될 수 있는 겉치레 해버릇하는 습관의 흔적을 미미하게나마 포함하는 과시적 낭비의 흔적들도 대체로 그런 사용 의도를 드러낸다. 그러나 과시적 낭비기 어떤 재화나 사역의 유용성을 구성하는 근본 의도이자 중대한 요소라는 사실이 아무리 확연해도, 그런 유용성은 사용 의도를 전혀 포함하지 않는다고 단언하는 주장은 위험할 수 있다. 그래서 오직 근본적으로 유용한 생산품의 낭비적 요소는 그런 생산품의 가치와 직접으로로든, 간접으로로든 전혀 무관하다고 단언하는 주장만이 위험을 줄일 수 있다.

제5장
생활 수준을 결정하는 금력

현대사회에서 인구의 대다수는 신체적 안락에 필요한 것보다 더 많은 것을 소비한다. 그들은 저마다 실행하는 소비를 더 호사스럽게 보이려고 의도적으로 노력하느라 더 많은 것을 소비할 수도 있겠지만, 더 정확하게는, 소비해야 하는 재화의 총량과 등급을 규정하는 체면치레의 관습적 기준에 맞게 생활하려는 욕망을 충족하느라 더 많은 것을 소비한다. 이 욕망을 주도하는 것은 불변하는 확고한 기준 — 생활에서 엄수되어야 하는 기준, 그리고 규정한도를 초과하는 소비의욕을 결코 용납하지 않는 기준 — 이 아니다. 이 욕망의 기준은 유연하다. 그래서 이 욕망의 당사자는 특히 어떻게든 금력을 증강하려는 노력을 습관화할 수 있는 시간과 그렇게 증강한 금력을 발휘하여 새로운 것을 더 많이 소비할 능력을 습득할 수 있는 시간만 확보해도 이 기준을 무한정 확장할 수 있다. 증가한 재산에 상응하여 새롭게 습관화한 소비의 규모를 확대하기보다 기존에 이미 습관화한 소비의 규모를 축소하기가 훨씬 더 어렵다. 관습적으로 소비되는 다양한 품목들의 대다수는 자세히 분석되면 순전히 낭비되는 것들이라고 판명된다. 그래서 이것들은 오직 명예 획득 용품들에 불과하지만, 이것들이 체면치레용 소비의 기준에 합치되고 소비자의 생활도식을 구성하는 불가결한 부분으로 변이하면, 소비자는 자신의 신체적 안락을 직접 돕는 다른 품목들이나 심지어 생활과 건강에도 필요할 수 있는 다른 품목들마저 포기하기를 매우 어려워하듯이 이런 명예 획득 용품들을 포기하기도 매우 어려워한다. 이런 맥락에서, 정신적 행복을 선사하는 '과시적 낭비를 실행하는 명예로운 소비'는 오직 신체적 행복을 바라거나 생계를 바라는 "저급한" 욕구들에만 이바지할 뿐인 다른 수많은 소비보다 훨씬 더 불가결해질 수 있다. 상대적으로 이미 저급한 생활 기준을 더 낮추기도 어렵듯이 생활의 "고급한" 기준을 낮추기도 어렵다는 것은 널리 인식되는 사실이다. 그러나 생활의 고급 기준을 낮추기 어렵게 만드는 난관은 도덕적인 것이지만, 저급 기준을 더 낮추기 어렵게 만드는 난관은 신체적 안락에 필요한 생활용품들의 실질적 차감(差減)을 요구할 수 있다.

그러나 과시적 소비의 감퇴(減退)는 곤란하지만, 과시적 소비의 새로운 증진은 상대적으로 더 쉽다. 실제로 그런 증진은 거의 당연하게 이뤄진다. 그런 증진이 이뤄지는 곳에서는, 과시적 소비를 당장에 증가시킬 수단들을 보유한 소비자가 과시적 소비를 증가시키지 못하는 경우도 드물게나마 발생한다. 그러면 사람들은 그가 실패한 까닭을 설명해야 한다고 생각하면서, 과시적 소비를 증가시키지 못하는 사람들에게 비열하고 인색한 구두쇠라는 오명을 씌운다. 그런 한편에서 과시적 소비를 부추기는 자극에 즉각 반응하는 행태는 정상적인 결과라고 인식된다. 이것은 우리의 노력을 대체로 주도하는 소비 기준이 이왕에 정립된 평균적이고 평범한 소비 기준은 아니라고 암시한다. 우리의 노력을 주도하는 소비 기준은 우리의 소비력을 초월하거나 우리에게 다소 무리한 과소비(過消費)를 요구하는 소비의 이상형이다. 이런 소비를 자극하는 요인은 경쟁이다. 이것은 소비자들을 불공정하게 비교하는 차별을 부추기는 경쟁이고, 이런 차별은 우리가 습관적으로 우리의 계급에 포함시키는 소비자들을 능가해야겠다고 작심하도록 우리를 자극한다. 이것과 본질상 똑같은 심정은 다음과 같이 진부한 풍조로도 표현된다. 모든 계급의 구성원들은 사회적 기준에 비추어 각자의 계급보다 한 등급 더 높은 계급을 선망하고 그 계급과 경쟁하는 반면에 각자의 계급을 더 낮은 등급의 계급들과 거의 비교하지 않을뿐더러 최소한 두 등급 이상 더 높은 계급들과도 거의 비교하지 않는다. 그러니까 소비하려는 우리의 체면치레 기준을 규정하는 것은, 다른 경쟁 목적들을 달성하려는 우리의 체면치레 기준을 규정하는 것과 마찬가지로, 우리의 명예보다 한 등급 더 높은 명예를 누리는 계급의 관습이다. 이런 체면치레 기준이 규정되기 전까지, 특히 계급 차별 관행이 다소나마 유행하는 여느 사회에서나, 사회적 최고 지위와 최강 금력을 겸비한 최상류계급 — 넉넉한 유한계급 — 의 관행들과 생각 습관이 명예, 체면, 소비를 암암리에 등급화하면서 명예와 체면의 모든 규범과 소비의 모든 기준을 발생시킨다.

이렇게 넉넉한 유한계급은 사회에서 버젓하다거나 명예롭다고 인정받는 생활도식의 대략적 윤곽을 결정할 수 있다. 그래서 이 계급의 소임은 사회를 구제하는 이런 생활도식의 최고 이상형을 교시(敎示)하고 시범하는 것이다. 그러나 상위유한계급은 특정한 물리적 제한 요건들을 감수해야만 유사(類似)-종교업 같은 이런 소임을 실행할 수 있다. 이 계급은 의례적인 이 모든 요건과 관련된 인민의 생각 습관을 임의대로 돌변

　　　　　　　　　　　　　　　　　　　　유한계급론

시키거나 급반전시키지 못한다. 모든 변화는 인민에게 널리 수용되어 그들의 습관적 태도를 바꾸려면 그럴 만한 시간을 요구하기 마련이다. 특히 사회적 하류계급들의 습관을 바꾸는 변화는 더 많은 시간을 요구한다. 인구이동률이 상대적으로 낮은 곳에서나 몇몇 계급의 격차가 상대적으로 심대한 곳에서 변화는 상대적으로 느리게 진행된다. 그러나 시간이 허락되면, 사회의 생활도식을 구성하는 형식 및 내용의 문제들과 관련하여 유한계급이 임의로 변화시킬 수 있는 범위는 넓다. 그런 반면에 명예의 본질저 원리들과 관련하여 이 계급이 임의로 변화시킬 수 있는 범위는 좁다. 이 계급의 시범과 교시(敎示)는 더 낮은 등급의 모든 계급에게 규범의 강제력을 행사한다. 권위적인 이 규범은 명예의 형식과 획득 방법을 결정하는 교훈들을 산출하여 하류계급들에게 교시하고, 그들의 습관들과 정신자세를 규정한다. 그러나 이 규범은 과시적 낭비 규범의 선택적 지휘를 받아야만 꾸준히 작동할 수 있다. 이 과정에서 기량 발휘 본능은 과시적 낭비 규범의 강제력을 다양한 수준으로 완화한다. 이 규범에는 인간 본성의 또 다른 광범한 원리가 추가되어야 할 것이다. 일반론의 관점과 심리학적 내용의 관점에서 이 원리는 권위적 규범과 과시적 낭비 규범 사이에 자리하는 듯이 보이는 약탈적 아니무스이다. 공인된 생활도식을 규정하는 약탈적 아니무스의 효력은 아직 완전히 논증되지 않은 미결문제이다.

그래서 특정한 계급의 생활도식을 규제할 수 있는 명예 규범은 그런 계급의 경제적 상황, 전통들, 정신적 성숙도(成熟度)에 부합해야 한다. 그런데 이 규범의 권위가 아무리 높아도, 그리고 이 규범을 발생시켰을 명예의 기본 요건들에 이 규범이 아무리 충실하게 부합해도, 만약 이 규범이 훗날에든, 아니면 하위급 금력계급에게 전수되든, 문명인들 사이에서 통용될 체면치레의 근본 이유를 거스른다고 — 그러니까, 획득된 금력을 비교하여 차별하려는 목적에 부응하는 유용성을 거스른다고 — 판명되면, 이 규범을 고유한 형식대로 준행해버릇하는 습관은 어떤 상황에서도 강제로 유지될 수 없다. 이것은 특히 중요한 사항이다.

이런 소비 규범들은 여느 사회에도 여느 계급에도 요구되는 생활 기준의 결정 과정에 확실히 대단한 영향을 끼친다. 그리고 생활 기준은 여느 시대에 유행하든, 기존의 여느 사회계층에서 유행하든, 향후에 실행될 명예로운 소비의 형식들에 확실히 대단한 영향을 끼칠 것이고, 인민들의 소비를 좌우할 이 "고급한" 소비 욕구의 지배력에도 확실히 대단한 영향을 끼칠 것이다. 이런 맥락에서 공인된 생활 기준은 주로 부정적 통제력을 발휘한다. 그래서 이런 통제력의 거의 유일한 기능은 이미 습관화된 과시적 소비의 감퇴를 예방하는 기능뿐이다.

생활 기준은 습관성을 띤다. 그것은 일정한 자극들에 반응하는 습관화된 잣대이고 방법이다. 습관화된 기준의 감퇴를 어렵게 만드는 난관은 이미 형성된 습관의 타파를 어렵게 만드는 난관이다. 기준을 상대적으로 더 쉽게 증진할 수 있는 역량은 다음과 같은 두 가지 의미를 나타낸다. 첫째, 생활 과정은 자기표현 활동을 전개하는 과정이다. 둘째, 자기표현을 방해하는 저항이 감퇴하는 모든 시점과 모든 장소에서 생활 과정은 자기표현 활동을 기꺼이 새로운 방향으로 전개할 것이다. 하지만 그렇게 감퇴한 저항선에서 표현 습관이 일단 형성되어버리면, 심지어 환경이 변하면서 외부저항이 현저하게 증강된 다음에도, 자기표현 욕구는 습관화된 배출구를 강구할 것이다. 그래서 기존 방향으로 진행되는 생활의 전개를 방해하는 외부 환경의 저항이 상당히 증강되더라도, 그렇게 습관화된 기존 방향으로 더 쉽게 표현할 수 있는 역량은 그렇게 증강된 저항을 상쇄할 수 있다. 개인의 생활 기준을 설정할 수 있는 표현의 다양한 습관들이나 그런 표현의 습관화된 방식들과 방향들은 저마다 표현을 방해하는 환경에서 발휘하는 내구력의 차이를 뚜렷이 드러내고, 기존 방향에서 배출구를 찾아야 하는 불가피성의 차이마저 뚜렷이 드러낸다.

이런 사연이 오늘날 유행하는 경제론의 어투(語套)를 걸치면 다음과 같이 설명될 수 있다. 남자들은 모든 방면에서 가능한 소비를 축소하기 싫어하지만, 다른 여느 방면보다 특정한 몇몇 방면에서 가능한 소비를 축소하기는 더욱 싫어한다. 그래서 그들은 습관화한 모든 소비를 단념하지 않으려고 할뿐더러 특정한 몇몇 방면에서 가능한 소비를 상대적으로 더 집요하게 고집한다. 소비자가 가장 집요하게 고집하는 소비품들이나 소비 형식들은 대체로 이른바 생필품들이나 최저생계 소비이다. 최저생계용 소비품들은 당연히 엄밀하게 결정되지 않고 그것들의 종류와 수량도 확정되지 않으며 불변하지도 않는다. 그러나 여기서 진행되는 논증의 목적이 감안되면, 최저생계 소비는 생계유지에 필요한 소비의 일정하고 다소 한정된 합계를 의미하는 것으로 간주될 수 있다. 소비를 점점 축소하는 소비자는 대체로 최저생계 소비를 최후에 단념할 것이라고 추정된다. 이런 경향은 다음과 같은 일반적 진술로 요약될 수 있다. 개인 생활을 지배하는 가장 오래된 최심(最深)한 습관들 — 유기체로서 살아가는 개인의 생존에 영향을 끼치는 습관들 — 은 가장 집요하고 가장 불가피하다. 이런 습관들을 벗어나서 더 고급화된 욕구들 — 개인이나 종족의 뒤늦게 형성된 습관들 — 은 다소 불규칙하게 발생하므로, 불변하는 등급을 결코 할당받지 않는다. 이렇게 고급화된 욕구들에는, 예컨대, 특정한 흥분제들을 습관적으로 사용하려는 욕구, 종교적 종말론에 경도된 구원(救援)을 염원하는 욕구, 명예를 바라는 욕구도 포함된다. 이런 욕구들은 어떤 경우들에는 더 저급하거나 더 원초적인 욕구들보다 우선시될 수 있다. 일반적으로, 더 오랜 기간에 형성된 습관일수록 타파되기는 더 어렵고, 그것이 기존에 습관화한 생활 과정의 형식들과 더 긴밀히 부합할수록 기존의 습관은 더 끈질긴 내구력을 발휘할 것이다. 습관적 행위에 수반되는 인간 본성의 특징들이, 혹은, 습관적으로 발휘되는 특별한 재능들이 생활 과정과 처음부터 광범하게 근본적으로 관련되거나 특정한 종족의 생활사(生活史)와 직결되면, 습관은 더 강성해질 것이다.

개인마다 다양한 습관들을 형성하는 속도(速度)뿐 아니라 고집하는 기간도 제각각 다르다. 이런 차이들은 습관 형성 기간이 특수한 습관들의 형성 과정에 중대한 영향을 끼치는 유일한 요인은 아니라고 알려준다. 개인의 유전형질들과 기질적 특성들도, 습관 형성 기간과 거의 마찬가지로, 조만간에 개인의 생활도식을 지배할 습관들의 범위를 결정하는 중대한 요인들이다. 그래서 여느 사회에서나 우세한 유전형질은, 아니면, 우세한 종족의 요소에 포함되는 전형적 기질은, 습관화된 생활 과정의 표현 범위와 표현형식마저 결정할 것이다. 개인들에게 유전되는 특이한 형질들은 그들의 습관을 대단히 빠르게 확실히 형성할 수 있다. 그런 형질들의 위력은, 예컨대, 알코올중독이라는 압도적 습관을 이따금 굉장히 빠르게 형성시키거나, 종교에 유별나게 심취하는 기질을 타고난 개인들의 독실한 종교의례 습관을 아주 빠르고 불가피하게 형성시킨다. 이른바 낭만적 사랑이라는 특유한 인간 환경에 특히 빠르게 익숙해지는 습관도 그런 형질들의 위력을 뚜렷하게 예시한다.

남자들은 저마다 상이한 유전형질들을 타고나든지, 아니면, 각자의 생활을 특정한 방면들로 전개할 수 있는 능력을 상대적으로 다르게 타고난다. 그래서 상대적으로 더 강성한 유전형질에, 아니면, 상대적으로 더 우수한 표현능력에 부응하거나 의존하는 습관들은 남자의 행복을 좌우하는 매우 중대한 요소들로 변이한다. 이런 형질이나 능력 같은 요소는 생활 기준을 조성하는 여러 습관의 상대적 내구력을 결정한다. 이런 요소의 기능은 과시적 소비에 이바지하는 모든 습관적 소비를 단념하지 않으려는 남자들의 대단히 집요한 고집마저 설명해 준다. 과시적 소비 습관을 유발할 수 있는 형질들이나 기질들이 발휘되면 경쟁 양상을 띤다. 경쟁해버릇하는 ─ 차별해버릇하는 ─ 기질은 오래전부터 발달하여 인간 본성의 우세한 특질로 변이했다. 이런 기질은 아무리 새로운 형식을 띠어도 왕성하게 작동하기 십상이고, 일단 습관화한 표현형식을 집요하게 엄수하려는 대단한 고집을 발휘한다. 개인이 명예로운 소비의 기존 노선대로 표현해버릇하는 습관을 형성했다면 ─ 일련의 자극들에 습관적으로 반응하는 이토록 치밀하고 심원한 경쟁적 기질들에 휘둘려 행동해버릇하기 시작했다면 ─ 그의 습관적 소비는 가장 집요하게 고집될 것이다. 다른 한편에서, 개인이 자신의 생활 과정을 더 넓게 더 멀리 전개할 수 있을 정도로 자신의 금력을 증강하면, 그가 소속한 종족의 오래된 기질들은 생활의 새로운 전개 방향을 결정할 권리를 요구할 것이다. 이런 기질들은 현장에서 애초부터 얼마간 유사한 표현형식대로 작동하고, 그곳에서 유행하는 공인된 생활도식은 이런 기질들을 집중적으로 암시하면서 후원한다. 일단 발휘되기 시작하면 물리적 수단들과 기회들을 쉽

게 이용할 수 있는 이런 기질들은, 특히 개인의 총력(總力)에 추가될 새
로운 역량의 발현 형식과 발현 방향이 결정되는 과정에서, 중대한 역할
을 담당한다. 그러니까 구체적으로는, 과시적 소비가 생활도식의 요소로
서 작동하는 여느 사회에서나, 개인이 자신의 소비 능력을 증강하는 과
정은 과시적 소비의 공인된 노선에 부합하는 소비 형식을 획득하는 과정
과 유사하다.

　진정한 경제적 행동 원인들 중에 자기보존 본능이 차치(且置)되면 경
쟁 기질이 가장 강력하고 가장 민감하며 가장 집요할 것이라고 추정된
다. 산업사회에서 경쟁 기질은 금력 과시 경쟁으로 표출된다. 적어도 현
존하는 서양 문명사회들에서는 이 기질이 과시적 낭비의 형식으로 얼마
간 표출된다고 평가되어도 사실상 무방하다. 그러므로 과시적 낭비 욕구
는 사회에서 가장 원초적인 신체 욕구를 충족시킬 분량을 초과하는 재
화를 산출할 수 있는 생산력이나 생산량의 모든 증가분을 쉽사리 흡수할
듯이 보인다. 그러나 현대의 여건에서는 과시적 낭비 욕구가 그런 흡수
력을 발휘하지 못한다. 이런 모순의 원인은 대체로 개인의 재력은 워낙
빠르게 증강되는 반면에 소비 습관은 그런 증강 속도를 따라잡지 못하는
추세에서 발견될 수 있다. 그렇잖으면, 증강된 재력의 과시적 소비를 —
평소에 주목받는 자신의 모든 소비를 더 효과적으로 과시할 수 있도록
— 훗날로 미루는 개인의 행태도 이런 모순을 유발할 수 있다. 증강된 생
산력은 노동량을 줄여도 생활 수단들을 조달할 수 있다. 그래서 사회의
생산인구는 노동량을 줄이기보다는 오히려 과시적 소비의 결과를 고급
화하려고 진력한다. 생산력이 증강되면 노동량을 줄일 수 있지만, 노동
량은 줄지 않고, 생산량의 증가분은 오히려 과시적 소비 욕구를 충족하

도록 전용(轉用)된다. 더구나 경제론이 예절을 대체로 더 고상하거나 더 정신적인 욕구의 소산으로 규정해버리면, 과시적 소비 욕구는 무한정 확대될 수 있다. 바로 이렇게 모순된 요소가 생활 기준에 내재하기 때문에, 잉글랜드 정치경제학자 존 스튜어트 밀(John Stuart Mill, 1806~1873)은 《정치경제학 원론(Principles of Political Economy)》(1848) 제4권 제6장에서 "여태껏 발명된 모든 기계가 과연 인간의 일일노동량(一日勞動量)을 조금이라도 경감시켰는지 의문스럽다"라고 피력할 수 있었다.

개인의 소속 사회나 소속 계급에서 공인된 소비 기준은 대체로 개인의 생활 기준을 결정할 것이다. 그런 소비 기준은 그것에 부합하는 소비를 올바르고 선량하게 인지되도록 개인의 상식에 투영하면서 개인의 생활 기준을 직접 결정할 것이다. 왜냐하면 개인은 그런 소비 기준을 습관적으로 유념하고, 그것을 포함하는 생활도식에 습관적으로 순응하기 때문이다. 하지만 그런 소비 기준은 '위반자를 괄시하고 배척하는 예절의 관건이 바로 그런 기준이라고 인식해버릇하는 인민의 고집'에 편승하여 개인의 생활 기준을 간접으로도 결정할 것이다. 유행하는 생활 기준을 인정하기와 실행하기는 모두 대체로 개인의 안락과 성공한 생활에 불가결하다고 회자될 수 있을 만큼 바람직하며 편리하다고 인식된다. 모든 계급의 생활 기준은 과시적 낭비의 요소와 관련되는 한에서 대체로 계급별 금력만큼 높을 것이므로, 모든 계급의 생활 기준은 꾸준히 상승하는 경향을 띤다. 그래서 남자들의 진지한 활동들에 영향을 끼치는 생활 기준은 최대 재산의 취득을 남자들의 유일하게 중대한 목적으로 만들고, 돈을 벌지 못하는 일을 괄시하도록 남자들을 부추긴다. 그런 기준은 소비에도 영향을 끼쳐서 구경꾼들의 호평을 가장 확실하게 유발할 수 있는 노선들로 소비를 집중시킨다. 그런 반면에 명예로운 소비와 무관하게 활동하느라 시간이나 자산을 소비해버릇하는 성향들과 형질들은 유용성을 잃고 정지되기 십상이다.

과시적 소비를 부추기는 이런 차별은 여태껏 거의 모든 계급의 가정생활 중에도 구경꾼들에게 확연히 공개되어 호평되는 부분보다 공개되지 않는 부분을 상대적으로 초라하게 보이도록 만들었다. 이런 차별의 부수적 결과는 자신의 사생활을 공개하지 않으려고 숨겨버릇하는 사람들의 습관이다. 그들은 공개적으로 실행하면 비난받을 수 있는 소비를 실행할 때는 비난받지 않도록 이웃과 모든 접촉을 피하면서 비밀리에 실행한다. 그리하여 발달한 산업사회의 대부분에서는 구성원끼리 각자의 가정생활을 숨기려는 배타성을 드러낸다. 이런 배타성은, 더 멀게는, 모든 사회에서 상류계급의 예절 규약을 확연히 특징짓는 사생활을 보호하고 숨겨버릇하는 습관을 유발한다. 명예로운 소비의 요건들을 충족하지 못하는 계급들의 낮은 출산율은 과시적 낭비를 요구하는 생활 기준에 부응하지 못하는 곤란한 처지의 소산일 수도 있다. 그런 계급들은 명예로운 자녀 양육에 요구되는 과시적 소비와 그것에 소요되는 막대한 비용을 감당할 수 없다. 그래서 과시적 소비는 출산을 억제하는 강력한 방책처럼 작용할 수 있다. 이것은 어쩌면 잉글랜드 경제학자 토머스 맬서스(Thomas Malthus, 1766~1834)의 신중한 인구 증가 억제 대책들에 포함되어도 가장 유효할 것이다.

생활 기준은 이처럼 신체의 안락과 보전에 기여하는 소비의 더 희미한 요소들을 삭감하는 동시에 출산율을 낮추거나 출산을 아예 정지시키는 효과를 발휘한다. 이런 효과는 어쩌면 학자계급(學者階級)에서 가장 뚜렷하게 발견될 것이다. 이 계급의 생활을 특징짓는 재능과 학식은 여타 계급의 것들보다 더 우월하며 희소하리라고 추정된다. 그래서 학자계급의 구성원들은 저마다 사유한 금력별로 보장받을 수 있는 지위보다 관습상 더 높은 사회적 지위를 부여받는다. 그들의 체면치레용 소비 기준은 자연스럽게 상승하므로, 생활의 다른 목적들을 달성할 수 있는 소비력이 그들에게는 거의 남아나지 않는다. 이런 정황은 체면치레에 유리하고 합당한 소비재들을 고르는 학자들 특유의 습관적 감각을 지나치게 고급화시킬뿐더러 학자들의 금력체면치레에 걸리는 사회의 기대치마저 지나치게 상승시킨다. 왜냐하면 학자계급의 재력과 축재 능력은 명목상 그들과 사회적으로 동등시되는 비학자계급(非學者階級)들의 재력과 축재 능력보다 상대적으로 더 우세하다고 정평되기 때문이다. 현대의 여느 사회에서도 성직자들이 학문적 직업들을 독점하지는 않는다. 그래서 현대사회에서 학자들은 저마다 더 우세한 금력계급들과 불가피하게 접촉할 수밖에 없다. 이런 우세한 금력계급들 사이에서 강제되는 금력체면치레의 높은 기준은 강제력을 거의 고스란히 간직하면서 학자계급에게도 스며든다. 그러므로 현대사회에서 사유자산(私有資産)의 최대 부분을 과시적으로 낭비하는 계급은 바로 학자계급이다.

제6장
취향을 규정하는 금력

앞에서 적어도 두서너 번 지적되었다시피, 소비를 제어하는 규준은 대체로 과시적 낭비의 요건이지만, 여느 경우에나 소비자의 행동 원인이 빤하고 투박한 과시적 낭비의 원리라고 이해되면 안 된다. 그의 행동 원인은 그의 평범한 의향이나 의욕이다. 그것은 기존에 확립된 관습을 준수하려는 의향이고, 자신에게 불리한 눈총과 지적을 피하려는 의욕이며, 공인된 체면치레 규범에 부합하는 종류와 수량과 등급대로 재화를 소비할뿐더러 자신의 시간과 노력마저 그런 규범대로 점잖게 소비하며 생활하려는 의욕이다. 규범화된 관습을 준수하려는 의향은 대체로 소비자의 행동 원인들에 내재하면서 그의 행동을 직접 강요하는데, 특히 타인들의 눈에 띄는 소비를 직접 강요하는 위력을 발휘한다. 그러나 규범화된 사치(奢侈)의 중요한 요소는 타인들에게 언제나 별로 뚜렷하게 인식되지 않는 소비재들에서도 관찰될 수 있다. 그런 소비재들에는 내의류(內衣類)가 포함되며, 과시되기보다는 오히려 실용되도록 디자인된 몇몇 식료품, 부엌세간들, 가재도구들도 포함된다. 그렇듯 실용될 수 있는 모든 소비재를 면밀히 관찰하는 사람은 그것들의 원가와 매매가를 증가시키는 몇몇 특색을 발견할 것이다. 하지만 그런 소비재들은 오직 외견상으로만 실용적 목적들에 부응하도록 디자인되기 때문에, 그런 몇몇 특색은 그런 소비재들의 실용성을 원가와 매매가만큼 증가시키지 못한다.

과시적 낭비 법칙이 선별적 감시 기능을 발휘하는 상황에서는 공인된 소비 규범들의 일정한 체계가 발달한다. 그런 체계의 효과는 소비자에게 사치와 낭비의 기준에 부합하는 재화를 소비하도록 강제하고, 그런 기준에 부합하는 직무에 시간과 노력을 소모하도록 강제한다. 이렇게 규범화된 관행이 발달하면 경제생활에 직접 영향을 끼치지만, 다른 방면들의 행동에도 간접적으로 에둘러 영향을 끼친다. 생활의 표현을 특정한 방향에서 인식해버릇하는 생각 습관은 생활에 유익한 것과 합당한 것을 다른 방향들에서 인식해버릇하는 습관적 관점에도 불가피하게 영향을 끼치기 마련이다. 개인의 의식적(意識的) 생활 내용을 구성하는 생각 습관들이 유기적으로 혼합되면 경제적 관심사를 여타 모든 관심사와 뚜렷하게 분리하지도, 구별하지도 않는다. 예컨대, 앞에서 언급된 명예 규범들과 관련된 것도 그런 관심사에 포함된다.

과시적 낭비 원칙은 '믿음직하고 명예로운 생활과 상품들'을 선호하는 생각 습관들의 형성을 주도한다. 그런 과정에서 이 원칙은 다른 행동 규준들과 마찰할 것이다. 그런 행동 규준들은 금력을 요구하는 명예 규범과 본래 무관하지만, 다소 중대한 경제적 의미를 직간접(直間接)으로 보유한다. 그래서 명예로운 낭비 규칙은 의무감, 미감(美感), 유용성을 식별하는 감각, 종교적 예배나 의례의 적절성을 식별하는 감각, 진리를 식별하는 과학적 감각에 직간접으로 영향을 끼칠 수 있다.

여기서 명예로운 소비 규범이 도덕적 행동규범들과 습관적으로 마찰

하는 특수한 지점들이나 특수한 방식은 굳이 논증되지 않아도 무방할 것
이다. 왜냐하면 공인된 도덕규범에 어긋나는 모든 행위를 감시하고 그런
행위자들에게 경고하는 직무의 담당자들이 여태껏 그런 마찰의 문제를
대단히 주목하면서 예증했기 때문이다.

　현대사회에서 사회생활을 특징짓는 우세한 경제적·법적 제도는 재산
사유제도(財産私有制度)이고, 도덕규범의 현저한 특징들 중 하나는 사
유재산의 신성(神性)이다. 그러나 사유재산을 신성시해버릇하는 습관을
방해하는 다른 습관이 있는데, 그것은 재력을 과시적으로 소비해야 획득
할 수 있는 명예를 추구하여 재력을 증강하려고 애써버릇하는 습관이다.
이런 두 습관의 상충관계는 굳이 강조되지 않아도, 예증되지 않아도 확
인될 수 있다. 사유재산을 침해하는 모든 행위가 이런 상충관계를 표현
하지만, 특히 명백한 범죄로 간주되는 침해행위는 이런 관계를 더 확실
하게 표현한다. 타인의 사유재산을 침해하여 막대한 재산을 취득한 자는
대체로 소박한 도덕규범을 적용받아서 극형을 당하지도 않고 극심한 욕
설을 듣지도 않지만, 그런 도덕규범의 위반자와 마찬가지로 널리 악명을
떨치며 조롱당할 수 있다. 타인의 사유재산을 절취하거나 사취하여 막대
한 재산을 취득한 절도범이나 사기꾼은 엄격한 법망을 좀도둑보다 더 쉽
게 빠져나간다. 그런 범법자가 절취하거나 사취하여 불린 재산과 재물을
과시하면서 짐짓 예의 바르게 소비하면 일정한 명예마저 자연스럽게 획
득한다. (약탈하듯이) 절취하거나 사취한 재물을 짐짓 예의 바르게 소비
하는 그의 행실은 특히 예절 감각을 함양한 개인들을 대단히 효과적으로
매료할 수 있을뿐더러 그의 불로소득을 도덕적으로 비열한 행실의 소치
로 간주하는 그들의 혐오감마저 완화할 수 있다. 더구나 "버젓한 체면치

　　　　　　　　　　　　　　　　　　　　　　　　　　　유한계급론

레용" 생활도식의 수단을 자신의 아내와 자녀들에게 제공하려는 유덕한
의욕에 휩싸인 남자가 타인의 사유재산을 침해하더라도, 우리는 누구나
그의 죄를 너그럽게 봐주기 십상이다. 우리의 이런 보편적 성향은 두 습
관의 상충관계를 더 확연히 예시하므로 유념될 만하다. 그리고 만약 그
의 아내가 "지극히 사치스러운 분위기에서 양육되었다"라는 사실마저
감안된다면, 그의 죄는 정상참작을 추가로 받아서 더 가벼워질 것이다.
그러니까 금력체면치레의 기준에 부합하는 시간과 재물의 소비를 자신
의 아내에게 대행시킬 수 있는 명예를 추구하는 남자가 타인의 사유재산
을 침해하는 범죄를 저질러도, 우리는 그를 너그럽게 봐주기 십상이다.
그런 경우에 수반되는 과시적 낭비를 인정해버릇하는 습관은 재산 사유
권(財産私有權) 침해 행위들을 비난해버릇하는 습관과 상충할뿐더러, 때
로는 심지어 그런 침해행위를 칭찬하느냐 비난하느냐 여부의 판정기준
을 모호하게 방치하기도 한다. 특히 불로소득을 노리는 무노동이 약탈의
요소나 해적질(海賊질)의 요소를 뚜렷이 포함하면, 이 두 습관은 더 역력
하게 상충하기 마련이다.

　여기서 이 주제는 더 논의되지 않아도 무방할 것이다. 그러나 신성불
가침한 사유권의 개념으로 집중되는 수많은 도덕의 총체가 재력의 전통
적 가치를 보전하려는 심리의 침전물이라고 평가되어도 부적절하지 않
을 것이다. 그래서 신성시되는 재력은 근본적으로 그것의 과시적 소비자
에게 명예를 부여하기 때문에 고평가된다는 사실도 유념되어야 한다.

　금력체면치레가 과학 정신이나 지식 탐구와 맺는 관계는 다른 단원에
서 다소 지세히 고찰될 것이다. 이런 관계에 내포된 종교적이거나 의례
적인 가치와 타당성의 의미도 이 단원에서 고찰되지 않아도 거의 무방하

다. 왜냐하면 그런 가치와 타당성의 의미는 다음 단원에서도 부수적으로 고찰될 것이기 때문이다. 그렇지만 재력을 명예롭게 소비하는 이런 관행은 신성한 것들을 합당하고 귀중하게 여기는 인민의 취향들을 형성하므로 자세히 고찰되어야 한다. 그러면 평소에 준수되는 경건한 관례들 및 과시 행위들 중 몇몇이 과시적 낭비 원칙과 맺는 관계도 노출될 수 있을 것이다.

과시적 낭비 규범은 '경건한 소비라고 지칭될 수 있는 관행'의 대부분을 유발할 수 있는 것이 확실하다. 예컨대, 신성시되는 건축물들과 예복들이나 각종 의례용품을 소비하는 관행도 과시적 낭비 규범의 결과이다. 심지어 인위적으로 건립되지 않은 신전에 매료되는 편애 감정을 유발하는 신들을 숭배하는 현대의 종파들에서도 신성시되는 건축물들과 의례용품들은 낭비의 명예를 기대하는 의욕을 얼마간 자극하도록 제작되고 장식된다. 그래서 종교 건물의 호화찬란함은 그곳에 봉헌된 신을 숭배하는 신자들의 심정을 부쩍 고양하여 위안하는 효과를 발휘하는데, 우리는 유심히 관찰하거나 반성하지 않고 한 바퀴 둘러보기만 해도 그런 효과를 충분히 확인할 수 있다. 종교 건물처럼 신성시되는 장소의 주변에서 가난하고 불결한 참상을 목격한 모든 구경꾼의 심정에 드리우는 절망적 수치심도 그런 효과를 강화할 것이다. 모든 종교의례용품은 금력을 가장 훌륭하게 과시해야 한다. 이것은 종교의례용품들에 용납될 수 있는 미학적 유용성이나 여타 유용성의 범위와 무관하게 적용되어야 하는 불가피한 요건이다.

모든 사회에서는, 특히 금력으로 차리는 체면의 높은 기준을 주민들에게 요구하지 않는 지역사회에서는, 종교 건물이 신자들의 가옥보다 더 호화찬란하고 더 과시적으로 사치스럽게 건축되어 치장된다는 사실도 주목받을 만하다. 이런 현상은 기독교나 페이거니즘[15]을 막론한 거의 모든 교파와 종파의 건물들에서도 발견되지만, 특히 더 오래되고 더 발달한 종파의 건물들에서는 더 뚜렷이 발견된다. 종교 건물은 신자들에게는 신체적 안락을 대체로 거의 제공하지 않는다. 실제로, 종교 건물은 신자들의 소박한 가옥에 비하면 신자들에게 아주 미미한 신체적 안락밖에 제공하지 못할 것이다. 게다가 모든 인간이 생각하듯이, 진선미(眞善美)를 이해하는 올바르고 개명된 감각은 '모름지기 종교 건물의 모든 지출 항목에는 신자를 안락하게 해줄 만한 것을 일절 눈에 띄게 포함시키지 말라'고 요구할 것이다. 설령 종교 건물의 비품들에 안락의 요소가 포함되더라도 철저히 은폐되든지 아니면 적어도 확실한 금욕(禁慾)의 가면을 뒤집어써야 한다. 근래에 최고급 자재들로 건축되어 드높은 명예를 누리는 종교 건물들에서는 금욕의 원칙이 철저히 엄수되어 그곳들의 비품들을, 특히 외견상, 금욕의 방편들처럼 보이도록 위장한다. 경건한 소비를

---

15) paganism: "페이거니즘"이나 "파가니즘"이라고 발음되는 이 낱말은 한국에서는 여태껏 "이교도(異敎徒)"라고 번역된 "페이건(pagan; 파간)"의 파생어로서 "이교(異敎)"라고 번역되었다. 그러나 이런 번역어들은 많은 오해의 소지를 낳았다. 왜냐하면 본시 "중동지역의 사막에서 발생한 종교들인 이른바 '아브라함계(Abraham系) 3대 유일신교(唯一神敎) ― 유다교(Judaism; 유태교; 猶太敎; 유대교; Judae敎), 기독교(Christianity; 크리스토스교; Christos敎; 그리스도교; 크리스트교; Christ敎), 이슬람교(회교; 回敎)' ― 와 그것들의 신자들"이 아닌 "다른 종교들, 그러니까 비(非)유태교, 비(非)기독교, 비(非)이슬람교, 다신교(多神敎), 애니미즘, 샤머니즘(Shamanism), 토테미즘(Totemism), 무속종교(巫俗宗敎), 토속종교(土俗宗敎) 따위들과 그것들의 신자들"을 총칭하는 "페이거니즘(파가니즘)"과 "페이건(파간)"이라는 낱말들을 단순히 "이교"와 "이교도"로만 인식되게 만든 다소 안이한 번역관행은 오직 아브라함계 3대 유일신교의 관점만 반영하기 때문이다. 그렇다고 두 낱말이 모든 경우에 이처럼 아브라함계 3대 유일신교의 관점만 반영하는 "이교"와 "이교도"라는 번역어들을 대신하여 "비(非)아무개교"와 "비(非)아무개교신자·교인·교도" 따위로 번역될 수만도 없다. 왜냐하면 이런 낱말들은 번역과정뿐 아니라 독자들의 읽기과정마저 번거롭게 만들 수도 있기 때문이다. 그래서 "페이건(파간)"과 "페이거니즘(파가니즘)"은 화자(話者)나 주체의 종교적 관점(즉 3대 유일신교의 관점)을 반영하거나 내포하거나 암시하는 인용문에나 문장에 사용되면 "이교도"와 "이교"로 번역될 수 있겠지만, 3대 유일신교의 관점을 벗어난 화자나 주체의 견해와 사실을 피력하거나 서론하거나 반영하는 인용문에나 문장에 사용되면, 더구나 다른 적합한 번역어도 딱히 없다면, '3대 유일신교의 편파적 관점'을 피하면서도 본뜻을 충분히 전달하여 이해될 가능성(이른바 가독성)을 획득할 수 있도록, 번역되지 않고 그대로 사용될 수밖에 없을뿐더러 또 그대로 사용되는 편이 더 나을 것이다.

즐기는 까다로운 취미의 소유자들 중에 이런 금욕적 낭비의 불편을 본질상 올바르고 바람직하게 여기며 감수하지 않는 개인은 드물다. 경건한 소비는 대리 소비의 본성을 타고난다. 과시적 낭비에 필요한 금력의 명예를 기반으로 삼는 이런 경건한 금욕규범은 '대리 소비는 눈에 띄는 안락을 대리 소비자에게 제공하지 않아야 한다는 원칙'에 의존한다.

저마다 숭배하는 성자(聖者)나 신은 현존하지 않을 것이라고 상상하는 모든 종파에서는 그렇게 상상된 성자나 신에게 봉헌된 종교 건물과 그곳의 비품들이 경건한 금욕의 기운을 유발한다. 그런 종파의 신자들은 숭배하는 성자나 신에게 각자의 호사(豪奢)하려는 취향을 전가하고 그런 건물과 비품들을 각자의 사유재산처럼 사용하면서 그런 취향을 충족할 수 있다. 그들은 이런 맥락에서 신성한 비품들의 성격을 약간 다르게 상상한다. 그들의 상상 속에서, 신의 생활 습관은 속세를 지배하는 권력자의 생활 습관과 더 흡사하고, 신은 이런 신성한 소비재들을 직접 사용한다. 이렇게 상상되는 종교 건물과 그곳의 비품들은 세속적 주인이나 소유주의 과시적 소비에 사용되도록 예정된 재화들보다 훨씬 더 호화찬란하게 치장된다. 그런 한편에서 종교 건물의 신성한 비품들은 단순히 신을 섬기는 의례에만 사용되면, 그러니까 신의 종복들이 신을 대리하여 그런 설비들을 소비하면, 오직 대리 소비에만 사용되도록 예정된 재화들에 적합한 성격을 획득한다.

이렇게 소비되는 종교 건물과 그곳의 비품들은 (성직자나 신자 같은) 대리 소비자의 생활을 더 안락하고 더 만족스럽게 하도록 고안되지도 않고, 소비자의 안락에 어떻게든 부응하는 것들처럼 보이도록 고안되지도 않는다. 왜냐하면 대리 소비의 목적은 대리 소비자의 생활 만족도를 높이는 것이 아니라 대리 소비의 이익을 누리는 주인의 금력에 따라붙는 명예를 높이는 것이기 때문이다. 그래서 성직자들의 예복은 비싸고 화려하며 불편하기로 유명하다. 신을 섬기는 성직자를 신의 동료로 여기지 않고 신의 머슴으로 여기는 종파들에서 예복들은 특히 더 금욕적이고 불편하다. 하물며 그런 예복들은 당연히 금욕적이고 불편해야 마땅하다고 생각된다.

낭비 원칙은 체면치레용 사치의 경건한 기준을 확립하면서 의례적 유용성의 규범영역을 침범할뿐더러, 사치의 방식들과 수단에도 영향을 끼치고, 대리 여가 활동과 대리 소비마저 부추긴다. 성직자의 가장 훌륭한 품행은 심미적 쾌락을 암시하는 초연하고 여유로우며 형식적이고 결백한 품행이다. 이것은 다양한 종파들과 교파들에서 나름대로 당연시된다. 그러나 모든 인격신교[16]에서 성직자들의 생활은 당대에 유행하는 대리 소비의 특징들을 드러내기 마련이다.

대리 소비와 똑같이 유행하는 대리 여가의 규범도 종교의례의 외견상 세부 관행들의 형태로 가시화되는데, 오직 모든 구경꾼에게 발견될 수 있을 만큼만 가시화되어야 한다. 모든 의례는 공식제례(公式祭禮)의 예행연습(豫行演習)으로 환원되려는 현저한 성향을 공유한다. 완숙한 종파들에서는 이런 공식제례가 가장 현저하게 발달할뿐더러 성직자들의 생활과 옷차림도 더 금욕적이고 더 화려하며 더 엄격하다. 그러나 이런 성향은 성직자들, 예복들, 신성한 건물들이나 비품들과 관련된 엄격한 취향을 완비하지 않은 신생 종교나 신흥 종파의 숭배 형식들과 숭배 방법들에서도 감지될 수 있다. 신흥 종파가 더 오랜 연륜과 더 강력

---

16) 人格神敎(anthropomorphic cult): 의인화(擬人化; anthropomorphization)된 인격신을 신봉하는 종교나 종파.

한 일관성을 획득할수록 그들의 예배(禮拜)를 준비하는 (여기서 "예배"라는 용어는 문제의 요점을 의미심장하게 암시한다) 예행연습은 겉치레용 격식의 성질을 더 확연하게 띤다. 그런 예행연습의 격식성(格式性; perfunctoriness)은 예의 바른 경건한 신자들의 취향을 흔쾌히 만족시킨다. 당연히 그럴 수밖에 없다. 왜냐하면 예행연습은 겉치레용 격식이라는 사실이 명백하게 지시하듯이, 예행연습을 실행하는 주인의 심정은 자신의 하인들한테서 실제로 유익한 시중을 받으려는 비속한 욕심을 훌쩍 뛰어넘어 의기양양하게 고양되기 때문이다. 하인들은 오직 명령받은 무익한 소임만 봉행하는 자들[17]이라서 각자의 소임만 속행하면 주인에게 명예를 안겨줄 것이라고 예상된다. 여기서 '성직자의 직무'와 '제복을 착용한 하인의 소임'이 흡사하다는 사실은 딱히 강조되지 않아도 확인된다. 우리는 예배의 명백한 격식성을 감안하면 '예배는 오로지 **격식의** 실행에 불과하다'라고 인식할 수 있다. 이런 인식은, 성직자와 하인 중 어느 쪽에서든, 이 문제들에 부합하는 증례를 탐지하려는 우리의 감각을 만족시킬 것이다. (오히려 그래서 하인과 다르게) 성직자는 직무를 수행하면서도 마치 숙달한 직무 수행능력 같은 것을 암시할 만한 민첩성이나 능란한 솜씨의 기미조차 내보이지 말아야 한다.

이 모든 것은 당연하게도 한 가지 명백한 의미를 함축한다. 그 의미는 금력에 의존하는 명예 규범들의 전통대로 생활하는 종교인들이 신에게 전가하는 기질, 취향들, 성향들, 생활 습관들과 관련된다. 여태껏 남자들의 생각 습관을 지배한 과시적 낭비 원칙은 그런 생각 습관에 편승하여 종교인들의 관념에 영향을 끼쳤다. 그리하여 종교인들은 과시적 낭비

---

17) unprofitable servants: 기독교 신약경전 《루가 복음서》 제17장 제10절 참조.

원칙대로 신을 생각하는 동시에 '신과 그의 신자 사이에 수립된 관계'마저 그렇게 생각했다. 아직 미숙한 신흥 종파들은 나름의 종교 건물을 호화찬란하게 치장하여 금력을 과시하려는 노력을 가장 적나라하게 감행하지만, 다른 모든 종파도 그런 노력을 눈에 띄게 감행한다. 문화의 발달 단계나 계몽 수준과 무관하게 모든 종족은 저마다 신봉하는 신의 인격과 그를 둘러싼 습관적 환경을 설명해 줄 확실한 정보의 현저한 부족분을 메우려고 염원한다. 각자의 마음속에 못다 그린 신의 현존양상과 생동 방식을 보완하여 완성하려고 허황한 싱싱마저 감행하는 그들은 저마다 훌륭한 이상적인 남자에게 부여할 만한 특징들을 각자의 신에게 습관적으로 전가한다. 신과 교감하려고 애쓰는 그들은 '자신의 접근방법과 접근수단이, 동시대 남자들의 마음속에 신처럼 이상적인 인물로 그려진 남자에게도 통할 수 있듯이, 신에게도 통할 수 있다'라고 생각한다. 그렇게 신과 교감하려고 애쓰는 그들은 가장 은혜로운 축복을 받고 가장 바람직한 결과를 얻으면 '신이 현존하기 시작했다'라고 느낀다. 그런 결과는 민간에서 널리 인정받는 몇몇 방법의 결과이고, 신의 본성과 각별하게 일치한다고 널리 인식되는 몇몇 물리적 상황의 결과이다. 신과 교감하는 순간들에 적합하다고 널리 인정받는 이런 이상적인 언동과 용품들의 형태를 다분히 결정하는 것은, 당연하게도, 그렇게 엄숙한 모든 순간에 필요한 본질적으로 훌륭하고 아름다운 인간의 언동과 용품들을 가늠하는 인민의 감별력이다. 이런 맥락에서, 금력 과시 경쟁의 암묵적 규준에 직접 노골적으로 의존하는 명예로운 금력 기준의 현존을 뒷받침할 만한 모든 증거를 동원하여 종교인의 경건한 언동을 분석하려는 시도는 오해를 유발할 수 있다. 하물며, 민간에서 널리 생각되듯이, 신의 금력에 걸맞은 지위를 시기하는 질투심을 신의 탓으로 돌리는 언동도 오해를 유발할 수 있을뿐더러, 단순히 금력만 비교되면 열등하며 비속하다고 인지되는 처지들과 용품들을 기피하며 비난하는 습관을 신의 탓으로 돌리는 언동도 오해를 유발할 수 있다.

그리고 모든 것이 참작되면, 금력에 준거한 명예 규범들은 신의 속성들을 헤아릴 수 있는 우리의 이해력에도 직간접으로 유효한 영향을 끼칠뿐더러, 신과 교감하는 알맞고 충분한 방식과 상황들을 헤아릴 수 있는 우리의 이해력에도 그렇게 영향을 끼치는 듯이 보인다. 신의 생활 습관은 유별나게 평온하고 한가롭기 마련일 것이라고 인지된다. 그래서 유창한 설교자들은 신의 거처를 묘사할 때마다 청중을 교화(敎化)하거나 종교적 환상에 빠뜨릴 만한 시적(詩的) 비유법을 이용하여, 으레 당연한 듯이, '부요(富饒)와 권능의 호화로운 징표들로 뒤덮이고 수많은 시종에 둘러싸인 옥좌(玉座)'를 청중의 상상력 앞에 들이댄다. 천국에 있을 신의 처소를 그렇게 묘사하는 설교들에서 공통적으로 언급되는 그런 시종 집단의 직분은 대리 여가 활동이다. 그들은 신의 존귀한 특성들과 훈업들을 시연(試演)하는 산업적으로 비생산적인 예행연습에 매우 많은 시간과 노력을 투입한다. 하지만 그런 설교의 배경에는 귀금속들의 아련히 반짝이는 광채와 아울러 더 사치스러운 온갖 보석의 광채도 만연한다. 금력 규범들은 오직 종교적 환상을 조장하는 지극히 허황한 비유적 표현을 이용해야만 종교적 이상들을 철저히 점령할 수 있다. 예컨대, 미국 남부 흑인들의 종교적 비유법도 그런 환상을 조장한다. 그들의 설교자들은 종교적 이상을 황금보다 더 값싼 어떤 것에도 비유할 수 없다. 이런 경우에 금력의 미점을 강조하는 설교는 황금색에 놀라운 효험을 부여하지만,

소박한 취향의 소유자는 그런 설교를 견디지 못할 것이다. 더구나, 모든 종교와 모든 종파에서 실행되는 의례의 타당성은 의례에 적합한 용품의 개념을 신자들에게 인지시키고 지도하는데, 여태껏 그런 타당성의 이상들을 금력 가치의 이상들로써 보완하지 않은 종교나 종파는 아마 없었을 것이다.

이런 경우와 비슷하게, 신을 섬기는 성직자들은 산업적 생산노동에 종사하지 말아야 한다고 인식되며, 그런 인식은 민중의 감정에도 영향을 끼친다. 그리하여 신의 처소에서나 신을 모시는 성역(聖域)에서는 모든 노동 ― 인간에게 실제로 유용한 모든 사역(使役) ― 이 금지되어야 한다고 인식된다. 또한 누구든지 그런 장소에 입장하려면 각자의 의복에서나 몸에서 모든 세속적 산업의 특징을 깨끗이 털어내야 할뿐더러 평상복보다 훨씬 비싼 예복을 차려입어야 한다고 인식된다. 게다가 신을 기념하거나 신과 교감하도록 특정된 휴일(신성한 날)들에는 누구든지 인간에게 유용한 어떤 노동도 하지 말아야 한다고 인식된다. 심지어 이런 의무들과 무관하고 평범한 하인들도 최소한 매주(每週) 하루씩 대리 여가 활동을 수행해야 한다고 인식된다.

이 모든 인식은 종교의례에 걸맞고 합당한 것도 모르며 신과 맺는 관계들에 걸맞고 합당한 것도 모르는 사람들의 무지한 감각에서 파생한다. 이 모든 인식에서 충분히 뚜렷하게 드러나는 '금력에 준거한 명예 규범들'은 종교적 판단에 직접 영향을 끼치든 에둘러 영향을 끼치든 상관없이 유효하게 현존한다.

이런 명예 규범들은 소비재의 미점이나 실용성을 인지하는 민간인들의 감각에도 여태껏 비슷한 영향을, 아니면, 더 심원하고 더 명확하며 더 결정적인 영향을 끼쳤다. 금력체면치레의 요건들은 실용품들이나 장식품들의 미점과 유용성을 인지하는 감각에도 매우 뚜렷한 영향을 끼쳤다. 그런 물품들은 과시적으로 낭비될 수 있기 때문에 얼마간 애용될 수 있을 것이다. 그것들은 낭비될 수는 있고 겉치레에는 부적합하면 아쉬우나마 애용될 만하다고 인식된다.

아름다워서 비싸게 평가되는 물품들의 유용성은 그것들의 비싼 가격에 밀접하게 의존한다. 평범한 가정용품은 이런 의존성을 드러낼 것이다. 예컨대, 만약 수제(手製) 은수저와 기계제(機械製) 은수저의 시중 가격이 똑같이 10~20달러이고, 둘 다 오직 수저로써만 사용된다면, 수제 은수저는 기계제 은수저보다 유용하지 않을 것이다. 더구나 수제 은수저는 심지어 알루미늄처럼 "저렴한" 금속으로 제작된 고작 10~20센트짜리 기계제 수저보다도 유용하지 않을 것이다. 실제로, 이 두 가지 가정용품 중에 수제품의 겉치레 효과는 일반적으로 저렴한 기계제품의 겉치레 효과보다 미약하다. 이렇게 문제를 바라보는 관점은 두 가지 수저 중에 더 비싼 것의 기본 용도를 무시하지는 않아도 그것의 주요한 용도들 중 하나를 무시한다는 반론을 유발하기 마련이다. 그래서 수제 은수저는 우리의 취향과 미감(美感)을 만족시키지만 저렴한 기계제 금속 수저는 아무래도 야만적 욕구밖에 만족시키지 못한다는 반론도 제기될 수 있다. 이런 반론은 분명히 사실들을 반영하지만, 면밀히 재검토되면 확실한 결론이 아니라 조금 더 그럴싸하게 보이는 의견에 불과하다는 사실이 자명해질 것이다. 재검토 결과는 다음과 같이 정리될 수 있다. (1) 두 가지 수저의 서로 다른 원료들 각각은 수저의 용도에 부합하는 미점과 유용성을 겸비하지만, 수제품의 원료는, 저렴한 금속과 비교되면, 월등히 아름다운 표면의 결이나 색조를 미비(未備)하고, 현저히 우수한 기계적 가공성을 결여하는데도, 100배나 더 비싸게 평가된다. (2) 만약 수제품이라고 소문난 은수저가 실제로 전문가의 정밀감정을 받고 나서야 마침내 진짜 수제품과 전혀 구별되지 않을 만치 정교하게 모조된 기계제품일 뿐이라고 밝혀진다면, 마치 아름다운 예술품을 감상하듯이 그런 은수저를 감상하는 사용자의 만족감과 아울러 은수저의 유용성마저 80~90퍼센트나 급감하거나 거의 사라질 수도 있다. (3) 만약 수제 은수저와 기계제 모조품이 아주 세밀하게 비교되어 둘 중에 오직 모조품의 무게만 더 가볍고 둘의 형태와 색조는 거의 동일하다고 판단되더라도, 둘 중에 더 저렴한 수저가 최신품도 아니고 생산비를 별로 잡아먹지도 않는다면, 이런 동일성은 기계제 모조품의 가치를 상승시킬 수도 없을뿐더러 그것을 감상하는 사용자의 "미감"을 더 뚜렷하게 만족시킬 수도 없을 것이다.

수저들은 만족감의 전형적 실상을 예시한다. 아름답다고 소문난 비싼 제품들을 사용하고 감상하면서 우리가 느끼는 우월한 만족감의 대부분은, 대체로, 아름답게 보이는 허울을 뒤집어쓴 비싼 가격을 인지하는 우리의 감각이 느끼는 만족감이다. 우리는 우월한 제품의 미점만 소박하게 감상하기보다는 그런 제품의 명예로운 성격을 훨씬 더 자주 감지하기 때문에 그런 제품의 가치를 높게 평가한다. 취향 규범들은 과시적 낭비의 요건을 비록 우리에게 공공연히 인식시키지는 않아도 강제적 규준처럼 느껴지도록 인지시킨다. 미점을 인지하는 우리의 미감을 선택적으로 규정하고 유지하는 그런 규준은 합법적으로 아름답다고 인정할 수 있는 것과 그럴 수 없는 것을 식별하는 우리의 감각을 지도한다.

이럴 경우에 아름다운 것과 명예로운 것은 합류하여 뒤섞이고, 유용성과 낭비성은 아무리 구체적으로 예시되어도 명확히 구분되기가 가장 어려워진다. 과시적 낭비의 명예로운 목적에 부응하는 동시에 아름다운 제품은 흔하다. 그리고 노동은 과시적 낭비의 목적에 부응하는 유용성과 함께 아름다운 형태와 색상마저 그런 제품에 부여할 수 있고 또 실제로 자주 그리한다. 그런데 과시적으로 낭비되는 많은 물건의 유용성이, 예컨대 보석류, 귀금속류, 장신구류, 장식품들의 유용성처럼, 이전부터 아름답다고 감각된 물건들의 오래된 유용성에 의존한다는 사실은 문제를 더 복잡하게 만든다. 예컨대, 황금은 미감을 강하게 자극하여 고평가된다. 고평가되는 예술품들의 대다수는 아니라도 상당히 많은 다수는 비록 고평가될 만한 재료로써 창작되었어야 한다는 조건을 심심찮게 적용받아도 본질적으로 아름답다고 인지된다. 이것들보다 미감을 더 약하게 자극하는 몇몇 의류와 장신구, 몇몇 풍경화, 기타 다양한 물품들도 비슷하게 고평가된다. 이런 물품들이 본질적인 미점을 전혀 함유하지 않았다면 여태껏 선망될 수도 없었을뿐더러 소유자들과 사용자들의 자랑스러운 독점물들이 되지도 못했으리라. 그러나 일반적으로 이것들은 타고난 본질적 미점 때문에 소유자에게 유용하기보다는 오히려 이것들을 소유하고 소비하면 명예를 획득하든지 불명예를 떨쳐낼 수 있기 때문에 소유자에게 유용하다.

여타 측면에서 가질 만한 유용성과 무관하게, 이런 물품들은 아름다운 만큼 유용하다. 그리고 이것들이 사유(私有)될 수 있거나 독점될 수 있다면 아름다운 동시에 유용하다고 평가될 수 있다. 그래서 이것들은 값진 사유물들이라고 인지되어 선망되고, 사유자는 이것들을 배타적으로 향락하며 금력 경쟁에서 우위를 차지했다고 느끼는 감정을 만끽하는 동시에 이것들을 감상하며 자신의 미감을 만족시킨다. 그러나 이런 사유물들의 미점은, 소박한 의미에서, 이것들의 독점이나 상업적 가치를 떠받치는 근거이기보다는 오히려 그런 독점이나 가치를 유발하는 원인이다. "보석류의 감각적 미점과 마찬가지로 희귀성과 비싼 가격도 보석류에 대단히 각별한 표징을 더하는데, 만약 보석류가 싸구려였다면 그런 표징을 얻지 못했을 것이다."[18]

이 견해를 적용받을 수 있는 일반적 상황에서, 과시용으로 낭비되는 물품들만큼 명예로운 특질을 겸비하지 않으면서 다만 아름다울 따름인 물품들의 배타적 소유와 사용은 실제로 거의 장려되지 않는다. 개인용 장신구들의 일부를 제외한 나머지 일반적 개인용 장신구 대다수는, 그것들을 주목하는 개인의 사유물들이 되든 그렇지 않든, 명예로운 목적과 다른 모든 목적에도 거의 똑같이 부응할 것이다. 그리고 개인용 장신구들의 주요한 목적이 그것들의 착용자나 사유자를, 그것들을 착용할 수 없거나 사유할 수 없도록 강요당하는 타인들과 비교하여, 그것들의 착용자나 사유자에게 명예를 안겨주는 것이라는 사실도 여기서 감안되어야 한다. 아름다운 물품들이 누군가의 사유물들이 되더라도 그것들의 심미적 유용성은 현저히 상승하지 않을뿐더러 보편적으로 상승하지도 않는다.

지금까지 진행된 논의에서 파생할 수 있는 일반론은 '여느 귀중품이나 우리의 미감을 자극하려면 아름다워야 하는 동시에 비싸야 한다'라는 것이다. 그러나 이것이 전부는 아니다. 이것 외에 고가(비싼 가격)를 요

---

18) 이 견해는 에스파냐 출신 미국 철학자·작가 조지 샌티애너(George Santayana, 1863~1952)의 《미감: 미학 이론의 윤곽(The sense of beauty; being the outline of aesthetic theory)》(1896) 제4부 제53절 첫째단락의 마지막 문장이다.

구하는 규범도 우리의 취향에 영향을 끼친다. 왜냐하면 그런 규범은 물품에 간직된, 우리에게 감지되는, 고가의 표시들과 아름다운 특징들을 돌이킬 수 없이 완전히 뒤섞어버리고, 그런 혼합의 결과를 심미적 평가 항목에 간단히 포함해버리기 때문이다. 그러면 고가의 표시들은 고가품의 아름다운 특징들이라고 인식되기 시작한다. 그런 표시들은 명예로운 사치를 표시한다고 인식되므로 쾌감을 유발하며, 그렇게 유발된 쾌감은 고가품의 아름다운 형태와 색조를 감상하는 쾌감과 뒤섞인다. 그래서 우리가 이따금, 예컨대, 그 의상은 "더없이 멋지다"라고 선언한다면, 우리는 '그 의상의 자명한 심미적 가치를 제외한 나머지 거의 모든 가치가 금력에 비추어 명예롭다'라고 선언하는 셈이다.

고가와 미점이라는 두 요소를 이렇게 혼합하여 혼동시키는 물품의 가장 확연한 증례들은 어쩌면 의류와 가구류일 것이다. 의류와 관련된 명예 규약은 당분간 적합하다고 인정받을 의류의 모양, 색상, 재료(원단과 염료), 일반적 효과들을 결정한다. 이런 규약을 벗어나는 것들은 우리의 취향을 거스를뿐더러, 어쩌면, 미학적 진리를 벗어난다고 인지될 수도 있다. 유행복에 찬동하는 우리의 태도는 결코 단순한 겉치레라고 인지되지 않을 것이다. 우리는 유행복을 착용하거나 사유하면서 기꺼이, 그리고 다분히 진심으로, 유쾌한 기분을 느낀다. 예컨대, 은은한 색상으로 염색된 반들거리는 고급 옷감으로 깔끔하게 재단된 의복이 유행하는 시기에 선명한 원색으로 염색된 껄끄러운 옷감으로 투박하게 재단된 의복은 우리의 거부감을 유발한다. 똑같이 화려한 여성용 모자(帽子)들이라도 금년에 출시된 것이 작년에 출시된 것보다 우리의 감수성을 훨씬 더 강하게 자극한다는 사실은 자명하다. 그러나 이런 제품들을 25년이라는 세월에 비춰보면, 내가 생각하건대, 둘 중에 어느 것이 본질적으로 더 아름답다고 판정하기는 지극히 어려울 것이다. 그래서 인간의 체형(體形)과 그런 제품들의 단순한 물리적 병렬 관계가 감안되면, 예컨대, 신사용 모자나 가죽구두의 반들거리는 광택도 닳아빠진 옷소매의 번들거리는 광택보다 본질적으로 더 아름답지는 않다고 평가될 수 있을 것이다. 설령 그렇더라도 (서양의 문명화된 사회에서) 모든 교양인은 신사용 모자나 구두의 광택을 대단히 아름다운 현상으로 인지하여 그것에 본능적으로, 그리고 진심으로, 집착하는 반면에, 닳아빠진 옷소매의 광택을 감지하면 그들의 모든 감각에 어긋난다고 인지하여 기피한다는 사실은 자명하다. 문명사회에서 심미적 이유가 아닌 다른 어떤 절박한 이유의 압박에 시달리지 않는 사람이 과연 신사용 모자 같은 고급 용품을 사용해 보라는 권유를 선뜻 받아들일지 극히 의심스럽다.

게다가 제품들에서 고가의 표시를 감지해버릇하고 미점과 명예를 동일시해버릇하는 습관에 물든 사람에게는 저렴하면서 아름다운 제품은 아름답지 않게 보인다. 이런 습관은, 예컨대, 저렴하지만 아름다운 꽃들을 불쾌한 잡화(雜花)들로 치부해버리는 인습마저 형성시켰다. 그래서 비싸고 사치스러운 꽃들을 사유(私有)할 수 없는 중하류계급은 비교적 쉽게 구입하여 가꿀 수 있는 꽃들을 인정하고 찬미한다. 그러나 비싼 꽃들을 쉽게 구입할 수 있고 화훼업자의 제품들 중에 더 비싼 꽃들에서 금력의 미점을 찾도록 교육받은 사람들은 저렴한 꽃들을 저열한 잡화들로 간주하여 배척한다. 그런 한편에서 우아한 환경에서 감식력을 갖도록 교육받아 취향을 완비한 화훼 애호가들은 화훼업자의 비싼 꽃들보다 본질적으로 더 아름답지 않아도 아주 비싸게 재배된 꽃들마저 열렬히 찬미한다.

사회계급별로 다른 취향의 차이는 가구, 주택, 공원, 정원을 위시한 다른 많은 소비품과 관련해서도 똑같이 발견된다. 이런 다양한 소비품들의 미점을 따지는 관점들의 차이는 순진한 미감을 지도하는 규준의 차이가 아니다. 이런 관점들의 차이는 심미적 재능들의 선천적 차이가 아니라, 미점을 감별하는 사람의 소속 계급에 걸맞은 명예로운 소비의 범위에 마땅히 포함시켜야 할 품목들을 일일이 지정하는 명예 규범의 차이이다. 그것은 소비자의 명예를 실추시키지 않는 취미용품과 예술품이라는 명목으로 소비될 수 있는 품목들과 관련된 예절 전통의 차이이다. 계급의 금력 생활 수준은, 다른 이유들 때문에 발생하는 차이들을 얼마간 감안하면서, 이런 전통들을 다소 엄격하게 결정한다.

용품들에서 감별해야 할 금력의 미점을 지정한 규범은 계급별로 달라진다. 또한 인습적 미감은 금력의 명예 요건들을 타고나지 않은 감각과 결별하면서 비로소 작동하기 시작한다. 이 두 진술의 흥미로운 증례는 일상생활에서 많이 발견된다. 서양인들의 취향에 언제나 부응하는 잔디밭, 깔끔한 정원, 공원도 그런 증례들이다. 이런 곳들은 장두금발형의 특질을 우세하게 드러내는 사회에 소속한 부유한 계급의 취향에 각별히 부응하는 듯이 보인다. 잔디밭은 단순히 감상될 만할 미감의 요소뿐 아니라, 필시 거의 모든 족속과 거의 모든 계급의 눈길을 순식간에 곧바로 사로잡을 만한 미감의 요소마저 겸비한 것이 확실하다. 그래도 어쩌면 잔디밭은 여타 거의 모든 족속보다도 장두금발족속에게 더 확실히 아름답게 보일 것이다.

여타 인종형(人種形)의 특징들에 비하면, 잔디밭을 더 높게 평가하는 장두금발형의 이런 특질은 같은 인종형의 다른 몇 가지 특질에 부수한다. 이런 특질들은 장두금발형이 습윤기후 지역에서 오랫동안 거주한 목축민의 인종형일 것이라고 암시한다. 온전하게 관리된 목초지나 방목지를 바라보면 흔쾌한 기분에 휩싸여버리는 인종형을 타고난 사람들의 눈에 깔끔한 잔디밭은 아름답게 보이기 마련이다.

소를 키우는 목초지로 이용되는 잔디밭은 심미적 목적에 부응한다. 오늘날 부수적 환경을 사치스럽게 꾸미는 호사(豪奢)가 검약에 저촉된다는 비난을 전혀 받지 않는 몇몇 지역에서는, 잔디밭에나 사유지에 소를 방목하여 장두금발속속의 목가적 생활을 복원하는 호사도 발견된디. 그렇게 방목되는 소들의 품종은 대체로 비싸다. 소는 검약과 거의 불가분한 동물이라서 검약이라는 저열한 덕목을 암시하는데, 이런 암시는 소를 장식품처럼 이용하는 호사와 대립한다. 그래서 이런 암시를 부정하는 사치스러운 환경에 둘러싸이지 않은 여느 곳에서나 소를 취미용품처럼 이용하는 호사는 삼가야 마땅하다고 인식된다. 목가적 암시를 팽배시키는 가축을 편애하는 감정이 워낙 강해서 도저히 억눌리지 않는 곳에서는, 다소 미흡하게라도 소를 대신할 만한 사슴이나 영양이나 외래동물이 방목되곤 한다. 이런 대용 가축들은 비록 서양인의 목가적 눈길에는 소보다 아름답지 않게 보일망정 훨씬 비싸거나 무익해서 명예롭게 보이기 때문에 선호되곤 한다. 대용 가축들은 실제로든 암시적으로든 비속한 돈벌이용 동물들이 아니다.

공원들도 당연히 잔디밭과 같은 범주에 포함되고, 목초지를 닮은 공원들은 가장 멋지다고 인식된다. 목초지처럼 조성되어 보호되는 공원은 당연히 가장 근사하다고 인식된다. 단정하게 관리된 목초지를 한 번이라도 본 사람이라면 선뜻 인정하겠듯이, 목초지에 가축들이 그냥 있기만하는 풍경도 더없이 아름답다고 인식될 것이다. 그러나 공원 같은 공공장소들을 목초지처럼 조성하여 관리하는 방법은, 대중의 취향에 잠재된 금력의 요소를 드러내는 표시처럼, 거의 복원되지 않는다는 사실은 기억될 만하다. 훈련된 관리인의 감독을 받는 숙련 기술자들의 솜씨로써 목초지를 엇비슷이 닮게 조성된 가장 멋진 공원의 효과도 정갈한 목초지의 예술적 효과보다 언제나 다소 미약하기 마련이다. 그러나 평균인들에게 검약과 실용성을 아주 뚜렷이 암시하는 소떼가 유원지에 방목되면 도저히 용납하지 못할 싸구려로 치부될 것이다. 유원지들을 관리하는 이런 방법은 상대적으로 비용을 적게 소모하기 때문에 비천하다고 인식된다.

여태껏 감안된 바와 똑같이 일반적인 맥락에서 공공장소들은 또 다른 특징을 겸비한다. 그런 곳들에서는 검소한 체하고 노골적으로 유용한 체하는 겉치레와 결합한 사치가 교묘하게 과시된다. 중류계급의 생활 습관대로 형성된, 아니면, 현재 노령 세대의 어린 시절보다 더 오래전에 발달한 상류계급의 전통대로 형성된 취향들을 가진 개인들의 여느 관리 장소나 사유지에서도 똑같은 특징이 드러난다. 하지만 근래에 발달한 상류계급의 교육된 취향들에 부합하는 장소들은 이런 특징들을 별로 드러내지 않는다. 과거 세대 상류계급의 취향과 근래 세대 상류계급의 취향을 이렇듯 다르게 만든 원인은 변동하는 경제 상황이다. 이상적인 유원지들이라고 인식되는 곳들에나 여타 공공장소에서도 비슷한 취향 차이가 감지될 수 있다.

거의 모든 타국에서도 그랬듯이 미국에서도 반세기 전에는 검약하지 않아도 될 만한 재력의 사유자가 극소수에 불과했다. 그때까지도 연락수단이 불충분해서 그들은 띄엄띄엄 흩어져 서로 유효한 영향을 주고받지 못했다. 그래서 비용과 무관한 취향의 발달에 필요한 기반도 아예 없었다. 비천한 검약을 괄시하는 고상한 취향의 불쾌한 반응은 억제되지 않았다. 가난하거나 검소한 환경에 어울리는 소박한 미감은 드물게 표현될 수밖에 없었던 어디에서나 비슷한 미감을 가진 꽤 많은 인구를 제외한 어느 누구의 "사회적 비준"도 쉽게 받지 못했을 것이다. 그래서 공공장소들의 저렴할 수 있는 관리 비용의 증거들을 무시할 수 있다고 생각한 유력한 상류계급은 없었다. 요컨대, 유한계급의 이상적 유원지와 중하류계급의 이상적 유원지는 외관상 딱히 다르지 않았다. 두 계급은 모두 금력의 차원에서 불명예를 당할까 두려워 똑같이 이상적 유원지들을 건설했다.

오늘날에 두 계급의 이상형들은 뚜렷한 차이를 드러내기 시작했다. 유한계급의 내부에서도 한 세대나 더 오랫동안 노동을 계속 면제받으며 금력의 소진을 염려하지 않던 구성원들은 취향과 관련하여 나름의 의견을 형성하고 고수할 만한 세력을 충분히 키웠다. 그들은 점점 더 강한 유동성을 획득한 만큼 유한계급의 내부에서 "사회적 비준"도 더 쉽게 받아낼 수 있었다. 이런 상위유한계급의 내부에서 검약해야 할 의무의 면제는 금력을 이용한 체면치레의 근거로서 지녔던 유용성의 대부분을 상실할 정도로 평범한 문제이다. 그래서 오늘날에 상류계급의 취향 규범들은 사치를 부단히 증명하라거나 검약의 표시를 철저히 배제하라고 집요하게 강조하지 않는다. 그러면 사회적·지식적 상류계층은 공원들과 유원지들의 시골스럽고 "자연스러운" 외관을 편애하는 성향을 드러낸다. 대체로 기량 발휘 본능의 한 자락을 노출하는 이런 편애가 산출하는 결과들의 유지 기간은 다양하다. 도저히 온전하게 유지될 수 없는 이런 편애는 때때로 희미하게 퇴색하여 이전에 편애한 시골풍을 여전히 애호하는 체하는 겉치레와 별반 다르지 않은 어떤 것으로 변이하곤 한다.

즉각적이고 경제적인 용도를 뚜렷이 암시하는 빤하게 실용적인 장치들을 몹시 편애하는 성향은 심지어 중류계급의 취향들에서도 드러난다. 그러나 이런 성향은 명예로운 낭비 규범의 확고한 지배 영역에서는 고스란히 보전된다. 결론적으로 이런 성향은, 예컨대 시골스러운 울타리, 다리(橋梁), 정각(亭閣), 별관(別館)이나 여타 장식용 시설처럼, 실용성을 시늉하는 겉치레에 이용되는 다양한 방편들과 수단들로써 발현된다. 이런 겉치레용 실용성의 표시는 어쩌면 경제적 미감의 최초 자극 요인들과 가장 동떨어진 것일 텐데, 시골풍 철책과 격자 울타리에서 발견되거나, 평지를 멀리 돌아가는 차도(車道)에서 발견될 것이다.

상위유한계급은, 적어도 몇몇 방면에서는, 금력의 미점을 실용적으로 이리저리 변형한 겉치레 수단들을 이용하는 습관을 이미 떨쳐냈다. 그러나 근래에 유한계급으로 승격한 구성원들과 중하류계급들의 취향은 여전히 예술적 미점에 금력의 미점을 추가하라고 요구하는데, 심지어 애초부터 자연미를 갖췄다고 찬미된 물품들에도 금력의 미점을 추가하라고 요구한다.

이 문제들과 관련된 대중의 취향은 공공장소의 가지치기된 조경용 나무들과 인습적 꽃밭들을 고평가하는 풍조의 유행 현상에서 발견될 것이다. 근래에 추진된 콜럼버스 박람회장[19] 재건 공사는 예술적 미점보다 금력의 미점을 더 중시하는 중류계급의 취향을 뚜렷이 예증한다. 눈에 띄

---

19) 이곳은 1893년에 이탈리아 탐험가 크리스토퍼 콜럼버스(Christopher Columbus, 1451~1506)의 아메리카 상륙 400주년을 기념하여 미국 시카고(Chicago)에서 개최된 세계박람회의 장소를 가리킨다.

게 사치스러운 모든 장식이 기피되는 곳에서도 명예로운 사치의 요건은 유력하게 작용하는데, 콜럼버스 박람회장 재건 공사도 이런 작용의 증례이다. 이렇게 재건되는 박람회장의 심미적 실제 효과들은 이전에 금력의 취향 규범들을 준수하지 않은 공사로써 건설되었을 기존 박람회장의 효과와 상당히 다르다. 심지어 시카고의 상류계급도 재건 공사를 기꺼이 찬성하는데, 이 사실은 그 도시에 거주하는 상류계급의 취향과 중하류계급의 취향이 거의 다르지 않을 것이라고 암시한다. 발달한 금력 과시 문화를 대표하는 이 도시민들의 미감은 과시적 낭비라는 문화적 대원칙에 어긋나는 모든 것을 몹시 부끄러워한다.

어쩌면 애초에 상류계급의 취향 규범을 표절한 것이었을 자연 애호 취향은 금력의 미점을 따지는 이런 취향 규범을 준수하여 가끔 예기치 못하게 표현되고, 무분별한 구경꾼에게도 부조리하게 보일 수 있는 결과들을 초래하곤 한다. 예컨대, 미국에서는 황무지에 나무를 심는 관행이 여태껏 명예로운 낭비의 일환이라고 널리 인식되면서 울창한 숲에서도 실시되었다. 그래서 울창한 숲에 둘러싸인 시골의 농장 주변에나 마을 도로변에 무성한 토종 나무들을 베어버리고 즉각 외래종 묘목들을 이식하는 행태도 결코 이상하게 인식되지 않는다. 울창한 숲의 참나무, 느릅나무, 너도밤나무, 호두나무, 솔송나무, 참피나무, 자작나무 같은 토종 나무들이 벌목된 자리에는 단풍나무, 사시나무, 버드나무 같은 외래종 묘목들이 이식된다. 비용을 아끼느라 울창한 숲의 나무들을 방치하는 처사는 명예로운 장식품으로 이용되도록 예정된 품종에 합당한 품위를 실추시킨다고 인지된다.

이런 취향과 비슷하게 금력의 명예를 추종하는 취향의 우세한 규범은 동물들의 미점을 평가하는 우세한 기준들에서 파생한다. 민중의 미학적 기준대로 암소를 평가하는 이런 취향 규범의 역할은 앞에서도 거론되었다. 이 규범은 인간 사회에서, 예컨대 닭, 돼지, 소, 양, 염소, 마차 견인용 말처럼, 산업적으로 유용하다고 평가되는 가축들에게도 사실상 거의 똑같이 적용된다. 이런 가축들은 생산재의 특성을 타고나서 실용될 수 있을뿐더러 이따금 돈벌이에도 이용된다. 그래서 이런 가축들이 아름답다고 인식되기는 쉽지 않다. 이들은 일반적으로 산업에 전혀 이용되지 않는, 예컨대, 비둘기나 앵무새를 위시한 관상용 새들, 집고양이, 애완견, 경주마 같은 가축들과 다르게 평가된다. 이런 관상·애완용 가축들은 대체로 과시용 소비품들이기 때문에 본질적으로 명예로워서 아름답다고 평가받아야 마땅하다고 인식될 수 있다. 상류계급은 이런 가축들을 인습적으로 찬미한다. 그러나 넉넉한 금력을 미비한 하위계급들은, 그리고 유한계급 중에도 검약을 불허하는 엄격한 규범에 심하게 얽매이지 않는 소수파는, 금력을 기준으로 아름다운 가축과 불미스러운 가축을 가르는 확고한 분계선을 긋지 않고 두 가지 가축 모두의 미점을 발견한다.

명예로우며 아름답다고 평가되는 가축들과 관련하여 거론되어야 할 가치를 보조하는 근거가 존재한다. 관상용 새들은 명예로운 가축들로 분류되지만, 돈벌이에 부적합한 성격을 띠어서 그럴 따름이다. 이런 새들이 예외로서 차치되면, 집고양이, 애완견, 경주마가 각별히 주목받을 만한 가축들이다. 그런데 집고양이는 애완견과 경주마보다 명예롭지 않다고 인식된다. 왜냐하면 집고양이는 딱히 사치스럽지 않고, 실용될 수도 있을뿐더러, 명예롭게 이용될 만한 기질을 타고나지도 않기 때문이다. 집고양이는 인간과 동등하게 생활하고, 모든 차별화된 가치, 명예, 평판을 오랫동안 떠받친 신분 관계를 아예 모르며, 자신의 주인과 주인의 이웃들을 비교하여 차별할 만한 재능도 타고나지 못했다. 물론 앙고라 고양이처럼 희귀하고 진기한 품종들은 그런 재능을 이례적으로 타고날 수 있다. 앙고라 고양이는 비싸기 때문에 다소 명예로운 가치를 지녔다고 평가되며, 그런 가치에 상당하는 금력을 요구하므로 아름답다고 평가받을 수 있는 특별한 자격마저 얼마간 겸비한다고 인식된다.

개는 기질적으로 특별한 재능들을 타고난다는 장점뿐 아니라 무익하다는 장점마저 겸비한다. 탁월한 감각을 심심찮게 발휘하여 인간의 벗이라고 인정받곤 하는 개의 지능과 충성심도 칭찬받는다. 이것은 개가 인간의 종복이라는 사실을 의미하고, 주인에게 무조건 순종하는 성정뿐 아니라, 마치 노예처럼, 주인의 기분을 재빨리 알아채는 재능마저 겸비한다는 사실을 의미한다. 이런 특성들은 신분 관계에도 적합할뿐더러 여기서 진행되는 논의의 목적에도 부응할 수 있는 특성들이라고 규정되어야 마땅하다. 개는 이런 특성들뿐만 아니라 심미적으로 더 모호한 가치를 지닌 몇몇 특성을 겸비한다. 가축들 중에도 개는 가장 못생겼고 가장 추잡한 습성들을 가졌다. 그래서 개는 주인에게 꼬리치며 알랑거리면서도 모든 타인에게는 여차하면 달려들어 물어뜯을 듯이 으르렁거린다. 개는 그렇게 우리의 지배 성향을 만족시킬 수 있어서 우리의 환심을 산다. 그리고 개는 비싼 가축일뿐더러 산업에도 전혀 이용되지 않으므로 인간들에게 명예롭다고 인식되는 가축의 위상을 확보한다. 그런 동시에 개는 우리의 상상 속에서 사냥과 결합한다. (이미 고찰되었듯이, 약탈 문화권에서) 사냥은 자랑스러운 직업이자 명예로운 약탈 충동의 표현이다.

이렇게 유리한 위상을 차지한 개가 겸비할 수 있을 여느 아름다운 외모와 몸짓이나 여느 기특한 심리적 특성도 인습적으로 인정받고 칭찬받는다. 그래서 많은 사람은 심지어 애견인들의 의도대로 기괴한 외모를 갖도록 교잡된 개들마저 아름답다고 믿어버린다. 여타 애완동물과 마찬가지로 이렇게 기형화된 잡종견들도 더 기괴하고 더 불안정할수록 미학적으로 더 높게 평가되어 더 높은 위상을 차지한다. 이런 논의의 목적이 감안되면, 외형의 기괴함과 불안정성을 기준으로 삼는 이런 차별의 유용성은 더 심한 희소성과 그것에 따라붙는 사치성으로 나뉠 수 있다.

남성용 애완견과 여성용 애완견을 막론한 모든 애완견의 유행하는 외형들에서 목격되는 잡종견들의 기형성은 그것을 유발하는 많은 비용 때문에 상업적 가치를 획득한다. 그런 애완견들은 각자의 주인에게 주로 과시적 소비품으로서 유용하기 때문에 소중하다고 인식된다. 애완견들은 저마다 명예로운 사치품이라고 인식되어 사회적 가치를 간접으로 부여받는다. 애완견들은 저마다 언어와 관념을 쉽게 치환하여 찬미되고 명예를 얻기 시작한다. 이런 애완동물들에게 쏠리는 모든 관심은 실리적인 것들도 아니고 실용적인 것들도 아니므로 명예로울 수 있다. 그리고 애완동물들에게 관심을 쏟는 습관도 당연히 비난받지 않으므로, 그런 관심은 몹시 집요하면서도 가장 다정한 성격을 띠는 습관적 애착 감정으로 발달할 수 있다. 그래서 애완동물에게 애착하는 감정은 사치의 규범을 다소 에둘러 드러내는데, 그런 규범은 애착 감정뿐 아니라 애완동물의 선택되는 품종마저 지도하고 결정하는 규준 같은 것이다. 곧이어 고찰되겠지만, 인간끼리 애착하는 감정도 비슷한 규범을 드러낸다. 그러나 애완동물에게 애착하는 감정 속에서 이 규범이 작용하는 방식은 인간들끼리 애착하는 감정 속에서 작용하는 방식과 약간 다르다.

경주마에 애착하는 감정은 개에 애착하는 감정과 흡사하다. 경주마는 대체로 비싸든지, 아니면 산업적으로 무익한 사치용 가축이다. 경주마가 사회의 행복을 증진시킬 수 있거나 인간 생활을 편리하게 만들 수도 있겠지만, 경주마의 이런 생산적 용도는 대중의 심미적 감각을 만족시키는 근력과 운동능력을 전시(展示)하는 형식을 띤다. 이런 용도는 당연히 실용성이다. 말(馬)은 주인에게 의존해버릇하는 개의 습성을 타고나지 않는다. 그러나 환경의 "생생한" 동력들을 자신의 이익과 의도에 맞게 변환시켜 자신의 우월한 개성을 표현하도록 이용하려는 주인의 충동에 유효하게 이바지하는 가축은 말(馬)이다. 빠르게 달릴 수 있는 말은 최고 속도의 편차와 무관하게 잠재적 경주마이다. 그런 말은 주인에게 각별히 유용하다. 경주마는 대체로 유효한 경쟁 수단이라서 유용하다고 인식된다. 다른 말보다 더 빠른 말은 주인의 공격성과 우월감을 만족시킨다. 경주마의 이런 용도는 돈벌이가 아니라 대체로 매우 일관된 낭비이고 대단히 과시적인 것이라서 명예롭다. 그래서 이런 용도는 명예의 확실한 근거로 추정될 수 있는 위상을 경주마에게 부여한다. 게다가 경주마도 개와 비슷하게 비산업용(非産業用) 가축이지만 도박 수단으로써 명예롭게 이용된다.

이런 맥락에서 경주마는 심미적 행운을 타고났다. 왜냐하면 금력의 명예 규범은 경주마의 모든 미점이나 유용성을 자유롭게 따지는 평가를 합법화하기 때문이다. 과시적 낭비 원칙은 경주마의 암묵적 요건을 지지하며, 지배와 경쟁을 일삼는 약탈 성향은 그런 요건을 뒷받침한다. 말(馬)은 어쨌거나 아름다운 동물이다. 그러나 경주마동호인들도 아니고 애마인(愛馬人)의 판정에 도덕적으로 얽매여 확정되지 못한 미감의 소유자들도 아닌, 교육받지 못한 취향의 소유자들에게 경주마는 전혀 아름답게 보이지 않는다. 이런 투박한 취향의 관점에서 가장 아름다운 말(馬)은 육종 전문가에게 선택되어 개량된 경주마보다 심하게 변형되지 않은 말일 것이다. 더구나 자신의 글이나 연설을 솔깃하게 꾸미려고 동물의 미점이나 유용성을 묘사하고픈 작가나 연사(演士)는, 특히 시종일관 지극히 진부한 글만 써대는 작가나 그런 연설만 일삼는 연사는, 걸핏하면 말(馬)을 예시해버릇한다. 그래서 이런 작가나 연사는 거의 언제나 글이나 연설을 끝내기도 전에 '자신이 예시하려고 염두에 뒀던 말은 경주마였다'라고 실토해버린다.

이렇게 변형된 말들과 개들의 등급을 평가하는 유한계급의 명예 규범은 이런 가축들을 평가하는 적당히 세련된 취향의 소유자들에게도 인지될 만한 또 다른 노선에서 더 밀접한 영향을 끼치는데, 이것은 유념될 만한 사실이다. 예컨대, 미국 유한계급의 취향들은 브리튼[20] 유한계급에서 유행하는, 아니면 유행하리라고 인지되는, 관례들과 습관들을 얼마간 본받듯이 형성될 것이다. 이런 취향들은 개들보다는 말들에게 더 뚜렷이 적용된다. 미국에서 말은, 그리고 특히 낭비를 단순히 과시하려는 의도에 가장 충실히 부응하는 승용마(乘用馬)는, 모름지기 잉글랜드의 말을 더 빼닮아야 더 아름답다고 일반적으로 정평될 것이다. 왜냐하면 잉글랜드 유한계급은, 명예로운 관습의 목적들에 부응하는 만큼, 미국의 상위유한계급에 상당한다고 인식될뿐더러, 미국의 하위유한계급들에게는 본받아야 할 귀감이라고 인식되기 때문이다. 이렇게 미점을 감별하는 방식들

---

20) 원래 '잉글랜드(England)'의 한역(漢譯)된 국호였던 '영국(英國)'이 한국에서는 여태껏 침소봉대되어 '잉글랜드, 스코틀랜드, 웨일스, 북아일랜드'로 구성된 '브리튼(Britain)'을 대신하는 국호로서 통용되었다.

도 모방되고 취향을 판별하는 훈련도 모방된다. 그러나 이런 모방은 반드시 겉치레로 귀결되어야 하는 것도 아니고, 어떻게든 위조되거나 변질된 편애로 귀결되어야 하는 것도 아니다. 이런 모방에 의존하는 편애는 다른 모든 근거에 의존하는 편애와 마찬가지로 취향의 진지하고 실질적인 판정 결과이다. 다만 이런 취향이 명예로운 타당성에 끌리느냐 심미적 진실에 끌리느냐 여부가 두 가지 편애의 차이를 유발할 따름이다.

물론 단순히 말의 미모(美貌)를 평가하는 감각만 모방되지는 않는다. 마구(馬具)들과 승마술도 모방되기 때문에 말의 불편한 걸음걸이와 마찬가지로 올바르거나 명예롭게 아름답다고 평가되는 말안장이나 승마 자세도 잉글랜드의 관습대로 결정된다.

거북스러운 잉글랜드 말안장뿐 아니라 그것을 잉글랜드 말의 필수 마구로 만든 유난히 불편한 걸음걸이도 '한때 워낙 질척거려서 편안한 자세로 걷는 말의 통행을 사실상 불가능하게 만들 정도로 열악했던 잉글랜드 도로(道路)들'의 유산들이다. 이런 사연이 감안되면, 미점을 평가하는 금력 규범에 부합(附合)하는 것과 불합(不合)하는 것이 때로는 얼마나 우연한 상황에서 결정될 수 있는지 증명될 것이다. 오늘날 점잖은 승마술을 애호하는 취향의 소유자는 잉글랜드 서펵주(Suffolk州) 견차마(牽車馬)를 즐겨 타는데, 짤막한 꼬리를 가진 땅딸막한 이 견차마의 자세는 뻣뻣하고 걸음걸이는 불편하다. 왜냐하면 18세기 대부분의 기간에 잉글랜드 도로들은 야생마처럼 활달하게 보행하는 말의 통행뿐 아니라 그런 말의 원산지처럼 탄탄한 개활지에서 자란 동물의 통행마저 곤란할 만큼 열악했기 때문이다.

금력 명예 규범은 취향 규범을 변이시키면서 오직 가축들과 소비재들만 방편으로 삼지 않는다. 개인들의 미점도 비슷한 취향 규범을 변이시킬 수 있다. 이런 맥락에서 불거질 수 있는 논란이 예방되려면, 속세의 전통대로 성년 남자들의 풍부한 재력을 연상시키는 근엄한 (유한계급다운) 언동과 넉넉한 풍채에 끌릴 수 있는 서민들의 편애는 일절 감안되지 않아야 한다. 이런 언동이나 풍채 같은 특징들은 개인적 미점의 요소들이라고 얼마간 인정된다. 그러나 이 요소들에 포함되는 여성미의 몇몇 요소는 각각 따로따로 평가받을 수 있는 매우 구체적이고 특수한 성격을 지닌다. 경제 발달을 시작한 단계의 사회에서 상류계급은 여자들의 수발을 받으므로 여자들의 가치를 인정한다. 그런 사회에서는 대체로 튼튼하고 듬직한 체격을 가진 여자가 여성미의 이상형이라고 인식된다. 그런 평가의 제1기준은 체격이고, 용모는 제2기준일뿐이다. 초기 약탈 문화에서 이런 이상형의 유명한 증례들은 호메로스의 서사시에 등장하는 처녀들이다.

약탈 문화가 한 단계 더 발달하면, 인습적 생활도식에 충실한 상류계급 기혼녀의 직무는 단순한 대리 여가 활동으로 변이하고, 여성미의 이상형도 변이한다. 그러면 끈질기게 강요된 유한계급 생활에서 파생하리라고 추측되거나 그런 생활에 부속하리라고 추측되는 특성들이 그런 이상형에 추가된다. 그런 상황들에서 인정받는 이상형은 중세 기사도(騎士道) 시대의 시인들이나 작가들의 작품에 묘사된 미녀들의 특성들을 집약한 것일 수 있다. 그런 시대의 인습적 생활도식에 충실한 상류계급 여인들은 부단히 보호받으면서 모든 실용적 노동을 철저히 면제받으리라고 상상되었다. 그래서 기사도 시대에나 낭만주의 시대에 생겨난 여성미의 이상형은 주로 아름다운 얼굴에 집약되고, 그런 얼굴의 미묘한 표정,

섬세한 손발과 날씬한 몸매, 그리고 특히 가녀린 허리를 강조한다. 그런 시대의 여인들을 등장시킨 작품들에서, 그리고 기사도의 정신과 감정을 모방한 낭만주의 시대의 작품들에서, 여인들의 허리는 지극히 가녀리게 묘사되었다. 현대 산업사회에서도 상당히 많은 인구가 이런 여성미의 이상형에 여전히 동감한다. 더구나 현대에도 경제적으로 가장 낙후하고 시민의식을 미비하며 신분제도와 약탈제도의 잔재들을 가장 많이 간직한 사회들에서는 여태껏 이런 이상형이 가장 끈질긴 영향력을 발휘했다고 평가될 수 있다. 그러니까 기사도의 이상적 미녀형(美女形)은 현존하는 실질적으로 가장 낙후한 사회들에서 가장 뚜렷하게 유지된다. 이렇게 감상적이거나 낭만적인 이상형의 잔재들은 유럽 대륙의 국가들에 현존하는 상류계급들의 취향에 편승하여 자유롭게 표현된다.

산업적으로 더 발달한 현대사회들에서 상위유한계급은 그들에 소속한 여자들의 모든 비천한 생산노동을 면제시킬 수 있을 정도로 막대한 재력을 축적했다. 대리 소비자로서 여자들의 신분은 소속 인구 집단에서 각광받던 지위를 상실하기 시작한다. 그러면 이상적 미녀형은 '연약하고 섬세하며 청초하고 가냘프리만치 날씬한 미녀형'에서 '자신의 타고난 손발을 자연스럽게 드러낼뿐더러, 신체의 천박한 사실들마저 실제로 인정하는 고풍스러운 미녀형'으로 복고하듯이 변이하기 시작한다. 경제적으로 발달하던 시절에 서양 문화권의 이상적 미녀형은 자연스러운 미녀형에서 상위유한계급의 미녀형으로 변이했고, 이제는 다시 자연스러운 미녀형으로 돌이켜 변이하기 시작했다. 이 모든 변이는 금력 과시 경쟁의 변동하는 조건들에서 파생했다. 그런 경쟁의 긴급한 상황들은 어떤 조건에서는 튼튼한 여자 노예들을 요구했지만, 또 다른 조건에서는 여자들의 과시적 대리 여가와 그것에 붙따르는 명백한 무능력을 요구했다. 그러나 오늘날의 상황은 대리 여가보다 더 많은 것을 요구하기 시작했다. 왜냐하면 현대에는 산업 능률이 향상될수록 여자들의 여가 활동은 명예를 급락시킬 수 있으므로 최상위 금력을 명확히 표시하지 못할 것이기 때문이다.

이렇듯 과시적 낭비 규준은 여성미의 이상형을 일반적으로 통제한다. 그러나 이런 통제력과 별개로, 과시적 낭비 규준은 여자들의 미점을 인지하는 남자들의 감각을 지극히 세밀하게 강제할 수 있는데, 이렇게 강제되는 미감들 중 한두 가지는 여기서 특별히 거론될 만하다. 앞에서 이미 고찰되었듯이, 과시적 여가 활동이 명예 획득 방법으로써 매우 중요시되는 경제 발달 단계들에서 여성미의 이상형은 섬세하고 자그마한 손발과 날씬한 허리를 요구한다. 이런 특징들은 인체에 공존하는 구조적 결함들과 관련된 여타 특징과 마찬가지로 다음과 같은 두 가지 사실을 증명한다. 첫째, 아름답다고 찬미되는 여자는 실용적 노무(勞務)를 할 수 없다. 둘째, 그런 여자는 자신을 사유한 주인의 후원을 받아야만 한가롭게 과시적 여가를 즐길 수 있다. 그녀는 무익하고 사치스럽기 때문에 금력의 증거로써 평가받는다. 그러면 이런 문화 단계의 여자들은 당대에 유행하는 훈련된 취향의 요건들을 최대한 충족하려고 자신의 신체를 변형하기로 마음먹는다. 게다가 금력체면 규범을 준수하는 남자들은 인위적으로 변형된 여성 신체의 병리적 특징들에 매료된다. 예컨대, 서양 문화권의 사회들에서 오래전부터 널리 유행한 코르셋에 바싹 졸린 허리나 중국의 전족(纏足)도 그런 병리적 특징들이다. 코르셋에 졸린 허리도 전족도 그것들을 아름답게 느끼도록 훈련받지 않은 감각에는 몹시 불쾌한 기형들이라고 인지되기 마련이다. 그런 신체적 기형들이 당연시되려면 습관화되어야 한다. 그러나 금력의 명예 요건들에 부속하는 요건들과 마찬가지로 그런 기형들의 매력도 남자들의 생활도식에 합치하므로 남자들에게는 결코 문제시되지 않는다. 그것들은 여성미의 이상형을 구성하는 요소들로서 기능하던 금력미(金力美)와 교양미(教養美)의 부속 요건들이다.

여기서 사물들의 심미적 가치와 그것들의 금력 차별용 가치를 따지는 평가자는 두 가지 가치의 암묵적 관계를 의식하지 못한다. 다음과 같은 두 가지 이유가 그런 의식을 방해한다. 첫째, 취향을 판단하는 개인으로서 평가자는 자신의 눈에 띄는 미점을 갖춘 사물이 낭비될 수 있는 명예로운 것인지 그래서 아름답다고 합당하게 평가받을 만한 것인지 가늠하려고 심사숙고한다. 둘째, 그의 판단은 취향의 진정한(bona fide) 판단이 아니라서 이런 암묵적 관계를 가늠하지 못한다. 여기서 사물들의 명예와 그것들의 감지된 미점 사이에 존재한다고 주장되는 암묵적 관계를 성립시키는 것은 평가자의 생각 습관에 파급되는 명예라는 사실의 영향이다. 평가자는 자신과 관련된 사물들의 경제적 가치나 도덕적 가치, 심미적 가치나 명예로운 가치를 포함하는 다종다양한 가치들을 판단해버릇한다. 그래서 주목하는 사물의 심미적 가치를 평가할 때마다 다른 여느 이유를 들먹여서라도 그 사물을 칭찬하려는 그의 태도는 그의 평가를 받는 사물의 등급에 영향을 끼칠 것이다. 명예라는 이유와 밀접한 만큼이나 심미적 이유와도 밀접한 이유를 근거로 삼는 평가는 이런 태도의 영향을 더 각별하게 받을 것이 확실하다. 심미적 가치를 따지는 평가는 명예로운 가치를 따지는 평가와 딱히 다르지 않게 보인다. 특히 이 두 가지 평가는 혼동되기 십상이다. 왜냐하면 명예용 사물들의 가치는 전문 용어들로써 설명되면 습관적으로 식별되지 않기 때문이다. 그러면 미점의 범주들이나 요소들을 명명하는 친숙한 용어들은 금력의 이런 무명(無名)한 가치 요소를 대체하도록 응용되고, 그것들에 상응하는 관념들의 혼동이 쉽사리 초래된다. 명예 요건들은 이렇게 혼동되어 민중에게 인식되면 미감 요건들과 합체하므로, 명예의 공인된 표시를 동반하지 않는 미점은 용인되지 않는다. 그러나 금력의 명예 요건들과 소박하게 감각되는 미점의 요건들은 아무래도 정확히 일치하지 않는다. 그래서 우리의 환경에서 금력에 부적합한 것들을 배제하는 처사는 금력의 요건에 우연하게라도 어긋나는 미점의 요소들 중 상당수를 얼마간 철저히 배제하는 결과를 초래한다.

취향의 기본 규준들은 어쩌면 여기서 논의되는 금력 취용 제도[21]들의 출현 시기보다 훨씬 더 오랜 옛날부터 발달하기 시작했을 것이다. 그때부터 남자들의 생각 습관들은 오랫동안 그런 규준들에 선택적으로 적응했다. 그리하여 그들의 직무와 목적 달성 방법을 동시에 곧바로 암시하는 저렴한 비품들과 건축물들은, 요컨대, 미점의 요소들 대부분을 가장 원활하게 충족시키곤 한다.

이런 정황은 현대 심리학의 위상을 상기시킬 수 있다. 형태미(形態美)는 인지통합력(認知統合力)의 문제처럼 보인다. 형태미는 어쩌면 이런 능력보다 더 광범한 맥락에서 논의되어도 무방할 것이다. 만약 미점의 요소들로 분류되는 연상, 암시, "표현"이 추상(抽象)을 유발한다면, 인지된 사물의 미점은 '정신이 그 사물을 인지할 수 있는 방향들에서 인지통

---

21) 金力取用制度(pecuniary institution): '금력제도'라고 단순히 번역될 수도 있는 이 용어는, 베블런의 의도를 조금 더 정확하게 반영하여, '금력을 취용하고(취득하여 운용하고) 과시하는 관행이나 문화를 규정하고 관리하며 개량하는 제도'를 뜻한다.

합 활동을 원만히 전개한다'라는 사실을 의미한다. 그러나 원만히 전개되거나 표현되는 그런 활동의 방향들은 끈질기고 익숙한 습관에 이끌리는 정신의 방향들이다. 이런 습관은, 미점의 근본 요소들과 관련되는 한에서, 워낙 익숙하고 끈질겨서 여태껏 사물의 형태를 통합하여 인지하려는 버릇뿐만 아니라 생리학적 구조와 기능의 적응력마저 유발할 수 있었다. 경제적 관심이 미점을 구성하기 시작하면, 이런 습관은 마치 '명백하게 쉽사리 추론될 만한 방식으로써 생활 과정을 도우려는 목적에 부응하는 타당성의 암시나 표현'처럼 작용하기 시작한다. 어떤 사물에 담긴 경제적 편의성이나 경제적 실용성을 드러내는 이런 표현은 사물의 경제적 미점이라고 지칭될 수 있는데, 사물의 용처와 효능을 생활의 실질적 목표들에 부응시키는 적절하고 명확한 암시는 이런 표현을 가장 든든하게 보조한다.

이러면 실용품들 중에도 단순하고 소박한 용품이 미학적으로 가장 아름답게 인지된다. 그러나 금력의 명예 규범은 개인 소비품들 중에 저렴한 것을 배척하기 때문에, 아름다운 것들을 사유(私有)하려는 우리의 열망은 타협적으로 충족될 수밖에 없다. 새롭게 고안된 어떤 제품은 소비되면 명예로운 낭비적 사치의 증거를 제공할뿐더러, 유용한 것과 아름다운 것을 비평하는 감각의 요구들에 호응하든지, 아니면 최소한 여태껏 이런 감각을 대신하여 의무를 이행한 어떤 습관의 요구에는 부응하므로, 미점의 규범들을 교란하기 마련이다. 취향을 보조하는 이런 감각은 참신성(斬新性)을 선호한다. 기발하고 신기한 고안품들을 찾아다니는 남자들의 호기심은 이런 감각을 보완한다. 그러면 '아름답다고 단정(斷定)되니까 아름다운 것'을 대신하는 고안품들의 대다수는 나름대로 꽤 기발한 설계 솜씨를 선보이며 구경꾼을 현혹할 만하게 — 허무맹랑한 것을 가당찮게 연상시키고 암시하여 구경꾼을 미혹할 만하게 — 보일뿐더러, 그것들의 겉으로 드러난 경제적 목적에 부응하도록 제공되었을 능률의 최대치를 초과하는 노동을 낭비시켰다고 알리는 증거로서도 제시된다.

이런 고안품의 증례는 우리의 일상적인 습관들과 인간관계를 벗어나고 우리의 편견을 벗어나는 영역에서 발견될 수 있다. 하와이제도(Hawaii諸島)에서 제작된 화려한 깃털 망토나 폴리네시아제도의 몇몇 섬에서 고안된 유명한 문양(紋樣)을 겸비한 제례용 까뀌 손잡이도 그런 고안품들이다. 이것들은 형태, 선(線), 색상의 탁월한 구성미를 갖추고 매우 정교하며 참신한 설계 솜씨와 제작 능력을 증명하므로 아름답다고 평가받아도 확실히 무방하다. 그런 동시에 이런 고안품들은 다른 여느 경제적 목적에도 뚜렷이 부합하지 않는다. 그러나 기발하고 현혹적인 고안품들이 낭비적 노동 규범의 방침대로 진화해도 언제나 다행한 결과를 산출하지는 않는다. 그러면 미점의 표현이나 실용성의 표현처럼 면밀히 음미될 수 있는 모든 요소는 사실상 완전히 삭제되고, 부조리한 과시적 언행의 뒷받침을 받으며 낭비된 솜씨와 노동의 증거들로 대체되기 십상이다. 그때까지 일상생활에서 우리를 둘러싼 다양한 물건뿐 아니라 매일 착용하는 다양한 의복과 장신구도 관례화된 전통의 압력을 받지 않으면 용인되지 않을 것이다. 미점과 실용성을 대체하는 이런 솜씨와 비용의 표현들은, 예컨대, 주택 건축에서, 가내공예품이나 수예품(手藝品)에서, 그리고 특히 여성 의류와 종교 예복을 위시한 다양한 의류제품에서 목격될 수 있다.

미점의 규범은 일반성의 표현을 요구한다. 과시적 낭비의 요건들에서 유래하는 "참신성"은 미점의 규범과 마찰한다. 왜냐하면 참신성은 우리의 취향에 부응하는 사물들의 외형을 결국에는 특이형태들의 집괴(集塊)로 만들어버리기 때문이다. 그리고 그런 특이 형태들은 무엇보다도 사치 규범의 선택적 감시·감독을 받는다.

이렇듯 참신한 설계들은 과시적 낭비의 목적에 선택적으로 적응하고, 예술적 미점은 금력의 미점으로 대체되는데, 이런 과정은 특히 건축을 발달시키는 효과를 발휘했다. 앞으로 미점의 요소들을 명예로운 낭비의 요소들과 따로 떼어서 생각할 사람이 '상대적으로 불쾌한 것보다는 낫다고 평가할 수 있을 문명화된 현대식 주택이나 공공건물'을 발견하기는 지극히 어려울 것이다. 미국 도시들의 고급 주택들과 고급 아파트들의 정면도(正面圖)를 부단히 변모시키는 두 원인 중 하나는 건축학적 고민의 부단한 변화이고, 다른 하나는 사치용 불편을 암시하는 제안의 부단한 변화이다. 이런 건물들의 창문을 전혀 갖추지 않은 후벽(後壁)과 측벽(側壁)들은 대체로 건축가의 손을 타지 않으니까 아름답다고 인지되어 건물의 가장 멋진 특색으로 간주된다.

취향 규범에 파급되는 과시적 낭비 법칙의 영향과 관련하여 앞에서 진행된 논의는, 심미적 목적을 제외한 여타 목적 달성용 재화의 실용성을 인지하는 우리의 개념들에 파급되는 과시적 낭비 법칙의 영향과 관련해서도, 용어만 살짝 변환되면, 고스란히 적용될 것이다. 재화는 인간 생활을 더 충실히 전개시키려는 목적의 수단으로써 생산되고 소비된다. 그래서 재화는 무엇보다도 이 목적에 부응하는 수단으로써 유효하기 때문에 유용성을 가진다. 이 목적은 무엇보다도 절대적 관점에서 인식되는 개인 생활의 만족이다. 그러나 인간의 경쟁 성향은 여태껏 재화 소비를 차별용 비교 수단으로써 포착한 만큼 소비재에 '소비자의 상대적 지불 능력의 증거로 인지되는 부수적 유용성'을 부여했다. 소비재의 이런 간접적·부수적 용도는 소비에 명예로운 성격을 부여할뿐더러 이런 성격을 부여받는 소비의 경쟁 목적에 최대로 부응하는 재화들에도 명예로운 성격을 부가한다. 비싼 재화의 소비자는 칭찬받을 만하다고 인지되며, 표면상 기계적 목적에 부응하는 실용성을 비싼 재화에 부여하는 비용보다 더 많은 명백한 고비용의 요소를 내포한 재화는 명예롭다고 인지된다. 그러므로 재화에 투입된 과잉 비용의 표시들은 가치의 표시들이며, 재화 소비의 간접적 차별화라는 목적에 부응하는 고효율의 표시들이다. 그런 반면에, 기계적 목적에 적응하는 검소한 성질을 워낙 분명히 드러내는 재화와, 만족스러운 차별용 비교에 의존하는 사치의 가능성을 포함하지 않는 재화는, 저렴하니까 불미스럽다고 인지된다. 이런 간접적 유용성은 "더 고급한" 재화에 더 높은 가치를 부여한다. 소비재는 유용성을 따지는 까다로운 감각을 자극하려면 이런 간접적 유용성을 미미하게라도 내포해야 한다.

남자들은 여태껏 검소한 생활 방식은 지불 능력의 결여와 금력 과시의 실패를 암시한다는 이유로 처음부터 그런 생활 방식을 비난할 수 있었겠지만, 결국에는 '저렴한 것들은 저렴하다'라는 이유로 저렴한 것들을 본질상 불명예스러우며 무가치하다고 비난해버릇하는 습관에 젖어버린다. 세월이 흐르자, 후세대들은 저마다 전세대의 칭찬받을 만한 이런 낭비 전통을 계승했고, 저마다 소비하는 재화에 담긴 금력의 전통적 명예 규범을 더 세련하고 강화시켰다. 그동안 우리는 결국 모든 저렴한 것은 무용하다고 확신해서 이제 "싸구려는 저질스럽다"라는 속설을 격언처럼 사용하면서도 결코 염려하지 않는다. 비싼 것을 인정해버릇하고 싸구려를 괄시해버릇하는 이런 습관은 어느덧 우리의 생각에 워낙 철저히 각인되었다. 그래서 우리는 무엇을 소비하든지, 심지어 티끌만치도 과시하려고 하지 않으면서 애오라지 혼자서만 재화를 소비하더라도, 낭비적 사치의 최저기준(最低基準) 같은 것을 본능적으로 고집한다. 우리는 누구나, 심지어 여느 외부인의 눈에도 띄지 않는 내밀한 집안에서도, 화려한 (이따금 예술적 가치를 의심받는) 자기(磁器)들에 담겨 비싼 리넨 식탁보 위에 차려진 음식을 먹으며 수제 은수저를 사용하는 일상적 식사 시간을 즐긴다면, 솔직히 당연한 듯이, 우쭐한 기분을 느끼기 마련이다. 이런 맥락에서 우리에게 익숙하니까 소중하다고 인지되는 생활 기준을 퇴락시키는 모든 것은 우리의 인간존엄성을 막심하게 모독한다고 인지된다. 그래서 지난 수십 년간 촛불은 저녁 식탁을 밝힌 모든 광원(光源) 중에 가장 유쾌하게 인지되었다. 오늘날의 상류계급에게는 촛불의 빛이 석유등이나 가스등이나 전구의 빛보다 더 부드러우며 더 편안하다고 느껴진다. 물론 촛불이 가정용 광원들 중에 가장 저렴하던 30년 전에나 근래에는 그렇게 느껴질 수 없었을 것이다. 더구나 오늘날에는 촛불이 의례용 광원이 아닌 다른 용인될 만하거나 유효한 광원이라고 인식되지 않는다.

아직 생존하는 어느 노련한 정치인은 이 모든 문제의 결론을 "싸구려 겉옷이 싸구려 남자를 만든다"라는 견해로 요약했는데, 어쩌면 아무도 이 견해의 설득력을 의심하지 않을 것이다.

'재화에서 과다비용의 표시를 찾아버릇하는 습관'과 '모든 재화에는 간접적이거나 차별적인 어떤 유용성이 담겨야 마땅하다고 생각해버릇하는 습관'은 재화의 유용성을 측정하는 기준들을 변화시킨다. 명예로운 요소와 야만적 능력의 요소는 상품들을 가늠하는 소비자의 평가와 불가분하고, 두 요소가 결합하면 재화의 분석되지 않는 총체적 유용성을 구성한다. 여느 제품이나, 오직 물량적(物量的)으로만 충분하면, 그렇게 구성된 유용성이라는 기준의 검열을 통과하지 못할 것이다. 그런 제품이 소비자에게 완벽하며 흡족한 것이라고 인식되려면 명예로운 요소마저 표현해야 한다. 그러면 소비재의 생산자들은 이런 명예로운 요소라는 요건을 충족할 재화를 생산하려고 진력한다. 생산자들도 재화를 평가하는 동일한 기준의 지배를 받고, 그런 기준에 부합하게 마감되지 않은 재화를 발견하면 진심으로 침통할 수 있기 때문에, 모든 재화를 더 민활하게 더 효과적으로 생산하려고 진력할 것이다. 그래서 오늘날에는 명예로운 요소를 다소나마 포함하지 않은 재화는 어디에서도 거래되지 않는다. 마치 고대 그리스 철학자 디오게네스(Diogenes, 서기전412~323)처럼 자신의 소비 행위에서 명예롭거나 낭비적인 모든 요소를 배제하겠다고 단언할 수 있을 여느 소비자도 현대의 시장에서는 가장 사소한 생필품조차 구매하지 못할 것이다. 정말이지, 설령 그런 소비자가 자신의 생필품들을 스스로 직접 마련하려고 노력하더라도, 명예로운 요소를 따져버릇하는 유행하는 생각 습관을 탈피하기는 아주 불가능하지는 않을망정 어렵다고 자각할 것이다. 그래서 그는 자신의 집에서 직접 제작한 물품에 이렇듯 낭비된 노동의 명예로운 유사 - 장식적 요소를 본능적으로 무심결에 합체시키지 않으면 단 하루치 생필품도 마련할 수 없을 것이다.

소매시장에서 구매할 실용적 재화를 선택하려는 소비자들이 재화에 담긴 진정한 실용성의 표시보다는 그것의 마감 상태나 그것을 제작한 솜씨를 더 까다롭게 따진다는 사실은 널리 소문났다. 재화가 팔리려면 그것의 실질적 용도에 걸맞은 효능을 구비해야 할뿐더러 그것에 체면치레용 고가의 표시를 부여할 만큼 투입된 노동력의 상당히 뚜렷한 흔적마저 겸비해야 한다. 이렇게 뚜렷한 고가를 실용성의 규범으로 설정하는 습관은 당연하게도 소비재들의 가격 총액을 상승시키도록 작용한다. 우리는 이런 습관에 물들면 소비재의 가치를 그것의 가격과 얼마간 동일시하여 저렴한 것을 경계하기 시작한다. 평소에 필요한 실용성을 갖춘 제품을 구매하려는 소비자는 판매자와 흥정해서라도 가급적 저렴하게 구매하려고 일관되게 노력한다. 그러나 뚜렷한 고가라는 인습적 요건은 재화의 실용성을 증명하는 표시이자 구성하는 요소라서 과시적 낭비의 요소를 많이 구비하지 못한 저렴한 재화를 경계하고 배척하도록 소비자를 유도한다.

소비재들의 이런 특징들은 대중에게는 실용성의 표시들이라고 인식되는데, 이 논저에서는 과시적 낭비의 요소들로서 언급된다. 이런 특징들의 대다수가 단지 고가품의 특징들이라는 이유뿐만 아니라 다른 이유 때문에라도 소비자의 마음을 붙잡는다는 사실은 여기서 추가로 주목받을 만하다. 이런 특징들은 비록 재화의 진정한 실용성에 부응하지 않아도 대체로 숙련된 유능한 기량 발휘 본능의 증거를 제공한다. 그리고 주로 이런 이유로 명예로운 실용성의 특정한 표시가 유행하기 시작하면서부터 특정한 제품의 가치를 구성하는 정규적 요소의 위상을 유지한다는 사실은 확실하다. 유능한 기량이 발휘되면 비록 애초의 의도를 벗어나서 예기치 않은 헛된 결과를 초래하더라도, 그렇게 발휘되는 과정 자체는 유쾌하다. 그런 기량으로써 제작된 물품을 감상하는 심미적 감각은 충족된다. 그러나 다음과 같은 사실도 기억되어야 한다. 그렇게 숙련된 기량

발휘 본능의 증거나 목적에 정교히 유효하게 적응한 제작 수단의 증거는
과시적 낭비 규범의 재가(裁可)를 받지 못하면 현대에 문명화된 소비자
의 인정을 오랫동안 받지 못할 것이다.

이런 전망을 교묘히 강화하는 것은 소비경제에서 지정된 기계제품의
위상이다. 동일한 목적에 부응하는 기계제품과 수제품의 물리적 차이점
은, 대체로, 기계제품이 애초의 목적에 더 충실히 부응한다는 것이다. 기
계제품은 더 완벽한 제품이라서, 목적에 더 완벽하게 적응한 제작 수단
을 증명한다. 이런 차이점이 기계제품을 괄시받지 않고 폄하되지 않도록
비호하지는 못한다. 왜냐하면 기계제품은 명예로운 취향 기준에 미달하
기 때문이다. 수작업은 기계작업보다 더 낭비적인 생산방식이다. 그래서
수제품은 금력의 명예라는 목적에 더 확실히 부응할 수 있다. 그러면 수
작업의 표시는 명예롭게 인식되기 시작하고, 그런 표시들을 선연히 드러
내는 제품은 동종의 기계제품보다 더 고급하다고 인정받는다. 수작업의
명예로운 표시들은 수제품에서 감지되는 몇몇 미비점과 결함인데, 비록
언제나 그렇지는 않아도 대체로 그렇다. 이것들은 설계대로 정밀하게 수
제품을 제작하지 못한 작업자의 투박한 솜씨를 증명한다. 그러므로 수제
품의 우월성을 떠받치는 근거는 그것에서 감지되는 투박함의 일정한 여
지(餘地)이다. 이런 여지는 저렴한 제작비의 증거일 수 있기 때문에 투박
한 솜씨를 증명할 만큼 뚜렷이 드러나면 안 될뿐더러 오직 기계로써만
제작된 이상적인 정밀성의 기미조차 암시하지 말아야 한다. 왜냐하면 그
런 정밀성도 저렴한 제작비의 증거일 수 있기 때문이다.

상류계급의 관점에서 수제품에 우월한 가치와 매력을 부여하는 명예
로운 투박함의 그런 증거들을 따지는 평가는 세련된 감식력의 문제이다.

 유한계급론

감식력은 훈련받아야 할뿐더러, 재화의 인상학(印象學)이라고 지칭될 만한 것과 관련된 정확한 생각 습관을 형성해야 한다. 고상한 소비의 격식을 따지지 않는 저열하고 무례한 하층민은 수제품의 지나치게 완벽한 외형 때문에 수제품을 칭찬하고 선호하기 십상이다. 기계제품은 의례에 걸맞지 않은 열등한 제품이라고 인식된다. 이런 열등성은 혁신된 고비용 마감 기술들로써 실현되는 기교와 솜씨의 완벽성이 기계제품을 영구적으로 호평받는 공인된 제품으로 인식되게 할 수 있는 충분조건은 아니다'라고 증명한다. 기술혁신은 반드시 과시적 낭비 규범의 지지를 받아야 한다. 재화의 인상학에 포착된 여느 특징이나, 비록 특징 자체로서 아무리 각광받을망정, 그리고 효율적 작업을 선호하는 취향의 인정을 아무리 돈독하게 받을망정, 이런 금력의 명예 규준에 어긋나는 불쾌한 것이라고 판명되면 용납될 수 없을 것이다.

많은 개인은 여태껏 소비재의 "서민성(庶民性)"이나 저렴한 생산비에서 파생한 의례적 열등성이나 불결성(不潔性)을 매우 심각하게 고민했다. 기계제품을 반대하는 논리는 이따금 기계제품의 서민성을 반대하는 논리로 공식화된다. 서민적인 것은 인구 다수의 (금력의) 유효범위에 속한다. 그래서 서민적 기계제품은 여타 소비자와 자신을 차별적으로 비교하여 우위를 차지하려는 소비자의 목적에 부응하지 못하기 때문에, 그런 제품의 소비는 불명예스럽다고 인식된다. 그러면 기계제품을 소비하거나 단순히 구경하는 행태도 인간 생활의 저급한 수준들을 연상시키는 불쾌한 암시와 불가분하다고 인식된다. 그런 행태를 지극히 혐오하고 침통하리만치 비천하게 느끼는 감각에 휘둘리는 예민한 개인은 기계제품에는 눈길조차 주지 않는다. 자신의 주장만 거만하게 앞세우는 취향을 고집하는 개인들과, 취향의 다양한 판단 근거들을 식별할 만한 재능이나 습관이나 의욕을 미비한 개인들은, 앞에서 설명된 방식으로, 명예감(名譽感)의 평가들에 미감과 실용 감각의 평가를 뒤섞어버린다. 그렇게 혼합된 평가는, 미점과 실용성 중 어느 하나에 치중하여 사물을 가늠하려는 평가자의 편견이나 관심대로, 사물의 미점이나 실용성을 가늠하는 판단으로서 기능한다. 그러면 싸구려의 표시들이나 서민성의 표시들은 예술적 부적합성의 결정적 표시들이라고 인식되기 십상이다. 이런 인식을 기반으로 한편에서는 취향의 문제들을 지도하는 심미적 예의범절의 규약이나 세칙이 설정되고 다른 한편에서는 취향의 문제들을 지도하는 심미적 혐오의 규약과 세목이 설정된다.

앞에서도 지적되었듯이, 현대 산업사회들에서 소비되는 저렴하다고 천시되는 일상용품들은 대체로 기계제품들이다. 인상학의 관점에서 수제품들과 비교되는 기계제품들의 일반적 특징은 기량 발휘 본능을 더 완벽하게 구현하고 설계도를 더 정밀하게 구현한다는 것이다. 그래서 수제품들의 가시적(可視的) 결점들은 명예로우므로, 미점과 실용성 중 어느 하나만 평가되거나 모두 평가되어도, 우수성의 표시들이라고 인정받는다. 그런 결점들은 어느덧 찬양받기 시작했는데, 잉글랜드 예술 비평가 존 러스킨(John Ruskin, 1819~1900)과 건축가·시인·화가·사회평론가 윌리엄 모리스(William Morris, 1834~1896)는 그런 결점들의 열렬한 옹호자들이었다. 이런 사연 때문에 투박함과 낭비된 노력을 옹호한 그들의 주장이 그들의 시대부터 여태껏 주목받았고 진척되었으며, 수공업과 가내공업을 복원하자는 구호마저 등장했다. 수제품의 결점들을 특화시키면서 어지간히 유명해진 이런 평론가 집단의 평론들과 의견들의 대부분은 더 완벽하게 보이는 재화를 더 비싸게 평가한 시대에는 존재할 수 없었을 것이다.

물론 여기서는 단지 이런 미학을 가르친 학파의 경제적 가치만 논의되거나 논의될 수 있을 따름이다. 그런 논의는 소비와 소비재 생산에 영향을 끼치는 이런 미학적 가르침의 취지를 폄하하기보다는 오히려 주요하게 특기하려는 의도의 소산이다.

취향을 이렇게 발달시킨 편견은 생산업계에서 작동했다. 윌리엄 모리스가 노년에 몰두한 인쇄업은 어쩌면 이런 편견의 작동 방식을 가장 적절히 예시할 것이다. 모리스의 켐스콧 인쇄소(Kelmscott Press)에서 제작된 책들은 이런 편견을 확연히 예시하고, 근래에 출간된 장식용 책들의 제작에 사용된 활자, 용지, 삽화, 제본재료와 제본기술도 전반적으로 이런 편견을 약간 미흡하게나마 예시한다. 근래에 인쇄업계에서 제작된 책들이 우수하다고 평가받으려면 과거에 조잡한 작업도구들과 난감한 재료들로써 어렵사리 제작된 책들처럼 투박한 면모를 다소나마 갖춰야 한다. 이런 책들은 반드시 수작업을 요구하기 때문에 평범한 책보다 비쌀뿐더러 실용서보다 더 조심스럽게 사용되어야 한다. 그렇게 우수하다고 평가받는 책들은 시간과 노력을 낭비할 수 있는 제작자의 능력과 아울러 그것들을 자유롭게 구입할 수 있는 소비자의 능력마저 증명한다. 이래서 오늘날 인쇄업자들은 "현대식" 활자를 사용하기보다 오히려 판독되기 어렵고 투박한 "구식활자(old-style)"나 여타 노후한 활자들을 복원하여 사용한다. 심지어 주로 다루는 학문의 문제를 가장 효과적으로 제시하려는 목적밖에 드러내지 않는 학술지들도 앞으로는, 그것들에 수록되면 구식종이에 구식활자로 인쇄되어 재단되지 않은 분책(分冊)으로 발간되는 학술논문들처럼, 이런 금력의 미점을 구성하는 요건들을 수용할 것이다. 더구나 내용을 유효하게 제시하려는 의도를 뚜렷이 드러내지 않는 책들의 제작방침은 당연히 이런 방향으로 점점 더 치우칠 것이다. 여기서 우리가 만날 책은 도련(搗鍊)되지 않은 수제용지에 다소 낡은 활자로 지나치게 넓은 여백을 갖도록 인쇄되어, 재단되지 않은 채로, 사뭇 투박하고 어설프게 보이도록 신중히 제본된 고풍스러운 책이다.

켐스콧 인쇄소는 현대의 습속에 영합하도록 구식철자법으로 편집하고 장식용 흑체활자(黑體活字)로 인쇄한 속지들과 흐늘거리는 양피표지(羊皮表紙)를 가죽끈으로 묶어 제본한 책들을 출시하여, 오직 야만적 실용성만 따지는 관점에서는, 고풍스러운 서적을 부조리하게 보이도록 만들어버렸다. 장식용 제책 기법의 경제적 위상을 고정시키는 더 각별한 특징은 이처럼 더 우아한 서적일수록 한정된 수량만 제작된다는 사실이다. 한정판 서적을 제책하는 기법은 다음과 같은 두 가지 성질을, 사실상 다소 투박하게, 효과적으로 보장한다. 첫째, 한정판 서적은 희귀하다. 둘째, 그런 서적은 비싸기 때문에 그것을 구매한 소비자의 금력을 돋보이게 한다.

세련된 취향을 함양한 서적 구매자를 사로잡는 한정판 서적의 각별한 매력은, 당연하게도, 그의 의식(意識)에 포착되면 곧이곧대로 인정받는 그런 서적의 고가와 우월한 투박함에서 파생하지는 않는다. 그런 매력은 더 비싸고 더 투박한 제품을 본질적으로 더 우수한 것으로 인지하여 선호하는 의식에서 파생한다. 이런 의식은 기계제품보다 수제품을 더 우월하게 평가하는 의식을 닮았다. 고풍스러운 재래식 공정을 거쳐 제작된 제품들을 모방한 서적의 우월한 미점은 대체로 심미적 관점에서 우월한 유용성이라고 인식된다. 그러나 '책은 모름지기 더 투박할수록 인쇄매체로서도 더 유용하다'라고 주장하는 상류계급 서적 애호가도 드물지 않다. 그런 주장도 퇴폐적인 책의 우월한 심미적 가치와 관련되면 얼마간 타당할 수도 있을 것이다. 그런 책은 오직 미점만 추구하는 관점에서 디자인되므로 디자이너의 성공을 평가하는 일정한 척도라고 널리 인식된다. 그러나 여기서 두 가지 사실이 기억되어야 한다. 첫째, 디자이너의 작업을 주도하는 취향 규범은 과시적 낭비 법칙의 감시·감독을 받으면서 형성된다. 둘째, 과시적 낭비 법칙은 요구하는 조건들에 어긋나는 취향 규범을 선택적으로 배제한다. 그러니까 퇴폐적인 책은 아름다울 수 있지만, 비심미적(非審美的) 요건들은 디자이너의 작업 범위를 한정한다. 그런 책이 아름답다고 평가되려면 비싸야 하는 동시에 자체의 외견상 용도에도 어긋나야 한다. 그러나 디자이너를 강제하는 이런 취향 규범의 모든 것이 최초의 낭비 법칙대로 형성되지는 않는다. 이 규범은 약탈 기질의 부수적 표현과 얼마간 타협하면서 형성된다. 약탈 기질은 고풍스럽거나 노후한 것을 존경하는 심리와 일맥상통하는데, 이른바 고전주의(classicism)는 이런 심리의 특수한 발달 결과들 중 하나이다.

미학 이론이 '고전주의의 규범, 혹은 고풍스러운 것을 향한 존경심'과 '미점의 규범' 사이에 구분선을 긋기는 아예 불가능하지는 않아도 지극히 어려울 것이다. 왜냐하면 미학은 두 규범을 억지로 구분하지 않아도 되고, 실제로 그런 구분선은 불필요하기 때문이다. 취향 이론에서 인정되는 이상적 고풍의 표현은, 여태껏 그렇게 인정될 수 있었던 여느 이유와 무관하게, 어쩌면 미점의 최상 요소로 간주될 것이다. 그런 표현의 타당성은 의문시되지 않아도 된다. 그러나 여기서 진행되는 논의의 목

적 ― 공인되는 취향 규범들에 담긴 경제적 동기들을 결정하고, 재화의
분배와 소비에 영향을 끼치는 그런 동기들의 의미를 규명하자는 목적 ―
에 부응하는 구분선은 문제의 요점을 비껴가지 않는다.

문명화된 소비 체계에서 기계제품의 위상은 '과시적 낭비 규범'과 '소
비 예절 규약' 사이에 존속하는 관계의 본성을 지시할 수 있다. 과시적 낭
비 규범은 예술의 문제나 취향의 문제와 관련해서도 혁신 원리와 창의원
리(創意原理)로서 작용하지 못할뿐더러 재화의 실용성을 인지하는 유행
감각과 관련해서도 그렇게 작용하지 못한다. 혁신을 주도하고 새로운 소
비품들과 새로운 비용 요소들을 추가하는 창의원리와 다르게 과시적 낭
비 규범은 미래를 지향하지 않는다. 이 규범의 원리는 어떤 의미에서 긍
정 법칙이 아니라 오히려 부정 법칙이다. 그것은 창의원리가 아니라 규제
원리이다. 그것이 어떤 관례나 관습을 직접 창의하거나 독창(獨創)하는
경우는 아주 드물다. 그것은 오직 선택적으로만 작용한다. 과시적 낭비는
변화와 성장의 이유를 직접 제공하지 않지만, 그런 낭비의 요건들에 순응
하는 타협은 다른 이유들 때문에 가능한 혁신의 존재 조건이다.

관행들, 관습들, 지출 방법들은 모두, 그것들의 발생 원인과 무관하게,
이런 (과시적 낭비 규범과 소비 예절 규약 같은) 명예 규준의 선택작용에
종속한다. 그리고 이런 명예 규준의 요건들에 관례들과 관습들이 부합하
는 정도는 다른 비슷한 관례들과 관습들을 상대로 경쟁하여 살아남을 수
있는 그것들의 적합성을 시험하는 척도이다. 다른 조건들이 동일하면,
더 확연한 낭비의 관행이나 방법이 이런 법칙 아래에서 더 유리한 생존
기회를 획득한다. 과시적 낭비 법칙은 변수들의 기원을 중요시하지 않고
오직 자신의 영향권에서 생존할 수 있도록 적응한 형식들의 지속성만 중

요시할 뿐이다. 이 법칙은 자신에 적응한 것을 보호하지만, 용납할 수 있는 것을 발명하지는 않는다. 이 법칙의 기능은 모든 것을 검증하여 자신의 목적에 부응하는 것들을 확고하게 보존하는 것이다.

제7장
금력 과시 문화를 표현하는 의류

여태껏 언급된 경제적 원리들은 일상적 사실들에도 적용되는데, 이 단원에서는 생활 과정의 일정한 방면으로 진행되는 그런 적용의 방식이 다소 자세히 예증 될 것이다. 의류 소비는 이 목적에 가장 잘 부합하는 증례이다. 의류는 비록 금력 명예와 관련된 다른 원리들도 표현하지만, 특히 재화의 과시적 낭비를 강조하는 규칙을 선연하게 표현한다. 개인의 금력 지위를 증명하는 다른 소비 방법들도 나름의 목적에 유효하게 부응하므로 언제 어디서에나 유행하지만, 의류 소비는 여타 소비재 대다수의 소비 방법보다 이 규칙을 더 확연히 표현한다. 왜냐하면 우리의 의류는 언제나 겉으로 드러나서 우리의 금력 지위를 모든 관찰자에게 즉각 암시하기 때문이다. 더구나 의류 소비는 실제로 다른 여느 소비보다 더 과시적으로 실행될뿐더러, 어쩌면, 더 보편적으로 실행될 것이다. '모든 계급은 각자의 신체를 보호하기보다는 오히려 존중받을 만한 모양새를 갖추려고 총지출의 대부분을 의류 소비에 충당한다'라는 상투적 의견에는 누구나 동의할 것이다. 그래서 사회의 관습 기준에 미달하는 의류를 초라하게 느끼는 우리의 감각은 어쩌면 다른 여느 감각보다 더 예민할 것이다. 실제로 체면을 깎이지 않도록 낭비적 소비력을 과시하려는 서민들은 편의용품이나 생필품의 소비를 극도로 자제하더라도 여느 소비품보다 의류를 가장 먼저 구매할 것이다. 그래서 지독하게 추운 날에도 버젓하게 보이려고 얄팍한 의복을 입는 사람조차 결코 이상하게 인식되지 않는다. 그리고 현대의 여느 사회에서나 의류의 기계적 실용성보다는 의류의 유행성과 명예가 의류의 상업적 가치를 결정짓는 더 중대한 요인이다. 의류의 필요성은 현저히 "고상"하거나 정신적인 필요성이다.

의류의 이런 정신적 필요성 전체가, 아니면 심지어 대부분노, 소비력을 과시하려는 유치한 성향은 아니다. 과시적 낭비 법칙은 취향 규범과 체면 규범을 지정하여, 대체로 한 번쯤 에둘러서, 여타 재화 소비를 지도하듯이 의류 소비를 지도한다. 일반인들은 확립된 관습에 순응해야 할 필요성을 의식하고, 공인된 취향 기준과 명예 기준에 맞춰 살아야 할 필요성을 의식하기 때문에, 과시적 낭비용 의류를 착용하거나 구매한다. 그런데 우리는 비록 그런 필요성 자체를 상당히 역력하게 의식하더라도, 실제로 깔보는 눈초리와 불리한 평판에 시달리는 굴욕을 피하려면, 과시적 낭비용 의류의 착용이나 구매를 강조하는 복장예절 규약(服裝禮節規約)을 준수할 수밖에 없다. 더구나 사치의 요건이 의류와 관련된 우리의 생각 습관에 워낙 깊게 각인되어서 그런지 우리는 모든 저렴한 의류를 본능적으로 혐오하기 때문에 그런 규약을 준수할 수밖에 없다. 우리는 저렴한 것이라면, 그것을 면밀히 살피지도 분석하지도 않은 채로, 무가치하다고 느낀다. "싸구려 겉옷이 싸구려 남자를 만든다." "싸구려는 비천하나"라는 속설은 다른 소비제들보다 의류에 훨씬 잘 들어맞는다고 인식된다. 취향과 실용성이 동시에 감안되어도, "싸구려는 비천하다"

라는 속설은 저렴한 의류를 열등한 소비재로 인식시킨다. 우리는 저가품보다 고가품이 더 실용적인 동시에 더 아름답다고 생각한다. 물론 이런 생각에 어긋나는 예외들도 드물게나마 없잖다. 그러나 비싼 수제 의류의 모조품이 원품을 아무리 빼닮아도 원품보다 더 저렴하면, 우리는 누구나 두 제품의 미점과 실용성을 따져서 '원품이 모조품보다 훨씬 바람직하다'라고 생각한다. 그래서 우리의 기분을 상하게 하는 것은 모조품의 미흡한 형태나 색상도 아니고 실제로 어떻게든 우리의 눈에 띄는 모자란 맵시도 아니다. 그런 불쾌한 모조품은 원품을 워낙 빼닮게 모조되어서 정밀하게 감식되지 않으면 원품과 구별되지 않을 수 있다. 그렇지만 모조품은 모조되었다고 판정받는 순간부터 심미적 가치와 상품가치를 동시에 급속히 상실한다. 더구나 '모조품이라고 판정받은 의류의 심미적 가치는 원품보다 더 저렴한 만큼 낮아진다'라는 주장도 격심한 반론을 유발하지 않을 것이다. 모조품은 하등한 금력계급에 귀속하기 때문에 심미적 위신을 상실한다.

그러나 지불 능력을 증명하는 의류의 기능은 의류 착용자의 신체적 안락에 필요한 것보다 훨씬 비싼 재화를 소비할 수 있는 능력을 단순히 과시하는 것뿐이지는 않다. 재화의 단순한 과시적 낭비는, 속행되는 한에서, 유효하고 유쾌하다. 그런 낭비는 성공한 금력 과시의 유효한 직접증거(prima facie evidence)이므로, 결국 그런 낭비의 사회적 가치를 명시하는 직접증거이다. 그러나 의류는 낭비적 소비의 이토록 빤한 직접증거보다 더 미묘하고 심원한 가능성을 겸비한다. 착용한 남자나 여자의 풍부한 소비 능력을 증명하는 동시에 생계비를 벌지 않아도 되는 넉넉한 금력마저 증명할 수 있는 의류의 사회적 가치는 아주 높다고 평가될 것이다. 그래서 우리의 의류가 이런 높은 사회적 가치의 증명이라는 목적에 효과적으로 부응하려면 비싸야 할뿐더러 모든 관찰자에게 그런 의류의 착용자를 어떤 생산노동에도 종사하지 않는 사람으로 확실히 인지시켜야 한다. 우리의 의류 체계는 여태껏 이런 목적에 감탄스러우리만치 완벽하게 부응하도록 세련되게 진화했고, 그런 과정에서 이런 부수적 증거들은 상당이 주목받았다. 서민에게는 우아한 의상이라고 인식되는 의류는 면밀히 검토되면 모든 면에서 그것의 착용자를 여느 실용적 노력도 습관회히지 않은 사람으로 보이도록 고안되었다고 증명될 것이다. 당연하게도 육체노동의 결과를 증명할 정도로 더럽거나 해진 의복은 결코 우아하다고 인식될 수 없을뿐더러 심지어 점잖다고 인식될 수도 없다. 단정하고 깨끗한 의복은, 완전하게는 아니라도 대체로, 모든 생산과정을 접촉하지 않아도 무방한 개인의 여가를 암시하기 때문에 유쾌한 효과를 발휘할 수 있다. 에나멜가죽 구두, 깔끔한 리넨 정장, 반들거리는 실크해트와 지팡이는 그것들을 착용한 유한남자 본연의 품위를 부쩍 드높이는 매력을 자아낸다. 그런 매력의 대부분은 그것들을 골고루 착용한 남자는 타인에게 직접 고용되어 즉시 사역하는 여느 업무에도 관여할 수 없다고 빤하게 명시한다. 우아한 의류는 비쌀뿐더러 여가마저 상징하기 때문에 착용자의 고상한 품위를 보전할 수 있다. 그런 의류는 비착용자(非着用者)와 비교되면 상대적으로 더 대단한 가치를 소비할 수 있는 동시에 무언가를 생산하지 않아도 소비할 수 있는 착용자의 금력을 증명한다.

　여성 의류는 생산업에 관여하지 말아야 하는 착용자의 요건을 남성 의류보다 훨씬 더 뚜렷하게 증명한다. 여성용 보닛[22]이 남성용 실크해트

---

22) bonnet: 좁은 챙과 턱밑으로 매는 끈을 겸비한 여성용 모자의 일종.

보다 더 우아해서 착용자의 활동을 더 불편하게 만든다는 일반론은 지당하다. 반짝이는 여성용 구두뿐 아니라 이른바 프렌치 힐[23]도 착용자에게 강요되는 여가의 증거이다. 이런 하이힐은 확실히 불편하기 때문에 가장 단순하고 필수불가결한 신체활동마저 지극히 곤란하게 만든다. 여성 의류를 대표하는 치마와 장식용 주름은 '강요되는 여가'의 더 선명한 증거이다. 이것이 바로 우리가 치마에 집요하게 애착하는 근본 이유이다. 치마는 비쌀뿐더러 착용자의 모든 동작을 방해하고 모든 실용적 작업을 불가능하게 만든다. 여성의 머리카락을 지나치리만치 길게 기르는 관습도 '강요되는 여가'의 증거이다.

그러나 여성 의류는 현대의 남성 의류와 비교되면 착용자의 노동을 면제시키는 기능을 훨씬 더 뚜렷이 명시할뿐더러, 남자들에게 습관화된 여느 남성 의류와 본질적으로 다른 이색적이고 아주 유별난 특징마저 겸비한다. 이런 특징은 코르셋으로 대표되는 여성 의류의 특징들에 포함된다. 경제론의 관점에서 코르셋은 착용자의 활력을 약화시켜 착용자를 영구적으로 확연히 노동에 부적합하게 하려는 목적대로 고안되어 착용자의 신체를 사실상 훼손하는 의복이다. 코르셋은 착용자의 개인적 매력들을 손상하지만, 그래서 확연히 더 사치스러워지고 더 연약해진 착용자의 외모에 따라붙는 명예로운 이득이 착용자의 손상된 매력을 벌충한다고 타당하게 주장될 수 있다. 여성 의류는 실용적 활동을 더 효과적으로 방해할 수 있는데, 여성 의류의 여성스러움은 사실상 그런 방해 기능으로 환원된다고 폭넓게 규정될 수 있다. 남성 의류와 여성 의류의 이런 차이는 앞에서 그냥 유별난 특징이라고 간략히 표현되었다. 이제부터 그런

------

23) French heel: 높고 휜 굽을 갖춘 여성용 하이힐(high heel).

차이의 원인이 논의될 것이다.

여기서 우리는 과시적 낭비의 광범한 원칙을 만나는데, 이것은 중대하고 우세한 제1의류규준이다. 이 원칙에 종속하므로 당연히 이 원칙에서 파생하는 과시적 여가 원칙은 제2의류규준이다. 이 의류규준은 다양한 의류의 형태를 결정짓는다. 이 규준대로 제조된 의류는 착용자를 생산노동에 종사하지 않는 사람으로 보이도록 할 것이고, 그것이 착용자에게 적합하다고 증명되면, 착용자를 생산노동에 종사할 수 없는 사람으로 보이도록 할 것이다. 이 두 원칙 못잖게 강제력을 발휘하는 제3원칙도 존재하는데, 이 주제를 고찰하는 누구나 예상할 그런 제3원칙은 '의류는 모름지기 과시되도록 비싸고 불편해야 하는 동시에 최신 유행을 따라야 한다'라는 것이다. 그런데 유행의 변동 현상은 여태껏 한 번도 만족스럽게 설명되지 않았다. 최신 유행복이 계절마다 꾸준히 변모한다는 사실은 누구에게나 충분히 인식될뿐더러 최신 유행복의 필수 요건도 누구에게나 충분히 인지되지만, 최신 유행복의 변모를 설명하는 이론은 아직 나오지 않았다.

최신 유행복을 변모시키는 쇄신 원칙은 과시적 낭비 법칙의 또 다른 당연한 결과이다. 이것은 우리가 완전히 일관되고 진실하다면 당연히 할 수 있는 말이다. 만약 유행복들 각각이 오직 단기간에만 유행한다면, 그리고 직전 계절의 유행복이 현재 계절에는 유행하지도 착용되지도 않는다면, 낭비적 의류 구입비는 대폭 증가할 것이 확실하다. 이런 현상은 지속되는 한에서 긍정적으로 인식되고 그렇잖으면 오직 부정적으로만 인식될 뿐이다. 우리는 이 현상을 기껏해야 다음과 같이 설명할 수밖에 없다. 과시적 낭비 규준이 의류의 모든 관건을 감독하고 통제하므로 유행복의 모든 변모는 낭비의 요건에 부합하기 마련이다. 이런 설명은 유행 복을 변모시키고 용인하는 심리적 동기를 미결문제로 남겨둘뿐더러, 특 정한 시기의 특정한 유행복을 우리가 인식하는 대로 반드시 착용해야 하 는 까닭을 규명하지도 못한다.

유행복을 발명하거나 쇄신하는 동기로써 작용할 수 있는 창작 원리가 존재한다. 우리가 그런 창작 원리를 이해하려면 의류를 발명한 원시적이 고 비경제적인 동기 — 치장하려는 동기 — 부터 먼저 이해야 한다. 이런 동기는 사치법칙(奢侈法則)의 지휘대로 작동하지만, 그렇게 작동하는 방 식과 이유는 여기서 더 자세히 논의되지 않아도 무방하다. 왜냐하면 폭 넓은 관점에서 유행복의 잇따른 쇄신들 각각은 한물간 표현형식을 대신 하여 우리의 형태감과 색감에나 효과 감각에 더 기껍게 수용될 어떤 표 현형식을 구현하려는 노력이라고 설명될 수 있기 때문이다. 유행복의 변 모는 우리의 심미적 감각에 부응할 무언가를 부단히 추구하는 노력의 표 현이다. 그러나 유행을 변모시키는 쇄신들 각각은 과시적 낭비 규준의 선택작용에 종속하므로, 쇄신 가능 범위는 다소 제한된다. 쇄신되는 것 은 그것이 대신하는 한물간 것보다 더 아름다워야 하거나 어쩌면 반감보 다 호감을 더 자주 유발해야 할뿐더러 공인된 사치의 기준에도 부합해야 한다.

의류를 착용하여 아름다워지려는 끈질긴 노력은 예술적 완벽성에 점 진적으로 접근할 것이라고 얼핏 추측될 수 있다. 유행은 의류의 특정한 유형이나 여러 유형을 인간의 체형에 현저히 어울리게 보이도록 만드는 뚜렷한 경향이므로, 우리는 유행복이 그런 경향을 표현할 것이라고 자연 스럽게 예상할 수 있다. 그리고 여태껏 다년간 의류에 투입된 모든 창의

 유한계급론

적 재능과 노력 덕택에 우리는 오늘날 유행복들을 영속할 수 있는 예술적 이상(理想)에 근접시킬 만큼 상대적으로 더 충실하게 더 오래 유행하도록 쇄신할 수 있을 것이라고 기대할뿐더러 심지어 그런 기대의 실질적 근거마저 확보했다고 느낄 수 있다. 그러나 실상은 그렇지 않다. 오늘날의 유행 의류가 10년 전, 20년 전, 50년 전, 100년 전의 유행 의류보다 본질적으로 인간의 체형에 더 어울린다는 주장은 실제로 아주 쉽게 반박당할 수 있다. 그런 한편에서 2000년 전의 유행복이 오늘날의 가장 세련되고 정교한 의류보다 인간의 체형에 더 어울린다는 주장은 아무 반박도당하지 않고 자유롭게 통용된다.

유행복과 관련하여 앞에서 시도된 설명은 아직 불완전하므로 더 진척되어야 할 것이다. 세계의 여러 지역에서 상대적으로 더 오래 유행하는 의복들이 안출되었다는 사실은 널리 알려졌다. 그런 유행복들은, 예컨대, 동양의 일본인들과 중국인들이나 기타 국민들 사이에서, 고대 그리스인들과 로마인들이나 동유럽인들 사이에서, 근세 유럽의 거의 모든 농민 사이에서 안출되었다. 유능한 의류 평론가들은 그런 유행복들이 인간의 체형에는 현대문명 세계의 급변하는 유행복들보다 더 어울리며 더 예술적인 의복들이라고 평가한다. 그리고 아울러 그렇게 유행하는 의복들은, 적어도 일반적 관점에서는, 낭비의 요소를 별로 뚜렷이 드러내지 않는다. 요컨대, 상대적으로 더 오래 유행하는 의복들은 낭비의 요소보다는 다른 요소들을 더 뚜렷하게 드러낸다.

이렇듯 상대적으로 더 오래 유행하는 의복들은 대체로 매우 엄밀히 좁게 한정된 지역들에서 안출되며, 지역마다 약간씩 다르게 체계화되는 등급별로 변모한다. 여태껏 그런 유행복들을 산출한 국민이나 계급들은 하나같이 현대의 미국인들보다 더 가난했다. 그리고 그런 유행복들을 산출하는 국가마다, 지역마다, 시대마다 유행복을 착용하는 인구는, 아니면 적어도 그리하는 계급은, 특히 상대적으로 더 균일하고 더 오래 존속하며 더 확고하다. 이런 맥락에서, 세월과 관점의 변화를 견딜 만큼 오래 유행하는 의복들은 현대의 문명화된 대도시들에서보다 과시적 낭비 규준을 더 느슨하게 적용받는 환경에서 산출된다. 왜냐하면 상대적으로 급변하는 현대의 대도시들에서는 부요한 인구가 유행복의 변모 속도를 결정하기 때문이다. 여태껏 그렇게 오래 유행하는 예술적 의복들을 산출한 국가들과 계급들의 환경에서는 과시적 낭비 규준이 느슨하게 작동했기 때문에, 부요한 인구의 금력 과시 경쟁도 재화 소비 과시 경쟁의 양상을 띠기보다는 오히려 여가 과시 경쟁의 양상을 띠었다. 그래서 미국 사회처럼 과시적 재화 낭비 원칙을 가장 엄격하게 적용받는 사회들의 유행복은 가장 빠르게 변모하고 인체에 가장 부적합하다는 일반론도 타당할 것이다. 이 모든 것은 고가 의류와 예술적 의상의 대립을 명시한다. 실제로 과시적 낭비 규준은 의류의 아름다움이나 어울림 같은 요건들과 양립하지 않는다. 이런 대립이 감안되면, 의류에 적용되는 비싸야 한다는 규범과 아름다워야 한다는 규범 중 어느 것도 단일하게는 결코 유행복을 부단히 변모시킬 수 없다고 설명될 수 있다.

의류가 명예 기준에 부합하려면 반드시 낭비를 표현해야 한다. 그러나 모든 낭비는 자연스러운 취향에 어긋난다. 자연은 공허를 거부한다[24]

---

24) horror vacui: 이것은 고대 그리스 철학자 아리스토텔레스의 《자연학(Physica)》 제4권 제8장에 거론된 가설(假說)이다. 프랑스 작가·인문학자 프랑수아 라블레(François Rabelais, 1483~1553)는 이것을 라티움어(라틴어)로 번안하여 연작소설 《팡타그뤼엘과 가르강튀아의 일대기(La vie de Gargantua et de Pantagruel)》에 "자연은 공백을 싫어한다(Natura abhorret vacuum)"고 썼다. 이탈리아 과학자 갈릴레오 갈릴레이(Galileo Galilei, 1564~1642)도, 라블레의 견해와 흡사하게, "자연은 진공을 거부한다(Resistenza del vacuo)"고 주장했다.

는 옛말과 흡사하게, 모든 인간은 헛된 노력이나 헛된 지출을 불문한 모든 헛된 것을 혐오한다는, 그리고 어쩌면 여자들은 그것들을 더 심하게 혐오하리라는, 심리학적 법칙은 일찍부터 주목받았다. 그러나 과시적 낭비 원칙은 명백히 헛된 지출을 요구한다. 그래서 의류에서 발견되는 과시적 낭비의 표시는 본질적으로 꼴사납다고 인지된다. 여기서 우리는 다음과 같은 두 가지 사실을 동시에 간파할 수 있다. 첫째, 의류를 세세히 보완하거나 변형하는 모든 쇄신 작업 각각은 눈에 띄는 어떤 목적을 드러내어 즉각적 비난을 모면하려는 노력이다. 둘째, 과시적 낭비의 요건은 이런 쇄신의 목적성(目的性)을 그저 다소 빤한 겉치레일 뿐이라고 인식되지 않도록 보호한다. 그래도 유행복을 구성하는 세부 사항들의 외견상 용도는 언제나 빤히 인식되는 겉치레이다. 그런 세부 사항들의 본질적 허비성(虛費性)은 즉각 빤히 드러나서 우리의 관심을 휘어잡기 때문에 우리는 불쾌감을 참지 못하고 신형(新型) 유행복에서 위안을 구한다. 그러나 신형 유행복도 반드시 명예로운 낭비성과 허비성을 겸비해야 한다. 그것의 허비성도 곧바로 구형(舊型) 유행복의 허비성만큼 불쾌하게 인식된다. 낭비 법칙은 기껏해야 똑같이 헛되고 똑같이 단명(短命)하는 또 다른 신형 유행복에서 위안을 구하라는 처방밖에 우리에게 내려주지 못한다. 그래서 유행복은 본질적으로 꼴사납다고 인식되면서 부단히 변모한다.

유행복의 변모 현상을 가늠한 이런 설명은 일상적 사실들에도 적용될 수 있다. 예컨대, 일정한 기간에 유행하는 의복을 누구나 좋아한다는 일상적 사실은 유명하다. 신형 의복이 한 계절에 유행하고, 적어도 그것이 참신하게 인지되는 한에서, 사람들은 매우 보편적으로 그것에 매료된다.

유행복은 아름답게 느껴진다. 왜냐하면 신형 유행복은 한편에서는 구형 유행복과 다르므로 위안거리가 될 수 있고 다른 한편에서는 명예롭기 때문이다. 제6장에서 암시되었듯이, 명예 규범은 우리의 취향들을 얼마간 규정한다. 그래서 명예 규범을 준수하는 모든 참신한 것은 참신성을 상실할 때까지, 아니면 명예의 근거가 '명예 규범의 목적과 동등한 일반적 목적'에 부응하는 새롭고 참신한 구조로 바뀔 때까지, 적합하다고 인정될 것이다. 특정한 기간에 유행하는 의복의 추정된 아름다움이나 "사랑스러움"은 덧없는 겉치레에 불과하다고 주장될 수 있지만, 이 주장을 떠받칠 수 있는 근거는 오직 변모하는 수많은 유행복 중 어느 것도 세월을 견딜 수 없다는 사실뿐이다. 지난 대여섯 해 남짓 유행한 의복들 중에 가장 오래 유행한 것도 아주 꼴사납지는 않을망정 우리를 충격에 빠뜨릴 만큼 기괴하다. 신제품이라면 무엇에나 사로잡히는 우리의 덧없는 애착심은 심미적 이유가 아닌 다른 이유에서 유래한다. 그래서 오직 우리의 오래된 미감이 발동하여 아직 용납할 수 없는 낯선 신제품을 거부하는 동안에만 우리의 애착심이 유지된다.

심미적 혐오감의 발달 과정은 일정한 시간을 요구한다. 그렇게 요구되는 시간의 길이는 신형 유행복을 불쾌하게 느끼는 혐오감의 강도(強度)와 반비례한다. 유행복의 혐오스러움과 가변성 사이에 존재하는 이런 시간적 관계가 '신형 의복은 더 빨리 유행하여 구형 유행복을 더 빨리 대체할수록 건전한 취향에 더 거슬릴 것이다'라고 추론될 수 있게 한다. 그러면 다음과 같이 추정될 수 있다. 사회가, 특히 사회의 부요한 계급들이, 더 부요해지고 더 쉽사리 빠르게 변하며 더 넓은 인맥을 형성할수록 과시적 낭비 법칙은 의복들에 더 강제적인 영향을 끼칠 것이고, 금력 명예 규범은 미감을 더 쉽게 정지시키거나 압도할 것이며, 유행복은 더 빠르게 변모할 것이고, 잇따라 유행할 변모한 유행복들은 더 기괴하고 불쾌하게 인지될 것이다.

이런 의류론(衣類論)도 최소한 한 가지 문제를 아직 논의하지 않은 채로 남겨둔다. 여태껏 시도된 설명의 대부분은 여성 의류에도 적용되듯이 남성 의류에도 적용된다. 비록 그렇더라도 현대에는 그런 설명이 거의 모든 방면에서 여성 의류에 더 강력하게 적용된다. 그러나 여성 의류가 본질적으로 남성 의류와 다르다는 사실만은 기억되어야 한다. 여성 의류에는 착용자가 모든 세속적 생산업을 면제받았거나 그런 생산업에 종사할 수 없다는 사실을 증명하는 특징들이 뚜렷이 더 일관되게 간직된다. 여성 의류의 이런 특성은 의류론을 완성시킬 뿐 아니라 과거 여자들과 현재 여자들의 경제적 지위와 관련하여 앞에서 시도된 설명마저 증빙하기 때문에 흥미롭다.

대리 여가와 대리 소비를 전담하는 여성의 지위를 고찰한 논의에서도 확인되었듯이, 경제 발달 과정에서 가부장을 대리하는 소비는 여성의 소임으로 변했다. 그래서 여성 의류는 대리 소비를 구현하도록 고안되었다. 확연한 생산노동은 상류계급 여자들의 명예를 실제로 심하게 손상시켰기 때문에, 여성 의류는 '착용자가 실용적 노동에 습관적으로 종사하지 않거나 종사할 수 없다는 (실제로 허구이기 십상인) 사실'을 구경꾼에게나 관찰자에게 각인시킬 수 있도록 각별히 공들여 제작되어야 했다. 예절은 상류계급 남녀 중에도 여자들에게 실용적 노력을 더 일관되게 금지하라고 요구하며 여가를 더 선명하게 과시하라고 요구한다. 상류계급에서도 실용적 노동에 종사해야만 생계를 유지할 수 있는 여자의 신세는 우리를 침통하게 한다. 왜냐하면 그런 노동은 "여성의 본분"이 아니라고 인식되기 때문이다. 여성의 본분은 집에 있으므로, 여성은 모름지기 집의 안과 겉을 "아름답게 꾸며야" 할뿐더러 집에서 눈에 띄는 "주요한 장식품" 같은 존재여야 마땅하다고 인식된다. 남성 가부장은 쉽사리 그런 장식품으로 간주되지 않는다. 그런데 예절은 여성 의류와 여성용 장신구들에서 드러나는 고가의 표시를 더 집요하게 유념하는 관심을 요구한다. 이 사실과 남성 가부장의 특징이 결합하면 앞에서 시도된 설명에 이미 함축된 견해를 강행시킨다. 우리의 사회체계는 과거의 가부장 체계에서 유래해서 그런지 가족의 지불 능력을 증명하는 특별한 역할을 여성에게 부여한다. 현대의 문명화된 생활도식을 적용받는 여성은 소속 가족의 명예에 각별한 관심을 쏟아야 한다. 그래서 가족의 명예를 주요하게 떠받치는 명예로운 낭비와 과시적 여가는 여성의 본분이라고 인식된다. 상위 금력계급들의 생활에서 실현되기 쉬운 이상적 생활도식에서는 물질과 노력의 과시적 낭비에 집중하는 이런 관심이 관례대로 여성의 유일한 경제적 기능이 될 수밖에 없다.

과거의 경제 발달 단계들 중 어느 단계에서 여자들은 완전히 남자들의 사유재산이었다. 그런 단계에서 과시적 여가와 과시적 소비는 여자들에게 요구된 사역들의 일부였다. 여자들은 저마다 스스로의 주인이 아니었기 때문에, 그녀들의 과시적 소비와 여가는 그녀들 스스로의 명예를 고양하기보다는 그녀들을 사유(私有)한 주인들의 명예를 고양했을 것이다. 그래서 집안 여자들이 더 사치스럽고 더 확연히 여가를 과시할수록 그녀들의 생활은 가족이나 가부장의 명예를 더 바람직하게 더 효과적으

 유한계급론

로 고양했을 것이다. 실제로 그랬기 때문에 여자들은 유한생활[25]을 증명해야 하는 동시에 심지어 실용적 활동마저 못하도록 무능해져야 했다.

이런 맥락에서 남성 의류는 여성 의류보다 불리한데, 그럴 만한 충분한 이유가 있다. 과시적 낭비와 과시적 여가는 금력의 증거들이기 때문에 명예롭다고 인식된다. 앞에서 분석되었듯이, 금력은 출세와 우월한 능력을 증명하기 때문에 명예롭거나 영예롭다고 인식된다. 그래서 개인이 실행한 낭비와 여가의 증거를 그 자신에게만 인지되도록 제시한다면, 그런 증거는 그의 무능력을 증명하거나 그의 불편을 표시할 수 있는 일관된 형태를 띨 수 없거나 일관된 효과를 발휘할 수 없다. 왜냐하면 그런 증거 제시 방식은 제시자의 우월한 능력보다는 열등성을 증명하므로 증거의 취지를 무산시킬 것이기 때문이다. 그래서 여성이 개인으로서 자신의 불편이나 자청한 신체적 무능력을 뚜렷이 증명할 만큼 평소대로, 아니면 대체로, 낭비적 소비를 속행하고 노동 금지의 표시를 과시하는 여느 곳에서든 즉시 다음과 같이 추리될 수 있다. 즉, 그녀는 자신의 금력에 명예를 부여하려고 낭비적 소비를 속행할 것이며, 신체적 무능력을 감수하기보다는 오히려 자신이 경제적으로 의존하는 다른 개인의 금력에 명예를 부가하려고 낭비적 소비를 속행할 것이다. 앞에서 분석되었듯이, 경제론은 이런 의존관계를 사역관계(使役關係)로 환원시키기 마련이다.

여성 의류에 적용되는 이런 일반론은 문제를 더 구체적으로 설명할 수 있다. 하이힐, 치마, 까다로운 보닛, 코르셋 같은 여성용품들은 착용자에게는 대체로 불편하다. 불편은 모든 문명화된 여성 의류의 확연한 특징이다. 불편한 여성용품들의 다수는 다음과 같은 견해를 뒷받침하는 증

---

25) 有閑生活(leisure life): 한가하고 여유로운 유한계급의 생활.

거들이다. 즉, 현대의 문명화된 생활도식에서도 여성은, 이론적으로, 여전히 남성의 경제적 종속체이다. 이것은, 어쩌면, '여성은 남성의 노예이다'라는 견해로 요약될 수 있을 것이다. 여자들이 가정에서 이 모든 과시적 여가와 불편한 용품들을 전담하는 까닭은 다음과 같은 사실에 내재한다. 즉, 여자들은 사실상, 여태껏 진행된 경제적 역할들의 분화과정(分化過程)에서, 저마다 자신의 소비 능력을 증명해야 하던 주인의 임무를 대리한 하녀들이다.

이런 맥락에서 여성복과 하녀복 사이에는, 그리고 여성복과 하녀용 제복 사이에는 특히, 뚜렷한 유사성이 존재한다. 두 가지 의복은 하나같이 불필요한 사치성을 매우 정교하게 과시할뿐더러 착용자의 신체를 확연히 불편하게 만든다. 그러나 주부(主婦)의 의복은 비록 착용자의 신체 결함을 강조하지는 않아도 착용자의 무노동을 하녀복보다 더 정교하게 강조하므로 더 불편하다. 그리고 주부의 의복은 그래야 마땅하다고 인식된다. 왜냐하면 이론적으로, 금력 과시 문화의 이상적 도식에 부합하는 가정주부는 가내하녀들의 수장(首長)이기 때문이다.

착용자를 하녀와 등치시킬뿐더러 여성복을 여성복답게 만드는 다양한 특징마저 드러내는 의류의 착용자들에는 하녀계급도 포함되지만 최소한 또 다른 계급이 하나 더 포함된다는 사실은 널리 인정된다. 그런 계급은 바로 성직계급이다. 성직계급의 제례복은 여태껏 노예적 지위와 대리 생활의 증거를 표현한 모든 특징의 형식을 선명하게 드러낸다. 성직자들의 법복이라고 통칭되는 제례복은 그들의 평상복보다 훨씬 더 화려하고 기괴하며 거추장스러울뿐더러, 적어도 겉으로는, 착용자를 괴롭힐 만큼 몹시 불편하게 보인다. 그런 동시에 성직자는 실용적 노동을 삼가리라고 기대되며, 신자들 앞에서는, 숙련된 가노와 매우 흡사하게, 태연하고 숙연한 표정을 지으리라고 예상된다. 성직자의 말끔히 면도된 얼굴도 똑같은 효과를 발휘한다. 성직계급과 하인계급에 분담되는 경제적 역할들의 유사성은 두 계급의 태도와 복장을 일치시킨다. 경제론에서 성직자는 자신에게 제례복을 입혀준 신을 최측근에서 섬기는 몸종이다. 성직자의 제례복은 매우 비싸다. 왜냐하면 그래야만 그가 섬기는 숭고한 주인에게 어울리는 방식으로 주인의 존엄성을 과시할 수 있기 때문이다. 그러나 성직자의 제례복은 착용자의 신체를 지극히, 아니면 완전히, 불편하게 만드는 듯이 보이도록 고안된다. 왜냐하면 제례복은 대리 소비품이므로, 그것의 소비자가 얻는 명예는 그것을 착용하는 하인에게 귀속되기보다는 오히려 착용하지 않는 주인에게 귀속되어야 하기 때문이다.

여성복·성직복·하녀복과 남성복을 구분하는 경계선은 실제로 언제나 일관되게 준수되지는 않지만 서민의 생각 습관은 언제나 그런 경계선을 다소 명확하게 표현한다는 의견도 거의 논박될 수 없을 것이다. 물론 완전무결하게 명예로운 의복을 맹목적으로 열망하여 당대의 엄중한 복식을 교란하려는 의도를 빤히 드러내는 의복을 착용하면서까지 남성복과 여성복의 이론적 경계선을 침범하는 자유분방한 남자도 적잖이 존재한다. 그러나 누구나 그런 남자들의 의복은 상궤를 벗어난 것이라고 기꺼이 인정한다. 우리는 그런 의복은 "사내답지 못하다"라고 말해버릇한다. 그래서 때때로 남성복답지 못한 의복을 착용하거나 여성복처럼 섬세하게 치장된 의복을 착용한 유한남자는 '마부(馬夫)처럼 반반하게 차려입었다'라는 세평(世評)을 듣기도 한다.

이런 의류론 덕택에 드러나는 몇 가지 모순은 더 자세히 검토될 만하다. 왜냐하면 그런 모순들은 특히 가까운 근래에 더 원숙하게 발달한 의류의 다소 뚜렷한 유행을 표시하기 때문이다. 코르셋의 유행은 여태껏 코르셋을 증례로 삼았던 규칙의 분명한 예외를 제시한다. 그러나 이런 분명한 예외야말로 더 자세히 검토되면 '의류의 특정한 요소나 특색은 금력 지위의 증거로서 소용될 수 있어야만 유행할 수 있다'라는 규칙의 진정한 증례라고 밝혀질 것이다. 상대적으로 더 발달한 산업사회들에서는 코르셋이 오직 어지간히 한정된 사회계층에서만 착용된다는 사실은 이미 유명하다. 빈곤계급 여자들은, 특히 빈곤한 시골 여자들은, 공휴일에만 호사를 부리느라 코르셋을 가끔 착용하지 평소에는 습관적으로 착용하지 않는다. 그런 여자들은 힘들게 노동해야 하는 일상생활에서 코르셋을 착용하면 신체를 극심하게 속박당하니까 한가로운 체하기가 거의 불가능하다. 그들이 공휴일에는 코르셋을 착용해도 오직 상류계급의 체면 규범을 모방하려고 그리할 뿐이다. 육체노동에 시달리는 이런 가난한 여자들의 소속 계급보다 높은 계급들에서는 가장 부요하고 가장 명예로운 여자들을 위시한 모든 여자가 거의 반세기 전까지도 코르셋을 반드시 착용해야 했다. 다만 그런 과거에는 육체노동을 수행하지 않아도 비난받지 않는 동시에 계급 내부에서 관철되는 특별한 행동규범을 옹호할 수 있으며 오로지 계급의 여론에만 강제당하는 다수 인구로 구성된 고립된 자족적 사회집단을 형성할 수 있는 대규모 부요계급(富饒階級)이 존재했기 때문에 코르셋 착용 규칙은 유효할 수 있었다. 그러나 오늘날에는 강요된 육체노동을 탓하는 모든 비난을 무산시켜 버릴 만한 재력을 갖춘 유한계급이 충분히 대규모로 발달했다. 그리하여 코르셋은 이제 유한계급에서는 거의 착용되지 않는다.

코르셋 착용을 면제하는 이런 현대적 규칙을 겉으로만 준수하는 체하고 실제로는 준수하지 않는 유한계급도 있다. 낙후한 산업구조를 유지하는 — 그러니까 외견상 산업처럼 보이는 재래식 생산구조를 유지하는 — 시골의 부요계급뿐만 아니라 시골보다 더 발달한 사회들에서 뒤늦게 부요해진 신흥 부요계급도 이 규칙을 준수하지 않는 유한계급이다. 신흥 부요계급은 이전에 하위금력계급으로서 준행한 서민적 취향 규범과 명예 규범을 아직 완전히 떨쳐내지 못했다. 예컨대, 미국에서 최근에 급속히 부요해진 도시들의 상류사회계급들에서도 코르셋은 심심찮게 착용된다. 코르셋이라는 낱말이 타고난 불쾌한 함의를 완전히 떨쳐내고 순전히 기술적(技術的)으로만 사용된다면, 코르셋은 속물근성의 전성기에 — 금력 과시 문화가 발달하면서 통과하는 불확실한 과도기에 — 매우 집요하게 고수된다고 설명될 수 있을 것이다. 이것은, 요컨대, 코르셋을 상속한 모든 지역에서 코르셋은 착용자의 신체적 무능력을 증명하여 명예로운 여가의 증거로써 인지되어야 한다는 고유한 목적에 부응하기만 하면 계속 착용된다는 말이다. 이런 규칙은 개인의 가시적(可示的) 능력을 감퇴시키는 여타 장애물과 고안품들에도 똑같이 적용된다.

이것과 비슷한 규칙은 다양한 과시적 소비품들에도 적용되어야 할 것이다. 그래서 의류의 잡다한 특징들을 미미하게나마 겸비하는 듯이 보이는 과시적 소비품도 실재한다. 무엇보다도 그런 특징들은 착용자의 불편을 빤하게나 에둘러 표현하기 마련이다. 지난 100년간 진행된 남성 의류의 발달 과정은 다음과 같은 추세를 뚜렷이 드러낸다. 즉, 100년 전에는 유익한 목적에 부응할 수 있었으되 성가실 수밖에 없던 낭비 방법들이 오늘날에는 실행되지 않고 여가의 상징들도 사용되지 않는 반면에 상류계급들에서는 그런 방법들과 상징들이 임의적(任意的) 직무처럼 인식되면서 계속 실행되고 사용된다. 예컨대, 프랑스식 의전용 흰색 가발이나 금팔찌의 착용과 꾸준한 면도도 그런 직무들이다. 면도는 수년 전에 상류사회의 일각에서 부활했지만, 그것은 어쩌면 하인들에게 강요된 행색을 잠시 경솔하게 모방한 흉내의 일종이기 때문에 미국에서 반세기 전에까지 착용된 프랑스식 흰색 가발의 전철을 밟을 것이라고 예상되어도 무방하다.

이런 방법들은 실행자들의 습관적 무익성(無益性)을 모든 관찰자에게 뚜렷이 인식시킬 정도로 대담하다. 이렇게 대담한 방법들을 닮은 다른 방법들도 있지만, 두 가지 방법은 모두 여태껏 똑같은 사실을 더 미묘하게 표현하는 또 다른 방법들로 대체되었다. 대체로 호의적 의견을 추구하는 이런 새로운 방법들은 상류사회에서도 그런 의견을 가진 소수 구성원의 훈련된 안목에 명확히 인식된다. 이 방법들보다 더 오래되고 더 조잡한 과시 방법은 다음과 같은 두 가지 조건을 충족해야만 관철될 수 있다. 첫째, 과시자는 대중에게 호소해야 한다. 둘째, 그런 대중은 부요와 여가의 증거들에서 미묘한 변수들을 탐지할 수 있는 훈련을 받지 않은 사회의 다수자들이어야 한다. 낭비의 미묘한 표시를 해석하는 기법을 습득할 만한 여가를 누리는 대규모 부요계급이 충분히 발달하면 과시 방법은 개량된다. "호화로운" 의류는 서민의 미숙한 감수성을 자극하여 격동시키려는 과욕을 빤하게 표시하므로 교양인들의 반감을 유발한다. 상류계급의 개인에게 실제로 중요한 것은 오직 자신과 동등한 계급 구성원들의 세련된 감각에 부응하는 더 명예로운 존경뿐이다. 부요한 유한계급은 명예로운 목적을 충분히 달성할 수 있는 인간적 환경을 조성할 만큼 세력을 확대했거나 유한계급 구성원들의 개인별 접촉을 확대했다. 그런 환경은 유한계급의 생활도식에서 추구되기 마련일 구경꾼들의 찬양이나 비난마저 포함하는 서민의 저급한 요소들을 배척하려는 경향을 유발한다. 이 모든 것은 세 가지 결과를 초래한다. 첫째, 과시 방법들이 개량된다. 둘째, 더 미묘한 고안품들에 의존하려는 성향이 강화된다. 셋째, 의류에 적용된 상징주의(symbolism)의 도식이 정신화(精神化; spiritualization)된다. 그래서 이런 상위유한계급은 체면치레와 관련된 모든 것을 향도(嚮導)하므로, 같은 사회에 속한 나머지 계급들의 복식도 상위유한계급의 복식대로 차츰 개량된다. 사회의 재력과 교양이 증진되면, 소비 능력을 증명하는 수단은 구경꾼의 점점 더 정밀해지는 감식력을 요구한다. 과시용 매체들[26]을 식별하는 이 정밀한 감식력은 실제로 더 고급한 금력 과시 문화의 매우 중대한 요소이다.

---

26) advertising media: 이 용어는 '광고매체들'이라고 번역될 수도 있지만, 베블런의 의도를 더 긴밀하게 반영할 수 있도록, '과시용 매체들'이라고 번역되어도 무방할 것이다.

제8장
생산노동을 면제받는 유한계급과 보수주의

사회에 소속한 인간의 생활은 여타 야생동물의 생활과 마찬가지로 생존투쟁이다. 그래서 인생은 선택 적응 과정의 일종이다. 사회구조의 진화는 여태껏 제도들의 자연선택 과정이었다. 인간의 제도들과 성격은 이전에도 발달했고 현재에도 발달한다. 대체로 두 가지 요인이 이런 발달을 주도할 수 있다. 첫째 요인은 '가장 적합한 생각 습관의 자연선택'이다. 둘째 요인은 '여태껏 사회를 성장시키고 인간들의 삶을 규정한 제도들을 변이시키며 서서히 변동한 환경이 개인들에게 강제한 적응 과정'이다. 제도들은 '유행하거나 우세한 정신적 태도와 소질'을 형성하는 선택 적응 과정의 결과들인 동시에 특별한 생존 방법들이고 인간관계 방식들이므로 결국 유효한 선택 요인들이다. 그렇게 변이하는 제도들은 최적소질(最適素質)을 타고난 개인들을 추가로 선택하고, 새로운 제도들을 형성하여, 변동하는 환경에 개인의 소질과 습관들을 추가로 적응시킨다.

여태껏 인간 생활과 사회구조를 발달시킨 유력한 요인들은 궁극적으로는 생물체와 물리적 환경이었다고 확언될 수 있다. 그러나 물리적 환경이 인간적 부분과 비인간적 부분을 겸비하는 환경으로 간주되고, 생물체가 다소 한정된 체질과 지능을 타고나는 인간 주체(human subject)로 간주되면, 이 단원의 목적에 가장 근접하게 설명될 수 있을 것이다. 전체나 평균의 관점에서, 다소 변이할 수 있는 이런 인간 주체는 대체로 유리한 변종들을 선택적으로 보존하는 법칙에 종속하는 것이 확실하다. 유리한 변종들이 선택되는 과정은 어쩌면 대체로 인종형(人種型; ethnic type)들을 선별하여 보존하는 과정일 것이다. 다양한 인종요소(人種要素)들을 겸비한 개인들로 구성된 모든 사회의 생활사(生活史)에서는 시대마다 존속하는 비교적 고정된 몇몇 신체저·기질적 유형들 중 어느 하나가 우세해진다. 한 시대의 유력한 제도들을 포함하는 상황은 특정한 신체적·기질적 유형을 다른 유형들보다 더 오래 존속시키고 더 우세하도록 촉진할 것이다. 그래서 과거의 제도들을 계승하여 유지하고 개선하도록 선택된 남자의 유형은 그런 제도들의 외형을 자신의 모습과 상당히 닮도록 규정할 것이다. 그러나 상대적으로 더 단단하게 고정된 성격유형들과 생각 습관들 사이에서 진행되는 선택과 별개로, 우세한 인종형 한 가지 또는 여러 가지를 특징짓는 성질들 전체의 영향권 안에서는 생각 습관들의 선택 적응 과정도 동시에 진행되는 것이 확실하다. 비교적 고정된 유형들 사이에서 진행되는 선택은 모든 인구 집단의 근성을 변이시킬 수 있다. 그렇지만 그런 유형들의 영향권 안에서 진행되는 세세한 적응도 그런 변이를 유발할 수 있고, 한 사회관계를 바라보거나 사회관계들의 한 집합을 바라보는 특수한 습관적 태도들 사이에서 진행되는 선택도 그런 변이를 유발할 수 있다.

그렇지만 이 단원의 목적을 감안하는 관점에서, 적응 과정의 본성은 무엇이냐는 질문은, 그러니까 적응 과정이 대체로 기질 및 성격의 고정된 유형들 사이에서 진행되는 선택이냐 아니면 남자들의 생각 습관들이 대체로 상황 변동에 적응하는 과정이냐는 질문은, 이런저런 방법을 이용하여 변이하고 발달하는 제도들의 사실과 비교되면, 별로 중요하지 않게 보인다. 제도들의 본성은 이런 상황 변동들에 반응하는 습관적 방법의 일종이기 때문에, 상황들이 변동하면 제도들도 변이할 수밖에 없다. 이런 제도들의 발달 과정은 사회의 발달 과정이다. 제도들은 본질적으로 개인들의 특수한 관계 및 역할과 사회들의 특수한 관계 및 기능을 가능하는 우세한 생각 습관들이다. 그래서 모든 사회 발달 과정의 특정한 시점(時點)에나 지점(地點)에서 강력하게 실행되는 제도들의 총체로 구성되는 생활도식은, 심리학의 관점에서는, 대체로 우세한 정신적 태도나 우세한 인생관(theory of life)이라고 규정될 수 있다. 생활도식의 일반적 특징들과 관련하여 최근에 분석된 이런 정신적 태도나 인생관은 우세한 성격유형이라고 환언될 수 있다.

오늘의 상황은 내일의 제도들을 선택하여 강제로 규정한다. 이런 과정은 사물을 바라보는 남자들의 습관적 관점에 영향을 끼치는 만큼이나 그들에게 계승된 과거의 관점이나 정신적 태도를 변화시키거나 강화한다. 이런 맥락에서 남자들의 생활을 지도하는 제도들은 그들의 생각 습관들이므로 애초부터, 아니면 얼마간 오래된 옛날부터, 인정받았지만, 하여튼 과거부터 여태껏 연마되고 계승되었다. 제도들은 과거에 진행된 과정의 소산들이고, 과거의 상황들에 적응한 것들이므로, 현재의 요건들에 결코 충분히 부합할 수 없다. 이런 선택 적응 과정은 본질적으로 사회에서 여느 시기에나 진행될 수 있는 점진적 상황 변동을 결코 따라잡지 못한다. 왜냐하면 적응을 강제하고 선택을 강행시키는 환경, 상황, 생존 위기들은 날마다 변하기 때문이다. 그리고 사회에서 연발하는 상황들 각각은 안정되자마자 진부해지기 십상이다. 발달의 여느 단계나 일단 개시되면 새로운 적응을 요구하는 상황 변동을 유발한다. 그런 단계는 새로운 적응의 출발점으로 변하고, 이런 과정은 부단히 지속된다.

그래서 오늘의 제도들은 — 현재에 공인되는 생활도식은 — 오늘의 상황과 정합하지 않는다는 사실은 아무리 빤한 이치일지라도 유념되어야 한다. 그런 동시에 남자들의 현존하는 생각 습관은 상황들의 강제를 받아 변이하지 않으면 무한정 존속하기 십상이다. 이렇게 계승된 제도들, 생각 습관들, 관섬들, 성신적 태도나 기질 따위들은 본질상 보수적 요인들이다. 이것들은 사회적 타성(惰性), 심리적 관성(慣性), 보수주의의 요인들이다.

사회구조는 변동하는 상황에 맞춰 변이하고 발달하며 적응한다. 이 과정은 오직 몇몇 사회계급의 생각 습관들이 변이해야만, 아니면, 최근에 분석되었듯이, 사회를 구성하는 개인들의 생각 습관이 변이해야만 비소로 진행될 수 있다. 사회의 진화는 본질적으로 상황들의 압력을 받는 개인들의 정신적 적응 과정이다. 그런 상황들은 과거에 다른 상황들의 집합에서 형성되어 적응한 생각 습관을 향후에는 더 용납하지 않을 것이다. 이 단원의 목적이 감안되면, 이런 적응 과정은 지속적 인종형들이 선택되고 존속하는 과정이냐 아니면 개인의 적응 과정이며 획득형질들의 유전 과정이냐는 문제는 별로 중요하지 않으므로 진지하게 고찰되지 않아도 무방하다.

사회의 진보는, 특히 경제론의 관점에서는, "외부 관계들에 맞춰 진행되는 내부 관계들의 적응"을 거의 완결시킬 때까지 점진적으로 지속하는 듯이 보인다. 그러나 이런 적응은 결코 명확하게 완결되지 않는다. 왜냐하면 "외부 관계들"은 "내부 관계들"의 점진적 변동 결과들로서 계속 변동할 수밖에 없기 때문이다. 그렇지만 적응 능력은 진보를 가속시킬 수 있거나 감속시킬 수 있다. 남자들의 생각 습관은 변동한 상황의 긴급한 요구들에 재적응하더라도 언제나 오직 마지못해 억지로 그리할뿐더러 공인된 관점들을 와해시키는 상황의 압박을 받아야만 비로소 그리한다. 변동한 환경에 맞춰 진행되는 '제도들과 습관적 관점들'의 재적응은 외부 압력에 반응하는 과정이다. 그것은 본질적으로 외부 자극에 반응하는 과정이다. 재적응할 수 있는 자유와 재능은 사회구조의 발달을 감당할 수 있는 역량이다. 그래서 특정한 시기에 사회 구성원들 개개인에게 작용하는 상황의 자유로운 정도(定度)는 — 개개인을 속박하는 환경 영향력의 강도(强度)는 — 그런 자유와 재능에 대단한 영향을 끼친다. 만약 사회의 어떤 세력이나 계급이 어떻게든 본질적으로 환경의 작용을 면피한다면, 그들은 변동한 일반적 상황에 그들의 관점들과 생활도식을 더 느리게 적응시킬 것이다. 그들이 그리하면 사회의 변모 과정을 쉽사리 지연시킬 수 있다. 부요한 유한계급은 변화와 재적응을 요구하는 경제적 강제력을 면피하는 위치에 있다. 그래서 특히 현대 산업사회에서 제도들의 재적응을 요구하는 강제력들은, 최근에 분석되었듯이, 거의 하나같이 경제적 본성을 타고난다고 주장될 수 있다.

모든 사회는 산업 메커니즘이나 경제 메커니즘처럼 보일 수 있다. 이런 메커니즘은 사회의 경제적 제도들이라고 지칭되는 것들로써 형성되는 구조이다. 이런 제도들은 사회의 물리적 생활환경과 접촉하는 생활과정을 속행하는 사회의 습관적 방법들이다. 이런 환경에서 인간의 활동을 전개시킨 방법들이 여태껏 이렇게 구체화되었다면, 사회의 생활은 이

유한계급론

렇게 습관화된 방향들로 다소 쉽게 표현될 것이다. 사회는 생활 목적들을 달성하려고 환경의 강제력들을 이용할 것이다. 그런 과정에서 사회는 과거에 습득되어 이런 경제적 제도들로 구현된 방법들을 실행할 것이다. 이런 습관적 방법들은 집단구성원들의 관계를 형성시키고 집단 전체의 생활 과정을 속행시킨다. 그러나 인구가 증가하고, 자연력(自然力)들을 파악하여 이용하는 인간들의 지식과 기술이 확대되면서, 이런 습관적 방법들은 이전에 산출한 결과를 이제 똑같이 산출하지 못한다. 더구나 이렇게 조성된 생활 조건들도 이제는 다양한 구성원들 사이에서 이전의 방식과 똑같은 방식대로, 아니면 이전처럼 효과적으로, 분배되지도 할당되지도 않는다. 만약 이전의 조건들에서 집단의 생활 과정을 속행시킨 도식이 집단의 생활 과정을 순조롭도록 아니면 편리하도록 ─ 상황별로 ─ 달성할 수 있는 최상결과의 근사치를 달성하면서부터 불변했어도 이제 변동한 조건들에서는 그런 결과의 근사치를 달성하지 못할 것이다. 인구, 기술, 지식 같은 조건들이 변동해도, 전통적 도식대로 속행되는 생활은 이전의 조건들에서 속행된 생활보다 불편하지 않을 수 있다. 그러나 변동한 조건들에 맞춰 생활도식이 변이하면 아마 그런 생활은 언제나 불편할 것이다.

집단은 개인들로 구성된다. 그래서 집단의 생활은 적어도 표면상 개별적으로 속행되는 개인들의 생활이다. 집단에서 공인되는 생활도식은 집단에 소속한 개인 대다수에게 인간의 올바르고 선량하며 편리하고 아름다운 생활 방식이라고 인정받는 것이다. 환경에 대처하는 변화된 방법에서 유래한 생활 조건들이 재분배되어도 집단의 생활 편의성이 전반적으로 똑같이 변하지는 않는다. 변동한 조건들은 집단 전체의 생활 편의성을 증진시킬 수 있지만, 그런 조건들의 재분배는 대체로 집단구성원 몇몇의 생활 편의성이나 생활 만족도를 감소시키는 결과를 초래할 것이다. 기술적 방법이 발달하거나, 인구가 증가하거나, 산업 조직이 발달하면, 사회 구성원들 중에 적어도 몇 명은 각자의 생활 습관을 바꿔야 한다. 왜냐하면 그들은 각자의 생활 습관을 바꿔야만 변동한 산업 방법들을 쉽사리 유효하게 실행할 수 있기 때문이다. 그렇게 자신의 생활 습관을 바꾼 사회 구성원은 이전에 인정한 올바르고 아름다운 생활 습관의 개념대로 생활할 수 없을 것이다.

자신의 생활 습관뿐 아니라 동료들과 맺는 습관적 관계들마저 변화시켜야 한다고 생각하는 사람이라면 누구나 '새롭게 발생한 위기들을 맞닥뜨린 자신에게 요구되는 생활 방법'과 '자신에게 익숙한 전통적 생활 도식' 사이에서 모순을 느낄 것이다. 이렇게 모순된 상황에 처하면 이전에 인정한 생활도식을 개조하려는 의욕을 가장 생생하게 느끼는 개인들은 새로운 기준들을 가장 흔쾌히 수용하기로 마음먹는다. 그런 모순된 상황에 처한 남자들은 생계 수단을 강구해야 할 필요성을 절감한다. 환경은 집단을 압박하여 집단의 생활도식을 환경에 재적응시키는데, 그런 압박은 금력을 침식하는 위기처럼 집단구성원에게 인식되어 영향을 끼친다. 이런 영향은 외부 강제력들의 대부분이 금력 위기나 경제 위기로 해석된다는 사실의 결과이다. 그러니까 이것은 우리가 '현대의 여느 산업사회에서나 주로 경제의 강제력들이 제도들을 재적응시킨다, 아니면 더 엄밀하게는, 금력 위기를 초래하는 압박처럼 인식된다'라고 말할 수 있다는 사실의 결과이다. 여기서 심사숙고되는 재적응은 본질적으로 유익한 것과 타당한 것을 가늠하는 남자들의 관점이 변이하는 과정이고, 유익한 것과

유한계급론

타당한 것을 판단하는 남자들의 견해를 변동시키는 수단의 압력인데, 이런 압력은 대체로 금력 위기를 초래한다.

인간 생활에 유익한 것과 타당한 것을 가늠하는 남자들의 관점은 어떻게든 변이할 수 있어도 그런 관점의 변이속도는 느리기 마련이다. 이른바 진보하는 방향으로 진행되는 모든 변이는 특히 더 느리기 마련이다. 그러니까 공동체의 사회적 진화 단계들 중 어느 단계의 출발점으로 간주될 수 있는 고풍스러운 관점을 이탈하는 방향으로 진행되는 모든 변이는 느릴 수밖에 없다. 그런 반면에 과거부터 인류에게 오랫동안 습관화된 관점으로 되돌아가는 퇴보는 진보보다 더 쉽게 진행된다. 특히 과거의 관점에 적합한 기질을 타고난 인종을 대신하여 부적합한 기질을 타고난 인종이 그런 관점을 이탈하는 발달을 주도하지 않았다면 퇴보는 더 쉽게 진행된다.

서양 문명의 생활사에서 현존하는 문화 단계의 직전 단계는 이 책에서는 여태껏 외견상 평화로운 문화 단계라고 지칭되었다. 이렇게 외견상 평화로운 문화 단계에서 신분을 규정한 법칙은 생활도식을 지배한 특징이다. 오늘날에도 남자들의 정신자세는 외견상 평화로운 문화 단계를 특징짓는 주인과 하인의 정신자세들로 쉽사리 퇴행해버릇한다. 이런 퇴행은 오늘날 발생하는 경제적 위기들에 완전히 적응한 정신 습관으로 확실히 대체되었다기보다는 오히려 그런 경제적 위기들 때문에 불확실하게 중지되었다고 평가될 수 있다. 경제를 진화시킨 약탈 문화 단계와 외견상 평화로운 문화 단계는 서양 문화권의 인구를 구성하는 주요한 모든 인종요소의 생활사에서 오래 존속한 듯이 보인다. 그래서 두 문화 단계에 적합한 기질과 성향은 후발하는 생각 습관들을 존속시킬 수 있는 강제력들의 작용을 받지 않는 계급에나 공동체에 불가결하고 적합한 심리적 소질의 주요한 특징들을 신속히 복원할 수 있는 내구력을 획득한다.

널리 인식되듯이, 개인들이나 유력한 남자들의 집단은 더 발달한 산업 문화와 분리되어 더 낙후한 문화의 환경에나 더 원시적인 경제의 상황에 노출되면 빠르게 퇴행하여 약탈적 인간형의 뚜렷한 정신적 특질들을 회복한다. 그래서 어쩌면 유럽의 장두금발남성은 서양 문화권에서 장두금발과 결합하는 다른 인종요소들을 겸비한 남성보다 야만 문화로 퇴행하는 기질을 더 많이 타고나는 듯이 보인다. 소규모로 진행되는 그런 퇴행의 증례는 근래의 이민사(移民史)나 식민지개척사에서 많이 발견된다. 약탈 문화를 뚜렷이 특징지을뿐더러 현대사회들에서 발생하는 퇴행을 가장 선명하게 자주 표시하는 쇼비니즘[27]적인 애국심을 폄훼할 우려와 그런 애국심의 현존이 논외로 간주된다면, 아메리카에서 개척된 식민지들은 비록 굉장히 대규모로 진행되지는 않았어도 유난히 대규모로 진행된 퇴행의 증례들로서 인용될 수 있다.

***

유한계급은 현대에 고도로 조직된 여느 사회에서나 빈발하는 경제 위기의 압력을 별로 심하게 받지 않는다. 이 계급은 여타 계급보다 더 쉽게 생계 수단을 쟁취할 수 있다. 사회계급들 중에도 유한계급은 이런 특권적 지위를 차지해서 그런지 제도들을 발달시키고 산업 현황의 변동에 적응해야 하는 상황의 요구들에 가장 둔감하게 반응할 것이다. 유한계급은

---

27) chauvinism: 자국의 이익만 최우선시하는 맹목적·광신적·호전적 애국주의나 국수주의(國粹主義).

보수적 계급이다. 사회의 일반적 경제 위기들은 유한계급 구성원들을 무 방하게 혹은 직접 압박하지 못한다. 유한계급은 변동한 산업기술의 요구 들에 맞춰 나름의 생활 습관과 외부 세계관을 변화시키지 않아도 특권을 유지할 수 있다. 왜냐하면 유한계급이 산업사회의 유기적 부분이라고 확 언될 수는 없기 때문이다. 그래서 이런 경제 위기들은 유한계급 구성원 들 사이에서 기존 질서를 거북스럽게 느끼는 불쾌감을 쉽사리 유발하지 못한다. 여느 남자 집단이나 오직 그런 불쾌감을 느껴야만 이미 습관화 한 인생관과 생활 방법을 포기할 수 있다. 사회의 진화 과정에서 유한계 급의 소임은 진화 운동을 지연시키고 낡은 것들을 지키는 보수(保守)이 다. 그러나 결코 새삼스럽지 않은 이런 논평은 오래전부터 일반화된 상 식들 중 하나일 뿐이다.

부요계급은 본질상 보수적 계급이라고 일반적으로 확신된다. 문화 발 달 과정에서 부요계급의 위치와 관계를 가늠하는 여느 이론적 설명에 딱 히 의존하지 않아도 일반인들은 여태껏 이런 확신을 품었다. 부요계급의 보수주의를 가늠하는 설명은 거의 언제나 불쾌감을 내포한다. 예컨대, 부요계급은 현재의 여건을 보존하는 비열한 기득권을 점유하니까 혁신 을 반대한다고 설명된다. 그러나 이 단원에서 제안되는 설명은 어떤 비 열한 동기도 탓하지 않는다. 문화적 도식(圖式)의 변화를 거부하는 부요 계급의 반감은 본능이라서 물질적 이익을 따지는 이해타산에서 파생하 지 않는다. 그런 반감은 기존의 공인된 행동 방식과 세계관을 위반하는 모든 것에 반동하려는 본능적 충동이다. 모든 남자는 그런 충동을 느낄 수 있고 오직 환경이 압력을 받아야만 그런 충동을 극복할 수 있다. 생활 습관의 모든 변화와 생각 습관의 모든 변화는 (그들에게는) 성가시다. 이런 맥락에서 부자들과 서민들의 차이를 유발하는 것은 보수주의를 자극하는 동기가 아니라 오히려 변화를 재촉하는 경제의 강제력에 노출되는 정도(定度)이다. 부요계급 구성원들은 억지로 혁신하지 않아도 무방하기 때문에 여타 계급 구성원들처럼 혁신하라는 요구를 수락하지 않는다.

부요계급의 이런 보수주의는 워낙 명백한 특징이라서 여태껏 심지어 명예의 표시라고 인정받기도 했다. 보수주의는 사회에서 더 부요하므로 더 명예로운 구성원들의 특징이라고 인지되었기 때문에 얼마간 명예롭거나 고상한 가치를 획득했다. 보수주의적 견해를 고집하는 태도가 우리의 명예 관념에도 당연히 포함될 정도로 보수주의는 어느덧 규범화되었다. 그래서 보수주의는 사회적 명예의 관점에서 결백하게 생활하려는 모든 사람의 불가피한 의무라고 인식된다. 보수주의는 상류계급의 특징이라서 예의 바르다고 인식되지만, 혁신은 하류계급의 현상이라서 저열하다고 인식된다. 모든 사회 개혁자를 향한 우리의 본능적 혐오감과 비난의 가장 무반성(無反省) 되는 제1요소는 사물의 본질적 저열성을 이런 식으로 느끼는 감각이다. 그래서 '개혁자가 대변하는 혁신'의 실질적 장점들을 인정하는 사람도 — 만약 '개혁자가 퇴치하려는 병폐들'을 시간적으로나 공간적으로나 개인적으로 접촉하지 않을 정도로 충분히 멀리하여 그런 혁신의 장점들을 쉽게 인정할 수 있을 사람도 — 기껏해야 '개혁자는 워낙 혐오스러워서 사회적으로 접촉하지 말아야 할 인간이라는 사실'밖에 느끼지 못한다. 그렇게 느끼는 사람의 관점에서 개혁은 불량행실이다.

부요한 유한계급의 관례, 언행, 관점은 실제로 사회의 여타 계급에게 적용되는 행동규범의 성격을 획득한다. 이 사실은 유한계급의 보수적 영향력의 무게와 범위를 증대시킨다. 이 사실 때문에 모든 명예로운 사람은 유한계급을 본받아야 마땅하다고 느낀다. 그러면 바람직한 품행의 구현자로서 차지한 높은 지위를 이용하는 더 부요한 계급은 사회 발달을 지연시키는 영향력을 행사하기 시작한다. 그런 영향력은 단순히 그런 계급의 구성인원수를 기준으로 계산될 수 있는 영향력보다 훨씬 더 강력하다. 그런 계급의 규범적 본보기는 모든 혁신에 맞선 여타 모든 계급의 저항을 부쩍 강화하고, 이전 세대로부터 계승된 바람직한 제도들에 남자들을 애착시킨다.

이런 제1방법과 똑같은 방향으로 영향력을 행사하는 유한계급의 제2방법이 있다. 이것은 시대의 급변하는 상황들을 맞닥뜨린 인습적 생활도식의 적응을 방해하는 요인과 관련되는 한에서만 사용되는 방법이다. 상류계급의 방침대로 사용되는 제2방법은 앞에서 거론된 새로운 생각 방식들을 거부하는 본능적 보수주의 및 반감과 정확히 일치하지 않아서 제1방법과 동일한 범주에 포함될 수 없다. 그러나 제2방법은 사회구조의 혁신과 발달을 지연시키는 보수적 생각 습관과 이렇듯 대단히 유사하기 때문에 이 단원에서 거론되어도 무방할 것이다. 특정한 시대의 특정한 사람들 사이에서 유행하는 예법들, 인습들, 관습들의 규범은 유기적 총체의 성격을 다소나마 구비한다. 그래서 인습적 도식의 한 부분에서 발생하는 뚜렷한 변이는 비록 인습적 도식의 전체를 재조직하지는 않아도 다른 부분들을 얼마간 변이시키거나 재적응시키기 마련이다. 오직 인습적 도식의 미미한 일부분에만 직접 영향을 끼치는 변이가 발생하면, 인습들의 구조를 교란하는 변이도 미미해서 인지되지 않을 수 있다. 그러나 심지어 그런 변이도, 다소 먼 장래에는, 인습적 도식의 전체를 얼마간 교란할 것이라고 예상될 수 있다. 그런데 다른 한편에서, 일단 시도된 개혁이 인습적 도식의 가장 중요한 제도를 삭제하거나 전면적으로 개조하면 곧바로 그런 도식의 전체를 심각하게 교란할 수 있다고 인지될 것이다. 그러면 인습적 도식의 중추요소들 중 하나에 부과된 새로운 형식에 맞춘 도식의 구조적 재적응은 비록 의심받지는 않아도 괴롭고 지난하게 느껴질 것이다.

인습적 생활도식의 특징들 중 어느 하나라도 변혁하려는 사람은 난관을 직면할 수 있다. 그 사람은, 예컨대, 서양 문명국가에서는 일부일처제 가족이나 남성 친족 체계나 사유재산이나 유일신론적 신앙의 폐지를, 중국에서는 조상숭배의 폐지를, 인디아에서는 카스트제도(caste制度)의 폐지를, 아프리카에서는 노예제도의 폐지를, 이슬람국가들에서는 남녀 평등법의 제정을 얼핏 암시하거나 상기시키기만 해도 난관을 직면할 수 있다. 이 모든 경우에 인습들의 전체 구조는 분명히 매우 심하게 교란될 것이다. 그런 변혁이 완수되려면, 생활도식의 당면문제뿐 아니라 다른 문제들과 관련해서도 남자들의 생각 습관이 매우 심대하게 변이해야 한다. 모든 변혁을 반대하는 감정은 본질적으로 낯선 생활도식을 기피하는 반발심이라고 요약될 수 있다.

기존의 생활 방법들을 폐기하자는 모든 제안은 선량한 서민들의 반발심을 자극할 수 있다. 그런 반발심은 일상생활에서 경험되는 익숙한 사실이다. 사회에 유익한 충고나 훈계를 한답시고, 예컨대, 잉글랜드 국교회 폐지, 이혼 절차 간소화, 여성 보통 선거권 채택, 주류(酒類) 제조·판매 금지, 상속 금지나 상속 제한처럼 비교적 사소한 변화를 지목하고 사회에 심대한 악영향을 끼칠 수 있는 것들로 간주하여 성토하는 사람들은 흔하다. 그들은 이 모든 변화가 "사회구조의 근간을 뒤흔든다," "사회를 혼란에 빠뜨린다," "도덕의 기반들을 파괴한다," "민생을 각박하게 만든다," "자연의 질서를 교란한다"라고 떠들어댄다. 이렇게 다양한 표어들은 본질적으로 과장법의 소산들이 확실하다. 그러나 이런 표어들은, 모든 과언(過言)처럼, 묘사하려는 결과들의 중대한 의미를 생생하게 증명한다고 인지된다. 변혁들과 마찬가지로 이런 과언들도 기존의 생활도식을 교란한다. 이런 교란은 사회에서 편리한 장치들 중 하나의 단순한 변화보다 훨씬 더 중대한 결과라고 남자들에게 인지된다. 실제로 가장 중요한 변혁이 확연하게 인지될수록 당장에 진행되는 더 사소한 변화들은 무색해지기 마련이다. 변화를 반대하는 감정은 대체로 여느 변화에나 반드시 요구될 성가신 재적응을 기피하는 감정이다. 그래서 현존하는 모든 문화나 국민의 제도들을 체계화하는 이런 감정의 결속력은 남자들의 생각 습관을 바꾸는 모든 변화에, 심지어 그들의 관점에서는 사소한 것들을 바꾸는 모든 변화에도, 본능적으로 저항하는 감정을 증강시킨다.

인간의 제도들을 체계화하는 결속력 탓에 이렇게 증강되는 저항 감정은 모든 변혁에 반드시 요구되는 재적응용 신경 에너지(nervous energy)를 여타 활동용 신경 에너지보다 훨씬 더 많이 소모한다. 이미 정립된 생각 습관의 변화는 단순히 불쾌감만 유발하는 것이 아니다. 기존의 인생관을 변화에 재적응시키는 과정은 상당한 정신적 노력을 요구한다. 다소 오랫동안 힘겹게 속행되어야 하는 이런 노력은 변동한 상황들을 파악하고 그런 상황들에 맞춰 거동하려는 노력이다. 이 과정은 반드시 일정한 에너지를 소모하기 마련일뿐더러, 어쩌면, 일상적 생존투쟁에 가용한 에너지보다 더 많이 소모해야 성공리에 완결될 것이다. 그래서 영양부족과 과중한 육체노동은 사치 생활 못잖게 효과적으로 진보를 방해하여 진보의 기회를 봉쇄하고 불평불만을 잠재워버릴 것이다. 극빈자들처럼 일상의 생존투쟁에서 각자의 가용 에너지를 모조리 소진할 수밖에 없는 모든 개인은 내일을 예상하여 대비하려는 노력조차 불가능하므로 보수성을 띠기 마련이다. 그런 반면에 갑부들은 오늘의 상황을 별로 불만스럽게 느끼지 않으므로 보수성을 띨 수밖에 없다.

이런 맥락에서 유한계급 제도는 하류계급들의 생존 수단을 박탈하여 그들의 소비력을 약화시키고 결국에는 그들의 가용 에너지를 소진시켜서 새로운 생각 습관들의 학습과 응용에 필요한 그들의 노력마저 불가능하게 하므로 그들을 보수적 계급들로 변이시킨다. 금력을 갖춘 상류계층의 축재(蓄財)는 금력을 미비한 하류계층의 빈곤을 의미한다. 하층민의 확연한 빈곤은 어디에서 발생하더라도 모든 변혁을 가로막는 심각한 걸림돌이다.

재산의 불평등한 분배는 이처럼 변혁을 직접 억제하는 효과를 발휘한다. 이런 억제 효과는 동일한 결과를 산출하기 쉬운 간접효과의 조력을 받는다. 앞에서도 고찰되었듯이, 명예 규범을 고정시킨 상류계급의 불가피한 선례는 과시적 소비 관행을 조장한다. 모든 계급에서 체면치레 기준의 주요한 요소들 중 하나라고 인지되어 유행하는 과시적 소비가 오로지 부요한 유한계급의 선례에서만 유래하는 것은 당연히 아니지만, 그런 선례는 과시적 소비를 지속하는 관행과 고집을 강화하는 것이 확실하다. 이런 경우에 체면 요건들은 매우 중요하고 불가피하다. 그래서 심지어 최저생계용 재화보다 훨씬 더 많은 재화를 소비할 수 있는 충분히 강대한 금력을 갖춘 계급들에서도 그들의 급박한 신체적 욕구들을 충족하고 남아도는 재화들이 그들의 신체를 더 편하게 해주거나 생활을 더 만족시키기보다는 오히려 과시적 체면치레에 자주 전용(轉用)된다. 더구나 그들은 과시적 소비를 속행하느라, 아니면, 사재기할[28]만한 재화들을 취득하느라 각자의 가용한 잉여 에너지를 소모하기 십상이다. 그러면 금력 명예 요건들은 (1) 과시적 소비를 제외한 여타 소비를 최소화시키고, (2) 부족한 생필품들을 공급하고 남는 모든 가용 에너지를 소모시키기 십상이다. 이 모든 동향은 결국 사회의 일반화된 보수적 태도를 강화한다. 유한계급 제도는 (1) 유한계급의 특유한 타성(惰性)에 기대어 (2) 과시적 낭비와 보수주의의 규범적 본보기를 보이면서 문화 발달을 직접 방해하고, (3) 유한계급 제도를 지탱하는 재산과 생계 수단의 불평등한 분배 체계에 편승하여 문화 발달을 에둘러 방해한다.

게다가 유한계급도 현재의 상황을 유지하려는 보수에 구체적 관심을 기울인다. 특정한 시대의 일반적 상황들에서 유한계급이 특권적 지위를 차지하면, 기존의 질서에 어긋나는 모든 것은 유한계급에게 이롭기보다는 해롭다고 인지될 것이다. 유한계급의 태도는 오로지 유한계급을 이끄는 관심의 영향만 받으므로 여기서 구태여 설명되지 않아도 무방하다. 이런 관심을 유발하는 원인은 유한계급의 강력한 본능적 편견을 보강하여 유한계급을 다른 여느 계급보다 훨씬 더 완고한 보수계급으로 만들어버린다.

이 모든 설명은 물론 사회구조 속에서 보수주의나 상속권을 대변하거나 매개하는 유한계급의 소임을 찬양하거나 비난하려는 의도를 전혀 포함하지 않는다. 유한계급의 방해 활동은 이로울 수도 있고 해로울 수

---

28) '매점하다'를 뜻하는 동사 '사재기하다'의 관형사.

도 있다. 특정한 경우에 그런 방해 활동이 이롭냐 해롭냐는 일반론의 문제가 아니라 결의론[29]의 문제이다. 물론 보수적 요소의 대변자들이 자주 표현하는 (정책의 문제를 바라보는) 견해도 진실할 수 있다. 그들의 관점에서는, 보수적 부요계급들이 변혁에 맞서 다소 본질적으로 집요하게 저항하지 않으면, 사회의 변혁과 실험은 사회를 참담한 혼란에 빠뜨려서 오직 불평불만과 재앙만 초래할 뿐이다. 그래도 이 모든 견해는 이 단원의 논점을 벗어난다.

그러나 급진적 변혁에 맞선 모든 반발과 별개로, 그리고 그런 변혁을 다소나마 저지하려는 견제의 불가피성과 관련된 모든 문제와 별개로, 유한계급은 환경에 부합하는 적응을, 그러니까 이른바 사회 진보나 사회 발달을, 당연히 집요하게 지연시킨다. 유한계급의 이런 특유한 태도는 "존재하는 모든 것은 옳다"[30]는 시구(詩句)로 요약될 수 있다. 그런 반면에 인간의 제도들에도 적용될 수 있는 자연선택 법칙은 "존재하는 모든 것은 그릇되다"라는 이치를 제시한다. 오늘날의 제도들은 오늘날의 생활 목적들을 적용받으면 모조리 그릇되지는 않지만, 언제나 자연의 순리를 적용받으면 얼마간 그릇된다. 제도들은 과거에 진행된 발달 과정의 어느 시점을 지배한 상황에 다소 부실하게 적응한 생활 방법들에서 파생했다. 그래서 제도들은 과거의 상황과 현재의 상황을 가르는 간격보다 더 의미심장한 어떤 것 때문에 그릇된다. 여기서 "옳다"와 "그릇되다"라는 서술어들은 주어의 당위성과 무관하게 사용된다. 이 서술어들은 단순

---

29) 決疑論(casuistry): 사회적 관습이나 종교적 교리에 비추어 도덕적 문제를 해결하려는 윤리학 이론.

30) 잉글랜드 시인 앨릭잰더 포프(Alexander Pope, 1688~1744)의 편지시집(便紙詩集)《인간론 (An Essay on Man)》(1733~34)에 수록된 시(詩) 〈제1편지(Epistle I)〉의 한 구절.

히 (도덕적으로 완전히 중립적인) 진화론의 관점에서만 사용되고, 유효한 진화 과정에 어울리는 적합성이나 어긋나는 부적합성을 지시하도록 사용된다. 유한계급 제도는 유한계급의 관심과 본능에 의존하여, 그리고 교훈과 규범적 본보기에 편승하여, 기존 제도들의 부적응을 영속시킬뿐더러 심지어 더 오래된 낡은 생활도식의 복원을 촉진하기도 한다. 그렇게 복원된 생활도식이 '생활을 위협하는 환경'에 적응하기는 직전 과거로부터 계승되어 공인된 생활도식이 그런 환경에 적응하기보다 훨씬 어려울 것이다.

이렇듯 보수주의가 옛 방식들을 바람직하게 여겨서 아무리 집요하게 고수하더라도, 제도들은 실제로 여전히 변이하고 발달한다. 관습들과 생각 습관들은 발달하면서 누적된다. 인습들과 생활 방법들은 선택적으로 적응한다. 이런 발달을 지연시키는 동시에 선도하는 유한계급의 기능은 다소나마 고찰되어야 한다. 그러나 여기서는 유한계급의 기능이 '경제적 성격을 처음부터 곧바로 획득하는 제도들'에 영향을 끼친다는 사실을 제외하면, 그런 기능과 제도의 발달을 잇는 관계는 설명되지 않아도 무방하다. 이런 제도들은 ― 경제구조는 ― 경제생활의 두 가지 다른 목적 중 어느 것에 부응하느냐 여부대로 대략 두 부류로, 아니면, 두 범주로 구분될 수 있다.

고전적 용어법을 적용받으면, 이것들은 취득 제도들이거나 생산 제도들이다. 그렇잖고, 이전 단원들에서 다른 맥락으로 사용된 용어들을 고스란히 적용받으면, 이것들은 금력 취용 제도[31]들이거나 산업 제도들이다. 또 다른 용어들을 적용받으면, 이것들은 불공정한 경제적 관심에 부

---

31) 제6장의 각주 21) 참조.

응하는 제도들이거나 공평무사한 경제적 관심에 부응하는 제도들이다. 취득 제도들, 금력 취용 제도들, 불공정한 경제적 관심에 부응하는 제도들은 "사업(경영)"과 관련된다. 생산 제도들, 산업 제도들, 공평무사한 경제적 관심에 부응하는 제도들은 기계적 의미를 적용받으면 산업과 관련된다. 이런 산업 제도들은 대체로 지배계급과 직결되지 않으므로 의회에서나 전문적 협의회들에서는 거의 논의되지 않기 때문에 제도들이라고 쉽사리 인식되지 않는다. 이런 제도들은 금력의 측면에서나 사업의 측면에서 언제나 주목받는다. 왜냐하면 금력이나 사업은 현대 남자들의 진지한 관심을 사로잡을뿐더러 상류계급의 진지한 관심을 특히 더 강하게 사로잡는 경제생활의 측면이나 국면이기 때문이다. 남자들과 상류계급은 경제적 현안들에는 거의 사업적인 관심만 기울이는 동시에 사회적 현안들을 주로 심사숙고해야 한다고 생각한다.

경제적 과정과 유한계급 ― 산업에 불참하는 유산계급(有産階級; propertied class) ― 의 관계는 금력관계이다. 이것은 생산관계가 아닌 취득관계이고, 사역관계(使役關係)가 아닌 착취관계이다. 유한계급의 경제적 임무는 경제생활 과정에서, 당연하게도, 지극히 중요할 수 있다고 에둘러 평가될 수 있다. 이것은 유산계급(有産階級)이나 대기업 회장들의 경제적 기능을 폄훼하려는 평가는 결코 아니다. 이것은 다만 이 계급들과 산업 과정 및 경제 제도들을 잇는 관계의 본성을 지적하려는 평가일 따름이다. 이 계급들의 소임은 기생성(寄生性)을 띠므로, 이들의 관심사는 최대한 많은 자산을 각자의 가용자산으로 변환하여 고스란히 보전하는 것이다. 사업계의 인습들은 여태껏 이런 약탈 원리나 기생 원리의 선택적 감시·감독을 받으면서 발달했다. 그런 인습들은 사유권을 공인하는 인습들이라서, 다소 멀게는, 고대의 약탈 문화에서 파생한 것들이다. 그러나 이런 금력 취용 제도들은 오늘날의 상황에 완벽히 정합하지는 않는다. 왜냐하면 이런 제도들은 현재의 상황과 얼마간 다른 과거의 상황에서 발달했기 때문이다. 그래서 심지어 이런 제도들의 금력 보전 효과도 기대에 훨씬 미달한다. 산업생활(産業生活)이 변하면 취득 방법들도 변해야 한다. 그래서 금력계급들은 사익(私益)을 창출하는 산업의 지속 과정에 금력 취용 제도들을 적응시켜서 그런 제도들의 사익 취득 효율을 극대화하는 데 일마간 관심을 기울인다. 그러면 제도를 발달시키는 유한계급의 지도력은 다소나마 일관성을 띠면서, 유한계급의 경제생활을 규정하는 금력의 목적들에 부응한다.

금력을 중시하는 관심과 생각 습관은 제도들을 발달시키는 효과를 발휘한다. 그런 효과는 사유재산을 보장하고, 계약들을 이행시키며, 금전거래를 용이하게 하고, 기득권들을 보호하는 법규들과 관례들에서 목격된다. 이것들은 기업 파산과 파산기업 재산 관리, 유한책임제(有限責任制), 금융과 통화(通貨), 노동자들의 단결이나 고용주들의 연합, 기업합동(trust)이나 공동출자 관리(pool)에 영향을 끼치면서 변동한다. 사회의 이런 부속 제도들은 오직 유산계급(有産階級)들에게만, 그들의 사유재산에 비례하여, 직접 영향을 끼칠 따름이다. 요컨대, 유한계급에 소속할 수 있는 유산계급(有産階級)들만 그런 영향을 받을 수 있다는 말이다. 그러나 사업생활(事業生活)에 적용되는 이런 관례들은 산업 과정에도 사회생활에도 가장 중대한 간접영향을 끼친다. 그래서 이런 방향으로 제도를 발달시키는 금력계급들은 공인된 사회구조를 보전하는 동시에 산업 과정을 적절하게 조정하여 사회의 가장 절실하고 중대한 목적에 부응한다.

이런 금력 취용 제도의 조직화와 개량이라는 직접목표는 평화롭고 정연한 착취를 더 쉽게 하는 것이다. 그러나 금력 취용 제도의 간접효과들은 이런 직접목표를 훨씬 초과해버린다. 사업이 편리해질수록 산업생활과 비산업생활(非産業生活)의 불안 요소를 감소시킬 수 있을뿐더러 일상생활에서 조밀한 차별화를 요구하는 교란들과 분규들마저 해소하여 금력계급을 아예 불필요하게 만들 수 있다. 금전거래의 일상화가 빠르게 진행되면 대기업 회장의 금전거래는 불필요해질 수 있다. 이 과정의 완결 시점은 당연히 아직 요원하다. 금력을 취용하려는 관심에 부응하도록 현대의 제도들을 개량하려는 노력은, 다른 방면에서는, 대기업 회장을 "영혼 없는" 주식회사로 대체하기 쉬우므로, 사유(私有)라는 유한계급의 중대한 기능마저 불필요하게 만든다. 그래서 경제 제도들을 발달시키는 영향력을 발휘하는 유한계급의 성향은 산업의 매우 중요한 결과이다.

제9장
고대의 특성들을 보전하는 보수주의

유한계급 제도는 사회구조에도 영향을 줄뿐더러 사회 구성원들 각각의 성격에도 영향을 준다. 특정한 성향이나 관점은 생활의 엄정한 기준으로나 규준으로서 공인되자마자 그것을 공인한 사회 구성원들의 성격에 반응할 것이다. 그런 성향이나 관점은 사회 구성원들의 생각 습관을 얼마간 규정할 것이고 남자들의 소질과 성향의 발달을 선택적으로 감독할 것이다. 이것은 한편으로는 모든 개인의 생각 습관을 강제로 육성하는 적응의 결과이고, 다른 한편으로는 부적합한 개인들과 가문들을 선택적으로 도태시키는 과정의 결과이다. 공인된 생활도식대로 강요된 생활 방법들에 부적합한 인력자원(人力資源)들은 억압당하는 동시에 얼마간 도태된다. 금력 과시 경쟁 원칙과 생산업 면제 원칙은 이런 과정에서 생활 규범으로 승격했고, 남자들을 상황에 억지로 적응시키는 상당히 중요한 강제 요인들로 변했다.

과시적 낭비와 생산업 면제라는 이 두 가지 광범한 원칙은 남자들의 생각 습관을 지도하여 제도들의 발달을 제어하는 동시에 유한계급의 도식대로 생활을 편리하게 만드는 인간 본성의 몇몇 특성을 선택적으로 보존하여 사회의 유력한 기질을 제어하면서 문화 발달에 영향을 끼친다.
인간의 성격을 규정하는 유한계급 제도의 주요한 성향은 정신을 보전하
고 복원하는 방향으로 작동한다. 이 성향이 사회의 기질에 영향을 끼치
면 '발달을 저지당한 정신'의 성질을 띤다. 특히 뒤늦게 발달한 문화권의
제도는 전반적으로 더 뚜렷한 보수성을 띤다. 이런 주장의 내용은 많은
사람에게 충분히 익숙하겠지만 현재에 적용되면 참신하게 보일 수도 있
다. 그래서 상식들을 다소 지루하게 반추하며 공식화한다고 비난받을망
정 이런 주장의 논리적 근거들을 요약하듯이 재검토하는 논의도 무의미
하지는 않을 것이다.

사회 진화는 공동생활 환경의 압력을 받는 기질과 생각 습관들의 선
택적 적응 과정이다. 생각 습관들의 적응 과정은 제도들의 발달 과정이
다. 그러나 제도들이 발달하면 그것들의 더 본질적인 성격이 변이한다.
남자들의 습관은 대처해야 하는 상황의 위기들에 맞춰 변이할뿐더러 그
런 위기들도 인간성을 빠르게 변이시킨다. 사회의 인력자원은 변동하는
생활 조건들에 맞춰 변동한다. 최근에 인종학자들이 주장하듯이, 인간성
의 이런 변화 과정은 상대적으로 더 단단하게 고정되어 더 오래 영속하
는 인종형들 사이에서나 인종요소들 사이에서 진행되는 선택 과정이다.
남자들은 인간성의 몇 가지 유형 중 어느 하나를 타고나거나 다소 닮도
록 육성되기 십상이다. 이런 인간성의 주요한 특징들은 오늘날의 상황과
다른 과거의 상황에 거의 적응하여 고정된 것들이다. 서양 문화권의 인
구는 이처럼 상대적으로 더 단단히 고정된 몇몇 인종형을 포함한다. 오
늘날 인류의 유전형질 속에 존속하는 이런 인종형들은 각기 확고하고 특
유한 양상을 띠는 고정되어 불변하는 거푸집 같은 것들이 아니라 증가하

거나 감소하는 변종들의 양상을 띠는 것들이다. 선사시대와 역사시대의 문화 발달 기간에 몇몇 인종형과 그것들의 교잡된 변종들은 선택 과정에 오랫동안 종속되어서 그랬는지 인종형들을 얼마간 변이시켰다.

상당히 오랫동안 일관되게 진행되는 선택 과정은 반드시 인종형들의 이런 변이를 초래하기 마련인데, 여태껏 인종학적 생존을 고찰한 연구자들은 이런 변이를 충분히 주목하지 않았다. 여기서는 서양 문화권의 인종형들이 비교적 근래에 이렇게 선택적으로 적응하면서 초래한 인간성의 상이한 두 가지 주요한 변이가 검토될 것이다. 이 두 가지 변이 중 어느 하나를 진척시키는 오늘날의 상황이 초래할 수 있을 결과도 흥미로운 관심사이다.

인종학의 논지는 간략히 요약될 수 있다. 그래서 이제 진행될 논의는 가장 중요한 두 사항만 도식적으로 간략히 검토할 것이므로 여타 목적에는 부응하지 않을 것이다. 두 사항 중 하나는 인종형들과 변종들의 목록이고, 다른 하나는 인종형들과 변종들의 격세유전 도식[32]과 생존 도식이다. 우리의 산업공동체들에 소속한 남자는 세 가지 주요한 인종형 중 어느 하나를 체현(體現)하도록 성장하기 십상이다. 우리의 문화권을 대표하는 세 가지 인종형은, 그것들에 포함된 사소한 주변 요소들이 무시되면, 장두금발형, 단두흑발형, 지중해형이다. 그러나 이런 인종형들 각각은 적어도 두 가지 변종 중 어느 하나로 격세유전되기 십상이다. 둘 중 하나는 평화롭거나 전약탈적(前掠奪的)인 변종이고 다른 하나는 약탈적

---

32) 隔世遺傳圖式(scheme of reversion): '격세유전'(隔世遺傳; reversion)은 '생물의 형질, 성질, 체질, 특질 따위가 일세대(一世代)나 여러 세대를 걸러서 재발(再發)하거나 재현(再現)되거나 복발(復發)하는 복원현상'을 뜻하며, 때때로 '복원'이나 '재발'이나 '재현'이라고 번역된다. '도식(圖式; scheme)'은 '사물들이나 활동들의 구조, 관계, 변화상태 따위를 일정하게 규정하는 방식이나 양식(樣式)'을 뜻한다.

변종이다. 첫째, 평화롭거나 전약탈적인 변종은 여느 경우에나 일반적 인종형과 흡사해서, 고고학적으로나 심리학적으로 증명될 수 있는 협력 생활의 최초 단계에 출현하여 격세유전된 일반적 인종형을 대표한다. 약탈 문화, 신분체제, 금력 과시 경쟁의 발달 시기보다 앞선 시대의 평화로운 원시생활 단계에 살았던 이런 변종은 문명화된 남자의 선조들을 대표한다고 생각된다. 둘째, 약탈적 변종은 더 뒤늦은 시대에 주요한 인종형들과 그것들의 혼혈인종들을 변이시킨 과정의 유산이라고 생각된다. 그런 변이의 대부분은 약탈 문화와 그것에 잇따른 외견상 평화로운 경쟁 문화의 규율대로, 더 정확하게는 금력 과시 문화의 규율대로, 이런 인종형들을 선택적으로 적응시킨 과정이었을 것이다.

공인된 유전법칙은 다소 오래된 과거의 형질도 유전시킬 수 있다. 평범하거나 평균적이거나 정상적인 상황에서는 여태껏 인종형은 변이했어도 그것의 특성들은 가까운 과거 — '유전 과정상 현재'라고 지칭될 수 있을 과거 — 의 상태와 거의 흡사한 상태로 유전되었다. 이 논의의 목적에 부응하는 이런 유전 과정상 현재를 대표하는 문화들이 바로 근래의 약탈 문화와 외견상 평화로운 문화이다.

현대의 문명화된 남자는 여느 경우에나 이런 근래의 — 유전 과정상 아직 현존하는 — 약탈 문화나 유사(類似) 약탈 문화를 특징짓는 인간성의 변종을 체현하도록 성장하기 쉽다. 이런 주장이 야만시대 노예계급의 후손들에게나 피억압계급의 후손들에게 적용되려면 일정한 조건을 갖춰야겠지만, 그런 필요조건은 어쩌면 이런 주장을 애초에 유발한 생각만큼 중대하지는 않을 것이다. 모든 인간이 감안되면, 이처럼 약탈적이고 경쟁적인 변종은 매우 강한 일관성이나 고정성을 획득하지 못한 듯이 보인다. 그러니까 현대의 서양 남자에게 유전된 인간성의 변이한 소질들과 성향들의 범위나 상대적 강도(强度)는 별로 균일하지 않다. 유전 과정상 현재의 남자는 협력 생활에서 발생하는 최신위기(最新危機)들의 목적들을 적용받으면 다소 구태의연하다고 판단된다. 그리고 변이법칙대로 현대의 남자에게 쉽사리 유전될 수 있는 것은 조금 더 오래된 인간성의 주요한 유형이다. 그런 한편에서 기질적으로 우세한 약탈적 인종형을 벗어나는 개인들에게 뚜렷이 유전된 특질들을 기준으로 판단되면, 전약탈적 변종에 유전된 기질적 요소들의 분포나 상대직 영향력은 더 딘딘히 고정되고 더 균질하게 보인다.

성장하는 개인에게 체현되기 쉬운 인종형의 구식 변종에서 신식 변종이 분기(分岐)하듯이, 유전되는 인간성도 이처럼 분기한다. 이런 분기는 서양의 인구를 형성하는 주요한 두세 가지 인종형 사이에서 발생하는 비슷한 분기와 마찰하면서 모호해진다. 서양의 사회들에 소속한 개인들은, 사실상 모든 순간에, 우세한 인종요소들을 가장 다양한 비율로 겸비한 혼혈인들이라고 생각된다. 그래서 그들은 소속 사회를 구성하는 인종형들 중 몇몇을 체현하기 십상이다. 이런 인종형들 사이의 기질 차이는 약탈적 변종들과 전약탈적 변종들 사이의 기질 차이와 얼마간 비슷하다. 예컨대, 장두금발형은 단두흑발형보다 더 뚜렷하게, 그리고 지중해형보다는 특히 더 뚜렷하게, 약탈 기질의 특성들을 — 아니면 적어도 폭력성을 — 드러낸다. 그래서 특정한 사회의 제도들이나 유력한 감정이 약탈적 인간성에서 분기하여 발달했다고 증명되면, 그런 분기는 전약탈저 변종을 복원하는 퇴행을 암시한다고 확언될 수는 없다. 인구의 "미약한" 인종요소들 중 어느 요소의 지배력이 강해지면 그런 분기를 유발할 수 있다. 물론 그런 분기의 증거가 기대만큼 결정적인 것은 아니라도, 현대사회들에는 고정된 인종형들 중 어느 하나가 선택되어도 유력한 기질의 변종들을 모조리 유발하지는 않는다고 암시하는 징후가 존재한다. 그런 징후는 몇몇 인종형의 약탈적 변종들과 평화로운 변종들 사이에서 다소 뚜렷이 진행되는 선택인 듯이 보인다.

현대인의 진화를 설명하는 이런 개념은 여기서 진행되는 논의에 반드시 필요한 것은 아니다. 이런 선택 적응의 개념들에 의존하는 일반적 결론들은, 만약 이전부터 사용된 찰스 다윈이나 허버트 스펜서의 용어들과 개념들을 대신할 수 있다면, 충분히 보전될 것이다. 그러면 용어들은 일정한 범위에서 사용될 수 있을 것이다. 어쩌면 인종학자들은 기질의 변종들을 명백한 인종형들로 인정하지 않고 오직 특정한 유형의 잡다한 변종들로만 인정할 텐데, 여기서 "유형(type)"이라는 낱말은 그런 기질의 변종들을 뜻하도록 느슨하게 사용된다. 더 세밀한 구별을 반드시 요구하는 논의의 모든 문맥은 그렇게 구별하려는 노력을 확연히 드러낼 것이다.

그래서 오늘날의 인종형들은 원시인간형의 변종들이다. 그런 변종들은 여태껏 야만 문화의 원리대로 얼마간 변이했고 어느 정도 고정되었다. 유전 과정상 현재의 남자는 타고난 인종요소들의 야만적 변종이 아니면 노예적 변종이나 귀족적 변종이다. 그러나 이런 야만적 변종은 가장 확실한 동질성이나 안정성을 획득하지 못했다. 약탈 문화 단계와 외견상 평화로운 문화 단계를 아우르는 야만 문화는 비록 매우 확고한 지속성을 지녔어도 나름의 인간형을 지극히 단단하게 고정시킬 만한 성격을 충분히 오래 유지하지도 보전하지도 못했다. 야만적 인간성의 변종들은 드물잖게 발생할뿐더러 오늘날에는 점점 더 뚜렷해진다. 왜냐하면 현대 생활의 조건들은 이제 야만적 평균 유형을 벗어나는 변종들을 시종일관 억압하지 않기 때문이다. 약탈 기질은 현대 생활의 모든 목적에 부응하지 못할뿐더러 현대 산업에는 유난히 더 부응하지 못하기 때문이다.

인간형의 초기 변종을 복원하려는 본성은 유전 과정상 현재의 인간성을 가장 자주 벗어난다. 이런 초기 변종을 대표하는 기질은 평화로운 미개인의 원시 단계를 특징짓는다. 야만 문화의 형성 시점보다 앞선 시기에 우세했던 생활환경과 노력 목표들은 인간성을 규정했고 몇 가지 기본 특질과 관련시켜 고정시켰다. 그래서 현대의 남자들은 유전 과정상 현재의 인간성을 벗어나면 이처럼 고대의 일반적 특질들을 회복하기 십상이다. 인간 생활로 간주되어도 무방할 협력 생활의 가장 원시적인 단계들에서 남자들의 생활 조건들은 평화로웠으리라고 추정된다. 그리고 이런 초기의 조건들에나 환경과 제도들에 소속했던 남자들의 기질과 정신자세를 포함한 성격은 게으르지는 않았어도 평화롭고 온순했으리라고 추정된다. 이 단원의 목적이 감안되면, 이처럼 평화로운 문화 단계는 사회 발달의 최초 단계를 표시한다고 인식될 수 있다. 여기서 진행되는 논의와 관련되는 한에서, 이렇게 추정된 문화의 최초 단계에 우세한 정신적 특징은 무분별하고 막연한 집단적 결속감이었을 것이다. 이런 결속감은 대체로 인간 생활의 모든 편의수단에 만족하는, 결코 열렬하지는 않은, 공감으로써 표현되었든지, 아니면, 생활을 방해하거나 무산시킨다고 인지된 것을 혐오하는 언동으로써 표현되었을 것이다. 일반적으로 유용한 것을 식별하는 우세하면서도 냉정한 이런 결속감은 전약탈적인 미개한 남자의 생각 습관들에 골고루 내재해서 그랬는지 여태껏 그의 생활을 현저히 속박하면서, 소속집단의 타인들을 접촉하는 그의 습관적 방식마저 현저히 속박한 듯이 보인다.

만약 우리가 문명사회에서든 미개사회에서든 이렇게 미분(未分)된 평화로운 초기 문화 단계의 존재를 뒷받침하는 명백한 증거를 찾겠다고 단순히 역사상 현재에 유행하는 관습들과 관점들만 탐색한다면, 그런 문화 단계의 흔적들은 어렴풋하여 미심쩍게 보일 수 있다. 그러나 그런 문화 단계의 존재를 뒤받치는 더 믿음직한 증거는 인간성의 완고하고 우세한 특질들로서 잔존할 심리적 유산들에서 발견될 것이다. 이런 특질들은 어쩌면 약탈 문화 단계에 줄곧 뒷전으로 밀려났을 인종요소들 사이에서만 각별하게 잔류할 것이다. 그래서 이전의 생활 습관들에 부합한 특질들은 개인의 생존투쟁에는 상대적으로 더 쓸모없게 변했다. 그리고 약탈 생활에 부적합한 기질을 타고난 인구의 인종요소들이나 그런 기질을 타고난 인종집단들은 억압당하면서 뒷전으로 밀려났다.

초기의 미분된 평화로운 문화가 약탈 문화로 변이하면서, 생존투쟁의 성격은 자연환경에 맞선 집단의 투쟁에서 인간환경에 맞선 집단의 투쟁으로 얼마간 변이했다. 이런 변이는 집단에 소속한 개인들의 반목과 적대 의식을 증강시켰다. 집단에 소속한 구성원의 성공 조건들뿐 아니라 집단의 생존 조건들도 얼마간 변했다. 그리고 집단을 지배한 정신적 태도가 차츰 변이했으며, 다양한 영역의 소질들과 버릇들도 공인된 생활도식에서 합법적으로 우세한 위치를 차지했다. 평화로운 문화 단계의 유산들로 간주될 수 있는 이런 고대의 특성들 사이에는 인류의 진실 감각과 평등 감각을 포함하는, 이른바 양심이라고 지칭되는, 공통 본능이 존재할뿐더러, 천진난만할 경우에는 공평하게 표현되는 기량 발휘 본능도 존재한다.

인간성은 근래에 발달한 생물학과 심리학을 적용받으면 습관의 차원에서 재설명되어야 할 것이다. 이렇게 재설명되는 인간성은 대체로 오직 고대의 특성들에만 부여될 수 있는 위상과 기반처럼 보인다. 이런 관점에서 생활 습관들은 워낙 우세한 성격을 띠므로 뒤늦은 훈련이나 짧은 훈련의 영향을 받지 않는다. 근래의 현대적 생활을 압박하는 특유한 위기들은 생활 습관들을 잠시 압도하기 십상이다. 이런 경향 때문에 현대의 생활 습관들은 지극히 오래된 훈련의 잔재효과들이라고 주장될 수 있다. 물론 훗날의 변동한 상황들에서 남자들은 부득불 그런 훈련의 내용들을 자주 이탈할 수밖에 없었다. 그래서 특유한 위기들의 압력이 감소할 때마다 생활 습관들은 거의 보편적으로 유행한다. 이런 경향은 다음과 같은 주장을 떠받친다. 즉, 고대의 특성들을 고정시켜 적합한 인간형의 정신적 기질에 합체시킨 과정은 상대적으로 매우 오랫동안 심각한 단절을 겪지 않고 부단히 지속될 수밖에 없었다. 이런 주장의 논지는 그런 과정이 낡은 의미의 습관화 과정이었느냐 아니면 인간형의 선택 적응 과정이었느냐는 문제의 영향을 심하게 받지는 않는다.

약탈 문화의 태동 시점부터 현재까지 신분체제도 줄곧 존재했고 개인과 계급의 대립체제도 줄곧 존재했다. 그런 체제들에 지배된 생활의 성격과 위기들은 다음과 같은 주장을 증명한다. 즉, 여기서 논의되는 기질의 특성들은 약탈 문화의 태동 시점부터 현재까지 거의 발생할 수도, 고정될 수도 없었다. 더 오래된 생활 방법에서 유래했을 이런 특성들은 현대의 문화에까지 전래되어 고정되기보다는 오히려 외견상 평화로운 약탈 문화의 쇠퇴기에나 말기에만 존속했으리라고 추정되어도 무방하다. 이런 특성들은 인종학적 유전형질들로서 나타나는데, 약탈 문화와 그것에 잇따른 금력 과시 문화에서 변동한 성공 요건들을 극복하고 유전된 듯이 보인다. 이런 특성들은 모든 개인에게 얼마간 공유되는 유전적 특질을 구성하는, 그리하여 인종을 연속시키는 광대한 기반에 의존에는, 끈질긴 유전력(遺傳力)에 편승하여 여태껏 존속한 듯이 보인다.

그런 일반적 특질은 심지어 엄밀하게 오랫동안 진행되는 자연선택 과정에서도 쉽사리 제거되지 않는다. 여기서 논의되는 고대의 특성들도 약탈 문화와 외견상 평화로운 문화에서 줄곧 그런 자연선택 과정에 종속되었다. 이런 고대의 평화로운 특성들은 야만적인 생활의 방법들에도 아니무스에도 매우 부적합하다. 야만 문화의 현저한 특성은 계급들 사이에도 개인들 사이에도 연발하는 경쟁과 대립이다. 이런 경쟁 법칙은 평화로운 미개인의 특성들을 상대적으로 더 적게 타고난 개인들과 후손들에게 유리하다. 그래서 경쟁 법칙은 고대의 평화로운 특성들을 배제하려는 경향을 띠므로, 여태껏 경쟁 법칙에 순종한 인간들 사이에서는 그런 특성들을 현저히 약화시킨 것이 확실하다. 기질의 야만적 유형에 부적합한 개인들과 후손들은 비록 극심하게 처벌받지는 않을망정 적어도 다소 일관된 억압에 시달리기 마련이다. 생활의 대부분이 집단에 소속한 개인끼리 벌이는 투쟁으로 점철되는 곳에서, 고대의 평화로운 특성들을 명백히 타고난 개인의 생존투쟁은 곤란할 수 있다.

여기서 추정되는 문화의 초기 단계와 다른, 아니면 그것보다 늦게 나타난, 이미 알려진 여느 단계에서나 선량한 본성, 공정성, 공평무사한 동정심 같은 성품들은 개인 생활을 뚜렷이 진전시키지 못한다. 물론 그런 성품들을 소유한 개인은, 그것들을 정상적인 이상형 남자의 최소 요건들로 여기며 강조하는 다수자들한테서 받을 수 있는 가혹한 처우를 모면할 수 있다. 그러나 경쟁체제에서는 개인이 그런 성품들의 부정적 간접효과를 무릅쓰더라도 그것들을 더 적게 소유할수록 더 편하게 살아갈 수 있다. 금력 과시 문화에서는 개인이 도덕심, 동정심, 정직성, 생명 존중심을 더 적게 소유할수록, 매우 광범한 방면에서, 더 쉽게 성공할 수 있다고 주장될 수 있다. 이런 인간형은 모든 시대에 대단히 성공한 남자들의 공통 유형이다. 물론 재력이나 권력을 기준으로 그렇게 성공했다고 평가될 수 없는 남자는 이런 인간형에 포함되지 않을 것이다. 그래서 (16세기 잉글랜드에서 생겨난) "정직이 최선책이다"라는 속담은 오직 협소하고 특수한 의미에서만 타당하다.

앞에서 간략히 고찰된 성격을 타고난 원시적이고 전약탈적이며 미개한 남자는, 서양 문화권의 계몽된 사회를 형성한 현대의 문명화된 조건들에 좌우되는 인생관을 적용받으면, 대단히 성공한 남자가 아니었다. 심지어 그런 원시적 남자에게 상속된 인간성의 유형을 고정시켰을 것이라고 가설(假說)되는 문화의 목적들이 감안되어도, 그리고 평화로운 미개인집단의 목표들이 감안되어도, 그런 남자는 경제적 장점들만큼이나 매우 다양하고 뚜렷한 경제적 단점들마저 겸비하는 듯이 보인다. 동료의식에서 파생하는 측은지심에 휘둘리지 않는 감각을 소유한 모든 남자는 이런 장단점들을 겸비하기 마련이다. 그런 남자는 장점을 아무리 발휘해도 "똑똑하지만 무익한 동료"[33]일 따름이다. 이렇게 추정된 원시적 성격유형의 단점들은 '활발하지만 불합리한 애니미즘 감각'과 결합하는 취약

---

33) clever good-for-nothing fellow: 이 표현은 미국 언론인·정치인 조지프 팅커 버킹엄(Joseph Tinker Buckingham, 1779~1861)의 1822년판 《신문·잡지들에서 선별된 산문들과 운문들 (Miscellanies Selected from the Public Journals)》(제2권)에 수록된 신원미상작가의 통속시 〈이지키얼과 집사(Ezekiel and the Deacon)〉의 한 행(行)이다. 여기서 "이지키얼"은 집사 스토크스(Stokes)를 놀려먹는 짓궂은 친구이고, 기독교 구약경전(히브리 경전) 《에스겔(Ezekiel; 예헤즈켈; Yehesgel; 예제키엘; Iezekiel)》의 주인공이 아니다.

성, 비능률성, 미흡한 창의력과 발명 재능, 유순하며 게으른 상냥함이다. 이런 특성들을 뒤따르는 다른 몇몇 특성은 집단생활의 편익을 향상시키므로 집단생활의 과정에 얼마간 상응하는 가치를 보유한다. 이런 특성들은 성실성, 평화정신, 선의(善意), 그리고 사람들과 사물들을 가리지 않는 평화롭고 공평무사한 관심이다.

약탈생활 단계가 시작되면서, 성공한 인간의 성격을 구성하는 필수 요건들도 변하기 시작한다. 남자들의 생활 습관은 인간관계의 새로운 도식에서 발생하는 새로운 위기들에 적응해야 한다. 이전에는 앞에서 열거된 미개한 생활의 특성들로써 표현된 것과 동일한 역량은 이제 변동한 자극들에 습관적으로 반응하는 새로운 집단에서 새로운 행동 노선대로 표현되어야 한다. 이전의 조건들에서는 생활의 편익이라는 기준에 뚜렷하게 부합한 방법들이 새로운 조건들에서는 그런 기준에 부합하지 못한다. 이전 상황의 특징이 관심들의 비교적 미미한 대립이나 분화(分化)였다면, 이후 상황의 특징은 부단히 더 치열해지고 더 협소해지는 경쟁이다. 약탈 문화의 성격과 후속하는 문화의 성격을 규정하는 특성들과, 신분체제에서 가장 적합하게 생존할 수 있는 남자의 유형들을 암시하는 특성들은 (본연대로 표현되면) 잔인성, 이기주의, 배타성, 서슴없이 폭행과 속임수를 일삼는 부도덕성이다.

경쟁체제의 엄격하고 오래된 원칙대로 진행된 인종형들의 선택은 여태껏 이런 특성들을 가장 풍부하게 타고난 인종요소들의 생존에 유리하게 작용하여 이런 성격의 특성들을 얼마간 현저히 우세하도록 만들었다. 그런 동시에 이런 특성들을 타고난 인종이 이전에 습득한 더 일반적인 습관들은 여태껏 집단생활의 목적들에 다소나마 부응하는 유용성을 결코 상실하지 않았으며 한시도 작동을 중단하지 않았다.

유럽의 장두금발형 남자는 약탈적 남자의 특성들을 이례적으로 많이 타고나기 때문에 근래의 문화에서 우세한 세력과 주도적 위상을 차지하는 듯이 보인다는 사실은 유념될 만하다. 그는 이런 정신적 특성들과 함께 강한 체력을 타고난다. 어쩌면 그런 체력은 집단들 사이와 혈통들 사이에서 진행되었을 선택의 결과일 것이다. 그렇듯 강한 체력과 결합한 정신적 특성들은, 특히 유한계급 제도의 발달 초기 단계에서는, 그것들을 타고난 개인의 모든 인종요소를 유한계급이나 주인계급에 귀속시키려고 주력했다. 이런 노력의 필요성은 정확히 모든 개인이 타고난 소질들만 모조리 발휘하면 확연히 성공할 수 있다고 의미하지는 않는다. 경쟁체제에서 개인의 성공 조건들은 계급의 성공 조건들과 반드시 일치하지는 않는다. 계급이나 당파는 배타성을 이용하거나, 우두머리에게 복종하는 충성심을 이용하거나, 소속집단의 주의(主義)나 교리를 고수하는 충심처럼 강력한 요소를 이용하면 성공할 수 있다. 그런 반면에 경쟁하는 개인은 충심이나 배타성을 결여한 미개인의 특성을 야만인의 체력, 의욕, 이기심, 부도덕성에 결합하면 소기의 목적들을 가장 쉽게 달성할 수 있다. 그런데 이기심과 부도덕성을 맹렬히 발휘하여 (나폴레옹처럼[34]) 엄청나게 성공한 남자들 중에는 신체적으로 장두금발형의 특성들보다 단두흑발형의 특성들을 더 많이 표현하는 남자가 드물지 않다는 사실은 주목받을 만하다. 그렇지만 이기심을 발휘했어도 평범하게 성공한 개인 대다수는 신체적으로 장두금발형의 인종요소를 타고난 듯이 보인다.

약탈생활 습관에서 파생한 기질은 경쟁체제에서 개인의 생활을 지속

---

34) Napoleonic: 프랑스 황제 나폴레옹 보나파르트(Napoleon Bonaparte, 1769~1821)처럼.

시키고 만족시킬 수 있다. 그런 동시에 그런 기질은 다른 집단들과 적대하여 경쟁하면서 생활하는 집단의 생존과 성공에도 이바지한다. 그러나 상대적으로 더 발달한 산업 집단들의 경제생활이 진화하면서, 집단의 이익은 집단에 소속한 경쟁적 개인의 이익과 상충하기 시작했다. 협동 능력에 의존하여 발달한 이런 산업 집단들은 생활 수단이나 생존권을 선취하려는 경쟁을 중단한다. 물론 이런 집단들의 지배계급들이 상속받은 약탈 습관대로 전쟁과 약탈을 일삼는 전통을 고집하면 경쟁은 재발할 수밖에 없다. 그렇지만 않다면 이런 집단들은 나름의 전통과 기질을 형성한 옛 상황들을 대체하는 다른 상황들의 압력을 받기 때문에 서로 적대하지 않는다. 이들의 실질적 관심들은, 어쩌면 집단의 명예를 중시할 관심들과 별개로, 상충하지도 않을뿐더러, 이들 중 어느 집단의 성공은 여타 집단의 생활을 현재에도 먼 장래에도 더 충실히 만족시킬 것이 틀림없다. 이제 모든 산업 집단은 저마다 여타 집단을 이기려는 경쟁에 실제로 관심을 기울이지 않는다. 그러나 집단들 각각에 소속한 개인들이나 개인적 인맥들은 그런 경쟁에 아직 무관심하지는 않다.

모든 현대사회의 집단적 관심은 산업 능률로 집중된다. 개인은 이른바 비천한 생산직종들에서 발휘하는 능률만큼 사회의 목적들에도 부응할 수 있다. 성실, 근면, 평화로움, 선심, 이타심, '습관적으로 인과관계를 인식하고 파악하는 심성'은 애니미즘에 심취하지만 않으면, 그리고 사건들의 추이에 간섭하는 여느 초자연적 영향력에도 의존하지 않으면, 이런 집단적 관심에 가장 충실히 부응한다. 이런 특성들에 포함되는 평범한 인간성의 미점이나 도덕적 우수성이나 일반적 장점과 명예도 이런 집단적 관심에 충분히 부응한다. 그래서 이런 특성들이 확실한 우세를 차지하고 유행해도, 그런 유행에서 파생한 집단생활 방식은 열광적 호응을 얻지는 못한다. 물론 그런 호응이 이 논의의 요점은 아니다. 현대 산업사회의 성공적 활동은 이런 특성들의 합류점에서 가장 확실히 보장된다. 그래서 현대 산업사회의 인력자원이 이런 특성들을 소유하는 만큼 그런 사회의 활동은 성공할 수 있다. 현대 산업 실태를 규정하는 환경에 그런 인력자원이 웬만큼 적응하려면 이런 특성들을 다소라도 구비해야 한다. 이런 특성들 모두가, 아니면 대부분이, 최고치로 발휘되면, 현대 산업사회의 복잡하고 포괄적이며 본실상 평화롭고 내우 징교하게 조직된 미커니즘은 가장 순조롭게 작동한다. 약탈적 남자는 비록 현대 집단생활의 목적들에 부응해도 이런 특성들을 별로 뚜렷하게 표출하지는 않는다.

그런 한편으로 경쟁체제에서 약삭빠른 상술(商術)과 파렴치한 경영은 개인의 즉시 이익에 가장 충실히 부응한다. 사회의 이익에 부응하는 것들이라고 앞에서 거명된 특성들은 개인에게는 이롭기보다 오히려 불리할 수 있다. 개인의 기질을 형성하는 이런 특성들은 개인의 역량을 금력 획득에 집중시키지 않고 다른 목적들로 분산시킨다. 또한 이런 특성들을 소유한 개인은 명확한 실력을 자유롭고 단호하게 발휘하여 쌓은 경력에 의존하기보다는 산업계의 무익한 간접 수단들에 의존하여 금력을 취득하려고 애쓴다. 산업 기질의 특성들은 개인을 매우 일관되게 방해한다. 경쟁체제에서 현대 산업 집단의 구성원들은 경쟁자들이다. 그중에 기회를 맞이하면, 양심을 팽개치더라도, 아무렇지 않게 동료를 속이고 가해할 수 있는 구성원은 개인의 즉시 이익을 가장 빠르고 확실하게 챙길 것이다.

앞에서 이미 고찰되었듯이, 현대 경제 제도들은 금력 취용 제도들과 산업 제도들로 얼추 양분된다. 이런 분류법은 업계들에도 적용될 수 있다. 금력취용업계[35]는 사유(私有)나 취득과 유관하고, 산업계는 제작이나 생산과 유관하다. 제도들의 발달 과정이 설명되면서 노출시킨 것은 업계들에도 적용될 수 있다. 유한계급의 경제적 이익은 금력취용업계에 있다. 노동계급들의 경제적 이익은 두 업계에 공존하지만, 대체로 산업계에 집중된다. 유한계급의 진입로는 금력취용업계를 통과하는 길이다.

이 두 업계는 서로 현저히 다른 소질들을 요구한다. 두 업계의 직업훈련들도 서로 다른 두 계열로 나뉜다. 금력취용업계의 직업훈련은 약탈적인 소질들과 아니무스를 보전하고 얼마간 함양시킨다. 이 훈련은 동시에 진행되는 두 과정을 포함한다. 하나는 금력취용업계에 종사하는 개인들과 계급들을 교육하는 과정이고, 다른 하나는 이 업계에 부적합한 개인들과 혈통들을 선별하여 억압하고 배제하는 과정이다. 이 훈련은 세 가지 전제조건을 요구한다. 첫째, (금력을 더 많이) 취득하여 사유하려는 경쟁 과정이 남자들의 생각 습관을 규정해야 한다. 둘째, 그들은 오직 교환가치로 환산할 수 있는 자산을 사유하고 가치들을 변환하여 자산을 관리하고 운용하는(굴려먹는) 경제적 기능들만 수행해야 한다. 셋째, 그들의 경제생활 경험은 약탈적인 기질과 생각 습관을 존속시킬 수 있고 강화할 수 있어야 한다. 현대의 평화로운 체계에서 취득 생활은 약탈적인 습관들과 소질들 중에 대체로 평화로운 것들을 육성하기 마련이다. 요컨대, 금력취용업계에서 진행되는 직업훈련은 재래식 강탈 방법에 포함되는 수법들보다는 오히려 사기(속임수)에 포함되는 온갖 잔기술들을 종

---

35) 金力取用業界(pecuniary employments): 이 업계에는 정치, 종교업, 교육업, 법률업(法律業), 군무(軍務), 기업경영, 상업의 대부분, 무역이나 교역, 금융업(은행업, 신탁업, 보험업, 증권업, 주식거래, 전당업), 투자업, 대부업(貸付業), 관광여행업, 운수업, 부동산중개업, 사채업, 투기, 도박 따위가 포함된다.

유한계급론

사자들에게 숙달시킨다.

　약탈 기질을 보전하기 쉬운 이런 금력취용업계는 사유(私有) − 유한 계급의 고유한 직접기능 − 와 유관할뿐더러 취득과 축재를 보조하는 간접기능들과도 유관하다. 이 업계는 상쟁하는 산업체들의 사유(私有)와 관련된 경제적 과정에 동참하는 계급 구성원들과 그들의 직책들을 포함하고, 특히 자산운용 수법들에 속하는 경제 경영을 전담하는 임직원들과 직책들을 포함한다. 이 업계에는 상업적 직책들의 대부분이 포함될 것이디. 이런 직책들이 가장 유력하게 가장 확실히 발달하면 이른바 "대기업 회장"이라는 경제적 직위를 형성한다. 대기업 회장은 유능한 남자가 아니라 교활한 남자이고, 그의 자격은 산업을 주관할 자격이 아니라 금력을 주관할 자격이다. 그가 주관하는 산업 행정은 일반적으로 용인된다. 그러나 생산 공정과 산업 조직을 가동하는 기계적으로 유효한 잡무(雜務)들은 "실리적" 심성을 미비한 부하들 − 행정 능력을 갖추기보다는 실무 솜씨를 갖춘 남자들 − 에게 일임된다. 일반적 비영리업들도 인간성을 교육하고 선별하여 규정하려는 경향을 띠면 금력취용업계로 분류될 수 있다. 정치, 종무(宗務: 종교업), 군무(軍務: 군사업)도 금력취용업계에 포함된다.

　금력취용업계의 명예도 산업계의 명예보다 훨씬 높게 평가받을 수 있다. 이래서 유한계급의 명예 기준은 차별 목적에 부응하는 소질들의 위신(威信)을 떠받칠 수 있다. 유한계급의 점잖은 생활도식도 약탈적 특성들의 존속과 함양을 촉진할 수 있다. 업계별 직업들의 명예는 차등화(差等化)된다. 경제적 직업들 중에 강대한 금력의 사유(私有)와 직결되는 직업들의 명예는 당연히 최상급이라고 인식된다. 은행업이나 법률업처럼 사유와 자산운용을 직접 보조하는 직업들의 명예는 상급이라고 인식된다. 은행업도 대규모 사유를 암시하는데, 은행업에 달라붙는 위신의 몫이 바로 그런 암시를 가능하게 만드는 것이 확실하다. 법률업은 대규모 사유를 암시하지 않는다. 그러나 경쟁 목적 이외의 여타 목적에 부응하는 실용성의 기미조차 법률업에는 달라붙지 않기 때문에, 법률업의 명예는 인습대로 상급에 속한다고 인식된다. 변호사는 자신의 변론을 관철하거나 검사의 논고를 무산시키는 온갖 약탈적 기만 수법들에 배타적으로 종사한다. 그래서 변호사의 성공은 여태껏 남자들의 경외심(敬畏心)을 줄곧 휘어잡은 야만적 교활성을 다분히 타고난 재주꾼의 징표로서 인식된다. 상업적 직업들이 사유의 요소를 미비하고 실용성의 요소를 많이 갖추면 기껏해야 중급 명예밖에 인정받지 못한다. 이런 직업들 각각은 충족시키는 욕구의 등급에 상응할 만한 등급의 명예를 인정받는다. 그래서 저급한 생필품을 판매하는 소매업의 등급은 수공업이나 공장 노동과 동급으로 격하된다. 육체노동뿐 아니라 심지어 기계를 직접 사용하는 작업도 명예롭게 인식될 가망은 불확실하다.

금력취용업계의 직업훈련은 반드시 일정한 자격을 요구한다. 산업계의 규모가 커지면, 금력취용은 잔꾀를 부리는 교활한 경쟁의 성격을 조금씩 잃기 시작한다. 경제생활의 이런 국면을 마주치는 인구가 꾸준히 증가하면, 금력취용은 경쟁자를 속이거나 착취한다고 직접 암시하지 않을 만큼 일상화된 직업으로 변질된다. 그러면 금력취용업계에서는 주로 하급자들부터 약탈 습관을 엄수할 의무를 면제받는다. 이런 의무를 면제받을 자격은 사유(私有)와 행정을 담당하는 직책들에는 사실상 영향을 끼치지 않는다.

기술과 신체를 직접 사용하는 생산직에 종사하는 개인들이나 계급들의 상황은 다르다. 그들의 일상생활은 금력취용업계에서 진행되는 경쟁과 차별의 동기들과 수법들을 습관화하는 과정과 동일하지 않다. 그들은 기계적 사실들과 연쇄효과들을 파악하고 조정하며 인간 생활의 목적들에 비추어 평가하고 실용하느라 부단히 노력한다. 그들의 인구가 감안되면, 산업 과정의 교육효과와 선별 작용은 산업 과정을 직접 실행하는 그들의 생각 습관을 집단생활의 공평무사한 목적들에 적응시킨다. 그들을 그렇게 교육하고 선별하는 산업 과정은 인류의 야만적 과거부터 현재로 유전되어 계승된 유별나게 약탈적인 자질들과 성정들의 퇴화를 촉진한다.

그래서 집단의 경제생활은 집단구성원 모두에게 균일한 교육효과를 발휘하지 않는다. 금력 과시 경쟁과 직결되는 경제활동들은 약탈 기질의 특성들을 얼마간 보전하는 경향을 띤다. 그런 반면에 재화 생산과 직결되는 생산직종은 대체로 그런 특성들을 제거하는 경향을 띤다. 그렇지만 생산직종과 관련하여, 거의 모든 생산직 종사자가 (예컨대, 임금과 급료를 결정하고 소비재를 구매하면서 벌이는) 금력 과시 경쟁의 문제들에도 관련된다는 사실만은 기억되어야 할 것이다. 그러므로 이렇게 직업들의 등급을 차별하는 분류법은 인간들의 계급을 차별하는 확고한 분류법이 결코 아니다.

현대의 산업계에서 유한계급의 직업들은 그렇듯 약탈적인 습관들과 소질들을 얼마간 생생하게 보전한다. 유한계급의 구성원들이 산업 과정에 참여하는 한에서, 그들의 직업훈련은 그들의 야만적 기질을 보전하기 십상이다. 그러나 다른 방면에서도 설명되어야 할 것이 있다. 중노동을 면제받을 수 있는 개인들은 비록 평균치를 훨씬 벗어나는 신체 형질과 정신 기질을 한꺼번에 타고났어도 각자의 특성들을 보존하고 유전할 수 있다. 유전형질들을 보존하고 유전할 기회들은 환경 압력을 최소로 받는 계급들에게 최대로 부여된다. 유한계급은 산업 상황의 압력을 얼마간 면피하기 때문에 평화롭거나 미개한 기질을 이례적으로 다분히 상속받기 마련이다. 그렇게 평균치를 벗어나거나 이례적인 형질을 타고난 개인들은 하류계급처럼 즉각 억압당하거나 배제당하지 않고 전약탈적 방식으로 생활하기 십상일 것이다.

전약탈적 생활자는 실재하는 듯이 보인다. 예컨대, 상류계급들에서도 자선사업을 실행하려는 성향을 타고난 구성원이 적잖을뿐더러 개혁하고 개선하려는 노력을 지지하는 분위기마저 어지간히 감지된다. 더구나 자선하려거나 개혁하려는 이런 노력의 대부분은 원시 미개인을 특징짓는 친절한 "민활성"과 산만성(散漫性)의 표시를 포함한다. 그러나 이런 사실들이 '격세유전은 하류계급보다 상류계급에서 더 자주 진행된다는 주장'의 증거들인지 여부는 아직 불확실하다. 설령 자선하려는 성향과 개혁하려는 성향이 빈곤계급들에게 유전되더라도 쉽사리 표현될 수는 없을 것이다. 왜냐하면 빈곤계급들은 이런 성향들을 유효하게 표현할 수단, 시간, 역량을 미비하기 때문이다. 이 사실들은 워낙 자명해서 거의 의심될 수 없다.

오늘날 유한계급의 신입자들은 금력을 취용하여 성공한 자들이라서 어쩌면 약탈적 특성들을 평균치보다 더 많이 타고났을 자들이라는 사실도 아울러 기억되어야 한다. 유한계급의 진입로는 금력취용업계를 통과하므로, 이 업계는 오직 약탈 시험을 통과할 만한 금력을 취용하는 가문만 선택하고 적응시켜 상위금력계급들로 진입시킨다. 그리고 이런 상위

금력계급들의 여느 구성원이나 비약탈적 인간성의 유전형질을 드러내는 즉시 축출되어 하위금력계급들로 강등된다. 상위금력계급에 잔류하려는 가문은 금력을 취용·과시해버릇하는 기질을 간직해야 한다. 그렇지 못한 가문은 재산을 탕진하고 소속 계급에서 축출되어 강등될 것이다. 이렇게 몰락한 가문은 실제로 허다하다.

연속 선택 과정은 유한계급의 연속성을 유지한다. 그런 과정을 거치면서 공격적 금력취용 경쟁에 현저히 적응한 개인들과 가문들은 하위금력계급을 탈출한다. 상위금력계급으로 승격하려고 얼망하는 개인이나 가문은 적어도 금력취용 재능들의 평균치를 타고나야 할뿐더러 계급 상승의 중대한 난관들을 극복할 수 있을 만큼 그런 재능들을 우수하게 발달시켜야 한다. 횡재한 졸부들이 아닌 유한계급의 "신참들(nouveaux arrivés)"은 연속 선택 과정에서 선택된 자들이다.

이런 선택적 진입 과정은 당연히 여태껏 줄곧 진행되었다. 이 과정은 금력 과시 경쟁이 유행하면서부터, 그러니까, 유한계급 제도가 최초로 정착하면서부터 시작되었다. 그러나 선택의 정확한 이유는 늘 똑같지만은 않아서 그랬는지 선택 과정의 결과들도 늘 똑같지만은 않았다. 초기 야만 단계나 본격적 약탈 단계의 적격 요건은, 소박하게 표현되면, 용맹성이었다. 유한계급에 진입할 수 있는 후보자는 당파심, 당당한 체격, 잔인성, 악랄성, 집요한 목적의지(目的意志)를 타고나야 했다. 이것들은 재산을 축적하고 보전하는 데 유리한 자질들이라고 생각되었다. 그런 시대에 유한계급의 경제기반은, 훗날에도 그렇듯이, 사유재산이었지만, 재산축직 방법들과 재산 보전용 필수 자질들은 야탈 문화이 초기부터 얼마간 변이하기 시작했다. 초기 야만 문화에서는 유한계급의 특성들 중에 과감한 공격성, 예민한 신분 감각, 기만적 교활성(狡猾性)이 선택되어 우세해졌다. 유한계급의 구성원들은 각자의 용맹성을 유지할 동안에는 유한계급에 소속할 수 있었다. 후기 야만 문화의 외견상 평화로운 신분체제에서 사회는 안정된 취득 방법과 사유 방법을 획득했다. 투박한 공격과 대단히 무절제한 폭행은 교활한 책동과 꼼수로 대체되었고, 그런 책동과 꼼수는 가장 우수한 재산 축적 방법들이라고 인정받았다. 그것들과 다른 자질들 및 성품들은 유한계급에서 보전되었을 것이다. 능란한 공격력뿐 아니라 그것과 관련된 당당한 체격도 잔인하리만치 집요한 신분 감각과 결합하면 여전히 유한계급의 가장 자랑스러운 특성들이라고 인식되었을 것이다. 이 특성들은 서양의 전통들 속에서 여태껏 "귀족 덕목들"의 표본들로서 잔존했다. 그러나 이 특성들은 조심성, 검약, 꼼수처럼 중뿔나지 않는 금력의 덕목들과 결합하면서 보완되었다. 세월이 흐르고, 근대의 금력 과시 문화가 평화로운 단계로 이행하면서, 조심하고 검약하며 기만하는 자질들과 습관들은 금력의 목적들에 상대적으로 더 충실히 부합하는 효력을 획득했고, 유한계급으로 진입하여 잔류할 수 있는 신참의 선택 과정에서 상대적으로 더 중요시되었다.

선택 이유도 여태껏 변해서 그런지 현재의 유한계급에는 오직 금력을 취용·과시하는 자질들의 소유자만 진입할 수 있다. 약탈적 야만인의 특성들 중에도 집요한 목적 의지나 일관된 목표 의지는 여태껏 존속했다. 그런 의지는 성공한 약탈적 야만인과 그에게 밀려난 평화로운 미개인을 구별시킨 차이점이었다. 그러나 이런 특성이 금력취용업계의 성공한 상류계급 남자와 산업계의 각급 남자들을 구별시키는 차이점이라고 규정될 수는 없다. 현대 산업계의 각급 남자들에게 적용되는 직업훈련과 선택 과정도 이런 특성에 결정적 중요성을 비슷하게 부여한다. 집요한 목적 의지는 차라리 상류계급 남자들 및 산업계의 각급 남자들 모두와 다른 두 부류의 남자들 — 게으른 놈팡이들과 하류계급 불량배[36]들 — 을 구별시키는 차이점일 수 있다. 각자의 천성만 감안되면, 산업계 남자가 착한 게으른 놈팡이와 비견될 수 있듯이, 금력취용업계 남자는 산업계 남자와 비견될 수 있다. 금력취용업계 남자의 전형은 불량배의 전형을 닮았다. 왜냐하면 불량배의 전형은 재화와 인력을 파렴치하게 횡령해서라도 자신의 목석을 달성하고, 타인들의 감정과 소망을 야멸차게 무시해버리며, 자신의 행실들에서 파생할 간접결과들마저 아랑곳하지 않기 때문이다. 그러나 금력취용업계 남자는 예민한 신분 감각을 소유할뿐더러 더 원대한 목적을 달성하려고 더 일관되게 더 멀리 내다보며 일하기 때문에 불량배와 다르다. 이 두 가지 전형의 기질적 유사성은 "스포츠"와 도박에 열중해버릇하고 무목적(無目的) 경쟁을 즐겨버릇하는 습성으로서 더 뚜렷이 드러난다. 금력취용업계 남자의 전형은 약탈적 인간성의 동반 변종들 중의 하나라서 그런지 불량배를 절묘하게 닮은 듯이 보인다. 거의 모든 불량배는 미신적 생각 습관을 공유한다. 불량배는 행운, 주문(呪文), 점사(占辭), 운명, 징조나 예감, 샤머니즘 의례를 아주 진지하게 미신해버릇한다. 이런 습성은 유리한 상황에서는 노예적이고 광신적인 열의(熱意)로 표현되거나 종교의례 절차를 철저히 엄수하는 집념(執念)으로 표현되기 십상이다. 어쩌면 이런 습성은 종교로 간주되기보다 오히려 몰입으로 간주되어야 더 합당할 것이다. 이런 관점에서 산업계 남자나 게으른 놈팡이보다는 금력취용업계와 유한계급이 불량배의 기

---

36) 下流階級 不良輩(lower-class delinquent): 하류계급의 무뢰한(無賴漢), 무뢰배, 불한당(不汗黨), 무법자, 깡패, 양아치 따위도 불량배로 분류될 수 있다.

질을 더 많이 공유하는 듯이 보인다.

현대 산업사회에서, 아니면 금력 과시 문화권에서, 생활은 특정한 자질들과 성질들을 선택하여 발달시키고 보전한다. 현행되는 이런 선택 과정은 단순히 기정된 불변하는 인종형을 유전시키는 경향만 띠지는 않는다. 이런 과정은 인간성을 오히려 과거로부터 유전된 인간성의 모든 유형들 혹은 변종들과 몇몇 측면에서 다르게 변이시키는 경향을 띤다. 진화의 목표점은 단일하지 않다. 진화하면서 정규화(定規化)될 수 있는 기질은 이미 더 확고한 목표점을 지향하는 ― 더 확연히 단일한 목적을 달성하려고 더 집요하게 노력하는 ― 인간성의 오래된 변종들 중 어느 것과도 다르다. 경제론의 관점에서, 선택 과정의 목표점은 이런 방면에서는 대체로 단일하게 보인다. 그래도 이런 발달궤도(發達軌道)를 벗어나는 상당히 중요한 경향도 가끔 생겨난다. 그러나 이렇게 일반적 경향을 벗어나는 발달궤도는 단일하지 않다. 경제론의 관점에서, 다른 방면들의 발달은 상이한 두 궤도로 진행되는 듯이 보인다. 개인들의 자질이나 소질을 선택하여 보전하는 한에서, 이 두 궤도는 각각 금력 과시 궤도와 산업 궤도라고 지칭될 수 있다. 성향들이나 정신 기질이나 아니무스의 보전과 관련되면, 이 두 궤도는 각각 '차별 궤도나 자존(自存) 궤도'와 '무차별 궤도나 경제 궤도'라고 지칭될 수 있다. 두 발달 방향에서 습관화되는 지능이나 인식이 감안되면, 금력 과시 궤도는 능동성, 질적(質的) 인간관계, 신분이나 가치를 중시하는 개인적 관점이라고 특정될 수 있으며, 산업 궤도는 수동성, 양적(量的) 인간관계, 기계적 능률이나 용도를 중시하는 비개인적 관점이라고 특정될 수 있다.

금력취용업계는 이 두 가지 자질들과 성질들 중에 금력 과시 궤도의 것들을 주로 발동시키고 선택하여 금력취용업계에 보전한다. 그런 한편에서 산업계는 주로 산업 궤도의 자질들과 성질들을 발동시키고 보전한다. 이 두 가지 자질들과 성질들이 심리학적으로 모조리 샅샅이 분석되면 단지 기정(旣定)된 기질적 성향의 다각적 표현들일 뿐이라고 증명될 것이다. 금력 과시 궤도에 포함되는 자질들, 아니무스, 관심사들은 개인의 통일성이나 단일성에 의존하면 인간성의 기정된 변종을 나타내는 표현들로 간주될 수 있다. 이 관점은 산업 궤도에도 적용될 수 있다. 두 궤도가 양자택일될 수 있는 두 갈래 인생길이라고 생각될 수 있다면, 개인들은 저마다 두 인생길 중 어느 하나를 다소 일관되게 선호할 것이다. 금력 과시 생활은 대체로 야만적 기질을 보전하는 경향을 띤다. 그러나 야만적 기질이 보전되려면, 초기 야만인을 특징지은 신체가해를 일삼는 성질이 반드시 꼼수와 타산습성(打算習性)이나 행정능력으로 대체되어야 한다. 이런 꼼수가 파괴적 약탈을 얼마나 대체할지는 불확실할 따름이다. 금력취용업계에서 선택작용은 이런 방향으로 매우 일관되게 진행되지만, 금력 과시 생활의 원칙은 소득경쟁을 벗어나면 동일한 효과를 일관되게 발휘하지 못한다. 시간과 재화를 소비하는 현대 생활의 원칙은 귀족의 덕목들을 명확하게 배제하지도 못하고 부르주아의 덕목들을 명확하게 발달시키지도 못한다. 체면치레하는 전통적 생활도식은 오래된 야만적 특성들의 현저한 발동을 요구한다. 이런 전통적 생활도식의 세부요건들 중에 이런 요구와 관련된 몇몇은 '여가'를 고찰한 이전 단원들에서 검토되었고, 이후 단원들에서는 다른 세부요건들이 검토될 것이다.

여태껏 진행된 논의에서 확인되있듯이, 유한게급 생활과 유한계급 생활도식은 야만적 기질의 보전을 촉진하기 마련이다. 그런 생활과 생활도식은 주로 외견상 평화로운 변종이나 부르주아적 변종을 보전할뿐더러 약탈적 변종마저 얼마간 보전한다. 그래서 방해 요인들만 없다면, 사회 계급별로 다르게 타고나는 기질의 유래가 추적될 수 있을 것이다. 귀족과 부르주아의 덕목들은, 그러니까 파괴적이고 금력 과시적인 특성들은, 주로 상류계급들 사이에서 발견될 것이고, 산업계의 덕목들은, 그러니까 평화로운 특성들은, 주로 공업(제조업)에 종사하는 계급들 사이에서 발견될 것이다.

이런 구분은 총괄적이고 가변적인 관점에서는 타당할 수 있지만, 구분의 기준은 기대만큼 쉽게 적용될 수도 없을뿐더러 결정적인 것도 아니다. 이런 추적을 부분적으로 좌절시키는 몇 가지 이유가 있다. 모든 계급은 금력 과시 투쟁에 얼마간 가담하므로, 모든 계급에서 금력의 특성들을 소유한 개인의 성공률과 생존율이 높다고 인식된다. 금력 과시 문화가 우세한 모든 곳에서 남자들의 생각 습관을 규정하는 선택 과정은, 그리고 상쟁하는 가문들의 생존을 결정하는 선택 과정은, 거의 언제나 금력 취용에 적합한 자질을 기준으로 진행된다. 그리하여 만약 금력 취용 능력과 산업 능력이 실제로 완전히 상반하지는 않는다면, 모든 직업의 선택작용은 금력 과시 기질을 완전히 우세하게 만들기 십상일 것이다. 그러면 여태껏 "경제인(economic man)"이라고 인식된 것이 인간성의 정규적이고 결정적인 유형으로서 성립할 것이다. 그러나 오로지 자익(自益)에만 관심을 쏟고 오로지 타산적 인성만 지닌 "경제인"은 현대 산업의 목적들에 전혀 부응하지 않는다.

현대 산업은 현행하는 노동에 일반적인 공평무사한 관심을 요구한다. 이런 관심이 없다면 산업의 세부 과정들은 진행될 수 없을뿐더러 정말이지 상상조차 될 수 없다. 노동에 요구되는 이런 관심은 한편으로는 노동자와 범죄자를 구별시키고 다른 한편으로는 노동자와 대기업 회장을 구별시킨다. 집단생활이 지속되려면 노동은 반드시 실행되어야 하므로, 결국에는 특정한 업계의 내부에서 노동에 적합한 정신 자질을 우선시하는 조건부 선택이 진행된다. 그러나 산업계에서도 금력 과시 특성들을 선택하여 배제하는 과정은 모호하므로 야만적 기질은 산업계에도 분명히 잔존한다고 충분히 인정되어야 할 것이다. 이런 맥락에서 현존하는 유한계급의 성격과 서민들의 성격은 명확하게 구분될 수 없다.

사회의 모든 계급에서 체득되는 생활 습관들의 존재도 계급별 정신 기질의 차이와 관련된 모든 문제를 모호하게 만든다. 왜냐하면 그런 생활 습관들은 유전되는 특성들을 흡사하게 모방하는 동시에 모방한 특성들을 사회 구성원 전체에게 체득시켜 발달시키기 때문이다. 이렇게 체득된 습관들이나 체질화된 형질들은 귀족계급에서 가장 널리 공유된다. 명예의 본보기로서 유한계급의 규범적 지위는 여태껏 유한계급용 인생관의 많은 특징을 하류계급들에게 강요했다. 그래서 사회의 도처에서는 언제나 귀족의 이런 특성들이 다소 집요하게 장려되었다. 그러니까 이런 특성들은 서민들 사이에서 유한계급의 교훈과 모범에 저촉하는 특성들보다 더 오래 존속할 수 있다. 이런 맥락에서 귀족적 인생관을 계승시키고 결국에는 다소 오래된 형질들을 유전시키는 한 가지 중요한 통로는 앞에서 고찰된 가노계급(家奴階級)일 것이다. 이들은 주인계급과 접촉하면서 '장점과 미점을 따지는 편견들'을 주입받고, 하인계급의 구성원들에게 그런 편견들을 상기시키므로, 상류계급의 이상형들을 다른 계급에게 선전하느라 시간을 낭비하지 않아도 사회에 널리 선전할 수 있다. 상류계급 문화의 많은 요소는 서민들에게 급속히 흡수되므로, "하인은 주인을 닮는다"[37]라는 명언은 흔히 생각되는 것보다 훨씬 더 의미심장하다.

금력의 장점들을 존속시킬 수 있는 계급별 차이들을 감소시키는 또 다른 사실들이 있다. 금력 과시 투쟁은 인구의 다수를 결식계층(缺食階層)으로 강등시킬 수 있다. 결식은 생필품들의 부족이나 체면치레용 필수 소비품들의 부족과 직결된다. 이 두 가지 필수품 중 어느 것이라도 미비한 개인들은 신체적 욕구와 더 고급한 욕구를 불문한 일상적 욕구들의 충족 수단을 취득하려면 치열하게 상쟁해야 한다. 곤경을 무릅쓰더라도 자신을 과시해야 하는 투쟁의 긴장은 투쟁하는 개인의 모든 역량을 소진시켜버린다. 그는 오직 자신을 더 돋보이게 과시하려는 목적들만 달성하려고 진력하므로 갈수록 더 편협한 이기주의자로 변한다. 이런 과정에서 산업적 특성들은 불용(不用)되다가 퇴화하기 십상이다. 그리하여 유한계급 제도는 금력 과시용 체면치레의 도식을 강조하고 하류계급들의 생활수단을 최대한 박탈하여 인구 대다수의 금력 과시 성향을, 간접으로, 보전한다. 그러면 본래 오직 상류계급에만 속했던 인간성의 전형에 하류계급들마저 동화되어버린다.

그래서 상류계급의 기질과 하류계급의 기질은 대동소이하게 보인다. 그러나 두 기질의 차이를 무색하게 만드는 유력한 두 원인 중 하나는 유한계급의 규범적 본보기이고, 다른 하나는 유한계급 제도를 지탱하는 명백한 과시적 낭비 원칙과 금력 과시 경쟁 원칙을 편애하는 서민들의 심

---

37) Like master, like man: 이것은 고대 로마 작가 페트로니우스(Petronius, 27~66)의 풍자소설《사튀리콘(Satyricon)》제58장에서 '트리말키오(Trimalchio)의 친구이자 아스퀼토스(Ascyltos)의 적수(敵手)'라는 인물이 기톤(Giton)이라는 아름다운 노예소년을 모욕하면서 내뱉는 말이다. 이 소설에서 트리말키오는 본래 노예였지만 포도주 장사로 일확천금하여 면천한 지극히 속악한 자유민이고, 아스퀼토스는 소설의 주인공 엔콜피우스(Encolpius)의 친구이면서 기톤을 독차지하려는 경쟁자이다.

성이다. 유한계급 제도는 사회의 산업 능률을 저하시키고 현대 산업생활의 위기 상황들에 대처하는 인간성의 적응을 지연시킨다. 유한계급 제도는 '유행하거나 유력한 인간성'을 보수화할 수 있는데, 두 가지 방식으로 그리할 수 있다. 두 방식 중 하나는 (1) 유한계급 내부의 모든 구성원뿐만 아니라 외부의 모든 혈족에게까지 고대의 특성들을 직접 유전시키고, 다른 하나는 (2) 고대 체제의 전통들을 보전하고 강화하여 유한계급 혈족의 외부에서도 야만적 특성들을 존속시킬 수 있는 기회를 늘린다.

그러니 현대인들 사이에서 그런 특성들이 잔존하느냐 제거되었느냐는 문제에 응답할 수 있는 중요한 자료들을 취합하거나 정리하려는 노력은 여태껏 거의 실행되지 않았다. 그래서 이 단원에서 채택된 관점을 옹호할 수 있는 현실적 방법은 오직 일상에서 쉽사리 관찰되는 사실들을 개관(槪觀)하는 논평뿐이다. 그런 논평은 어차피 무미건조하고 지루할 수밖에 없더라도 이 단원에서 아주 빈약하게나마 시도된 논증을 보완하려면 필요한 듯이 보인다. 그래서 후속하는 단원들에서는 일상적 사실들을 개관하는 논평들이 감행될 것이다.

제10장
현대에 잔존하는 용맹성의 유산들

유한계급은 산업사회에 소속하여(in) 살아가기보다는 의존하여(by) 살아간다. 유한계급과 산업의 관계는 생산 관계라기보다는 금력 관계이다. 금력 취용 소질들의 발휘는 유한계급의 자격요건이다. 그런 소질들은 사역(직무수행)보다는 취득에 더 적합하다. 그래서 연속 선택 과정을 거쳐 선별된 인력자원이 유한계급을 구성하고, 이런 선택의 기준은 금력 취용에 적합한 소질이다. 그러나 유한계급 생활도식은 대체로 과거의 유산이고, 야만시대 초기의 습관들과 이상형들을 아주 많이 구현한다. 이렇게 오래된 야만적 생활도식은 하류계급들에게도, 다소 느슨하게, 강요된다. 관습들에 포함되는 이런 생활도식은 인력자원을 선택하고 교육하여 정형(整形)한다. 생활도식의 이런 작용은 주로 야만시대 초기에 ― 용맹성과 약탈생활의 시대에 ― 속하는 특성들, 습관들, 이상형들을 보전하는 방향으로 진행된다.

***

유별난 호전성(好戰性)은 약탈 시대의 남자를 특징짓는 고풍스러운 인간성을 가장 명료하게 직접 표현한다. 약탈 활동이 집단적으로 실행되는 곳에서 호전성은 군인정신이나 상무 정신이라고 빈번히 지칭될뿐더러 근래에는 애국심이라고 지칭되기도 한다. 유럽 문명국가들의 세습 유한계급에서 군인정신을 타고나는 구성원들의 비율은, 아주 당연하게도, 중류계급들에서 군인정신을 타고나는 구성원들의 비율보다 더 높다. 실제로 유한계급은 유별난 긍지를 과시할뿐더러 분명히 그럴만한 몇 가지 이유도 있다. 전쟁은 명예롭다고 인식되므로, 호전적 용맹성은 남자 대나수의 눈에는 무척 명예롭게 보인다. 호전적 용맹싱을 예찬하는 습성은 전쟁 예찬자에게 유전된 약탈 기질의 가장 확연한 증거이다. 전쟁에 열광하는 습성과 그것을 정확히 반영하는 약탈 기질은 상류계급에서 가장 우세할뿐더러 세습 유한계급에서는 특히 더 우세하다. 또한 상류계급의 외견상 중요한 직업은 정치일뿐더러, 정치의 기원이나 발달 과정이 감안되면, 정치도 약탈적 직업이다.

세습 유한계급을 상대하여 호전적 정신 습성의 명예를 어떻게든 다툴 수 있는 유일한 계급은 어쩌면 하류계급 불량배뿐일 것이다. 평소에는 산업계급들의 대다수가 호전적 현안들에는 비교적 냉담하다. 산업사회의 유력한 세력을 구성하는 이런 서민 대다수는, 흥분하지 않으면, 자신을 방어하는 싸움을 제외한 모든 싸움을 싫어한다. 정말이지 그들은 심지어 방어태세를 요구하는 도발에도 머뭇거리다가 한발 늦게 대응한다. 상대적으로 더 문명화되거나 산업을 더 발달시킨 사회들에서는 서민들의 호전적 공격성이 감소할 수 있다. 그렇다고 산업계급들 사이에서 군인정신을 중뿔나게 표출하는 개인들의 총원(總員)이 현저히 감소하지는 않는다. 더구나 오늘날 유럽의 최소 2개국에서나 더 많은 국가에서 감행되고 미국에서도 당분간 감행될 듯이 보이는 국지적 도발도 인구 대다수를 자극하여 잠시나마 전쟁에 열광시킬 수 있다. 그러나 모든 현대 문명사회의 대중은 그런 일시적 열광에 휩싸이지 않으면, 그리고 상류계급과 최하계급의 개인 대다수와 유사하게 고대의 약탈 기질을 타고난 개인들이 아니라면, 타성(惰性)에 워낙 심하게 젖어서, 당면한 침공에 대응하는 전쟁을 제외한 여타 전쟁을 불가능하게 만들 것이다. 왜냐하면 평범한 남자들의 습관과 소질은 전쟁보다 더 평범한 다른 방면들의 활동을 강화하기 때문이다.

이런 계급별 기질들의 차이는 한편으로는 계급들에게 습득되어 유전된 특성들의 차이에서 파생할 수 있겠지만, 다른 한편으로는 인종들을 분화시킨 차이와도 얼마간 상응하는 듯이 보인다. 저마다 판이한 인종요소를 타고나는 사회계급들로 구성된 국가들에서는 계급별 기질들의 차이가 뚜렷하지만, 인종학적 동질성을 상대적으로 더 많이 공유하는 인구를 가진 국가들에서는 계급별 기질들의 차이가 흐릿하다. 이런 차이를 뚜렷이 드러내는 국가들에서 유한계급의 신입자들은 동시대를 살아가는 고대 귀족 가문의 상속자들과 비교되면, 대체로, 군인정신을 더 미미하게 표현한다는 사실은 주목될 만하다. 유한계급의 이런 신참들은 근래에 서민층에서 배출되었고, 고대의 용맹성에는 포함될 수 없는 특성들과 습성들을 발휘하여 유한계급으로 승격할 수 있었다.

유한계급 본연의 호전적 언동뿐만 아니라 결투제도(決鬪制度)도 똑같이 우월한 전투태세를 표현한다. 그래서 결투는 유한계급 제도이다. 결투는 본질적으로 견해차를 끝끝내 해소하려는 얼마간 계획적인 싸움이다. 문명사회들에서 결투는 오직 세습 유한계급이 존재하는 곳에서만,

그리고 거의 오로지 유한계급에서만, 정상적인 현상으로 인식되면서 유행한다. 그렇지 않으면 (1) 평소에는 유한계급에 소속하면서 특수하게는 약탈적 생각 습관을 훈련받는 육·해군장교들 사이에서, 그리고 (2) 비슷한 약탈적 성질과 습성을 물려받거나 훈련받든지 아니면 물려받는 동시에 훈련받는 하류계급 불량배들 사이에서 이례적으로 결투가 유행한다. 그러니까 오직 상류계급 신사와 하류계급 불량배만이 견해차를 해결하느라 걸핏하면 결투를 일삼아도 이상하게 인식되지 않는다. 보통 남자는 평소에 오직 도발적 자극에두 착잡하게 반응하는 습관들을 압도할 만큼 격분하거나 술김에 흥분해야만 결투를 감행할 것이다. 그때부터 그는 더 단순하고 더 투박한 자기과시 본능에 휘둘린다. 요컨대, 그는 고대의 생각 습관을 잠시 무분별하게 복발(復發)시켜버린다.

우열을 판가름하려는 분쟁들과 심각한 문제들의 최종 해결책으로서 감행되는 이런 결투제도는 의무화된 무근(無根)한 개인적 싸움으로 차츰 변이하며 개인의 명예에 부과되는 사회적 의무처럼 인식된다. 유한계급의 이런 습속을 각별히 예시(例示)하는 독일 대학생들의 결투는 호전적 기사도(騎士道)의 기괴한 잔재이다. 모든 국가에서 하류계급이나 사이비 유한계급의 불량배 중에도 난폭자에게는 결투와 비슷하되 다소 비공식적인 사회적 의무가 부과되는데, 그것은 그의 동료들과 무근하게 싸워서 그의 사내다움을 과시해야 할 의무이다. 이런 습속이 사회의 모든 계급으로 확산되면 소년들 사이에서도 유행한다. 소년은 평소에 날마다 자신과 친구들의 싸움 실력을 비교하여 자신의 정확한 서열을 확인해버릇한다. 그러므로 소년들의 사회에 소속한 소년은 대체로 자신을 도발하는 다른 소년을 상대로, 이례적으로, 싸우지 않거나 못하면 아무 명예도 얻지 못한다.

　이 모든 설명은 다소 모호한 연령기준을 넘긴 소년들에게는 특별히 적용된다. 그러나 일상생활의 매 순간 습관적으로 엄마의 손길을 구하며 근접 보호를 받아야 하는 영유아의 기질에는 이런 설명들이 대체로 부합하지 않는다. 영유아의 공격성과 적대성은 미미하다. 영유아의 평화로운 기질이 소년의 약탈 기질로, 극심하면 악랄하고 심술궂은 장난기로, 변이하는 과정은 단계적으로 진행된다. 그래서 이런 과정은, 몇몇 경우에는 여타 경우보다, 개인의 소질들을 더 폭넓게 더 철저히 변이시킨다. 유년기의 남아와 여아를 막론한 아동은 자발적·공격적 과시 성향을 거의 표현하지 않고 자신이 소속하여 생활하는 가족 집단을 벗어나는 고립 성향과 자신의 관심들도 거의 표현하지 않는다. 그리고 여아보다 남아가 꾸지람에 예민하게 반응하는 감수성, 부끄러움, 겁을 더 많이 표현하고 타인과 다정하게 접촉하려는 욕구를 더 뚜렷이 표현한다. 유년기의 이런 기질은 일반적으로 영유아의 특징들을 차츰, 그러나 다소 빠르게, 잃어가면서 소년의 특유한 기질로 변이한다. 그러나 약탈적 특징들을 전혀 표현하지 않는 소년도 있을뿐더러, 설령 그것들을 표현하더라도 거의 언제나 미미하고 희미하게 표현하는 소년도 있다.

　그런데 소년들처럼 약탈적 단계를 완전히 통과하는 소녀는 드물다. 그리고 대다수 소녀는 그런 단계를 아예 통과하지 않는다. 유년기부터 청소년기를 거쳐 성년기에 이르는 그런 소녀들의 성장 과정은 각자의 관심을 유년기의 목적들과 소질들에서 성년기의 목적들, 역할들, 인간관계들로 이동시키는 점진적 연속 과정이다. 약탈 기질이 소녀들의 성장 과정에서 대체로 우세한 기간은 소년들의 성장 과정에서 대체로 우세한 기간보다 훨씬 짧다. 또한 그런 기간에 약탈 기질과 고립 성향을 표현하더라도 소녀들은 소년들보다 대체로 더 미약하게 표현한다.

소년의 성장 과정에서 약탈 기질이 우세한 기간은 한동안 매우 뚜렷이 지속되지만, 성년기에 도달하면 그런 기간은 (하여간) 대체로 종결된다. 이런 종결은 매우 중요한 조건을 요구할 수 있다. 왜냐하면 성년 기질로 아예 변이하지 않거나 오직 부분적으로만 변이한 소년 기질을 간직하는 성년 남자가 결코 드물지 않기 때문이다. 여기서 “성년” 기질은 현대의 산업세에서 집단생활 과정의 목적들에 부응히는 직무를 수행하므로 산업사회의 유력한 평균 계층을 형성한다고 평가될 수 있는 성년 개인들의 평균 기질이라고 이해될 수 있다.

유럽에 거주하는 인종들은 다양하다. 어떤 경우들에는 심지어 하류계급들도 호전적 장두금발인종을 꽤 많이 포함한다. 그렇잖으면 장두금발인종은 주로 세습 유한계급에서 목격된다. 호전적 습관은 상류계급들이나 하류계급들의 장두금발소년들 사이에서는 우세해도 노동계급의 장두금발소년들 사이에서는 미약한 듯이 보인다.

만약 노동계급 소년의 기질을 설명하는 이런 일반론이 더 충실하고 더 면밀한 현장 조사 결과를 기반으로 타당하다고 입증된다면 호전적 기질을 다소 뚜렷한 인종 특성으로 간주하는 관점의 신빙성을 강화할 수 있을 것이다. 이런 일반론은 유럽 국가들에서 ‘인구의 대부분을 차지하리라고 추산되는, 지배당하는 하류계급 남자의 인종들’보다 ‘지배하는 상류계급을 특징짓는 장두금발인종의 기질’을 더 폭넓게 설명하는 듯이 보인다.

사회계급별로 용맹성을 얼마나 더 많게나 적게 타고나느냐는 문제는 소년의 호전성과 심밀(深密)하게 관련되지는 않을 것이다. 그러나 이런 투쟁 충동은 산업계급의 평균 성년 남자들에게 유전된 기질보다 더 오래된 기질에 포함될 것이라고 추정되는데, 소년의 호전성은 적어도 이런 추정의 증거로서 일정한 가치를 지닌다. 아동의 다른 많은 특징처럼 소년의 호전성도 성년기에 갓 접어든 남자의 특징을 잠시 축소하여 재현한다. 이런 해석이 적용되면, 훈업을 편애하고 자신의 관심사에만 몰입해버릇하는 소년의 성정은 초기 야만 문화 — 본격적 약탈 문화 — 에서 정상(正常)이던 인간성을 잠시 재현하는 것이라고 해석될 수 있다. 이런 맥락에서, 여타 계급 대부분의 성격과 마찬가지로, 유한계급과 하류계급 불량배의 성격은 '소년기와 청년기에, 그리고 초기 문화 단계들에서도 비슷하게, 정상으로 간주되거나 습관화되어 성년기에까지 존속하는 특성들의 내구력'을 증명한다. 만약 그런 차이가 오로지 내구력을 가진 인종형들의 근본차이에서만 유래하지 않았다면, 일반대중과 다르게 공갈·협박을 일삼는 불량배나 까다롭게 격식을 따지는 유한계급 남자의 특성들은 정신적 발달을 저지당한 상태를 얼마간 표시한다. 그런 특성들은 현대 산업사회에 소속한 성년 남자들의 평균적 발달단계보다 더 미숙한 단계를 표시한다. 그래서 사회의 상류계급과 최하계급을 대표하는 이런 불량배나 유한계급 남자의 미숙한 정신 구조는 이렇게 잔인한 훈업과 고립을 편애하는 기질로도 표현되지만 다른 고대의 특성들로도 표현된다는 사실이 곧 확인될 것이다.

순전한 소년에서 성년 남자로 성장하는 과도기의 중고등학생들 사이에서 유행하는 무목적의 장난스러우면서도 얼마간 고의로 계산된 평화교란 행위들을 목격하는 우리는 호전적 기질의 본질적 미숙성을 한 치

유한계급론

도 의심하지 않는 듯하다. 오직 청소년들만 이런 교란 행위들을 일상다 반사로 저지른다. 청소년기를 지나 성년기로 접어든 남자들 사이에서 교란 행위들은 드물어지고 미약해진다. 그러니까 개인의 일생에서 진행되는 교란 행위들의 변이는 대체로 집단에서 더 안정된 정착생활 습관으로 변이한 약탈생활 습관의 이력을 재현한다. 개인의 정신적 발달이 이토록 미숙한 단계를 벗어나기 전에 종결되는 경우는 상당히 많다. 이렇게 미숙한 정신의 호전적 기질은 평생 유지된다. 그래서 개인들이 정신적으로 발달하여 성년 남자들로 성숙하려면 대체로 격투기와 스포츠를 즐기는 남자들의 불변하는 정신 수준에 상응하는 고대의 정신 단계를 잠시나마 통과해야 한다. 이런 맥락에서, 당연하게도, 개인마다 성취하는 정신의 수준과 절제력은 상이(相異)하다. 평균 수준에 미달하는 남자들은 현대 산업사회에 녹아들지 못하는 난폭한 인간성의 잔재들로서 남으며, 산업 능률을 고양하고 집단생활을 완성시키는 선택 적응 과정의 들러리들로서 남는다.

이렇게 정신적으로 발달을 저지당한 성년 남자들은 미성년자들의 난폭한 훈업들에 직접 가담할 수 있을뿐더러 그들의 난폭한 교란 행위들을 간접으로 방조하거나 교사할 수도 있다. 더구나 발달을 저지당한 정신은 미성년 세대의 성년기에까지 작용할 수 있는, 그래서 사회의 기질을 더 평화롭고 유효하게 만드는 모든 운동을 지체시킬 수 있는, 난폭한 습관들의 형성을 촉진한다. 만약 훈업을 편애하는 기질을 타고난 개인이 소속 사회에서 청소년들의 습관을 지도하는 위치에 있다면, 용맹성을 보전하고 유전시키는 방향으로 그가 발휘할 영향력은 막강할 수 있다. 이것이 바로, 예컨대, 기독교계의 많은 목사나 사회의 많은 유력자가 "기독교

소년단(boy's brigade)"들이나 유사(類似) 군사조직들을 육성하려고 애쓰는 까닭이다. 또한 이것이 고등교육기관들에서 "대학 정신"이나 대학 체육 따위의 발달이 권장되는 까닭이다.

약탈 기질을 표현하는 이런 모든 행실들은 훈업에 포함될 수 있다. 그것들은 한편으로는 난폭한 경쟁심의 단순하고 무분별한 표현들이고 다른 한편으로는 용맹성에 걸맞은 명예를 획득하려는 고의적 활동들이다. 프로권투, 투우(鬪牛), 육상, 사격, 낚시, 요트 같은 경기들과, 심지어 파괴적 신체 능력을 별로 요구하지 않는 기량을 겨루는 게임(game of skill)들마저 포함하는, 모든 스포츠도 훈업의 성격을 공유한다. 스포츠는 전투에서 유래하여 기량으로 변이하고 마침내 잔꾀와 꼼수로 변이하는데, 이것들 각각은 선명하게 구별될 수 없다. 스포츠의 중독성은 고대의 정신 기질에서 유래한다. 그런 정신 기질은 상대적으로 더 강력한 약탈 경쟁 습성을 간직한다. 모험적 훈업과 공격을 일삼으려는 강력한 성향을 뚜렷이 표현하는 직업들은 특히 스포츠 기량(sportsmanship)이라는 일상용어로써 통칭된다.

스포츠에 열중하는 남자들의 기질은 본질적으로 소년 기질이라고 주장될 수 있다. 이 주장은, 앞에서 거론된 약탈 경쟁의 표현들 중에 특히 스포츠와 관련되면, 더 타당하거나 적어도 더 자명할 것이라고 추정된다. 그래서 남자의 특유한 스포츠 중독은 그의 미숙한 도덕성을 표시한다. 모든 스포츠에는 허세(虛勢)라는 중대한 요소가 내재하는데, 스포츠에 열중하는 남자들이 그런 요소를 주목하자마자 그들의 기질은 소년의 특유한 치기(稚氣)를 노출한다. 스포츠에 내재하는 이런 허세의 성격은 아동들을, 특히 소년들을, 습관적으로 매료하는 게임들과 훈업들에도 내재한다. 모든 스포츠는 허세의 요소를 똑같은 비율로 내포하지는 않아도 상당히 높은 비율로 내포한다. 본격 스포츠 기량과 운동경기들은 더 부수적인 기량을 겨루는 게임들과 비교되면 허세의 요소를 더 선연히 표현한다. 그러나 이런 규칙이 광범하게 일률적으로 적용될 수는 없을 것이다. 예컨대, 아주 온순하고 평범한 남자들도 사냥하러 나설 때면 자신이 맡은 임무의 엄중함을 자신의 상상력에 각인하려고 사냥용 무기와 장비를 과다하게 준비하기 십상이라는 사실은 주목될 만하다. 이런 사냥꾼들은 마치 연극하듯이 으쓱기리며 활보해버릇할뿐더러 각자의 훈업(사냥)에 필요한 은신이나 습격 같은 자잘한 사냥 동작들마저 과격하게 실행해버릇한다. 이 경우와 비슷하게 거의 모든 운동경기에서도 상대를 기죽이거나 속이려는 고함, 활보, 과격한 동작이 번번이 실행되는데, 이런 특징적 행태들은 스포츠 기량의 연극적 본성을 표시한다. 이 모든 행태는 당연히 소년의 유치찬란한 허세를 아주 빤하게 상기시킨다. 게다가 운동경기들의 전용어[38] 대다수는 전쟁 용어들에서 파생하여 지극히 살벌하다. 비밀 연락의 필요 수단으로서 사용되는 (암호나 암어 같은) 전용어가 예외로 간주되면, 여느 직업에서나 특수한 전용어가 사용된다는 사실은 '스포츠 기량은 본질적으로 허세이다'라는 주장의 증거로서 인정될 수 있을 것이다.

스포츠는 훈업 충동과 폭행 충동뿐 아니라 다른 동기들에서도 파생할 수 있는데, 스포츠의 이런 특성 때문에 스포츠는 결투나 여타 유사한 평화교란 행위들과 구별된다. 어쩌면 현존하는 스포츠가 다른 동기를 거의 내포하지는 않겠지만, 스포츠중독의 다른 이유를 자주 부여받는다는 사

---

38) 專用語(슬랭slang): 이 낱말은 은어(隱語), 전용은어(專用隱語), 전문용어(專門用語), 속어(俗語), 암어(暗語), 변말, 밀어(密語), 비속어(卑俗語), 통속어를 아울러 뜻한다.

실은 스포츠에는 때때로 또 다른 부수적 동기들이 부가된다고 알려준다. 사냥꾼들과 낚시꾼들 같은 스포츠맨들은 저마다 편애하는 오락을 즐기는 이유를 설명할 때마다 '자연을 사랑하는 마음'이나 '유락(遊樂)하고픈 욕구' 따위를 들먹여버릇하는 습관에 다소나마 물들었다. 이런 이유는 확실히 자주 제시되고 스포츠맨의 생활에 매력을 보탠다. 그러나 이것들이 주요한 이유일 수는 없다. 이런 겉치레 욕구들은 스포츠맨의 사랑을 받는 "자연"의 근본 특징을 형성하는 동물들을 살해하려는 체계적 노력을 수반하지 않아도 더 쉽게 완전히 충족될 수 있을 것이다. 실제로 스포츠맨의 가장 현저한 활동 결과는 그에게 포착될 수 있는 파멸의 빌미를 타고난 모든 생물을 절멸시켜 자연을 만성적 황폐 상태에 빠뜨려버리는 것이다.

그런데도 자신의 유락 욕구와 자연 접촉 욕구는 기존 관습들을 준수하여 자신의 방침대로 실행되면 가장 원만하게 충족될 수 있다고 스포츠맨이 주장할 만한 이유가 있다. 여태껏 정중한 예절을 강요한 몇몇 규범은 과거에 존재한 약탈적 유한계급의 규범적 선례대로 설정되었고, 후대에 그들을 계승한 상속자들의 관행으로써 다소 수고스럽게 보전되었다. 그래서 이 규범들은 다른 방식들로써 자연과 접촉하려고 애쓰는 스포츠맨의 노력을 비난하지는 않아도 용납하지 않을 것이다. 약탈 문화에서 유래한 일상적 여가 활동의 최상형식이므로 명예로운 직업이라고 인식된 스포츠는 예절의 강제력을 철저히 적용받는 유일한 야외 활동으로 변이했다. 그래서 사냥과 낚시의 가장 가까운 원인에는 유락 욕구와 야외 생활 욕구도 포함될 수 있다. 체계적 도살을 빌미로 이런 욕구들을 충족하려는 노력을 불가결하게 만드는 간접원인은 위반자에게는 반드시 불명예를 안겨서 그의 자존심을 손상시키고야 마는 규범이다.

다른 스포츠들도 다소 비슷한 성격을 띤다. 운동경기들은 그런 성격을 가장 확연히 예시한다. 명예로운 생활 규범을 준수해야만 용납되는 활동, 운동, 유락의 형식들과 관련된 규범적 관행은 운동경기들에도 당연히 적용된다. 운동경기들에 중독되거나 감탄하는 사람들은 운동경기들에서 유락과 "체육(physical culture)"의 가장 유용한 수단을 확보할 수 있다고 주장한다. 규범적 관행도 이런 주장을 은근히 뒤받친다. 명예로운 생활 규범들은 과시적 여가에 포함될 수 없는 모든 활동을 유한계급 생활도식에서 배제한다. 그러면 명예로운 생활 규범들은 그런 모든 활동을 사회의 생활도식에서도 대체로 배제하기 십상이다. 그런 동시에 무목적 신체운동은 참을 수 없이 지루하고 혐오스럽게 인식된다. 다른 맥락에서 이미 고찰되었듯이, 그런 신체운동은, 설령 오직 허세용(虛勢用) 운동일 뿐일망정, 적어도 목적 운동처럼 보이게 만드는 착시효과를 발휘할 수 있을 활동에는 소용될 수 있다. 스포츠는 이처럼 무목적을 목적으로 착시되게 만드는 허세와 결합하는 본질적 헛짓(무목적 행위)의 요건들을 충족한다. 스포츠는 이런 기능을 발휘할뿐더러 경쟁 기회마저 제공하기 때문에 매력을 발휘한다. 직업이 예의 바르려면 유한계급의 명예로운 낭비 규범에 부합해야 한다. 그런 동시에 모든 활동이 생활을, 비록 일부분이나마, 습관적으로 꾸준히 표현하려면 다소 실용적이고 객관적인 목적에 부응할 능력을 요구하는 일반적 인간 규범에 부합해야 한다. 유한계급의 규범은 엄밀하면서도 포괄적인 헛짓을 요구한다. (그런 반면에) 기량 발휘 본능은 목적 행위를 요구한다. 유한계급의 예절 규범은 공인된 생활도식에서 본질적으로 유용한 행위 방식이나 목적 행위 방식을 선택하여 도태시키면서 천천히 광범하게 작용한다. (그런 반면에) 기량 발휘 본능은 충동적으로 작용하므로, 원래 목적과 흡사한 목적에도, 잠시나마, 만족할 수 있다. 목적 행위처럼 보이도록 착시되는 헛짓들에서 감지되는 은밀한 무목적은 오직 생활 과정의 정상적 목적 지향성을 본질적으로 벗어나는 낯선 요소로서 반성적 의식복합체에 인지되어야만 의식을 동요시켜 억제하는 효과를 발휘할 수 있다.

개인의 생각 습관은 유기적 복합체를 형성하고, 그런 복합체는 반드시 생활 과정을 편리하게 만드는 경향을 띠기 마련이다. 생활의 목적처럼 인지되는 체계적 낭비나 헛짓을 이런 유기적 복합체에 동화시키려는 시도는 격심한 반발을 촉발한다. 그러나 만약 교묘하거나 경쟁적인 노력의 당면목적에나 무반성적 목적에만 유기체의 관심이 국한될 수 있다면 이런 반발은 불발될 것이다. 사냥, 낚시, 운동경기 같은 스포츠들은 약탈 생활을 특징짓는 교묘한 기량을 발휘시키고 경쟁적 잔인성과 교활성을 발동시킬 수 있다. 그럴 수 있으려면, 개인이 자신의 행위들에 잠복된 성향을 반성하거나 감지할 만한 재능을 미미하게라도 타고나야 하며, 그의 생활이 본질적으로 순진한 충동 행위로 점철된 생활이어야 하고, 우위를 표현하는 스포츠의 즉각적이고 무반성적인 목적 지향성이 그의 기량 발휘 본능을 일정하게 만족시켜야 한다. 그를 지배하는 충동들이 약탈 기질의 무분별한 경쟁 습성들이라면 이런 요건에 특히 더 충실히 부합할 것이다. 그런 동시에 예절 규범들은 금력을 기준으로 전혀 비난받지 않는 생활을 표현하는 스포츠를 그에게 권장할 것이다. 여느 직업이나 예의 바른 유락의 전통적이고 습관적인 방식으로서 존속할 수 있으려면 은밀한 낭비성과 당면한 목적성이라는 두 요건을 충족해야 한다. 그렇지 못한 유락들과 운동들은 교양과 섬세한 감수성을 겸비한 개인들에게는 도덕적으로 용납될 수 없다고 인식되기 때문에, 스포츠는 기존 환경에서 가장 유망한 유락 수단들이다.

그러나 체면을 중시하는 사회의 구성원들은 운동경기들을 옹호한다. 그런 자신들의 태도를 스스로에게도 이웃들에게도 정당화하는 그들의 논거는 운동경기들은 사회를 발달시킬 수 있는 무량하게 귀중한 수단이라는 것이다. 그들은 운동경기에 참가하는 선수의 체력을 강화시킬뿐더러 대제로 선수들과 관중들에게서 남자다운 정신을 함양시킨다. 미국 사회에서 운동경기들의 실용성이라는 문제가 거론되면 누구나 가장 먼저 상기할 특수한 경기는 미식축구(football)일 것인데, 운동경기들은 신체적 구원(救援)이나 도덕적 구원의 수단이냐는 문제를 둘러싸고 찬반 논쟁을 벌이는 사람들도 미식축구를 가장 먼저 상기할 것이다. 그래서 이런 운동경기 스포츠는 운동선수들의 성격 발달 및 체력 발달과 운동경기들의 관계를 예시할 것이다. 미식축구와 체육의 관계는 투우와 농업의 관계와 거의 똑같다는 주장은 딱히 부당하지 않다. 이처럼 혼동되기 쉬운 제도들을 준수하는 사역은 충실한 훈련이나 훈육을 요구한다. 짐승과 인간을 불문한 사역자원(使役資源)은 신중히 선택되어 훈육되기 마련인데, 그래야만 가축화되거나 교육받으면 퇴화하기 쉬운 몇몇 야생적 소질과 습성을 보전하고 보강할 수 있기 때문이다. 이런 선택과 훈육은 짐승이나 인간의 정신 및 신체에 형성된 야생적이거나 야만적인 습관을 모조리 시종일관 복원하는 과정이 아니다. 이 과정은 오히려 야만성(barbarism)이나 야생성(feroe natura)만 복원하는 결과를 초래할 따름이다. 그러니까 이 과정은 야생 개체의 자기보존과 생존에 이바지한 특성들을 도태시키면서 다른 개체를 상해하고 파괴하는 야생적 특성들만 복원하여 보강한다. 미식축구에 깃들인 문화는 그렇게 복원된 신종(新種) 잔인성과 교활성을 산출한다. 그런 문화는 위기 상황을 직면한 사회와 경제의 관점에는 미개한 성격을 벌충하는 장점들처럼 보이는 기질의 세부 요소들을 억누르면서 초기 야만 기질을 복원한다.

운동경기용 훈련이 체력을 증강시킬 수 있다면, 그런 훈련 과정에서 증강된 체력은 여타 요건을 동등하게 겸비한 개인에게도 집단에게도 경제적으로 이바지할 수 있기 때문에 유익하다. 운동경기 스포츠들에 어울리는 정신적 특성들은 집단의 이익과 대별되는 개인의 이익에도 경제적으로 똑같이 이바지한다. 이 진술은 이런 특성들을 다소라도 겸비한 모든 인구공동체에 적용될 수 있다. 현대의 경쟁은 대체로 약탈적 인간성의 이런 특성들에 근거한 자기과시의 과정이다. 이런 특성들은 현대의 평화로운 경쟁에 개입하면서 세련된 형식을 띠는데, 문명 세계의 남자는 이런 특성들을, 마치 생필품을 구비하듯이, 다소라도 반드시 겸비해야 한다. 그러나 이런 특성들은 비록 경쟁하는 개인에게는 불가결할망정 사회에는 직접 기여하지 않는다. 집단생활의 목적에 부응하는 개인의 유용성이 감안되면, 경쟁력은 아무래도 간접으로만 유용할 따름이다. 잔인성과 교활성은 다른 사회들을 대적하지 않는 사회에서는 무소용하다. 그래서 이런 특성들이 개인에게 유용한 까닭은 단 하나뿐이다. 그것은 개인이 소속한 인간적 환경에서는 이런 특성들의 대다수가 능동적으로 표현된다는 것이다. 이런 특성들을 적절히 타고나지 못한 개인이 경쟁적 싸움에 뛰어들면 마치 뿔을 갖춘 성숙한 황소무리에 뛰어든 뿔 없는 수송아지처럼 불리할 수밖에 없다.

약탈적 성격 특성들의 겸비와 함양은, 경제적 이유가 감안되지 않아도, 당연히, 바람직하다고 인지될 수 있다. 야만적 소질들을 미학적으로나 윤리적으로 편애하는 풍조가 유행하는데, 약탈적 특성들은 이런 편애를 워낙 유력하게 뒤받치므로 어쩌면 야만적 소질들의 미학적이거나 윤리적인 유용성은 그런 소질들의 모든 경제적 무소용성을 상쇄할 수 있을 것이다. 그러나 이 가설은 현행되는 논의의 목적을 벗어난다. 그래서 모든 스포츠의 바람직하거나 권장될 만한 성질과 관련하여, 아니면, 모든 스포츠의 경제적 이유와 무관한 가치와 관련하여 추기될 설명은 이제 없다.

스포츠 생활은 남자다움의 전형을 조성하는데, 서민들은 그런 전형이 훌륭한 자질을 많이 포함한다고 생각한다. 다소 부정확한 일상어로써 표현되자면, 자신감과 동료애도 그런 자질들이다. 이렇게 표현되는 자질들은, 다른 관점에서는, 호전성과 당파성이라고 지칭될 수 있다. 이런 자질들이 남자에게 요구되는 까닭뿐 아니라 인정받고 칭찬받는 까닭도 개인에게 유용한 까닭과 동일하다. 사회 구성원들이 호전성과 당파성을 충분히 타고나면, 그리고 특히 사회의 취향 규범을 선도하는 계급이 그런 성향들을 충분히 타고나면, 그런 성향들을 타고나지 않은 구성원은 결함의 소유자라고 인지될 수 있으며, 그런 성향들을 이례적으로 많이 타고난 구성원은 우월한 속성의 소유자라고 평가될 수 있다. 약탈적 남자의 특성들은 현대의 서민들 사이에서 결코 퇴색하지 않는다. 그것들은 엄연히 현존하므로, 그것들을 표출하도록 감정들을 부추기는 여느 자극에도 언제든지 현격하게 반응할 수 있다. 그러나 이런 자극은 우리의 습관적 직업들을 조성하는 특수한 행위들과 충돌하지 않으면서 우리의 일상적 관심사들을 포괄하지 않아야만 그런 반응을 유발할 수 있다. 경제적 관점에서 고집스럽게 보이는 약탈적 남자의 특성들이 여태껏 부분적으로 잠시 폐기되어 잠재의식적 동기들의 뒷전으로 물러났어야만 비로소 모든 산업사회의 서민이 이런 특성들을 떨쳐버릴 수 있다. 개인들 각자에게 다른 강도(强度)로 영향을 끼칠 수 있는 그런 특성들은 일상적 자극들보다 더 강한 자극을 받을 때마다 남자들의 행동과 감정을 공격적으로 규정할 수 있는 잠재력을 간직한다. 그래서 여태껏 약탈 문화를 벗어난 어느 낯선 직업도 개인의 일상적 관심과 감정을 사로잡지 못한 모든 곳에서는, 약탈적 남자의 특성들이 강력하게 표출된다. 이런 추세는 유한계급 사이에서도 확인되고 유한계급을 보조하는 특정인들 사이에서도 확인된다. 그러므로 유한계급의 모든 신참은 스포츠에 능숙하다. 또한 상당히 많은 인구의 노동을 면제시킬 수 있는 재력을 충분히 축적한 모든 산업사회에서는 스포츠뿐 아니라 스포츠를 애호하는 감정마저 급속히 발달한다.

약탈 충동이 모든 계급에 동일하게 분포하지 않는다고 증명해 줄 만한 평범하고 익숙한 사실이 있다. 지팡이를 휴대하는 습관은 현대 생활의 특징을 단번에 예시하는 만큼 아무래도 사소하게 보일 수 있다. 그러나 이런 관행적 습관은 문제의 핵심과 직결되는 중요한 의미를 지닌다. 이런 습관을 가장 철저히 엄수하는 부류들은, 그러니까, 서민들에게 지팡이를 연상시키는 부류들은 유한계급 남자들, 스포츠를 즐기는 남자들, 하류계급의 불량배들이다. 이런 부류들에는 어쩌면 금력취용업계의 남자들도 포함될 것이다. 산업계의 보통 남자들은 이런 부류들에 포함되지 않는다. 그리고 여자들은 노약자가 아니면 지팡이를 휴대하지 않을뿐더러 설령 휴대해도 다른 용도로 휴대한다는 사실은 기억될 만하다. 지팡이를 휴대하는 관행은 물론 대체로 예절 관습의 문제이다. 그러나 예절관습의 출처는 특히 예절 관습을 선도하는 계급의 습성이다. 지팡이는 '그것을 휴대한 사람의 양손이 오직 그것을 휴대하는 노력만 수행할 따름이다'라고 과시하려는 목적에 부응하므로 유한계급의 증거로서 유용하다. 그러나 지팡이는 무기로도 겸용되므로 야만적 남자의 절실한 욕구를 만족시킬 수 있다. 그래서 비록 평범한 호전성밖에 타고나지 않은 남자들도 지팡이처럼 단단하고 원시적인 공격수단을 휴대하면 아주 든든한 기분을 느낄 수 있다.

언어의 급박한 성질들은 어차피 여기서 논의되는 생활의 소질들, 습성들, 표현들을 비난받게 만들 수밖에 없다. 그러나 이 논의는 인간성이나 생활 과정의 이런 국면들 중 어느 것이든 비난하거나 칭찬하려는 의도를 일절 포함하지 않는다. 우세한 인간성의 다양한 요소들은 경제론의 관점에서 거론되고, 여기서 논의되는 특성들은 집단생활 과정의 편리성과 직결되는 경제적 관계를 기준으로 평가되고 차등화된다. 그러니까 여기서 이런 현상들은 경제적 관점에서 파악되고, 이런 현상들의 가치는 환경에 어울리는, 그리고 현재에도, 임박한 미래에도 인간 집단의 경제적 상황대로 요구되는 제도적 구조에 어울리는, 인간 집단의 더욱 완벽한 적응을 직접 촉진하거나 직접 방해하는 작용과 관련하여 평가된다. 약탈 문화에서 유래한 특성들은 이런 목적들에 기대만큼 부응하지 못한다. 그러나 이런 맥락에서도 약탈적 남자의 왕성한 공격성과 집요한 근성은 대단히 중요한 유산이라는 사실은 간과되지 않을 것이다. 여타 관점에서 파악되는 이런 소질들과 습성들의 가치를 감안하지 않고 그것들의 ─ 더 좁은 의미에서는 사회적 가치와 얼마간 관련되는 ─ 경제적 가치를 평가하려는 시도가 여기서 감행된다. 현대 산업 생활도식의 지루하고 평범한 성격과 대조되면, 그리고 공인된 도덕의 기준들대로 판단되면, 특히 미학의 기준과 시(詩)의 기준대로 판단되면, 더 원시적인 남자다움의 이런 유산들은 이 논의에서 부여받는 가치와 매우 다른 가치를 획득할 수 있다. 그러나 이 모든 것은 이 논의의 당면목적과 무관하므로, 여기서 이런 가치를 가늠하는 의견은 개진되지 않을 것이다. 우리는 다만 여기서 당면목적과 무관한 이런 미점의 기준들이 '인간성의 이런 특성들을, 아니면 이런 특성들을 육성하는 활동들을, 가늠하는 우리의 경제적 평가'에 영향을 끼치지 못하도록 주의할 수밖에 없다. 이런 주의사항은 스포츠를 활발하게 즐기는 사람들에게도 적용될뿐더러 오직 스포츠를 구경만 하면서 경험하는 사람들에게도 적용된다. 여기서 스포츠를 편애하는 습성과 관련하여 시도된 설명은, 일상어로는 종교생활이라고 지칭될 것과 관련하여, 이런 맥락에서 시도될 잡다한 설명들에도 응용될 것이다.

앞 문단이 공교롭게 건드리는 사실은 '일상어가 이런 부류의 소질들과 활동들을 다루는 논의에 사용되면 아무래도 비난하거나 변명하려는 의도를 암시할 수밖에 없다'라는 것이다. 이 사실은 대체로 스포츠와 훈업에서 표출되는 습성들을 냉담하게 바라보는 보통 남자의 습관적 태도를 예증하기 때문에 중요하다. 또한 이 사실은 어쩌면 스포츠뿐 아니라 현저히 약탈적인 활동들마저 변호하거나 찬미하는 모든 장황한 담론의 저변에 흐르는 반류(反流)를 아주 쉽사리 쟁점으로 만들 수 있는 논거일 것이다. 이런 담론들과 똑같은 변론을 일삼는 정신 구조는 아무리 늦어도 야만생활 단계에서 유래한 다른 대다수 제도의 옹호자들에서 관찰

　　　　　　　　　　　　　　　　　　　유한계급론

되기 시작한다. 변론을 요구할 성싶은 이런 고대의 제도들은 여타 제도
와 함께 현존하는 모든 재산 분배 체계를 포함하고, 그런 체계 때문에 초
래된 신분의 계급 차별 요인들마저 포함하며, 과시적 낭비에 속하는 모
든 혹은 거의 모든 소비 형식을 포함하고, 가부장 제도에 예속된 여자들
의 신분을 포함하며, 전통적 교리들과 종교의례들의 다양한 특징들을 포
함하고, 그런 특징들 중에도 특히 교리의 통속적 표현들뿐 아니라 인정
된 종교의례를 엄수하는 순진한 이해력마저 포함한다. 그러므로 스포츠
를 찬양하느라 변론히는 태도와 관련하여, 그리고 스포츠를 애호하는 성
격과 관련하여, 이런 맥락에서 시도되어야 할 설명은, 문체(文體)가 적절
하게 변주되면, 미국 사회의 유산과 관련된 이런 다른 요소들을 옹호하는
변론들에도 적용될 것이다.

　이런 스포츠들뿐 아니라 스포츠를 애호하는 성격의 저변에서 작동하
는 약탈적 충동들과 생각 습관들도 대체로 상식에 부합하지 않는다고 느
끼는 감정이 존재한다. 변호인의 장황한 변론 내용은 이 감정을 대체로
막연히 특수하게 표현하지만, 그의 변론하는 태도는 이 감정을 대체로
뚜렷이 표현한다. "살인자들의 대다수는 아주 불량한 인간들이다."[39] 이
금언은 도덕주의자의 관점에서 약탈 기질을 평가하는 기준을 제시하고,
약탈 기질의 공공연한 표현과 실행에서 파생하는 규율 효과들을 평가하
는 기준을 제공한다. 이 금언은 집단생활의 목적들에 부응할 수 있는 약
탈적 생각 습관의 용도(用度)와 관련하여 무엇이 성년 남자들의 온건한
감각을 산출하는지 암시할 수 있다. 이 금언은 약탈적 태도를 습관화하

---

39) 이 문장의 출저는 스코틀랜드에서 1827년 2월에 간행된 월간지 《블랙우즈 에든버러 매거진
　　(Blackwood's Edinburgh Magazine)》(통권122호)에 수록된 잉글랜드 작가·문예평론가 토머스
　　드 퀸시(Thomas de Quincey, 1785~1859)의 허구적 풍자 에세이 〈예술의 일종으로서 간주되
　　는 살인(Murder Considered as one of the Fine Arts)〉이다.

는 모든 활동과 상반하는 듯이 인지될 수 있는데, 이 금언을 예증해야 할 책임은 약탈 기질의 복원을 옹호하는 자들과 그런 기질을 강화하는 관행들의 옹호자들에게 있을 것이다. 약탈 기질을 복원하거나 강화하는 오락들과 모험을 애호하는 서민들의 감정은 강력하다. 그러나 이런 감정의 근거를 정당화하려는 감각도 사회에 충만하다. 이렇게 요구되는 정당화는 대체로 다음과 같은 추정을 증명하려는 노력으로써 추구된다. 스포츠는 비록 본질적으로 약탈이라서 사회를 분열시키는 효과를 발휘하더라도, 그리고 산업적으로 무익한 성향들을 복원하는 연쇄효과를 발휘하더라도, 사회 목적에나 산업 목적에 부응할 수 있는 생각 습관을 에둘러, 어쩌면 쉽사리 파악될 수 없을 양극유도(兩極誘導; polar induction)나 상반자극(相反刺戟; counter—irritation) 같은 과정을 거쳐서, 육성할 수 있을 것이라고 추정된다. 그러니까, 스포츠는 비록 본질적으로 차별적 훈업의 성질을 타고났어도, 다소 막연한 간접효과를 발휘하면, 공평무사한 활동에 이바지하는 기질을 발달시킬 것이라고 추정된다는 말이다. 이 모든 추정을 증명하려는 노력은 대체로 경험에 의존하여 시도된다. 그렇잖으면 이런 노력은 필시 주도면밀한 여느 관찰자에게나 빤히 간파될 경험적 일반론을 도출하려는 시도처럼 보이기 십상이다. 이런 추정이 논증되는 과정에서, '스포츠는 이미 언급된 "남자의 덕목들"을 육성한다는 주장'을 증명하는 경우가 아니면, 원인에서 결과를 도출하는 추론의 미약한 근거는 다소 빠르게 무시된다. 그러나 남자의 미덕들은 (경제적으로) 정당화되어야 하므로, 논증의 사슬은 처음부터 끊겨버린다. 가장 일반적인 경제의 관점에서, 이런 변론들은 '스포츠가, 나름의 논리를 벗어나더라도, 기량이라고 통칭될 만한 것을 실제로 촉진한다'라는 주장을 증명하려는 노력이다. 스포츠의 신중한 변호인이 '이런 촉진은 스포츠 효과이다'라고 스스로에게나 타인들에게 납득시키지 못했다면, 그는 만족하지 않을 것이고, 일반적으로, 그의 변론이 인정받아도 그는 만족하지 않는다. 스포츠를 옹호하려는 자신의 변론에 만족하지 못하는 그의 심정은 대체로 그의 과격한 어투(語套)로써 표현되고, 자신의 변론을 뒤받치느라 확언을 남발하는 열의로써 표현된다. 그런데 왜 변론들이 요구될까? 스포츠를 애호하는 감정이 서민들 사이에 만연한다면, 그런 사실은 왜 충분히 정당화되지 못할까? 외견상 평화로운 약탈 문화에서 인간들을 지배한 오래된 용맹성의 원칙은 호전성과 교활성의 이런 표현들에 만족하는 현재의 기질을 남자들에게 유전시켰다. 그렇다면 이런 스포츠는 왜 정상적인 건전한 인간성의 정당한 표현들이라고 인정되지 않을까? 현존하는 세대의 감정들로써 표현되고 용맹성이라는 유전형질을 포함하는 모든 성향에 적용되는 규준보다 더 오래 존속할 다른 어떤 규준이 존재할까? 매력을 획득하는 은밀한 규준은 기량 발휘 본능이다. 이것은 약탈 경쟁 습성보다 더 근본적이고 더 오래된 규범의 본능이다. 약탈 경쟁 습성은 기량 발휘 본능의 특수한 발달 양상일 뿐이고, 비록 고대의 성질을 매우 많이 간직할망정 비교적 뒤늦게 발달하여 단명한 변종일 뿐이다. 어쩌면 스포츠 기량 과시 본능이라고 지칭될 수도 있을 경쟁적 약탈 충동은 그런 충동을 발달시키고 분화(分化)시킨 원시적 기량 발휘 본능보다 본질적으로 불안정하다. 약탈 경쟁은 생활의 이런 은밀한 규준에 미달하므로, 스포츠 생활도 이런 은밀한 규준에 미달한다.

유한계급 제도가 스포츠와 차별적 훈업의 보전에 어떻게 얼마나 기여하느냐는 문제의 답변은 물론 간단할 수 없다. 앞에서 인용된 증거가 감안되면, 산업계급보다는 유한계급이 호전적인 태도와 아니무스를 더 애호하는 감정과 성향을 보인다. 이런 현상은 스포츠와 관련해서도 비슷하게 관찰된다. 그러나 유한계급 제도는 예의 바른 생활 규범들에 편승하여 주로 간접효과들을 발휘하면서 스포츠 생활과 관련하여 유행하는 감정에 영향을 끼친다. 이런 간접효과는 약탈 기질과 약탈 습관을 더 오래 존속시키는 방향으로 거의 확실히 작용한다. 그리고 심지어 상위유한계급의 예절 규약에서 배척되는 스포츠 생활의 변종들도 이런 간접효과의 작용을 거의 확실하게 받는다. 그런 변종들에는 프로권투와 도박용 닭싸움이나 여타 스포츠 기질의 저열한 표현들도 포함된다. 최근에 공인된 소소한 예절들의 목록이 의미하는 바와 무관하게, 유한계급 제도에서 허용되는 공인된 체면치레 규범들은 '경쟁과 낭비는 명예롭지만 비경쟁(非競爭)과 근검절약은 불명예스럽다'라고 확정한다. 사회의 어둑한 하층부에서는 바람직할 수 있을 모든 재능에서도 예절 규약의 세부 항목들은 파악되지 않으므로, 이렇게 광범한 저변의 체면치레 규범들은 관할범위에, 아니면, 용납할 수 있는 자잘한 예외들에 다소 무분별하게 거의 의문시되지 않고 적용된다.

운동경기들을 직접 즐기는 동시에 감정적·도덕적으로 옹호하는 스포츠 중독은 유한계급의 다소 현저한 특성이다. 그리고 유한계급은 이런 특성을 하류계급 불량배들과 공유할뿐더러 '사회 구성원 대다수에게 유전되는 현저한 약탈 성향처럼 유전되는 형질들'마저 공유한다. 서양의 문명국들에는 운동경기 스포츠와 게임들을 봐도 완전히 무덤덤할 만치 약탈 본능을 결여한 개인이 드물지만, 산업계급들의 평범한 개인들은 스포츠 습성이라고 확실히 지칭될 만한 것을 형성할 정도로 스포츠에 매료되는 성향을 표출하지는 않는다. 산업계급들에서 스포츠는 생활의 중대한 특징이 아니라 이따금 기분 전환용으로 즐기는 오락이다. 그러므로 이렇게 평범한 서민 대다수는 스포츠 습성을 함양한다고 평가될 수 없다. 비록 평균적 개인들의 스포츠 편애 성향은, 아니면, 심지어 상당히 많은 개인의 스포츠 편애 성향은 퇴색하지는 않아도, 평범한 산업계급들의 스포츠 편애 성향은 그것에 길든 생각 습관들의 유기적 복합체를 형성하는 우세한 요인으로 간주되는 생생하고 항구적인 관심의 성격을 띠기보다는 차라리 이따금 상기되는 다소 재미난 추억의 성격을 띤다.

오늘날 스포츠 생활에서 이런 성향이 표현되어도 중대한 결과의 경제적 요인처럼 보이지는 않을 것이다. 이런 성향 자체가 여느 특정한 개인의 산업 능률에나 소비 활동에 직접 끼치는 영향들은 대단하지 않다. 그러나 이런 성향을 특징하여 표현하는 특유한 인간성의 유행과 발달은 다소 중요한 문제들이다. 그런 인간성은 경제 발달 수준과 관련해서도 집단의 경제생활에 영향을 끼칠뿐더러 경제 발달 결과들의 성격과 관련해서도 집단의 경제생활에 영향을 끼친다. 이런 유형의 성격은 실제로 서민의 생각 습관을 어떻게든 지배하는데, 이런 사실은 집단생활의 범위, 방향, 기준, 이상형들에 선영향(善影響)과 악영향(惡影響)을 불문하는 막강한 영향을 끼칠 수밖에 없을뿐더러 환경에 맞춘 집단생활의 적응도(適應度)에도 그런 영향을 끼칠 수밖에 없다.

야만적 성격을 형성하는 다른 특성들도 이런 사실과 비슷하게 영향력을 발휘할 수 있다. 경제론의 목적들이 감안되면, 이렇게 추가로 거론된 야만적 특성들은 용맹성을 표현하는 약탈 기질의 부수적 변종들로 간주될 수 있다. 그런 특성들의 대부분은 애초부터 경제적 성격을 띠지 않을뿐더러 경제와 딱히 직결되지도 않는다. 그런 특성들을 소유한 개인이 적응하는 경제적 진화 단계는 바로 그런 특성들 덕택에 암시될 수 있다. 그래서 그런 특성들은 오늘날의 경제위기 상황들에 맞춘 '그런 특성들을 포함하는 성격'의 적응도(適應度)를 평가하는 외부 기준들이므로 중요하다. 더구나 그런 특성들은 개인의 경제적 유용성을 증대시키거나 축소시키는 소질들이기도 하므로 얼마간 중요하다.

야만인의 생활에서 용맹성은 폭행과 속임수라는 두 가지 주요한 방향으로 표현된다. 이 두 가지 표현형식은 현대의 전쟁, 금력취용업계, 스포츠와 게임들에서도 각기 정도차이(定度差異)만 보일 뿐 비슷하게 작동한다. 스포츠 생활뿐 아니라 더 치열한 경쟁 생활도 두 방향에서 표현될 수 있는 모든 소질을 함양하며 강화한다. 전략이나 기만전술은 전투와 사냥뿐 아니라 게임들에도 무변하게 실행되는 요소이다. 이 모든 업종에서 전략은 책략과 꼼수로 발달하기 십상이다. 꼼수, 허세, 위협은 일반적으로 모든 운동경기의 진행 방식에서도 거의 모든 게임에서도 확실히 보장된다. 심판이라는 습관적 직업이 충분히 증명하듯이, 그리고 용납할 수 있는 꼼수와 전략적 이점의 한계들과 세부 사항들을 일일이 명시한 기술적 규칙들도 충분히 증명하듯이, 상대방을 속이려는 언동들이나 시도들은 실제로 게임의 우발적 특징들이다. 정황이 이렇다면, 스포츠의 습관화는 꼼수를 부리는 소질을 더욱 발달시키기 마련이다. 그리고 사회에서 '남자들을 스포츠에 매료시키는 약탈 기질이 유행한다는 사실'은 '개인과 집단의 교활한 언동이 유행하고 타인들의 권익을 매정하게 무시하는 풍조가 만연한다는 사실'을 뜻한다. 꼼수를 일삼는 습관은, 아무리 다양하게 위장되고 법적으로나 관습적으로 정당화되더라도, 옹졸하고 이기적인 생각 습관의 표현이다. 그래서 스포츠를 편애하는 성격의 이런 특징에 함유된 경제적 가치는 더 설명되지 않아도 무방하다.

이런 맥락에서 각종 스포츠에 종사하는 남자들의 영향을 받은 골상 (骨相)의 가장 확연한 특징이 극심한 기민성의 특징이라는 사실은 기억 되어야 한다. 율리시스의 재능들과 훈업들은 아킬레스[40]의 재능들과 훈 업들에 거의 필적한다. 왜냐하면 그런 재능들과 훈업들은 게임을 실질적 으로 촉진하거나 아니면 스포츠 종사자들 사이에서 기민한 남자의 명예 를 고양하기 때문이다. 기민한 몸짓은 명문 중고등학교의 신입 남학생들 중에, 적절한 기회를 만나면, 프로스포츠 선수로 육성될 수 있는 남학생 의 제1요건이다. 그래서 허세를 특징짓는 기민성을 표현하는 골상은 운동 경기들에나 경주들에나 각종 경진대회에 열중하는 남자들의 신중한 주목 을 부단히 받는다. 그들의 정신적 유사성을 암시하는 실마리로서 예시될 수 있는 것은 하류계급 불량배들의 골상이다. 대체로 기민한 골상을 뚜 렷이 표현하는 불량배들은 거의 언제나, 마치 운동경기에서 우승하는 영 예를 누릴 만한 젊은이처럼, 기민성을 연극하듯이 과격하게 표현한다. 그 런데 이런 골상은 악명을 떨치려고 열망하는 젊은이들 사이에서 "강골 (toughness)"이라고 속칭(俗稱)되는 것을 가장 명료하게 표시한다.

기민한 남자는, 만약 여타 사회를 상대하는 교활한 언동의 목적에 부 응하지 못하면, 소속 사회에서 경제적으로 무가치하다고 평가될 수 있 다. 그의 기능은 일반적 생활 과정을 촉진하지 않는다. 그의 기능은 비록 경제와 직결되더라도 기껏해야 집단의 경제 자산을 집단의 생활 과정에

---

40) 율리시스(Ulysses)는 호메로스의 서사시 《오디세이아(Odysseia; 오디세이Odyssey)》의 주인 공 오디세우스(Odysseus)의 영어명칭이고, 아킬레스(Achilles)는 호메로스의 서사시 《일리아스 (Ilias; 일리어드Iliad)》에서 그리스 군대를 이끌고 트로야(Troia; 트로이Troy) 전쟁에 참전한 영웅 아킬레우스(Achilleus)의 영어명칭이다.

어긋나게 증식되도록 변질시킬 뿐이다. 그것은, 의학용어로써 표현되면, 양성 종양과 흡사하므로 양성 증식과 악성 증식의 모호한 경계선을 얼마간 위반하기 쉬운 기능이다.

호전성과 기민성이라는 두 가지 야만적 특성은 약탈 기질이나 약탈적 정신자세를 조장하기 십상이다. 그런 두 특성은 옹졸하고 이기적인 생각 습관의 표현들이다. 두 특성은 하나같이 선망되는 불공정한 성공을 추구하며 생활하는 개인의 사익 추구에 아주 톡톡히 이바지한다. 두 특성은 대단한 미학적 가치마저 공유한다. 금력 과시 문화는 두 특성을 동시에 조장한다. 그러나 두 특성은 하나같이 집단생활의 목적들에 전혀 부응하지 않는다.

제11장
행운을 믿는 신념

도박 습성은 야만 기질의 또 다른 부수적 특성이다. 이런 특성은 스포츠에 열중하는 남자들 사이에서, 그리고 대체로 호전적 경쟁 행위를 일삼는 남자들 사이에서, 거의 보편화된 성격의 부수적 변종이다. 이런 특성은 경제와 직결된 가치를 겸비한다. 여느 사회에서나 이런 특성이 현저하게 우세하면 모든 산업의 최고능률을 저하시키는 원흉이라고 인식된다.

도박 기질이 오직 약탈적 인간성에만 포함되는 특징으로 분류되면 미심쩍을 수 있다. 도박 습관의 주원인은 행운을 믿는 신념이다. 그리고 이런 신념은, 적어도 이런 신념의 구성요소들이 감안되면, 약탈 문화보다 앞서는 인간 진화 단계에서 유래한 것이 분명하다. 약탈 문화에서는 행운을 믿는 신념이, 도박 기질의 주요소로서, 스포츠에 열중하는 기질의 형태를 띠도록 발달했을 것이다. 현대의 문화에 존재하는 이런 신념의 특수한 형태는 어쩌면 약탈 규율의 소산일 것이다. 그러나 행운을 믿는 신념은 본질적으로 약탈 문화보다 더 오래된 고대의 습관이다. 그런 신념은 애니미즘의 일종이다. 그것은 본질적으로 야만 문화보다 더 오래된 단계에서 야만 문화로 전래되어 야만 문화에서 변이되고 인간 발달의 최근 단계로 유전되면서 약탈 규율을 적용받아 형성된 특성처럼 보인다. 그러나 아무래도 그런 신념은 다소 더 오래된 과거로부터 유전되어, 현대 산업 과정의 요건들과 얼마간 불화(不和)하고, 오늘날 집단적 경제생활의 최고능률을 다소 하락시키는 고대의 특성으로 간주되어야 한다.

행운을 믿는 신념은 내기버릇(노름버릇; 도박 습관)의 기반이지만 유일한 구성요소는 아니다. 체력과 기량을 겨루는 경쟁들에 걸리는 내기의 또 다른 동기도 있는데, 만약 그런 동기가 없었다면 행운을 믿는 신념은 스포츠 생활의 현저한 특징이 되지 못했을 것이다. 그런 동기는 예상 승자의 욕망이거나 그에게 돈을 건 내기꾼들의 욕망인데, 그것은 패자를 굴복시켜 자신의 위신을 고양하려는 승자나 그에게 돈을 건 내기꾼들의 욕망이다. 더구나 내기꾼이 딸 수 있는 돈과 잃을 수 있는 돈의 차액이 많을수록 강자는 더 압도적으로 승리하며 약자는 더 괴롭고 굴욕스럽게 패배한다. 그래도 오직 이것만이 실질 가치로서 중요시될 따름이다. 그렇지만 자신의 승률을 높일 수 있겠다고 짐작하는 내기꾼의, 공언(公言)되지도 않을뿐더러 확실히 묵인(默認)되지도 않는, 기대감도 언제나 내기를 조장한다. 이런 내기에 낭비되는 자산(資産)과 심력(心力)은 헛것들일 수는 없다고 인지된다. 여기서 기량 발휘 본능이 특수하게 표현되고, 이 본능을 뒷받치는 감각은 훨씬 더 명확히 표현된다. 이 감각은 '능동적이고 활발한 충동의 대부분이 여태껏 사건들의 고유한 성향을 수합(收合)하여 보강했으므로, 사물들에 정령들이 합치되면 그런 성향에 충실히 부응하는 편에게 승리 결과를 안겨주기로 결정하기 마련이다'라고 느낀다. 내기를 조장하는 이 감각은 모든 경기에서 저마다 편애하는 선수나 선수단을 응원하는 편(便)의 언동으로써 자유롭게 표현된다. 그래서 이 감각은 확실히 약탈적인 특징이다. 내기에서 표현되는 행운을 믿는 신념은 탐욕적 충동을 특유하게 보조한다. 그렇다면 행운을 믿는 신념은 내기 행각으로 표현되는 한에서 약탈 성격의 필수 요소로 간주될 수 있다. 이 신념은, 본질상, 초기의 미분(未分)된 인간성에 충분히 포함되는 고대의 습관이다. 그러나 약탈 경쟁 충동이 이 신념을 보조하면, 이 신념은 분화(分化)되어 내기버릇의 더 발달하고 특수한 형태를 띠는데, 이렇게 특수한 형태로 발달한 신념은 야만적 성격의 특성으로 분류되어야 할 것이다.

행운을 믿는 신념은 현상들의 연발 과정에서 우연한 필연성을 느끼는 감각의 소산이다. 다양하게 변이하고 다양하게 표현되는 이 신념의 영향을 상당히 강하게 받는 여느 사회에서나 이 신념은 경제적 능률에 매우 심대한 영향을 끼친다. 그래서 이 신념의 기원과 내용은 더 상세히 논의되어야 하고, 경제의 구조 및 기능과 관련된 이 신념의 다양한 파생 효과들도 '이 신념의 발달·분화·지속과 유한계급의 관계'와 함께 더 상세히 논의되어야 한다. 이 신념이 발달하여 통합된 형태는 약탈 문화의 야만인들 사이에서나 현대사회의 스포츠 선수들 사이에서 가장 쉽게 관찰된다. 이렇게 발달하여 통합된 신념은 적어도 두 가지 차별 요소를 내포한다. 이 두 요소는 동일한 근본적 생각 습관의 상이한 두 국면이라고 이해되든지, 아니면, 이런 신념의 진화 과정에 포함되어 연속하는 두 단계의 동일한 심리적 요인이라고 이해되어야 한다. 이 두 요소는 실제로 동일한 신념의 포괄적 발달궤도에 포함되어 연속하는 두 국면인데, 이런 사실은 모든 현존하는 개인의 생각 습관 속에서 두 요소의 공존을 방해하지 않는다. 행운을 믿는 신념의 더 원시적인 형태는 (혹은, 더 오래된 고 풍스러운 양상은) 초기 애니미즘 신앙이거나, 관계들과 사물들을 인지하는 애니미즘 감각의 소산인데, 이런 애니미즘은 사실들에 유사인격(類似 人格)을 부여한다. 고대 남자의 관점에서 그의 환경에 내재하는 모든 현저하고 확연하며 중요한 객체들과 사실들은 유사인격적(類似人格的) 개별성을 가진 듯이 보인다. 그런 객체들과 사실들은 사건들의 복잡한 원인(原因)들에 불가사의한 방식으로 개입하여 사건들에 불가사의한 영향을 끼치려는 의지(意志)를, 아니면 더 정확하게는, 성향들을 내포하리라고 상상된다. 행운과 호기회(好機會)를 포착하거나 우연의 필연성을 느끼는 스포츠 선수의 감각은 미숙하고 불완전한 애니미즘의 소산이다. 이 감각은 객체들과 상황들에, 대체로 아주 막연하게, 적용된다. 그러나 이 감각은 여태껏 일반적으로 기량을 겨루거나 호기회를 선취하려는 모든 게임의 장치와 장비들을 구성하는 물체들에 깃들어 발현되는 성향들을 달래든지 속여서 농락하든지 교란시킬 가능성을 암시하도록 정의되었다. 효험을 다소라도 발휘할 것처럼 감각되는 부적이나 장신구를 소지해버릇하지 않는 스포츠 선수는 드물다. 그래서 그들 중에 적잖은 남자들은 내기하는 모든 경기의 상대 선수들에게나 장치에 깃들어 "불운을 초래하는" 것을 본능적으로 두려워하든지, 아니면 '선수나 선수단을 향한 응원은 응원받는 선수나 선수단을 강하게 만들뿐더러 반드시 강하게 만들리라'고 느끼든지, 아니면 자신이 애지중지하는 "마스코트"라는 단순한 웃음거리보다 더 의미심장하다고 느낀다.

　행운을 믿는 신념의 단순한 형태는 객체들이나 상황들의 불가사의한 목적론적 성향을 느끼는 이런 본능적 감각이다. 객체들이나 사건들은 특정한 목적으로 귀착하려는 성향을 내포한다. 더구나 이런 목적이나 후속 목표가 우연히 설정된 것이라고 생각되든 고의로 추구되는 것이라고 생각되든, 하여간, 객체들이나 사건들은 그런 성향을 내포하기 마련이라고 믿긴다. 이런 단순한 애니미즘에서 유래한 신념은 감지될 수 없는 단계들을 거쳐 앞에서 언급된 부수적으로 파생한 형태나 국면으로 변이하는데, 그런 국면은 불가사의한 초자연행위자의 존재를 믿는 다소 뚜렷한 신념이다. 초자연행위자는 그를 연상시키는 가시물(可視物)들에 깃들어 작용하지만, 개별성의 관점에서 그는 이런 기시물들과 동일시되지 않는다. 여기서 "초자연행위자"라는 용어는 초자연적인 것이라고 일컬리는 행위자의 본성과 관련하여 더 심장(深長)한 어떤 의미를 추가로 암시하지 않는다. 이 용어는 단순히 애니미즘 신념의 더 발달한 형태를 가리킬 뿐이다. 초자연행위자는 반드시 온전한 인격을 갖춘 행위자라고 생각되어야 하지는 않아도, 모든 기획된 사업의 결과에, 그리고 특히 모든 경쟁의 결과에, 얼마간 임의대로 영향을 끼칠 수 있는 인격의 속성들을 보유하는 행위자이다. 특히 아이슬란드 영웅전설들뿐 아니라 거의 모든 초기 게르만족 전설마저 대단히 그럴싸하게 꾸미는 하밍자(hamingia)나 깁타(가예파, 오위드나)를 믿는 신념은 사건들의 과정에 개입하는 초물리적(超物理的) 성향을 느끼는 이런 감각을 예증한다.

행운을 믿는 신념의 이런 표현이나 형태에 내재한 성향은 비록 짙거나 옅은 개별성을 부여받을망정 인격을 부여받지는 못한다. 그리고 이렇게 개별화된 성향은 상황에 때때로 순응할뿐더러 정령의 성격이나 초자연적 성격을 띠는 상황에는 언제나 순응하리라고 상상된다. 이런 신념의, 그러니까 상당히 분화되어 진전된 신념의, 그리고 호소를 받는 초자연행위자를 의인화하여 인격화하는 신념의 유명하고 뚜렷한 증례는 결투재판에서 관찰될 수 있다. 결투재판에서는 초자연행위자가 마치 심판처럼 의뢰받은 역할을 수행하며, 결투하는 당사자들 각각의 주장이 공정하거나 적법한지 여부를 판정하는 일정하게 규정된 기준대로 결투의 결과를 판정할 것이라고 상상되었다. 사건들에서 불가사의하지만 정령의 필연성을 느끼는 비슷한 감각은 오늘날에 유행하는 신념의 막연한 요소에서 유래했을 것이다. 예컨대, "자신의 싸움은 정의롭다고 믿는 자는 삼중무장(三重武裝)을 갖추고 싸우는 자와 같다"[41]라는 널리 공인되는 격언도 그런 감각을 예시한다. 심지어 현대 문명사회의 무분별한 평균인도 이 격언을 의미심장하게 느낀다. 이 격언을 공인하는 현대적 신념의 기원은, 그러니까 하밍자를 믿거나 '보이지 않는 손의 지도력'[42]을 믿는 현대적 신념의 기원은, 어렴풋할뿐더러 어쩌면 불확실할 것이다. 그래서 이런 신념의 기원은 하여간 애니미즘 성격을 확실히 띠지 않는 심리적 동기들과 뒤섞인 듯이 보인다.

이 단원의 목적이 감안되면, 애니미즘의 관점에서 내기버릇을 이해하는 두 방식 중 새로운 방식을 옛 방식에서 파생시키는 심리학적 과정이나 인종학적 계보는 이제 더 면밀히 관찰되지 않아도 무방하다. 이 문제는 민속심리학(民俗心理學)에서, 아니면, 교리들과 제례들을 설명하는 진화론에서 가장 중대한 문제일 수 있다. 이 가설은 두 이해 방식이 과연

---

41) Thrice is he armed who knows his quarrel just: 이 격언은 잉글랜드 문인 윌리엄 셰익스피어(William Shakespeare, 1564~1616)의 1591년작 희곡(戱曲; 극본) 《헨리 6세(Henry VI)》 제2부 제3막 제2장 제232행에 해당하는 "정의를 지키려고 싸우는 자는 삼중무장을 갖추고 싸우는 자와 같다(Thrice is he arm'd that hath his quarrel just)"라는 문장에서 유래했을 것이다.

42) the guidance of an unseen hand: 이것은 스코틀랜드 경제학자·철학자 애덤 스미스(Adam Smith, 1723~1790)가 《도덕감정론(The Theory of Moral Sentiments)》(1759) 제4부 제1장에서 언급한 "보이지 않는 손(invisible hand)"을 연상시킨다.

유한계급론

발달 과정의 연속단계들과 유관하냐 아니냐는 더 근본적인 문제에도 똑같이 적용된다. 여기서 이런 문제들의 존재가 언급되는 까닭은 오직 이 논의가 그런 방향에는 관심을 두지 않는다고 명시하려는 의도일 뿐이다. 행운을 믿는 신념에 내재하든지 아니면 사물들의 인과법칙을 벗어나려는 동향에나 성향에 내재하는 이런 두 요소나 두 국면은, 경제론과 관련되는 한에서, 본질적으로 동일한 성격을 공유한다. 이런 요소들이나 국면들은 개인의 생각 습관처럼 경제적 의미를 공유한다. 왜냐하면 개인의 생각 습관은 자신이 접촉하는 사실들과 접촉 결과들을 가늠하는 개인의 습관적 관점에 영향을 끼치는 만큼 산업 목적에 부응하는 개인의 유용성에도 영향을 끼치기 때문이다. 그러므로 모든 애니미즘 신념의 미점이나 값어치나 이점에 얽힌 모든 문제가 논외로 밀려나면, '경제적 요인으로 간주될뿐더러 특히 산업 행위자로도 간주되는 개인의 유용성'과 '이런 요소들이나 국면들'의 경제적 관계가 논의될 수 있을 것이다.

앞에서도 이미 더 오래된 맥락에서 주목받았듯이, 개인이 오늘날의 복잡한 산업 과정들에 가장 유용하게 부응하려면 사실들의 인과관계를 쉽게 파악하고 응용할 수 있는 소질과 습성을 타고나야 한다. 산업 과정의 전체와 부분들은 모두 양적(量的) 인과관계의 진행 과정이라고 총칭될 수 있다. 산업 과정의 감독자에게도 요구될뿐더러 노동자에게도 요구되는 "지능(intelligence)"은 기껏해야 양적으로 결정된 인과절차(因果節次)를 이해하고 그것에 적응할 수 있는 능력일 뿐이다. 우둔한 노동자들에겐 이런 이해력과 적응력이 부족하므로, 이런 능력들을 발달시키는 것이 그들에게 실시되는 교육의 목적이지만, 그런 목적은 오직 그들의 산업 능률 향상에만 한정된다.

개인이 타고난 소질들이나 받은 훈련 탓에 사실들과 결과들을 인과관계나 사무관계(事務關係)대로 이해하지 않으려고 한다면, 그런 소질들이나 훈련은 개인의 생산능률이나 산업적 유용성을 하락시킨다. 애니미즘의 방법들로써 사실들을 이해하려는 성향 탓에 진행되는 이런 능률 하락은 전체로서 감안되면, 그러니까 애니미즘 성향을 가진 특정한 인구의 총원이 감안되면, 특히 확연하게 보인다. 현대의 다른 여느 체계에서보다 대규모 산업 체계에서 애니미즘은 경제적 약점들을 더 선연하게 드러내며 더 심각하고 방대한 결과들을 초래한다. 현대 산업사회에서 꾸준히 증가하는 산업은 기관들과 기능들을 상호적으로 조절하는 포괄적 체계 속에서 조직된다. 그래서 현상들을 인과법칙대로 이해하는 모든 편견을 벗어난 자유는 산업계 남자들의 능률에 불가결한 요건을 꾸준히 증가시킨다. 수공업 체제에서 우수한 기량이나 근면성, 근력이나 인내력 같은 장점들은 남자 직공들의 생각 습관에 내재한 애니미즘의 편견을 아주 많이 상쇄할 것이다.

이런 장점들은 농업에서도 유사하게 작용한다. 왜냐하면 수공업 직공에게 요구되는 장점들의 본성은 농민에게 요구되는 장점들의 본성과 흡사하기 때문이다. 수공업 직공도 농민도 자신의 체력에 주로 의존하므로, 수공업과 농업에 투입되는 자연력의 대부분은 그들의 통제력이나 재량권을 벗어나서 작용하는 불가사의하며 우연한 행위자들이라고 이해된다. 인과법칙대로 파악되어야 하고 산업 가동 방식들과 작업자들의 동작을 적응시켜야 하는 포괄적 기계운동의 숙명적 진행 절차에 일임되는 산업 과정은 이런 전통적 (수공업이나 농업 같은) 산업들에는 상대적으로 거의 없다고 서민들에게 이해된다. 산업 방법들이 발달하면, 수공업자의 덕목들은 '인과관계를 파악하지 못하는 평균 이하의 지능'을 벌충하지 못하거나 '인과관계를 원만히 수용하지 못하는 부족한 융통성'을 벌충하지 못하므로 점점 더 하찮게 평가된다. 산업 조직은 기계장치의 성격을 점점 더 많이 띠는데, 그런 조직에 소속한 남자의 직책은 그의 업무에 요구되는 결과를 산출할 자연력들을 판별하고 선택하는 것이다. 산업에 종사하는 남자의 업무는 자신의 체력에 의존하는 업무에서 양적 인과관계와 기계적 사실들을 판별하고 평가하는 업무로 변이한다. 그의 환경에서 원인을 쉽게 파악하고 공정하게 평가하는 능력의 경제적 중요성은 상대적으로 점증(漸增)하는데, 그러면 사무적 인과관계의 원활한 파악을 방해하는 편견을 강요하는 그의 생각 습관들에 합체된 모든 요소는 그의 산업적 유용성을 하락시키는 방해 요소로서 점점 더 중요시된다. 심지어 양적 인과관계에 의존하기보다는 다른 근거에 의존하여 일상적 사실들을 설명하려는 사소하거나 어렴풋한 편견도 서민들의 습관적 태도에 누적되는 영향을 끼치면 사회의 집단적 산업 능률을 현격히 하락시킬 수 있다.

애니미즘 생각 습관은 초기의 미분(未分)되고 미숙한 애니미즘 신념에서 파생할 수 있든지, 아니면 사실들에 귀속된 성향을 의인화하여 인격화하는 후기의 더 발달한 애니미즘 신념에서 파생할 수 있다. '그렇게 생동하는 애니미즘 감각의 산업적 가치'나 '초자연행위자나 보이지 않는 손의 지도력에 의존하는 애니미즘 감각의 산업적 가치'는 모두 당연히 거의 동일하다. 두 감각이 개인의 산업적 유용성에 끼치는 영향들뿐 아니라 초래하는 결과들도 거의 동일하다. 그러나 이런 생각 습관은 개인적 생각 습관들의 복합체를 지배하거나 규정하고, 개인은 자신이 환경의

사실들을 설명할 때마다 애니미즘의 공식이나 의인화의 공식을 습관적
으로 직접, 아니면 긴급하게, 아니면 배타적으로 적용하는데, 이런 적용
의 직접성이나 긴급성이나 배타성이 강해지거나 약해지면 이런 생각 습
관의 지배력이나 규정성도 강해지거나 약해진다. 애니미즘 습관은 모든
사태의 인과관계를 식별되지 않도록 흐려버린다. 그러나 (사실들에 귀속
된) 성향을 느끼는 초기의 상당히 무분별하고 막연한 애니미즘 감각은
의인주의[43]의 발달한 형식들보다 더 우세하여 개인의 인식 과정들에 더
광범한 영향을 끼칠 것이라고 짐작될 수 있다. 애니미즘 습관이 소박한
형태를 띠는 곳에서 적용되는 범위와 영역은 한정되지도, 제한되지도 않
는다. 그러면 애니미즘 습관은 개인 생활의 모든 방면에서 — 개인이 중
요한 생활 수단들을 다루는 모든 곳에서 — 개인의 생각에 뚜렷한 영향
을 끼칠 것이다. 정교하게 의인화되고 명확해져서 완숙하게 발달한 후기
애니미즘이 여태껏 오직 간접적인 것들과 보이지 않는 것들에만 다소 일
관되게 한정되어 적용되었다면, 일상적 사실들의 점증하는 영역은 세련
된 애니미즘을 표현하는 초자연행위자에게 의존하지 않아도 한시적으
로 설명될 수 있다. 어지간히 완성되고 인격화된 초자연행위자는 생활의
자잘한 사건들을 처리하는 편리한 수단이 아니므로, 자잘하거나 저열한
많은 현상을 발생 순서대로 설명해버릇하는 습관이 쉽사리 형성된다. 그
렇게 성사되는 한시적 설명은 자잘한 목적들에 부응하면 한정된 역할을
수행할 수 있다. 왜냐하면 그런 목적들에 부응하기로 각오한 개인의 충
심이 특수한 도발에나 난관에 부딪혀 상기되기 전까지 그런 설명은 무시
되기 때문이다. 그러나 의인화해버릇하는 신념을 품은 개인은 특별한 위

---

43) 擬人主義(anthropomorphism): 이 낱말은 의인화(擬人化), 인격화, 신인동형동성론(神人同形同
　　性論), 의인관(擬人觀), 의인법(擬人法)이라고도 번역된다.

기들에 봉착할 때마다, 그러니까 인과법칙에 완전히 자발적으로 의지해야 할 특이한 필요성을 느낄 때마다, 보편적 해결책으로 여기는 초자연 행위자에게 의존한다.

인과관계를 벗어나는 성향이나 행위자는 곤경에 처한 개인의 의존 수단으로서 매우 유용하지만, 그런 유용성은 완전히 비경제적인 것이다. 그런 성향이나 행위자는 특히 여태껏 의인화된 인격신의 일관성과 전문성을 획득한 피난처이고 두둑한 자금이다. 그런 성향이나 행위자는 곤경에 처한 개인에게 현상들을 인과관계대로 쉽게 설명할 수 있는 수단을 제공할 수 있다는 이유와 아울러 다른 이유 때문에도 신봉될 수 있는 많은 것을 겸비한다. 그러나 미학이나 도덕이나 정신의 관점에서, 아니면 심지어 국가정책이나 군사정책이나 사회정책을 얼마간 직접 감안하는 관점에서도, 의인화된 인격신의 뚜렷한 공인된 장점들을 장황하게 논의할 만한 여유는 당장에 없을 것이다. 여기서 문제는 의인화된 초자연행위자를 믿는 신념의 딱히 아름답지도 절실하지도 않은 경제적 가치와 관련된다. 그런 신념은 그런 행위자를 믿는 신자의 산업적 유용성에 영향을 끼치는 생각 습관으로 간주된다. 그래서 심지어 이토록 협소한 경제 영역 안에서도 이런 생각 습관의 간접 경제 효과들마저 아울러 탐구되지는 않고 오직 신자의 노동자다운 유용성과 이런 생각 습관의 직결 관계만 탐구될 것이다. 이런 간접 경제 효과들을 추적하는 탐구는 매우 어렵다. '의인화된 인격신과 정신의 접촉은 삶의 질을 향상시킬 수 있다'라고 믿는 유명한 선입견들이 이런 효과들을 추적하는 탐구를 방해하기 때문에, 이런 효과들의 경제적 가치를 탐구하려는 모든 노력은 당분간 무산될 수밖에 없다.

애니미즘 신자의 정신 구조 전반에 즉시 직접 영향을 끼치는 애니미즘 생각 습관의 효과는, 현대 산업에서 특별히 중요시되는 지능과 관련되면, 그런 신자의 유효한 지능을 하락시키는 방향으로 작용한다. 신봉되는 초자연행위자나 초자연 성향의 등급이 변하면 이런 효과도 변한다. 이 명제는 '행운과 성향을 감지하는 야만인의 감각과 남자 스포츠 선수의 감각'에도 적용되고, 그들과 동등한 남자들에게 공유되는 '의인화된 인격신을 믿는 약간 더 발달한 신념'에도 적용된다. 비록 이 명제의 상대적 설득력은 쉽사리 설명될 수 없을망정, 이 명제는 문명화된 경건한 남자를 매료하는 더 충분히 발달한 인격신교들에도 적용될 수 있는 것으로 간주되어야 한다. 고도로 발달한 인격신교들 중 하나를 고수하는 서민의 신앙에서 파생하는 산업적 무능력은 상대적으로 사소할 수는 있어도 무시되어야 할 것은 아니다. 그리고 심지어 서양 문화의 이런 고등한 교파들도 '인과법칙을 벗어난 성향을 느끼는 이런 인간 감각의 최종 해체 단계'를 표현하지 않는다. 이런 교파들과 무관하게 이런 성향을 느끼는 애니미즘 감각을 표현하는 것들도 있다. 예컨대, 자연 질서와 자연권(自然權)들에 호소한 18세기 의인주의(Anthropomorphism)처럼 미약한 의인주의들도 이런 애니미즘 감각을 표현하고, 외견상 후기-다윈주의(post-Darwinism)에서 파생한 듯이 보이는 '진화 과정의 세계개선론적(世界改善論的; meliorative) 경향'을 상정하는 개념도 같은 감각을 표현하는데, 이런 개념은 18세기형 미약한 의인주의들의 현대판이라고 평가될 수 있다. 현상들을 설명하는 이런 애니미즘 방식은 오류의 일종이라서 논리학자들에게는 "나태한 추론(ignava ratio)"이라고 인식된다. 산업 목적이나 과학 목적이 감안되면, 이런 설명 방식은 사실들을 굉장히 오해하고 오판하는 대실책처럼 보인다.

애니미즘 습관은 산업에 직접 끼치는 영향들이 아닌 다른 이유 때문에도 경제론에 일정하게 부응하는 의미를 간직한다. (1) 애니미즘 습관은 다른 몇몇 고대 특성의 현존을 암시할뿐더러 심지어 그런 특성들의 잠재력마저 얼마간 암시하는 매우 믿음직한 지표인데, 애니미즘 습관에 수반되는 그런 특성들은 경제적으로 대단히 중요하다. 그리고 (2) 인격 신교의 발달 과정에서 애니미즘 습관은 경건한 예절 규약을 생성시키는데, 그런 규약의 세속적 결과들은 (a) 앞 난원에서 이미 암시되었듯이, 사회의 재화 소비와 우세한 취향 규범들에 영향을 끼치는 동시에 (b) 상급자와 하급자의 관계를 알아채는 일정한 인식 습관을 조장하고 보전하여 현재에 유행하는 신분 감각과 충성심을 경직시키므로 중요하다.

(b)와 관련하여, 개인의 성격을 형성하는 생각 습관들의 집합은 어떤 의미에서는 유기적 총체이다. 어느 한 시점(時點)의 일정한 방향에서 진행되는 현저한 변이는 다른 방향들에서, 아니면, 다른 활동들의 집합들에서, 진행되는 습관적 생활 표현의 변이를 수반하는데, 두 변이는 상호 관계를 맺는다. 이렇게 변이하는 생각 습관들이나 습관적 생활 표현들은 모두 개인의 단일한 생활 순서를 구성하는 단계들이다. 그래서 일정한 자극에 반응하여 형성되는 습관은 다른 자극을 향한 반응의 성격에 반드시 영향을 끼칠 것이다. 어느 한 시점에서 진행되는 인간성의 변이는 인간성의 전면적 변이이다. 이런 이유 때문에, 그리고 어쩌면 더 폭넓게는 여기서 논의될 수 없는 더 모호한 이유 때문에, 이런 변이들은 인간성의 상이한 특성들 사이에서도 나란히 발생하여 진행될 것이다. 그래서 예컨대, 충분히 발달한 약탈생활도식을 준수하는 야만인들은 압도적으로 우

세한 애니미즘 습관, 확연히 정형화된 인격신교, 생생한 신분 감각마저 공유한다. 그런 한편에서, '의인주의'와 '중요한 사물들의 애니미즘 성향을 포착하는 감각'은 야만 문화보다 더 이른 문화 단계들과 더 늦은 문화 단계들의 서민 생활에서는 비교적 미약하게 표현된다. 신분 감각도 평화로운 사회들에서는 대체로 더 미약하다. 생생하지만 미약하게 특화된 애니미즘 신념은 약탈 문화 이전의 미개한 단계에서 생활하는 모든 사람에서는 관찰되지 않아도 그들의 대다수에서는 관찰될 것이라고 논평 될 수 있다. 야만인이나 퇴화한 미개인은 자신의 애니미즘을 진지하게 생각하지만 원시 미개인은 자신의 애니미즘을 별로 진지하게 생각하지 않는다. 원시 미개인에게 애니미즘은 강압적 미신이 아니라 결국 환상적으로 창작된 신화일 뿐이다. 야만 문화는 스포츠 기량, 신분, 의인주의를 표현한다. 오늘날의 문명사회들에서도 남자들의 개인적 기질을 구성하는 스포츠 기량, 신분, 의인주의에 수반되는 유사한 변이들은 언제든지 관찰될 수 있다. 스포츠의 기본 요소를 형성하는 약탈적 야만 기질의 현대적 대표자들은 대체로 행운을 믿는 신자들이다. 적어도 그들만은 사물들에 깃들인 애니미즘 성향을 느끼는 완강한 감각을 지니는데, 바로 그런 감각이 그들을 도박에 몰입시킨다. 의인주의도 그런 감각과 동류이다. 도박꾼들처럼 어떤 교리의 신봉자들도 대체로 순진하고 일관된 의인주의의 교리들 중 하나에 집착한다. 그래서 유니테리언이나 유니버설리스트[44] 처럼, 의인주의의 성질을 미약하게 띠는 교파들에서 정신적 위안을 구하는 남자 스포츠 선수는 상대적으로 드물다.

---

44) 유니테리언(Unitarian)은 삼위일체론을 부정하고 단일한 인격신(유일신)만 인정하는 기독교의 일파인 유니테리언주의(Unitarianism: 유니테리언교파)의 신도(信徒)나 신자로서 '유니테리언교도'라고도 지칭된다. 유니버설리스트(Universalist)는 18세기중엽부터 미국에서 교세를 확장하기 시작한 기독교 일파인 유니버설리즘(Universalism: 보편구원교파)의 신도나 신자이다.

의인주의와 용맹성의 이런 상호 관계와 밀접한 사실은 인격신교들이 신분체제에 호응하는 생각 습관들을 창시하지는 않더라도 보전한다는 것이다. 이 사실이 감안되면, 인격신교의 규율 효과가 사라지는 종결점도 지정될 수 없고, 유전형질들에 수반되는 변이의 증거가 형성되는 시작점도 지정될 수 없다. 가장 세련되게 발달한 약탈 기질, 신분 감각, 인격신교는 모두 야만 문화에 포함된다. 그리고 야만 문화의 수준에 도달한 사회들에서 발생하는 이런 세 가지 현상 사이에는 상호 인과관계 같은 것이 존재한다. 오늘날 개인들 및 세급들의 습관들 및 소질들은 상호 관계를 맺으며 이 세 가지 현상을 재발시키는데, 이 현상들의 재발 방식은 개인 특성들로 간주되거나 개인 습관들로 간주되는 세 가지 심리적 현상 사이의 비슷한 인과관계나 유기적 관계마저 암시한다. 이미 진행된 논증의 초입에서 드러났듯이, 사회구조를 일정하게 특징짓는 신분관계는 약탈생활 습관의 결과이다. 신분관계의 계보와 관련되면, 신분관계는 본질적으로 약탈적 태도의 정제(精製)된 표현이다. 그런 한편에서, 인격신교는 중요한 사물들의 불가해한 초자연 성향을 상정하는 개념에 첨가되는 신분관계들의 세세한 규약이다. 그래서 신분관계를 파생시킨 외부 사실들이 감안되면, 인격신교는 고대의 남자를 지배한 애니미즘 감각에서 파생했을 것이라고 생각될 수 있는데, 그런 감각을 결정하고 얼마간 변형시킨 것은 약탈생활 습관이었을 것이고, 그렇게 변형된 애니미즘 감각에서 파생하여 의인화된 초자연행위자는 약탈 문화의 남자를 특징짓는 모든 생각 습관을 뒤집어쓰듯이 타고났을 것이다.

그런 경우에 더욱 투박한 심리학적 특색들은 경제론과 직결되므로 여기서 감안되어야 한다. (a) 앞 단원에서 드러났듯이, 여기서 용맹성이라고 지칭되는 약탈적이고 경쟁적인 생각 습관은 기껏해야 인간의 기량 발휘 본능이라고 총칭될 수 있는 것의 야만적 변종일 뿐인데, 이 본능은 개인들을 비교하여 차별해버릇하는 습관의 지휘를 받아서 이렇게 특수한 형태를 띠도록 변이했다. (b) 신분관계는 인준된 절차대로 충분히 측정되고 차등화되는, 차별용 비교의 형식적 표현이다. (c) 인격신교는, 적어도 태동기의 활기를 유지할 동안에는, 열등하다고 인지되는 인간과 우월하다고 인지되는 의인화된 초자연행위자의 신분관계라는 요소를 특징짓는 제도이다. 이런 특색이 감안되면, 인간성의 이런 세 가지 현상 사이에도 존재하고 인간 생활의 이런 세 가지 현상 사이에도 존재하는 내밀한 관계는 결코 어렵잖게 인식될 것이다. 그런 관계는 현상들의 본질적 요소 중 몇몇의 동일성에 해당한다. 한편에서 신분 체계와 약탈생활 습관은 '비교하여 차별하는 관습'대로 형식화되는 기량 발휘 본능의 표현이다. 다른 한편에서 인격신교와 종교의례 준수 습관은 중요한 사물들의 성향을 느끼는 남자들의 애니미즘 감각을 표현하는데, 이런 표현들은 본질적으로 동일한 일반적 차별용 비교 습관의 지휘를 받아서 정제된다. 그래서 습관의 두 범주 — 경쟁 생활 습관과 종교의례 준수 습관 — 는 인간성의 야만적 유형을 보완하는 요소들이면서 그런 유형의 현대판 야만적 변종들마저 보완하는 요소들이라고 이해될 수 있다. 두 범주는 자극들의 상이한 집합들에 반응하여 형성되는 거의 동일한 소질들의 표현들이다.

제12장
종교의례

현대 생활의 사소한 몇몇 사건을 개괄하는 탐구는 인격신교들과 야만문화 및 야만 기질의 유기적 관계를 증명할 것이다. 그런 탐구는 '인격신교들의 존속 및 효력'과 '그런 교파들에서 준수되는 의례 절차의 보급'이 유한계급 제도와 관련되는 방식을 증명하고, 유한계급 제도를 떠받치는 행동 원천들과 관련되는 방식을 증명할 수 있을 것이다. 종교의례를 예시하는 관행들을 칭찬하거나 비난하려는 의도와 무관하게, 그리고 종교의례로써 표현되는 정신 및 지능의 특성들을 칭찬하거나 비난하려는 의도와 무관하게, 현존하는 인격신교들의 일상적 현상들은 경제론에 이바지하는 현상들의 중요성을 감안하는 관점에서 고찰될 수 있다. 이런 맥락에서 종교의례의 확연한 외형의 특색들이 온당하게 거론될 수 있다. 신앙생활의 종교적 가치뿐만 아니라 도덕적 가치도 이 단원에서 진행되는 탐구의 영역을 벗어난다. 인격신교들을 주도하는 교리들의 진리나 미점을 의문시하는 질문도 당연히 일절 제기되지 않는다. 그래서 심지어 인격신교들과 경제의 간접 관계도 거론될 수 없다. 왜냐하면 그것은 너무 난해하고 워낙 막중해서 간략히 소묘될 수 있는 주제가 아니기 때문이다.

　금력을 따지는 관심과 무관하게, 다른 관심들에 근거하여 진행되는 가치판단 과정들에 행사되는 금력 가치 기준들의 영향은 이전 단원에서 얼마간 설명되었다. 그런 영향 관계는 완전히 일방적인 관계가 아니다. 가치판단용 경제적 기준들이나 규범들은 비경제적 가치 기준들의 영향을 번갈아 받는다. 이처럼 더 중대한 관심들의 우세한 현존은 사실들의 경제적 의미를 가늠하는 우리의 판단을 얼마간 규정한다. 오직 더 고상한 비경제적 관심들을 보조하는 경제적 관심만 중요시하는 관점도 실제로 존재한다. 그래서 이 단원의 목적이 감안되면, 인격신교들의 일상적 현상들에 쏠리는 경제적 관심이나 이런 현상들의 경제적 의미는 어떻게든 반드시 따로 생각되어야 한다. 그런 생각은 더 진지한 관점을 벗어던지려는 노력을 요구하고, 경제론과 무관한 더 고상한 관심들에서 파생한 편견을 최대한 벗어나서 이런 사실들을 가늠하는 경제적 평가를 완수하려는 노력을 요구한다.

✳✳✳

　스포츠 기질이 논의되는 과정에서 드러났듯이, 중요한 사물들과 사건들의 애니미즘 성향을 느끼는 감각은 스포츠를 애호하는 남자의 내기 버릇에 정신적 기반을 제공한다. 경제적 목적과 관련되면, 성향을 느끼는 이런 감각은 다양한 애니미즘 신념들과 의인주의적 교리들로 표현되는 요소와 본질상 동일한 심리적 요소이다. 경제론에서 고찰되어야 하는 그런 확연한 심리적 특색들과 관련되는 한에서, 스포츠의 요소에 충만한 내기해버릇하는 정신은 종교의례를 준수하면서 만족감을 느끼는 심리구조로 부지불식간에 차츰차츰 변이한다. 경제론의 관점에서, 스포츠 애호가의 성격은 종교적 광신자의 성격으로 변이하는 듯이 보인다. 내기하는 남자의 애니미즘 감각은 다소 일관된 전통의 보조를 받는 곳에서는 여태껏 의인주의적 만족감 같은 것과 유기적으로 관련되어 초자연행위자나 비물질적(非物質的) 행위자를 믿는 다소 정제된 신념으로 발달했다. 그리고 이런 발달이 성사된 곳에서는 초자연행위자에 접근하여 그를 위무하는 얼마간 공인된 방법으로써 그와 타협하려는 의향이 언제나 인지될 수 있다. (초자연행위자를) 달래어 구워삶는 이런 요소와 더 조잡한 숭배 의례들의 공통점은 대단히 많은데, 그런 숭배 의례들은 역사적으로 파생하지는 않지만 적어도 의례 현장에서는 심리적 만족감을 유발한다. 이런 요소는 미신적인 관행과 신념이라고 인식되는 것으로 부단히 뚜렷하게 변이하여 결국에는 더 조잡한 인격신교들과 같은 혈통을 타고났다고 자처한다.

그래서 스포츠 기질이나 도박 기질은 본질적 심리 요소들 중 몇몇을 포함한다. 그런 요소들은 교리들의 신봉자와 종교의례들의 준수자를 만들어내는데, 그들의 출현 시점은 사건들의 연쇄 과정에 개입하는 불가사의한 성향이나 초자연행위자를 믿는 신념의 발생 시점과 거의 일치한다. 내기의 목적을 달성하려고 초자연행위자를 믿는 신념은, 특히 초자연행위자에게 전가되는 생각 습관 및 생활도식과 관련하여, 그러니까 사건들에 개입하는 초자연행위자의 도덕적 성격 및 그의 목적들과 관련하여, 엄밀하게 정식화될 수 없을뿐더러 대체로 그리되지도 않는다. 행운, 호기회, 불운, 마스코트 따위처럼 감각되는 초자연행위자의 개별성이나 인격과 관련하여, 스포츠에 열중하는 남자는 그런 개별성이나 인격을 느끼면 때로는 두려워하며 때로는 물리치려고 애쓰는데, 그런 남자의 소견들도 조잡하고 미숙하며 투박하다. 그의 내기버릇을 떠받치는 기반은, 대체로, 사물들에나 상황들에 깃드는, 인격적 행위자라고 거의 인식되지 않는, 비물질적이고 임의적인 영향력이나 성향의 존재를 감지하는 단순한 본능 감각이다. 내기하는 남자는 이런 단순한 본능 감각대로 행운을 신봉하는 남자인 동시에 공인된 교리의 특정한 형태를 상당히 고집스럽게 신봉하는 남자이기 십상이다. 그는 특히 자신이 신봉하는 신의 불가사의한 권능 및 독단적 습관들과 관련된 교리의 대부분을 수락하기 십상이다. 그런 남자는 애니미즘의 현저한 두 단계에, 아니면, 때때로 더 많은 단계에 휘말린다. 애니미즘 신념의 모든 연쇄 단계는 실제로 모든 스포츠 단체의 정신 구조 속에서 완전한 사슬처럼 연결될 수 있다. 애니미즘 개념들로 결성되는 그런 사슬의 양끝 중 하나는 행운과 호기회와 우연한 필연성을 느끼는 가장 원초적인 본능 감각일 것이고, 다른 하나는 연결 과정의 모든 단계에 개입하는 완전히 발달한 인격신일 것이다. 초자연행위자를 믿는 이런 신념들이 결합하면 한편에서는 행운의 기회 포착에 필요하리라고 추측된 요건들의 적절한 행태를 본능적으로 규정하고, 다른 한편에서는 신의 불가사의한 명령들에 다소 경건하게 복종한다.

이런 관계는 스포츠 기질과 불량배 기질 사이에도 존재한다. 그래서 두 기질은 인격신교를 신봉하기 쉬운 기질과 관련된다. 불량배도 남자 스포츠꾼도 소속 사회의 평균인들과 비교되면 대체로 공인된 교리를 더 달갑게 신봉할뿐더러 종교의례도 더 자발적으로 준수하는 듯이 보인다. 불량배들과 남자 스포츠꾼 중에 불신자들은, 평균적 불신자들과 비교되면, 얼마간 공인된 신앙으로 개종하려는 성향을 더 많이 내보인다는 사실도 주목받을 만하다. 이것은 실제로 관찰되는 사실이라서, 특히 더 원초적이고 약탈적인 운동경기들을 변호하는 스포츠 대변인들도 이 사실을 공인한다. 운동경기들의 습관적 동참자들은 종교 관행들에도 꽤나 정성껏 열중하는데, 이런 사실은 스포츠 생활의 갸륵한 특징이라고 실제로 다소 고집스럽게 주장된다. 그래서 관찰될 수 있듯이, 남자 스포츠꾼들과 약탈적 불량배들이 신봉하는 종파나, 그들과 같은 계급의 개종한 자들이 하나같이 애착하는 종파는 대체로 이른바 고등 종교가 아니라 완전히 의인화된 인격신을 신봉하는 종파이다. 고대의 약탈적 인간성은 '양적(量的) 인과관계의 개념으로 변이하면서 해체되는 인격의 난해한 개념들'에 만족하지 못한다. 양적 인과관계의 개념이란, 예컨대, 기독교의 사변적이고 비밀스러운 교리들이 제1원인, 보편 지성, 세계 영혼, 성령 현상 따위에 귀속시키는 개념이다. 운동선수와 불량배의 생각 습관들에 요구되는 성격을 띠는 종파의 일례는 기독교 전투교회(church militant)의 일파로서 유명한 구세군(Salvation Army)일 것이다. 구세군의 일부는 하류계급 불량배 출신자들로 충원된다. 구세군의 총원 중에 스포츠 선수 출신 남자들의 비율은 사회의 총인구 중에 스포츠 선수 출신 남자 인구의 비율보다 더 높을뿐더러 구세군 장교단의 총원 중에 스포츠 선수 출신 남자들의 비율은 특히 더 높다.

이런 추세는 대학 운동부들에서도 관찰될 수 있다. 대학 생활의 종교적 요소를 옹호하는 자들은 '미국의 여느 대학 운동부에도 선발될 수 있을 만큼 바람직한 운동선수는 동시에 매우 종교적인 학생이다'라고 주장하든지, 아니면, '운동경기들에나 여타 대학 스포츠에 별로 관심을 보이지 않는 평균적 대학생들과 비교되면 대학 운동선수들은 종교의례에 더 열중하는 듯이 보일 것이다'라고 주장한다. 그리고 이런 주장을 반박할 만한 근거도 아예 없는 듯이 보인다. 이론적 근거들이 감안되면 이런 주장은 예상될 수 있다. 그런데 특정한 관점에서는 이런 주장이 대학교의 스포츠 생활과 운동경기들과 운동선수들을 명예롭게 인지시킨다고 논평될 수 있다. 마치 직업에나 부업에 종사하듯이 종교 선전 활동에 헌신하는 남대생 스포츠 선수도 드물지 않다. 그래서 관찰될 수 있듯이, 이런 남대생 스포츠 선수들은 더 심하게 의인화된 인격신교들 중 어느 하나의 선교사들이 되기 십상이다. 그들은 선교활동을 수행하면서 인격신과 인간 사이에 존재하는 인격적 신분관계를 주요하게 강조하기 십상이다.

남대생들의 운동경기들과 그들의 종교의례 사이에 존재하는 이런 밀접한 관계는 아주 유명한 사실이다. 그러나 이 사실은 아무리 명백해도 여태껏 주목받지 않은 각별한 특색을 지닌다. 대학 스포츠의 요소에 어지간히 스며든 종교적 열정은 특히 불가사의한 섭리에 무조건 헌신하고 순진하게 복종하며 자족하는 태도로써 표현되기 쉽다. 그래서 종교적 열정에 휩싸인 남대생 운동선수는 이왕이면 대중적 신앙 형식들의 선교활동에 종사하는 기독교청년회(YMCA)나 기독교 청년 노력협회(YPSCE) 같은 평신도들의 종교단체들 중 어느 하나에 가입하려고 애쓴다. 평신도들은 더 "실용적인" 종교를 촉진하려고 이런 종교단체들을 결성한다. 이런 평신도들의 종교단체들은 가용한 역량의 상당 부분을 대체로, 마치 스포츠 기질과 고대 신앙심의 밀접한 관계를 억지로 논증하여 확고하게 정립하려는 듯이, 기회를 다투고 기량을 겨루는 운동경기들이나 게임들을 촉진하려는 노력에 투여한다. 더구나 이런 단체들에서 촉진되는 스포

츠 종목들은 신의 은총을 받는 수단처럼 일정한 영험을 발휘한다고 감각
될 수도 있다. 그런 스포츠 종목들은 개종 수단들로서, 그리고 개종한 신
자들의 헌신적 태도를 유지시키는 수단들로서, 확실히 유용하다. 그러니
까 애니미즘 감각과 경쟁 성향을 발동시키는 게임들은 더 대중적인 종교
들에 적합한 생각 습관의 형성과 보전을 돕는다. 그러면 평신도들의 종
교단체들에서 주동되는 이런 스포츠들은 신입 신자의 수습 과정처럼 기
능하든지, 아니면 오직 영성체(領聖體)할 자격을 완비한 자에게만 특권
으로서 부여되는 종교적 신분에 걸맞은 생활을 더 완연히 전개시키는 수
단들처럼 기능하기 시작한다.

이런 방면에서는 많은 종파의 성직자들이 평신도단체들의 지휘를 받
는다. 이런 사실이 감안되면, 경쟁적이고 하등한 애니미즘 습성들의 발
동이 종교적 목적에 실질적으로 유용하게 부응한다는 주장은 의문시되
지 않을 것이다. 실용적 종교를 특별히 고집하는 만큼 평신도단체들과
가장 흡사한 교회 단체들은 여태껏 전통적 종교의례와 관련된 이런 스포
츠 관행들이나 유사한 활동들을 일정한 방식으로 채택했다. 그래서 소속
한 청년들의 경쟁 습성과 신분 감각을 발달시키는 "기독교소년단"들처
럼 목회자의 통솔을 받는 여러 평신도단체가 존재한다. 군대를 닮은 이
런 단체들은 경쟁하고 비교하여 차별해버릇하는 습성을 연마하며 강조
하기 십상이라서, 인격적 주종관계[45]를 알아채고 인정하는 천부적 재능
을 강화하는 경향을 띤다. 그래서 종교단체의 신자는 벌칙에 기꺼이 복
종하고 순응하는 방법을 빠삭하게 알기로 유명한 개인이다.

그러나 이런 관행들은 인격신교들의 신성을 오직 절반만 형성하는 생

---

45) 人格的 主從關係(the relation of personal mastery and subservience)

각 습관들을 조장하여 보전한다. 성직자들의 재가를 받아 조직적으로 수행되는 부속관행들은 종교 생활의 다른 보완 요소를 ― 그러니까 애니미즘 생각 습관을 ― 보급하고 보전한다. 이런 관행들에는 교회의 바자회나 복권 판촉 같은 도박성 행사들도 포함된다. 복권 판촉 행사들과 잡다한 도박성 행사들은 순전히 종교의례와 관련된 이런 관행들의 적법한 정도(定度)를 암시한다. 그래서 종교적 생각 습관에 별로 물들지 않은 개인들과 비교되면, 종교단체들에 소속한 평신도들은 이런 관행들에 더 심하게 매료되는 듯이 보이는데, 이것은 주목받을 만한 경향이다.

이 모든 것은 다음과 같은 두 가설을 논증하는 듯이 보인다. 첫째, 사람들을 인격신교들에 매료시키는 기질과 스포츠에 매료시키는 기질은 동일하다. 둘째, 스포츠를 즐겨버릇하는 습관은, 어쩌면 특히 운동경기들을 즐겨버릇할 습관은, 종교의례를 준수하면서 만족감을 느끼는 성향들을 발달시킨다. 정반대의 관점에서도, 종교의례를 준수해버릇하는 습관은 운동경기들을 애호하는 성향의 발달을 촉진할뿐더러, 비교하여 차별해버릇하고 행운에 호소해버릇하는 습관을 발동시키는 모든 게임을 애호하는 성향의 발달마저 촉진하는 듯이 보인다. 이런 성향들은 정신생활의 이런 두 방향에서 본질적으로 똑같이 표현된다. 약탈 본능과 애니미즘 관점에 휘둘리는 야만적 인간성은 평상시에는 두 방향으로 한꺼번에 표현되기 십상이다. 약탈적 생각 습관은 개인의 지위를 인지하고 개인들의 상대적 서열을 인지하는 예민한 감각을 포함한다. 약탈 습관은 어떤 사회구조에서는 제도들을 형성시키는 우세한 요인인데, 그런 사회구조의 기반은 신분제이다. 약탈 사회의 생활도식에서 우세한 규준은 우등한 개인 및 계급과 열등한 개인 및 계급의 관계, 고귀한 개인 및 계급과 비천한 개인 및 계급의 관계, 지배하는 개인 및 계급과 지배당하는 개인 및 계급의 관계, 주인과 노예의 관계이다. 인격신교들은 이런 규준을 강제당한 산업 발달 단계에서 유래했고, 그 단계에서 진행된 경제적 분화(分化) ─ 소비자와 생산자를 가른 분화 ─ 의 도식이 인격신교들을 형성시켰으며, 그 단계에서 우세하던 지배 복종 원리가 인격신교들에 만연한다. 인격신교들 각각은 자신의 종교를 형성시킨 경제적 분화 단계에 부응하는 생각 습관들을 자신의 종교를 대표하는 인격신에게 귀속시킨다. 그렇게 의인회된 인격신은 서열에 얽힌 모든 문제를 꼼꼼히 살필 것이라고 상상되는데, 그런 인격신은 주인으로 행세하면서 권능을 마음대로 행사하기 ─ 최종 심판자로서 강제력에 습관적으로 의존하기 ─ 십상이다.

　　인격신교의 교리가 나중에 더 완숙하여 정식화되면, 두려운 신령과 불가사의한 권능을 겸비한 인격신에게 귀속되는 이런 지배 습관은 "아버지 신(the fatherhood of God)"으로 순화된다. 초자연행위자에게 귀속된 정신적 태도와 소질들은 아직 신분체제에 속하지만, 바야흐로 외견상 평화로운 문화 단계에 속하는 가부장적 신분체제의 특성을 띠기 시작한다. 인격신교의 이렇게 진전된 국면에서도 신앙심을 일관되게 표현하는 의례의 목표가 인격신의 위대성과 영광을 찬양하고 그에게 복종과 충성을 서약하여 그를 달래는 위무라는 사실도 유념되어야 한다. 인격신을 달래거나 숭배하는 의례 행위는 그런 행위로써 접근될 수 있는 불가사의한 권능에 귀속된 신분 감각을 매료하도록 계획된다. 인격신을 달래는 가장 널리 유행하는 위무 의례들은 여전히 차별용 비교를 실행시키거나 암시한다. 그런 고풍스러운 인간성을 타고난 의인화된 신의 인격에 애착하는 충성스러운 신심은 신자의 비슷한 고풍스러운 성향들을 암시한다. 경제론의 목적들이 감안되면, 충심과 자연인의 관계나 충심과 초자연인의 관계도 모두 약탈 생활도식의 대부분과 외견상 평화로운 생활도식의 대부분을 구성하는 인격적 복종의 변이된 형식들이라고 이해될 수 있다.

고압적 통치 방식을 선호하는 호전적 추장 같다고 생각되는 인격신의 야만적 개념은 여태껏 초기 약탈 단계와 현재 단계 사이의 문화 단계들을 특징짓는 더 온건한 방식들과 더 평온한 생활 습관에 편승하여 대단히 온유해졌다. 그러나 심지어 종교적 환상이 이렇게 순화되었어도, 그리고 지금 인격신에게 전가되는 행동과 성격의 더 과격한 특성들이 온유해졌어도, 인격신의 본성과 기질을 이해하는 서민의 인식 속에는 야만적 개념의 매우 견실한 찌꺼기가 여전히 잔존한다. 그래서 예컨대, 인격신을 특징짓고 그와 인간 생활 과정의 관계들을 특징지으려는 연사들과 작가들은 차별용 비교를 반드시 수반하는 관용어(慣用語)들을 차용하고 전쟁 용어들과 약탈생활 용어들마저 차용하는 직유법을 유효하게 이용할 수 있다. 이렇게 차용된 비유어(比喩語)들은 심지어 호전성을 적게 타고난 현대의 청중을 향한 연설에도 상당히 유효하게 이용된다. 그런 청중은 온건하게 변이된 교리들의 신봉자들이다. 대중을 상대하는 연사들은 야만적 형용사들과 비유어들을 이렇듯 유효하게 이용한다. 이런 용법은 다음과 같은 두 가지 주장을 증명한다. 첫째, 현세대는 여태껏 야만적 덕목들의 명예와 장점을 생생하게 감지하는 식별력을 유지했다. 둘째, 종교적 태도와 약탈적 생각 습관은 얼마간 일치한다. 누구나 한 번만 더 생각하면 짐작하겠듯이, 현대 신앙인들의 종교적 환상은, 하여튼, 그들의 신앙 대상에 잔인하고 원한 맺힌 감정들과 행위들을 전가하는 처사를 혐오한다. 인격신을 묘사하는 살벌한 형용사들은 고도로 미학적인 명예로운 가치를 함유한다고 서민들에게 인식되는데, 이런 인식은 어디에서나 관찰된다. 그러니까, 우리의 무분별한 이해력은 이런 형용사들의 암시를 매우 기꺼이 수용한다.

> 나의 두 눈은 하느님의 강림하시는 영광을 보았네.
> 그분께서는 수확된 분노의 포도 더미를 짓밟으시고,
> 그분께서는 무시무시하고 빠른 검으로써 지녕적 번갯불을 내리치시니,
> 그분의 진리가 진군하네[46]

신앙인을 이끄는 생각 습관은 오늘날 집단생활의 경제적 위기들에 요긴한 유용성을 거의 상실한 고풍스러운 생활도식의 수준에서 작동한다. 경제조직은 오늘날 집단생활의 위기들에 적합한 것인 한에서 신분체제를 거의 벗어났으며 인격적 주종관계를 일절 요구하지도, 용납하지도 않는다. 사회의 경제적 능률과 관련되는 한에서, 인격적 충성심과 그런 심정을 표현하는 일반적 생각 습관은 능률의 기반을 약화시키고 인간 제도들을 기존 상황에 충분히 적응하지 못하게 방해하는 유산들이다. 평화로운 산업사회의 목적들에 가장 충실히 부응하는 생각 습관은 중요한 사실들의 가치를 단순히 기계적 순서대로 가공되는 막연한 물품들의 가치처럼

---

46) 이 노래가사는 미국 시인 줄리아 워드 하우(Julia Ward Howe, 1819~1910)가 〈존 브라운의 시체(John Brown's Body)〉라는 민요의 가사를 첨삭하여 1862년 월간지 《디 애틀랜틱 먼슬리(The Atlantic Monthly)》 2월호에 발표한 〈공화국 전투찬가(The Battle Hymn of the Republic)〉의 일부이다. 미국내전(남북전쟁; American Civil War, 1861~1865)에 참전한 북군(北軍; Union)의 행군가(行軍歌)로 사용된 이 노래의 내용은 기독교 구약경전 《이사야》 제63장과 신약경전 《요한계시록》 제19장을 반영한다. 미국 애국주의의 대표곡들 중 하나로 유명한 이 행군가는 한국 개신교계에서는 〈마귀들과 싸울지라〉라는 찬송가로 번안되어 노래된다.

인식해버리는 사무적 기질의 소산이다. 그런 생각 구조는 애니미즘 성향을 사물들에 본능적으로 전가하지도 않고, 초자연적 간섭자에 의존하여 난해한 현상들을 설명하지도 않으며, 사건들의 추이를 인간에게 유용하도록 규정하는 보이지 않는 손에 의존하지도 않는다. 현대의 여건들에서 경제적 최고능률의 요건들을 충족하려는 개인은 세계동향(世界動向)을 반드시 계량(計量)할 수 있는 무감정한 동력과 인과관계로 환산해버릇하는 습관대로 파악하기 마련이다.

근래의 경제적 위기들이 감안되면, 신앙심은, 어쩌면 모든 경우에, 협력 생활의 초기 단계에 형성되어 잔존한 것처럼 보일 수 있는데, 이것은 저지된 정신적 발달의 표시처럼 보일 수 있다. 신분 체계와 본질적으로 동일한 경제구조를 아직 유지하는 사회에는 당연하게도 이런 신앙심이 엄연히 존재한다. 그런 사회에서는 당연히 인격적 주종관계가 평균적 개인들의 태도를 규정하고, 그들의 태도는 그런 주종관계에 적응한다. 그렇잖으면 전통이나 유전형질을 위시한 여타 이유 때문에도 그런 사회의 모든 구성원은 종교의례에 심취한다. 그런 사회에서 평균을 벗어나지 않는 모든 개인의 종교적 생각 습관은 유행하는 생활 습관의 사소한 세부 사항일 뿐이라고 인식되기 마련이다. 이런 맥락에서, 종교적 사회의 종교적 개인은 사회의 평균을 벗어나지 않기 때문에 격세유전의 일례로 간주될 수 없다. 그러나 현대 산업 상황이 감안되면, 비범한 신앙심은, 그러니까 사회의 평균적 신앙심보다 확실히 더 격심한 종교적 열정은, 모든 경우에 격세유전을 특징짓는 증례로 간주되어도 무방할 것이다.

이런 현상들을 다른 관점에서 가늠하는 고찰도 당연히 동등하게 타당할 것이다. 이런 현상들은 다른 목적대로 가늠될 수 있고, 그렇게 가늠된 특성은 재검토될 수 있다. 종교적 관심이 감안되든지 아니면 종교적 취향의 이익이 감안되면, 현대 산업 생활이 남자들에게 함양한 정신자세는 신앙생활의 자유로운 발달을 저해할 수 있다는 의견도 납득될 만하게 보인다. 현대의 산업 훈련은 "유물론(materialism)"에 치중하므로, 그래서 독실한 신앙심을 제거하기 십상이므로, 현대 산업 과정의 발달을 상당히 저해할 수 있다. 이런 취지를 암시하는 비슷한 의견은 미학의 관점에서도 제기될 수 있다. 그러나 이런 의견들과 기타 유사한 견해들이 아무리 타당하고 유익해도 이 (문단의 서두에 거론된) 현상들의 가치를 오직 경제적 관점에서만 고찰할 이 단원에서는 논의되지 않을 것이다.

의인화하여 생각해버릇하는 습관과 종교의례에 심취해버릇하는 습성의 경제적 의미는 중대하다. 미국 사회처럼 종교적인 사회에서 이런 습관이나 습성은 아무리 경제적 현상으로 간주되어 논의되어도 불쾌감만 유발할 주제일 것이다. 그러나 이런 주제의 경제적 의미가 중대하다면 여기서 이런 주제를 더 자세히 고찰하려는 논의는 핀잔을 모면할 것이 확실하다. 약탈적 생각 습관과 함께 형성되어 공존하다가 변이하여 산업적으로 무익한 특성들의 현존을 암시하는 기질도 있는데, 종교의례는 바로 그렇게 변이한 기질을 지시하기 때문에 경제적으로 중요하다. 또한 종교의례는 일정한 정신자세의 현존을 암시한다. 그런 정신자세는 개인의 산업적 유용성에 영향을 끼치므로 일정한 경제적 가치를 함유한다. 그러나 종교의례는 사회의 경제활동들을, 특히 재화의 분배 및 소비와 관련된 활동들을, 더 직접 변화시키기 때문에도 경제적으로 중요하다.

종교의례의 가장 뚜렷한 결과는 재화와 용역의 종교적 소비에서 발견된다. 모든 종교에 요구되는 신당, 신전, 교회, 제복(祭服), 제물(祭物), 예

물(禮物), 예복 따위를 위시한 의례 시설들이나 의례 용품들의 소비는 즉
각적이고 실용적인 어떤 목적에도 부응하지 않는다. 그래서 이 모든 의
례 시설 및 용품은 과시적 낭비 품목들의 특성을, 아무 비난도 받지 않
고, 버젓하게 획득할 수 있다. 종교의례에 소비되는 용역도 대체로 비슷
한 특성을 획득할 수 있다. 예컨대, 성직자의 설교, 종무(宗務), 순례, 단
식, 주일예배, 신방(訊訪) 예배 따위도 그런 용역에 포함된다. 그런 동시
에 이런 소비를 실행시키는 종교의례는 인격신교를 떠받드는 생각 습관
들을 더 널리 더 오래 유행시킬 수 있다. 그러니까 종교의례는 신분체제
를 특징짓는 생각 습관들을 촉진한다. 현대의 상황들에서는 종교의례가
그렇게 작용하면 산업의 가장 효율적인 조직화를 방해한다. 그래서 종교
의례는 오늘날의 상황에 요구되는 방향으로 진행되는 경제 제도들의 발
달을 제일 먼저 방해한다. 여기서 진행되는 논의의 목적이 감안되면, 이
런 소비의 직접효과뿐 아니라 간접효과도 사회의 경제적 능률을 삭감하
는 성질을 띤다고 논평 될 수 있다. 그래서 인격신을 섬기는 의례용 재화
와 용역의 소비는, 경제론을 적용받으면, 그리고 소비의 직접 결과들을
참작하는 관점에서 가늠되면, 사회의 활력을 저하시키는 활동을 의미한
다. 이런 소비가 더 에둘러서 유발할 수 있을 도덕적 간접효과는 무엇일
까? 이것은 여기서 명료하게 답변될 수 없는 질문이다.

그러나 다른 목적들에 부응하는 소비와 비교하여 종교적 소비의 일
반적 성격을 주목하려는 관점도 있을 것이다. 종교적 재화 소비의 동기
들과 목적들을 암시하는 관점은 이런 소비의 가치와 이런 소비를 즐기는
일반적 생각 습관과 가치를 한꺼번에 평가하려는 논의에 일조할 것이다.
인격신을 섬기는 종교적 소비의 동기와 야만 문화 단계의 사회에서 상류

층을 형성하는 군왕이나 제사장 같은 유한남자를 보좌하는 소비의 동기
는 본질적으로 동일하지는 않아도 흡사하다. 군왕에게도 인격신에게도
나름의 관저와 신당과 별개로 호화찬란한 건물들이 헌정된다. 이런 건물
들의 종류와 수준뿐 아니라 그것들을 보완하는 소품들의 종류나 수준도
평범하지 않아야 한다. 이것들은 언제나 과시적 낭비의 요소를 과대하게
표현한다. 종교적 건물들의 구조와 설비는 하나같이 고색창연하다는 사
실도 주목받을 수 있다. 그래서 군왕을 떠받드는 시종들도 인격신을 섬
기는 성직자들도 특별히 화려한 대례복(大禮服)을 착용하고 각지의 주
인을 대면해야 한다. 언제나 다소 고풍스러운 형태를 띨 수밖에 없는 이
런 대례복의 유력한 경제적 특색은, 그것의 부수적 특색 — 야만적 군왕
을 받드는 시종들이나 신하들의 대례복보다 성직자들의 대례복에서 더
강조되는 특색 — 과 더불어, 평소에 강조되는 과시적 낭비의 요소보다
더 선연하게 강조된다. 사회의 평민들도 입궐하거나 신전에 입장하려면
일상복보다 더 사치스러운 예복을 착용해야 한다. 이런 맥락에서, 종교
건물에 구비된 접견실의 용도(쓰임새)는 궁궐에 구비된 알현실(謁見室)
의 용도와 비슷하다는 사실이 거듭 확인된다. 이런 접견실에서나 알현실
에서 요구되는 의복은 의례적으로 얼마간 "정결(淨潔)"해야 한다. 의례
적 정결성은 이런 장소들에서 착용되는 의복들에 반드시 함유되어야 하
는 본질적 특성이다. 이런 특성은, 경제적 관점에서는, 생산직을 거의 암
시하지 않을뿐더러 실용 직업들에 익숙한 습성도 거의 암시하지 않는다.

　이처럼 산업의 흔적을 무비(無備)하는 과시적 낭비와 의례적 정결성
이라는 요건은 종교적 휴일들에 소비되는 의류에도 적용되지만, 그런 날
들에 소비되는 음식에도 미약하게나마 적용된다. 종교적 휴일들은 인격

신을 기념하거나 초자연적 유한계급의 어떤 하위인격신[47]을 기념하도록
— 터부를 엄수하도록 — 별정(別定)된 날들이다. 경제론의 관점에서 종
교적 휴일들은 인격신이나 성자를 기념하는 대리 여가에 전용(專用)되
는 기간이라고 명백하게 해석될 수 있다. 이런 날들에는 인격신이나 성
자는 터부시되는 이름으로 호칭되며 실용적 노동을 면제시킬 수 있으리
라고 짐작되는 명예를 헌정받는다. 종교적 대리 여가에 전용되는 모든
휴일의 대표적 특징은 인간에게 유용한 모든 활동을 다소 엄격하게 금지
하는 터부이다. 그런 휴일들 중에도 단식 기간에는 소비자의 생활을 안
락하게나 풍요롭게 할 수 있는 소비가 강제로 금지되므로, 소득 활동을
자제하고 '인간 생활의 (물질적) 향상을 꾀하는 모든 노력'마저 자제하는
과시적 금욕(conspicuous abstention)이 더 역력하게 강조된다.

그리고 아울러 세속적 휴일들도 종교적 휴일들의 기원에서 생겨나
살짝 에둘러 별정된다는 사실도 주목받을 만하다. 종교적 휴일들과 함
께 생겨나는 세속적 휴일들은 얼마간 신성시되는 군왕들과 위인들의 준
종교적(準宗敎的) 생일들처럼 어중간한 휴일들로 변이한 다음에 중대한
사건이나 감동적 사실의 명예를 고양하여 기념하도록, 아니면 보상받아
야 할 것이라고 인지되는 명예를 고양하여 기념하도록, 신중히 고안되어
별정된 휴일들로 변이한다. 특정한 현상이나 여건의 명예를 고양하는 수
단으로서 대리 여가에 전용되는 세속적 휴일을 에둘러 별정시키는 이런
변이는 최근에 별정된 휴일에서 가장 확연하게 발견된다. 최근에 몇몇
사회에서는 노동절(Labor Day)이 대리 여가용 휴일로서 별정되었다. 노

---

47) 超自然的 有閑階級의 어떤 下位人格神(some member of the lower ranks of the preternatural
leisure class): 그러니까 베블런의 관점에서는 초자연행위자들 중에도 유한계급이 있고, 그런 초
자연적 유한계급도 상위계급과 하위계급으로 나눌 수 있다. 그래서 이들은 모두 인간들이 아니라
초자연행위자들이거나 인격신들이다.

유한계급론

동절을 엄수하는 관례는 실용적 노동을 강제로 금지하는 고풍스러운 약탈 방법에 의존하여 노동(labor)이라는 사실의 명망(名望)을 고양하려는 의도의 소산이다. 무노동을 증명하는 금력에서 파생하는 명예는 이런 일반적 노동이라는 기준점에 귀속된다.

종교적 휴일들과 세속적 휴일들은 대체로 인구 대부분에게 부과되는 조세(租稅)의 성질을 타고난다. 이런 조세의 납부 방식은 대리 여가이고, 그것의 명예로운 결과는 휴일을 별정되도록 만든 명예로운 인물에나 사실에 귀속된다. 대리 여가의 1할은 초자연적 유한계급의 모든 구성원(인격신)에게 헌납되는 십일조(十一租) 같아서 그런 구성원들의 명예에는 필수 불가결한 부수입이다. 이래서 자신을 기념하는 휴일을 헌정받지 못한 성자[48]는 정녕 불운한 성자이다.

대리 여가의 1할은 십일조처럼 평신도들에게 부과되지만, 그것과 유사한 대리 여가를 특정한 시간에 전담해야 하는 소임은 각급 성직자들과 그들의 하인들로 구성되는 특수한 계급들에게도 부과된다. 성직계급은 비천한 노동을 당연히 삼가야 하고 특히 돈벌이용 노동이나 인간의 순간적 행복에 기여하는 노동을 더 철저히 삼가야 한다. 더구나 성직계급에게 강요되는 터부는 심지어 산업을 둔화시키지 않는 경우에도 세속적 이익 추구를 엄금하는 명령의 형식을 띠게끔 정제되고 보강된다. 신의 종복을 자처하는 성직자가 물질적 이익을 추구하거나 덧없는 것들에 관심을 쏟으면 비열하다고 인지되며, 더 정확하게는, 그가 섬기는 신의 위엄을 실추시킨다고 인지된다. "신을 섬기는 성직자처럼 굴면서 자신의 안

---

48) Un saint qu'on ne chôme pas: 이 프랑스어 구문은 "우리의 찬양을 받지 못하는 성자"라고 번역될 수 있다.

락과 권익만 추구하는 인간은 세상에서 가장 비열하다."[49]

종교의례와 관련하여 함양된 취향은 '인간 생활을 풍요롭게 하는 언행과 처세'와 '인격신을 명예롭게 하는 언행과 처세' 사이에 분계선을 어렵잖게 그을 수 있다. 지극히 야만적인 도식을 준수하는 성직계급의 활동은 인격신을 명예롭게 하는 편에 전속(全屬)한다. 경제학의 영역에 전속하는 것은 최고위 성직자의 관심을 끌만한 수준에 미달한다. 심지어 예컨대, 중세 수도회들에 소속한 (실용적 목적에 부응하는 노동을 실행한) 몇몇 수도사처럼, 이런 규칙의 명백한 예외들도 이런 규칙을 배격하지는 않는다. 성직계급을 벗어나는 이런 수도회들은 성직 제도의 온전한 구성요소가 아니다. 이토록 미심쩍은 성직자단체들은 구성원들의 생계용 돈벌이를 묵인해서 그랬는지 저마다 소속한 사회의 예절 감각을 위반했다고 악평에 시달렸다는 사실도 주목받을 만하다.

성직자는 기계적 생산노동을 직접 실행하지 않아야 하는 반면에 소비를 많이 해야 한다. 더구나 성직자의 소비는 그의 생활을 확연히 안락하게나 풍요롭게 하지 않아야 한다. 왜냐하면 그의 소비는 앞 단원에서도 설명된 대리 소비의 규칙들에 부합해야 하기 때문이다. 성직계급이 비대하게 살찌거나 경박한 언행을 일삼으면 대체로 불미스럽다고 인지된다. 비교적 세련된 인격신교들의 다수는 실제로 대리 소비를 제외한 모든 소비를 금지하라고 성직계급에게 시시때때로 명령하고 극심하게는 그들의 신체마저 변형시키라고 강요한다. 그래서 심지어 현대 산업사회에서 최근에 정립된 교리들대로 조직된 현대적 교파들에서도 현세의 좋은 것들만 향락하려는 모든 경거망동과 공공연한 열의는 진정한 성직자의 예

---

49) 인용부호("")가 붙은 이 문장의 출처는 확인되지 않는다.

절을 벗어난다고 인식된다. 각자의 보이지 않는 주인을 섬기는 하인들 같은 이런 성직자들의 생활이 그들의 주인을 명예롭게 하는 헌신이 아니라 그들의 사사로운 목적을 달성하려는 생활일 것이라고 암시하는 모든 것은 마치 근본적으로 영원히 불량한 것처럼 우리의 감수성을 혹독하게 타격한다. 그들은 비록 하인계급일지라도 아주 고상한 주인을 섬기는 하인들이라서 저마다 주인의 후광을 등에 업고 사회에서 높은 지위를 차지할 수 있다. 그들의 소비는 대리 소비이다. 게다가 발달한 인격신교들에서는 그들의 주인이 물질적 이익을 전혀 요구하지 않기 때문에 그들의 소임은 완전한 대리 여가이다. "그러므로 여러분은 무엇을 먹든 마시든 실행하든 오로지 하느님의 영광에 이바지하는 것만 먹거나 마시거나 실행해야 합니다."[50]

평신도들도 신의 하인들이라고 생각되면 성직자들과 동일시되는 한에서, 성직자들에게 부과되는 대리 여가의 성격은 평신도들의 생활에도 부속할 수 있다. 이 추론은 다소 폭넓게 적용될 수 있다. 이것은 엄격하고 경건한 금욕적 종교생활을 개혁하려거나 복원하려는 운동들에는 각별하게 적용된다. 이런 종교생활을 엄수하는 인간은 자신의 정신적 주권을 단념한 채로 신을 직접 섬기는 노예의 처지를 고수하는 생활을 고집하리라고 추정된다. 그러니까 성직 제도가 퇴락하는 곳에서, 아니면 인격신이 인간 생활의 대소사를 직접 주관한다고 이례적으로 생생하게 실감되는 곳에서, 평신도는 신을 직접 섬기는 노예라고 생각되며, 그의 생활은 주인의 영예를 고양하는 대리 여가의 실행이라고 해석된다. 그렇게 복원되는 것들 중에는 종교적 태도처럼 우세한 사실로서 복원되는 복종

---

50) 기독교 신약경전 《코린토스인들에게 보낸 첫째 편지(고린도전서; First Epistle to the Corinthians)》 제10장 제31절.

이라는 직접관계도 있다. 그러면 신의 은총을 받는 수단들 중에 과시적 소비는 등한시되면서 엄격하고 불편한 대리 여가가 강조된다.

성직 생활도식을 이렇게 특징짓는 추론이 완전히 합당하냐는 의문도 제기될 수 있을 것이다. 왜냐하면 현대에 성직자들의 상당수는 그런 생활도식의 많은 세부 요건에 얽매이지 않기 때문이다. 더구나 오래전에 정립된 신앙 절차나 의례 절차를 얼마간 불이행하는 교파들의 성직자들에게도 그런 생활도식은 유효하지 않다. 이들은, 적어도 겉치레로 아니면 용납될 만하게, 자신들의 세속적 행복과 아울러 평신도들의 세속적 행복마저 배려한다. 이들의 내밀한 사생활 방식뿐 아니라 심지어 이따금 공개되는 생활 방식도 '외견상 금욕하거나 생활도구의 고풍을 애호하는 속인들의 생활 방식'과 별반 다르지 않다. 오래전에 정립된 신앙 절차나 의례 절차를 가장 멀리 벗어난 교파들의 생활 방식은 이런 속인들의 생활 방식과 가장 흡사하다. 이런 반론에 대응하여 우리는 여기서 성직 생활을 설명하는 이론의 모순을 지적하기보다는 오히려 고풍스러운 생활도식에 정합하지 못하는 이런 성직자들의 미흡한 적응을 지적한다고 말할 수 있다. 이들은 기껏해야 성직계급의 일부분만 불완전하게 대표하기 때문에 성직 생활도식을 진짜로 온전하게 이행한다고 인식되지 않아야 한다. 이런 분파들과 교파들의 성직자들은 반쪽짜리 성직자들이 아니면 아직 형성되거나 복원되는 과정에 머무는 성직자들이라고 특정될 수 있을 것이다. 이들은 성직의 특성들 중에도 오직 이질적인 동기들 및 전통들과 뒤섞여 흐릿해진 특성들만 표현하리라고 예상될 수 있다. 왜냐하면 이렇게 부적응하는 소수의 비타협적 성직자를 보유한 단체들의 목적들을 교란하는 애니미즘과 신분뿐 아니라 다른 교란 요인들도 현존하기 때문이다.

'성직자의 언행들 중에 허용되거나 불허되는 무난한 언행'을 어떻게든 식별하려고 생각해버릇하거나 비평해버릇하는 모든 사회에서 성직자의 예절을 식별하는 감각을 함양한 모든 개인의 취향이나, 성직 예절의 구성요소를 인지하는 우세한 감각은, 그런 언행의 영향을 직감한다. 심지어 가장 심하게 세속화된 교파들에서도 성직자의 생활도식과 평신도의 생활도식은 어떻게든 차별되어야 한다고 인지된다. '이런 교파나 종파에서 전통적 관습을 어기는 더 자유롭고 더 현대적인 언행과 복장을 채택하는 성직자들은 성직 예절의 이상형을 멀리하는 자들이다'라고 느끼지 못할 감수성의 소유자는 없다. 어쩌면 서양 문화권에서 평신도들의 자유를 성직자들의 자유보다 더 엄밀하게 제한하는 사회나 교파는 없을 것이다. 성직 예절을 인지하는 성직자의 감각이 자신의 자유를 유효하게 제한하지 않으면, 사회에서 유행하는 예절 감각은 대체로 그를 성직 예절에 적응시키든지 성직에서 퇴출시킬 만큼 역력하게 강조될 것이다.

더구나 자신의 소득을 늘리려고 봉급 인상을 공공연하게 요구할 성직자는 여느 교파에나 드물 것이라고 추정될 수 있다. 그리고 성직자가 그런 것을 공공연히 요구한다면, 그를 따르는 신도들의 예절 감각은 불쾌하게 반응할 것이다. 이런 맥락에서 다음과 같은 두 가지 사실도 주목받을 만하다. 첫째, 조롱꾼들과 얼간이들이 아닌 누구나 설교자의 농담을 들으면 내심 본능적으로 애석(哀惜)하게 느낀다. 둘째, 성직자의 경박한 언동이 엄숙한 분위기를 억지로 무마하려는 명백한 연극 같은 것이 아니라 생활의 위기에 처할 때마다 발동되는 그의 경박성을 표시한다면, 그를 향한 모든 신도의 존경심을 훼손할 것이다. 성직자들에게 마땅하고 성직에 합당한 어법(語法)도 유효한 일상생활을 거의 암시하지 않아야 하고 현대의 상업 용어나 산업 어휘를 일절 포함하지 않아야 한다. 이 경우와 마찬가지로, 성직자가 산업 문제들과 기타 순전히 인간적인 문제들을 너무 자세히 깊게 설명해도 신도들의 예절 감각을 위반하기 십상이다. 교훈적 설교에 요구되는 세련된 예절 감각은 점잖은 성직자의 설교를 일반론의 특정한 수준에 미달하는 세속적 관심사들로 하락하도록 용납하지 않을 것이다. 단지 인간에게만 세속적으로 중요시되는 이런 문제들은 일반론의 수준에서 초연하게 거론되어야 마땅하다고 생각된다. 왜냐하면 그런 일반론과 초연한 태도는 '설교자가 오직 관대하게 묵인할 수 있는 속사(俗事)들에만 관심을 보이는 (신 같은) 주인을 대변하리라'라고 암시할 수 있기 때문이다.

더욱이 여기서 논의되는 성직자들 중에 비타협적 분파들과 변종 분파들 각각은 이상적인 성직 생활도식에 다양한 간격을 두고 적응한다는 사실도 기억되어야 한다. 상대적으로 젊은 분파들은, 그리고 특히 중하류계급에 소속한 신자들을 주요한 지지기반으로 삼는 신생 분파들은, 대체로 이런 도식을 가장 멀리할 것이다. 이런 분파들은 대체로 종교적 태도의 표현들에 포함될 수 없는 인도주의나 박애주의 같은 다른 동기들을 뒤섞고 부풀려서 표현한다. 이런 동기들 중에 학습 욕구나 연회 욕구는 이런 분파단체들의 구성원들을 이끄는 유효한 관심의 대부분을 차지한다. 여태껏 종교적 불복종운동이나 분파 운동을 촉발시킨 것은 언제나 그런 동기들의 혼합이었고, 그렇게 혼합된 동기들 중 몇몇은 성직을 지탱하는 신분 감각과 모순된다. 실제로 그런 동기들 대부분은 때때로 신분 체계를 극심하게 혐오하는 감정이었다. 이런 운동이 진행된 곳에서는 성직 제도가 변이하면서 부분적으로나마 붕괴하기도 했다. 이런 운동을 주도하는 종교단체의 대변인은 애초부터 전문적 성직 계급의 구성원도 아니고 신성한 주인의 대변인도 아니라 소속 단체의 종복이고 대표자이다. 그래서 이런 대변인은 오직 수세대에 걸쳐 점진적으로 전문화되어야만 비로소 성직자의 완전한 권위를 부여받는, 그리고 엄격한 고풍스러운 대리 생활 방식을 요구하는, 성직을 회복할 수 있다. 성직 제도와 비슷하게 종교의례도 혐오되어 급변하면 붕괴했다가 복원되는 수순을 밟는다. 성직, 성직 생활도식, 종교의례 절차는 오직 점진적으로만, 부시불식간에, 세부적으로 조금씩 변이하면서 복원된다. 왜냐하면 종교적 예절을 고집하는 인간의 감각은 초자연적인 것에 끌리는 관심을 자극하는 문제들에는 거듭 가장 예민하게 반응하기 때문이고, 점진적으로 변이하는 종교단체는 점점 더 부요(富饒)해져서 유한계급의 관점과 생각 습관을 더 많이 습득할 수도 있을 것이기 때문이다.

성자들과 천사들처럼, 아니면 토속종교들의 신인(神人)들과 신령들처럼, 초인적 대리유한계급은 대체로 성직 계급을 초월하는 천상계급(天上階級)으로 분류된다. 이들은 한 단계씩 순서대로 상승할 수 있는 촘촘한 신분 체계를 적용받는다. 신분 원칙은 가시적 성직계급과 비가시적 천상계급을 막론한 모든 성직계급에 관철된다. 초자연적 성직계급에 소속하는 몇몇 계급의 명예도 언제나 대리 소비와 대리 여가라는 일정한 조세를 요구한다. 그래서 이런 초자연적 계급들은 여태껏 많은 경우에 대리 여가를 실행하는 시중꾼들이나 식솔들처럼 부속 계급들의 사역에 헌신했는데, 이전 단원에서도 고찰되었듯이, 이들의 사역은 가부장 체제에서 가부장의 여가를 대행하는 부속 유한계급의 사역과 거의 동일하다.

＊＊＊

‘이런 종교의례와 그것에 함유된 기질의 특수성’이나 ‘종교제례에 포함되는 재화와 용역의 소비’가 ‘현대사회의 유한계급’과 관계하거나 ‘유한계급을 현대 생활도식의 지표로 만드는 경제적 동기들’과 관계하는 방식은 쉽게 규명될 수 없다. 이런 관계와 유관한 몇몇 사실을 간략히 검토하는 작업은 이런 관계 방식을 규명하려는 작업에 이로울 것이다.

이전 단락들에서 논의되었듯이, 오늘날 집단생활의 목적이 감안되면, 특히 현대사회의 산업 능률과 관련되는 한에서, 종교적 기질의 고유한 특성들은 산업을 돕기보다는 오히려 방해하는 듯이 보인다. 그래서 현대 산업 생활은 산업 과정에 직접 종사하는 계급들의 정신 구조에서 인간성의 이런 특성들을 선택적으로 배제하기 십상인 듯이 보이기 마련이다. 유력한 산업사회로 간주될 만한 사회의 구성원들 사이에서는 신앙심이 쇠락하든지 퇴화하기 쉽다는 주장도 얼추 들어맞을 것이다. 그런 동시에 종교적 소질이나 습관은 사회생활 과정에 산업 요인으로서 직접 혹은 첫째로 가담하지 않는 계급들 사이에는 상당히 더 생생하게 존속하는 듯이 보인다.

산업 과정의 내부에서 생활하기보다는 오히려 산업 과정에 의존하여 생활하는 이 계급들은, 이전 단원들에서도 지적되었듯이, 대략 다음과 같은 두 범주로 나뉜다. 한 범주는 (1) 경제 상황의 압력을 받지 않는 본연의 유한계급이고, 다른 범주는 (2) 그런 압력을 과중하게 받는, 하류계급 불량배들마저 포함하는, 빈곤계급들이다. 아무리 유효한 경제적 압력도 유한계급의 생각 습관을 변동하는 상황에 억지로 적응시킬 수 없기 때문에, 유한계급은 고풍스러운 생각 습관을 고수한다. 그런 반면에 빈곤계급들은 영양결핍에 시달리고, 수월한 적응에 필요한 여력을 미비할뿐더러, 현대적 관점을 습득하여 숙달할 기회마저 얻지 못하기 때문에, 자신들의 생각 습관을 산업 능률의 변동하는 요건들에 적응시키지 못한다. 선택 과정은 두 범주에서 거의 동일한 방향으로 진행되는 경향을 띤다.

현대 산업 생활은 일정한 관점을 (현대인들에게) 주입하는데, 그런 관점은 현상들을 양적(量的) 기계 질차 관계로 요약해버릇한다. 빈곤계급들은 이런 관점에 포함되는 과학의 최신 일반론들을 습득하여 소화하려면 반드시 필요한 짤막한 여가조차 누리지 못할뿐더러, 평소에 우월한 금력의 소유자들에게 인격적으로 의존하거나 복종하는 관계에 얽매여서 신분체제의 특유한 생각 습관을 빠르게 탈피하기도 실질적으로 어렵다. 그래서 빈곤계급들은 주로 인격적 신분을 인지하고 확고한 감각과 특유한 신앙심으로써 표현되는 일반적 생각 습관을 얼마간 유지한다.

유럽 문화권의 오래된 사회들에서 산업적 중류계급의 성격을 띠는 유력한 계급이 존재하는 어디에나 빈곤 인구의 대다수와 마찬가지로 세습 유한계급도 산업적 중류계급의 평균인들보다 종교의례에 확실히 더 열심히 몰두한다. 그러나 이런 문화권의 몇몇 지역에서는 전전(前前) 단락에 명시된 두 가지 보수적 인간 계급이 사실상 인구 전체를 형성한다. 두 계급이 대단히 우세한 곳에서 두 계급의 습성은 미력한 중류계급의 가능한 모든 이탈 경향을 압도할 만한 대중 감정을 조성하여 사회 전체에 종교적 태도를 강요한다.

물론 이런 현상의 의미가 '종교의례에 유별나게 열중하는 사회들이나 계급들은 이런저런 신앙고백과 결부해버릇하는 우리의 생각 습관을 조장할 수 있는 도덕규범의 세칙들에 이례적으로 순응하기 십상이다'라는 식으로 오해되지는 말아야 한다. 종교적 생각 습관의 대부분은 십계명이나 관습법의 금지명령들을 반드시 엄수해야 할 의무 같은 것을 요구하지는 않는다. 평균적 인구보다 종교적으로 얼마간 더 경건해서 더 천진난만한 범죄적이고 방종한 계급들의 성향은 실제로 유럽 사회들에서 감행되는 범죄 생활의 관찰자들에게는 다소 진부한 사실처럼 보인다. 중위금력계급(中位金力階級)의 구성원들과 준법 시민 대다수는 상대적으로 느슨한 종교적 태도를 요구받으리라고 예상된다. 더 고상한 교리들과 의례들을 최고로 중시하는 사람들은 이 모든 견해를 반대하면서 '하류계급 불량배들의 신앙심은 거짓이거나 기껏해야 미신적 신앙심일 뿐이다'라고 주장할 것이다. 이런 반론의 요지는 분명히 반론의 목적에 직접 부응하여 이해될 만하다. 그러나 이 단원에서 시도되는 탐구의 목적이 감안되면, 경제를 벗어나고 심리학을 벗어나는 이런 차별 방식들은 설령 그것들을 발생시킨 목적들에 부응할 만한 타당성과 결정력을 겸비해도 여기서는 부득불 유보될 수밖에 없다.

근래에 성직자들의 불평은 종교의례 습관을 탈피하는 계급과 관련하여 실제로 발생하는 사건을 예시한다. 그들은 교회들이 숙련직공 계급들의 공감을 상실하면서 그런 계급들을 장악할 수 있는 위력마저 상실한다고 불평한다. 그런 동시에 성직자들은 현재 '중산층이라고 통칭되는 계급이 교회를 후원하는 온정마저 철회하며, 이 계급의 성년 남자들은 그런 온정을 아예 불감(不感)한다'라고 믿는다. 이렇게 불평되는 사실들은 요즘에 인식되는 현상들인데, 이 사실들을 간략히 참조하는 연구도 앞에

유한계급론

서 대략적으로 모색된 일반론을 충분히 입증할 수 있을 듯이 보인다. 여기서 시도되는 논의가 감안되면 서민들의 교회 출석과 교회 신자 등록 같은 일반적 현상들에 호소하는 그런 연구는 충분히 납득될 수 있을 것이다. 그러나 오늘날 상대적으로 더 발달한 산업사회들의 정신적 태도를 이렇게 변이시킨 사건들의 추이와 특정한 세력들을 다소 자세히 추적하는 탐색도 이 논의의 목적에 부응할 것이다. 이런 탐색은 '경제적 원인들이 남자들의 생각 습관을 세속화시키는 방식'을 설명하는 데 일조할 것이다. 이런 맥락에서 미국 사회는 이례적으로 납득될 만한 증례를 제공할 것이다. 왜냐하면 미국 사회는 여태껏 동등하게 중요한 모든 산업 집단을 둘러싼 외부 환경의 압력을 가장 적게 받았기 때문이다.

예외들과 산발적 일탈 현상들이 당연히 감안될 수 있다면, 현재의 상황은 간략히 요약될 수 있다. 미국에서 경제적 능력이나 지능 중 하나 아니면 둘을 미흡하게 갖춘 계급들은 대체로 유별난 종교인들이다. 이 계급들에는, 예컨대, 미국 남부의 흑인들, 하류계급 이민자들의 대다수, 시골 인구의 대다수가 포함되고, 특히 교육받지 못했거나 산업을 발달시키지 못했거나 소속 사회의 여타 구성원과 산업적으로 자주 접촉하지 못하는 분파들도 포함된다. 이들에는 특수하게 분화(分化)되거나 세습된 빈곤계급, 아니면 격리된 범죄 계급이나 난봉꾼들도 포함된다. 그러나 이들의 종교적 생각 습관은 모든 공인된 교리에 겉치레로 집착하기보다는 어쩌면 오히려 행운을 믿고 샤머니즘 의례의 효력을 믿는 순진한 애니미즘 신앙으로 더 자주 표현되기 십상일 것이다. 그런 한편에서 숙련직공 계급은 공인된 인격신교의 교리들과 모든 의례를 멀리하기로 유명하다. 왜냐하면 현대의 조직화된 산업을 특징짓는 지능적이고 정신적인 압력에 훤히 노출되는 이 계급에게 산업은 비인격적이고 사무적인 절차대로 발생하는 공공연한 현상들을 부단히 인식하라고 요구하며 인과법칙에 무조건 순응하라고 요구하기 때문이다. 그럴 뿐만 아니라 이 계급은 이런 요구들에 부응할 여력조차 소진시키는 영양결핍에도 중노동에도 시달리지 않는다.

미국에서 중산층이라고 통칭되는 하위유한계급이나 모호한 유한계급의 경우는 다소 특수하다. 이런 계급의 신앙생활은 유럽 중류계급의 신앙생활과 다르지만, 두 신앙생활의 본질은 유사하고 각각의 정도(定度)와 방법만 다를 뿐이다. 교회들은 아직 이 계급의 후원금을 받는다. 그러나 이 계급을 가장 쉽게 사로잡는 교리들을 내세우는 인격신교의 내용은 상대적으로 빈약하다. 그런 동시에 유력한 중류계급 교회 신자들의 다수는 어쩌면 다소 에둘러 입교했을 여자들과 미성년자들이기 십상이다. 중류계급 성년 남자들의 종교적 열정은 미미하지만, 스포츠 선수 상당수는 각자의 출생 환경에서 이미 공인된 교리의 윤곽에 얼마간 만족하고 계속 명예롭게 동의한다. 그들의 일상생활은 산업 과정과 다소 밀접하게 접촉하면서 영위된다.

종교의례를 여자들과 자녀들에게 전담시키는 경향을 띠는 이토록 특수한 남녀역할 분담은, 적어도 부분적으로는, 중류계급 여자들의 대다수가 (대리)유한계급이라는 사실에서 유래한다. 이런 역할 분담은 하위유한계급과 숙련공 계급의 여자들에게도 약간 모호하게나마 적용된다. 그녀들은 산업의 초기 발달 단계에서 전래된 신분체제에 얽매여 생활하므로, 대체로 구태의연한 인생관에 치중하는 정신 구조와 생각 습관을 유지한다. 그런 동시에 그녀들은 산업 과정과 유기적 직접 관계를 결코 자유롭게 맺지 않으므로, 현대 산업 목적에 전혀 부응하지 않는 낙후한 생각 습관들을 붕괴시키는 강력한 경향을 띨 수 없다. 그러니까 여자들의 유별난 신앙심은 문명사회들에 소속한 여자들의 보수주의를 특유하게 표현한다. 그녀들의 보수주의는 대체로 그녀들의 경제적 지위에서 유래한다. 가부장적 신분관계는 현대 남자들의 생활을 규정하는 우세한 특징이 아니다. 그러나 다른 한편에서 규범과 경제적 상황에 얽매여 오직 "집안일"만 전담하는 여자들에게는, 그리고 특히 중상류계급 여자들에게는, 가부장적 신분관계가 생활의 가장 현실적이고 가장 결정적인 요인이다. 그녀들은 종교의례를 즐겨버릇하고 생활의 사실들을 대체로 인격적 신분관계에 비추어 해석해버릇하는 생각 습관에 물든다. 그녀들의 일상적 집안 생활의 논리와 논리적 과정들은 초자연 영역으로 이관(移管)되고, 그녀들은 저마다 집안에서 자신의 천분을 깨달으며, 남자의 관점에서는 대단히 희한하고 아둔하게 보이는 상념들에 만족한다.

더구나 이 계급의 남자들은 비록 하나같이 공격적이거나 열광적인 신앙심을 품지는 않지만, 신앙심을 아예 무비(無備)하지도 않는다. 중상류계급 남자들은 숙련공계급 남자들과 비교되면 종교의례에 더 만족하는 태도를 보인다. 이런 차이의 의미는 어쩌면 '중상류계급 여자들에게 만족스러운 것은 같은 계급 남자들에게도 다소 미흡하게나마 만족스러운 것이다'라고 얼마간 설명될 수 있을 것이다. 그들은 상당히 안전하게 보호받는 계급에 소속한다. 그리고 그들의 부부생활을 속행시키고, 하인들을 습관적으로 부리는 그들의 관행을 유지시키는 가부장적 신분관계도 고대의 생각 습관을 보전하므로 그들의 생각 습관을 세속화하는 과정을 저지하는 영향력을 발휘할 수 있다. 그렇지만 미국 중류계급 남자와 경제공동체의 관계는 대체로 매우 긴밀하고 엄밀하다. 그러나 아무리 그래도 그들의 경제 활동은 가부장적 성격이나 외견상 약탈적 성격마저 얼마간 공유하기 일쑤라고 조건부로나마 논평될 수 있다. 이 계급에서 명예롭다고 인식되며 이 계급의 생각 습관을 가장 철저히 규정하는 직업들은 이전 단원에도 비슷한 맥락에서 설명된 금력을 취용하는 직업들이다. 이런 직업들에는 전횡적 상명하복 관계가 상당히 자주 관철될뿐더러 약탈적 속임수를 얼추 닮은 기민한 꼼수도 적잖이 감행된다. 이 모든 것은 종교적 태도를 습관화한 약탈적 야만인의 생활 수준에 속한다. 더구나 종교의례는 이 계급에게 명예롭다고 인지되어 장려된다. 그러나 신앙심을 유발하도록 장려되는 종교의례는 별도로 논의될 만한 주제인데, 이것이 바로 지금부터 논의될 것이다.

미국에서 중요시될 만한 세습 유한계급은 오직 남부에만 존재하고 여타 지역에는 존재하지 않는다. 이런 미국 남부 유한계급은 종교의례를 다소 열심히 준수하는데, 그들과 동등한 여타 지역의 여느 금력계급과 비교되어도 더 열심히 엄수하는 듯이 보인다. 남부에서 신봉되는 교리들은 북부에서 신봉되는 교리들보다 더 구태의연하다는 사실도 유명하다. 남부의 구태의연한 종교 생활은 남부의 낙후한 산업과 맞물린다. 남부의 산업 조직은 지금 미국 사회의 전반적 성격보다 더 원시적인 성격을 띨뿐더러 아주 근래에까지는 그런 성격을 특히 더 확연하게 띠었다. 남부의 산업 조직은 조잡한 기계장치조차 거의 사용하지 않는 수공업과 흡사해서 상명하복의 요소를 더 많이 함유한다. 그리고 남부에서는 특수한 경제적 상황 탓에 백인과 흑인을 막론한 인구 대다수의 더 열렬한 신앙심은 산업 발달의 야만 단계들을 다각도로 연상시키는 생활도식과 상관

(相關)된다는 사실도 주목받을 만하다. 그들 사이에서 감행되는 불량한 행위들마저 구태의연한 성격을 띨뿐더러 여타 지역에서보다 더 뻔질나게 감행되면서도 더 적게 비난받았다. 이런 행위들에는, 예컨대, 결투, 언쟁, 싸움, 술주정, 경마, 투계(鬪鷄), 도박, (상당히 많은 흑백 혼혈인구로 증명되는) 남성의 무절제한 성행위도 포함된다. 남부에서는 스포츠 기량을 발휘하고 약탈 생활을 모방하는 행위를 명예롭게 느끼는 감각도 더 성행한다.

유한계급이라는 용어의 최선 의미를 석용받으면 미국의 유한계급으로 간주될 수 있는 북부의 더 부요한 계급과 관련하여, 세습되는 종교적 태도가 처음부터 논의될 수는 없다. 이 계급은 워낙 최근에 생성해서 그런지 기존의 세련된 종교적 습관에나 지역의 특수한 전통에도 물들지 않았다. 그래도 이 계급은 공인된 교리들 중 어느 하나를 적어도 명목상으로나마 외견상 다소 진실하게 고수하려는 뚜렷한 경향을 보인다는 사실은 여기서 주목받을 만하다. 그리고 이 계급에서 결혼식과 장례식처럼 명예롭게 인식되는 예식들은 거의 하나같이 다소 각별한 종교적 분위기에 감싸여 엄숙하게 거행된다. 일정한 교리를 고수하는 이런 관행이 종교적 생각 습관을 과연 얼마나 진실하게 복원하느냐는 문제는 답변을 불허한다. 그리고 해외의 이상형들을 차용한 명예 규범들에 겉으로 순응하겠다는 듯이 시늉하는 보호용 모방 행위의 증례로서 이런 관행이 과연 얼마나 타당하게 분류될 수 있느냐는 문제도 답변을 불허한다. 이런 관행은 견실한 종교적 습성 같은 것을 표현하는 듯이 보이고, 이런 습성은 특히 의례주의적(儀禮主義的; ritualistic) 관행을 기준으로 매사를 판단하는데, 이 기준은 상류계급에게 신봉되는 종파들의 발달 과정에서 다소 각별히 준수된다. 상류계급에 소속한 신자들은 종교의례와 호화찬란한 의례 용품들을 상대적으로 더 중요시하는 종파들에 가입하려는 성향을 뚜렷이 노출한다. 그래서 상류계급 신자들의 주도권에 휘둘리는 교회들에서는 종교의례에 소용되는 인력과 설비들의 기능적 특징들을 희생하면서까지 의례주의적 관행을 강조하려는 성향도 아울러 발견된다. 이런 성향은 이런 교회들 중에 심지어 의례와 의례용품들을 상대적으로 더 특수하게 발달시킨 종파에 소속하는 교회에서도 발견된다. 의례주의적 요소를 이토록 특수하게 발달시키는 원인의 일부분은 과시적 낭비의 호화찬란한 실행현장을 애호하는 성향이 확실하다. 그러나 이런 요소의 특수한 발달은 어쩌면 신자들의 종교적 태도 같은 것마저 얼마간 암시할 것이다. 이런 추측이 타당하다면, 이런 요소의 특수한 발달은 상대적으로 더 오래된 구태의연한 종교 습관을 암시한다. 종교의례를 호화찬란하게 연출하는 효과들의 우월한 위력은 상대적으로 더 원시적인 문화 단계에 머물며 지능을 다소 미진하게 발달시킨 모든 종교공동체에서 확인될 수 있다. 그런 위력은 야만 문화의 고유한 특징이다. 야만 문화권에서 실행되는 종교의례들은 거의 하나같이 모든 감각을 자극하여 감정들에 직접 호소하려는 성향을 표현한다. 그래서 이렇게 순진한 감정적 호소 방법을 복원하여 사용하려는 성향은 오늘날의 상류계급 교회들에서 명백하게 관찰된다. 이런 성향은 하위유한계급과 중류계급들의 충성을 요구하는 종파들에서도 어지간히 관찰될 수 있다. 그런 종파들의 의례에서는 다채로운 조명들과 호화찬란한 의례용품들을 사용하고 상징물들, 오케스트라(관현악) 음악, 향(香)을 남용하는 관행이 복원되는데, 심지어 이른바 "입장 행렬 찬송(processionals)"과 "퇴장 행렬 찬송(recessionals)"과 아주 다양하게 진화한 궤배자세[51]들에서도 접신무[52]처럼 고색창연한 부속의례(付屬儀禮)를 복원하려는 원초적 성향이 탐지될 수 있다.

호화찬란한 의례를 복원하려는 이런 성향은 오직 상류계급 종파들에서만 발견되는 것은 아니라도 높은 금력 지위와 높은 사회적 지위를 가장 선명하게 예증하고 가장 뚜렷하게 강조한다. 미국 남부의 흑인들과 하류계급 이민자들처럼 사회의 하류계급에 소속한 신자들의 종파들도 당연히 의례, 상징체계, 호화찬란한 연출 효과들에 치중하려는 성향을 확연히 드러낸다. 이것들은 어쩌면 이런 하류계급들의 선조들과 문화 수준에서는 기대될 만했을 것이다. 이런 하류계급들에서 의례와 의인주의를 유행시키는 성향은 격세유전의 문제라기보다는 오히려 과거를 계승하여 속행되는 발달의 문제이다. 그러나 현재 다른 방향들에서도 의례 관행이 유포될뿐더러 의례 관행과 관련된 신앙의 특징들마저 유포된다. 초기 미국 사회에서 우세한 교파들의 의례와 의례용품들은 처음에는 금욕적이고 간소했다. 그러나 이제 누구나 빤히 알다시피, 세월이 흐르면서 그런 교파들은 저마다 애초에 비난했던 세속적 요소들의 대부분을 선뜻, 아니면 그럭저럭, 아니면 마지못해 수용했다. 이런 발달은 대체로 신자들의 재산 증가 및 생활 여유 확장과 나란히 진행되었고 최대 재산과 최고 명예를 겸비한 계급들에서 가장 충실하게 표현되었다.

금력별로 신앙을 이렇게 계층화시키는 요인들은 계급별로 분화한 생각 습관들의 차이를 논의한 단원에서 이미 대체로 암시되었다. 신앙과

---

51) 跪拜姿勢(genuflexion): 무릎 꿇고 절하는 자세.

52) 接神舞(sacred dance): 예배나 예불 같은 의례와 제례를 주도하는 샤먼(shaman), 제사장, 승려, 신녀(神女), 사제(司祭), 성직자나 보조원들, 각종 굿을 주도하는 무속인(무당과 박수)이나 보조인들이 신을 찬양하거나 위무하거나 영접한다는 명분으로 추는 춤, 의례무용, 제례무용, 승무(僧舞), 성무(聖舞).

관련된 계급별 차이는 일반적 사실의 특수한 표현에 불과하다. 중하류계급의 느슨한 신앙생활은, 아니면 중하류계급 내부에서 대체로 독실한 신앙의 태만이라고 간주될 만한 것은, 기계화된 산업들에 종사하는 도시인들 사이에서 주로 발견된다. 이 시대의 기술자와 기계공(機械工)을 닮은 직업에 종사하는 계급들에서 비난받지 않을 독실한 신앙은 대체로 발견되지 않을 것이다.

이렇게 기계화된 직업들은 얼마간 현대적인 사실들이다. 과거 수공업자들의 산업 목적은 현대 기계공들의 산업 목적과 성격상 비슷했다. 그러나 신앙 규율에 불응한 과거 수공업자들의 반발성은 현대 기계공들의 반발성과 비슷하지 않았다. 현대의 산업 과정들이 유행하기 시작하면서부터 수공업과 기계공업에 종사하는 남자들의 습관적 행동은, 그런 행동을 습관화시키는 지능적 규율과 관련되어, 무척 많이 변했다. 그래서 기계공에게 날마다 적용되는 근무 규율은 그의 일상 업무를 벗어나는 화제(話題)들을 생각하는 그의 방법들과 기준들에도 영향을 끼친다. 현대의 고도로 조직화되고 매우 비인격적 산업 과정에 익숙한 언행은 애니미즘 생각 습관들을 교란한다. 직공의 업무는 기계적인 무감(無感)한 공정(工程)을 판별하고 감독하는 업무로 점점 더 협소하게 한정된다. 이런 변화는 다음과 같은 세 가지 조건에서 가능하다. 첫째, 개인이 이런 공정을 지휘하는 전형적 주동자여야 한다. 둘째, 수공업자의 개인적 솜씨와 역량이 산업 과정을 현저하게 특징지어야 한다. 셋째, 인격적 동기와 성향에 비추어 현상들을 해석해버릇하는 습관이 현상들을 배제시킬 만큼 사실들을 심각하게 지속적으로 교란하지 않아야 한다. 그러나 최근에 발달한 산업 과정들에서, 그런 과정들을 가동하는 주동자들과 장치들이 비인격적이고 비개인적인 성격을 띠면, 직공의 생각은 습관적으로 일반론의 근거들을 발상하고, 그런 습관대로 현상들을 이해하는 그의 관점은 사무적 인간관계에 합치되는 인식을 강요한다. 그런 발상과 인식은, 직공의 신앙생활과 관련되는 한에서, 비종교적 의심주의[53]의 성향을 산출한다.

＊＊＊

그러면 종교적 생각 습관은 상대석으로 너 오래된 문화권에서 최고로 발달하는 듯이 보인다. 여기서 "종교적"이라는 형용사는 단순히 인류학적 의미만 전달하도록 사용될뿐더러, 정신적 태도와 관련하여 오직 종교의례에 열중하기 쉽다는 사실만 암시하지 다른 특별한 어떤 것도 암시하지 않는다. 이런 종교적 태도는 사회의 더 발달하고 더 일관되게 조직된 산업생활 과정보다 약탈생활 방식에 더 어울리는 인간성의 전형을 표시하는 것처럼 보인다. 이런 태도는 인격적 신분관계를, 그러니까 주종관계를, 알아채는 구태의연한 습관적 감각을 다분히 표현하므로, 약탈문화권의 산업 조직과 외견상 평화로운 문화권의 산업 조직에는 적합하지만, 현대의 산업 조직에는 부적합하다. 더구나 현대사회의 기계적 산업 공정들을 가장 멀리 벗어나 일상생활을 영위할뿐더러 여타 방면에도 가장 보수적인 계급들이 이런 종교적 태도를 가장 끈질기게 고집하는 듯이 보인다. 그러나 현대 산업 과정들을 즉각 접촉해버릇하므로 기술적 필연 관계들에 얽매여 생각해버릇하는 계급들의 두 가지 습관은 점점 퇴색한다. 그런 두 습관 중 하나는 현상들을 애니미즘의 관점에서 해석해

---

53) 疑心主意(scepticism): 의혹주의(疑惑主意)라고도 번역될 수 있는 이 낱말은 한국에서 여태껏 주로 회의주의(懷疑主義)라고 번역되었다.

버릇하는 습관이고, 다른 하나는 종교의례를 집전하는 인물들을 존경해 버릇하는 습관이다. 게다가 종교적 습관은 현대사회에서 재산과 여가를 가장 많이 점유하는 계급들 사이에서 작용 영역과 정교한 방편을 다소 점진적으로 확보하는 듯이도 보이는데, 이런 현상은 여기서 진행되는 논의와 각별히 관련된다. 다른 맥락들에서도 그렇듯이 이런 맥락에서도 유한계급 제도는 현대사회의 산업 진화 과정에서 배제되는 고대 인간성의 전형과 고대 문화의 요소들을 보전하고 심지어 복원하기마저 한다.

제13장
공평무사한 관심의 유산들

　흐르는 세월에 편승하여 나름대로 교세를 확장하면서 종교의례 규약을 가다듬는 인격신교는 경제적 위기의 압력과 신분 체계의 쇠락을 겪으며 점차 해체된다. 인격신교가 이렇게 해체되는 과정에서 종교적 태도는 다른 일정한 동기들 및 충동들과 결합하여 혼합되기 시작한다. 그런 동기들과 충동들은 언제나 의인주의에서만 유래하지도 않을뿐더러 인격적 복종 습관에서도 유래하지 않는다. 훗날의 종교생활에서 신앙 습관과 혼합되는 이런 보조적 충동들이 모조리 종교적 태도와 일치하지는 않는다. 그러니까 이 충동들 모두가 현상들의 인과관계를 의인화하여 이해하는 방식과 일치하지는 않는다는 말이다. 이 충동들은 동일한 기원에서 생겨나지 않을뿐더러 동일한 방향에서 종교생활도식에 작용하지도 않는다. 이 충동들은 종교의례 규약, 교회 제도, 성직 제도를 실제로 지탱할 것이라고 추정되는 복종이나 대리 생활의 근본 규준에 다방면으로 저촉한다. 이런 이질적 동기들이 현존하면, 사회적이고 산업적인 신분체제는 점차 해체되고, 인격적 복종 규범은 일관된 전통에서 유래하는 지지기반을 잃어버린다. 외부에서 유래한 습관과 성향들이 이런 규범의 작용 영역을 잠식하면, 교회 구조와 성직 구조의 용도들 중 몇몇은 성직 체계의 가장 활발하고 독보적인 발달 기간에 유지된 신앙생활도식의 목적들을 벗어나는 다소 이질적인 용도들로 변질된다.

훗날에 발달한 신앙 도식에 영향을 끼치는 이런 이질적 동기들 중에는 자선 활동이나 사교 활동이나 유쾌한 친목 활동의 동기들도 포함될 것이다. 이런 동기들은, 더 일반적인 용어로 환언되면, 인간의 유대감과 공감을 표현하려는 다양한 동기들이다. 그리고 교회 구조의 이렇듯 변질된 용도들은, 심지어 교회 구조의 알맹이마저 선뜻 포기할 수 있는 사람들 사이에서도, 교회 구조의 명칭과 형태를 실질적으로 유지시킬 수 있다고 부언(附言)될 수 있다. 여태껏 신앙생활도식을 형식적으로나마 지탱하려던 동기들 중에도 훨씬 각별하고 우세한 이질적 요소는 환경에 어울리는 미학적 조화(調和)를 무시하는 불경한 감각이다. 이 감각은 의인주의의 내용을 삭제당한 이후에도 최근에까지 잔존한 신앙 행위의 잔재이다. 이것은 성직 제도를 복종의 동기와 혼합하여 존속시킨 노력에 심대하게 이바지한 감각이다. 미학적 조화를 느끼는 감각은, 아니면 그런 조화를 바라는 충동은, 본디 경제적 성격을 타고났기보다는 오히려 산업의 근대적 발달단계들에서 개인의 생각 습관을 경제적 목적들에 부응하도록 조형한 간접효력을 어지간히 발휘했다. 이런 감각이나 충동의 가장 뚜렷한 간접효력은 신분체제의 더 오래되고 더 적법한 국면들에서 유래한 전통에 편승하여 전래된 다소 현저하게 이기적인 편견을 완화하는 방향으로 작용한다. 그래서 이런 충동의 경제적 결과는 종교적 태도의 결과에 저촉하는 듯이 보인다. 이런 경제적 결과는 비록 이기적 편견을 제거하지는 못해도 자기(自己)와 타자(他者)의 대립관계나 적대관계를 지양(止揚)하는 만큼 그런 편견을 규제할 것이다. 그런 반면에 종교적 태도의 결과는 인격적 복종과 지배를 알아채는 감각을 표현하는 만큼 자타간(自他間) 대립관계를 강조하고, 이기적 관심과 포괄적 인생 과정의 관심들을 가르는 분계선을 강조할 것이다.

종교생활의 이런 공평무사한 유산은, 예컨대, 환경에나 포괄적 인생 과정에 순응하는 감각이다. 자선활동이나 사교활동을 바라는 충동뿐 아니라 이런 유산도 남자들의 생각 습관을 경제적 목적에 부응하도록 조형하여 유행시킬 수 있다. 그러나 이런 부류의 모든 성향은 다소 모호하게 작용하기 때문에, 모든 작용 결과가 자세히 추적되기는 어렵다. 그래도 이 모든 동기나 소질이 기왕에 정립된 유한계급 제도의 기본 원리들과 상반하는 방향으로 작용하기 쉽다는 사실은 거의 확실시된다. 유한계급 제도의 기반뿐 아니라 문화 발전 과정에서 유한계급 제도와 결합하는 인격신교들의 기반도 차별용 비교 습관이다. 그래서 이런 습관은 여기서 논의되는 소질들의 발휘 과정과 일치하지 않는다. 유한계급 생활도식의 중요한 규범들은 시간과 자산을 과시적으로 낭비하고 산업 과정에 불참하도록 요구한다. 그런 반면에 여기서 논의되는 특수한 소질들은 경제적 측면에서 낭비와 무익한 생활 방식을 반대하는 듯이 보일뿐더러, 경제적 생활 과정에든 아니면 여타 국면이나 양상의 생활 과정들에든 동참하려거나 동화되려는 충동을 표현한다.

이런 소질들과 생활 습관들은 유리하게 표현될 수 있는 상황들에서나 우세하게 표현될 수 있는 곳에서는 유한계급 생활도식과 상충하기 마련이다. 그러나 유한계급 도식의 후기 발달 단계들에서 관찰되듯이, 유한계급 도식을 준수하는 생활이 이런 소질들을 억압하려는 경향을 일관되게 띠는지, 아니면, 이런 소질들을 표현하는 생각 습관들을 면제하려는 경향을 일관되게 띠는지 불확실하다. 유한계급 생활도식의 긍정적 규율은 아주 다른 방식으로 작용한다. 긍정적 규율, 규범화, 선택적 배제를 기조로 삼는 유한계급 도식은 생활의 모든 국면을 일일이 따져서 완전히 지배하는 낭비 규범과 비교 차별 규범의 최고권을 떠받친다. 그러나 유한계급 규율의 경향들 중에 부정적 효과들을 발휘할 수 있는 경향은 유한계급 도식의 근본규범들과 명확하게 정합하지는 않는다. 금력체면치레의 목적에 부응하는 인간 활동을 규제하는 유한계급 규범은 산업 과정에 불참하는 처신을 강조한다. 그러니까 유한계급 규범은 사회에서 금력을 불비한 구성원들의 습관화된 노력과 같은 방향성을 띠는 활동을 금지한다. 이런 금지 규범은 심지어 금력취용업계의 외견상 약탈 방법들을 이용하는 경쟁적 금력 축적 과정에도 불참하라고 여자들에게는 특별히 강조할뿐더러, 발달한 산업사회들에서 상류계급과 중상류계급의 여자들에게는 더 각별히 강조한다.

기량 발휘 충동의 경쟁적 변종으로서 시작된 금력 과시 문화나 유한계급 문화는 최근에 발달하면서 능률이나 심지어 금력 지위를 비교하여 차별해버릇하는 습관을 배제하는 식으로 나름의 근거를 중립화하기 시작했다. 다른 한편에서 유한계급의 남녀를 막론한 구성원들은 실제로 생계를 유지하려면 동료들과 치열하게 경쟁해야 하는 필연성을 얼마간 면제받는다. 이런 사실 때문에 유한계급 구성원들은 비록 치열한 경쟁에서 승리할 수 있는 소질을 타고나지 못해도 생존할 수 있을뿐더러 심지어 용납되는 범위에서는 각자 마음대로 행동할 수 있다. 그러니까 유한계급 제도가 최신식으로 최대한 발달하면, 성공한 약탈적 남자를 특징짓는 타고난 소질들을 꾸준히 발휘하느냐 여부는 유한계급 구성원들의 생활을 좌우하지 않는다. 그래서 이런 소질들을 타고나지 않은 개인들 중에 경쟁 체제에 얽매여 생활해야 하는 인구의 평균적 개인들보다 상위유한계급의 개인들이 더 유리한 생존 기회를 더 많이 누릴 수 있다.

고대적 특성들의 존속 조건들을 논의한 이전 단원에서 드러났듯이, 유한계급의 특이한 위상은 문화의 더 오래된 낙후한 단계에 어울린 인간성의 유형들을 대표한 특성들의 존속에 이례적으로 유리한 기회들을 제공한다. 유한계급은 경제 위기의 압력을 받지 않는다. 이런 맥락에서 유한계급은 경제적 상황에 요구되는 적응력의 야만적 영향을 모면할 수 있다. 앞에서 이미 논의되었듯이, 약탈 문화를 상기시키는 특성들과 유형들은 유한계급 내부에 존속하면서 유한계급 생활도식을 준수한다. 이런 소질들과 습관들은 유한계급 체제에서 잔류할 수 있는 이례적으로 유리한 기회를 누린다. 유한계급의 안전한 금력 지위는 현대 산업 과정에서 맡은 소임에 요구되는 소질들을 충분히 타고나지 못한 개인들의 생존에 유리한 상황을 제공한다. 그런 동시에 유한계급의 명예 규범들은 몇몇 약탈 소질의 과시적 발휘마저 요구한다. 약탈 소질들을 발휘시키는 직업들은 재산, 출신, 산업 과정 불참의 증거들로서 인정된다. 유한계급 문화에서 약탈적 특성들은 부정적으로는 유한계급의 산업 면제권에 편승하는 동시에 긍정적으로는 유한계급의 체면 규범들의 인가를 받으면 더 오래 확실히 존속할 수 있다.

전약탈적(前掠奪的) 미개 문화를 대표하는 특성들의 존속 조건은 약간 다르다. 유한계급의 안전한 위상도 이런 특성들을 존속시키는 유리한 조건이다. 그러나 평화롭고 선량한 소질들은 예절 규약의 긍정적 인가를 받지 않아도 발휘될 수 있다. 전약탈적 문화를 연상시키는 기질을 타고난 개인들은, 유한계급 외부에서 그런 기질을 타고난 개인들과 비교되면, 유한계급 내부에서 얼마간 더 유리한 위치를 차지한다. 왜냐하면 비경쟁적 생활에 요구되는 평화롭고 선량한 소질들을 좌절시키는 금력의 필요성은 유한계급에 소속한 개인들을 압박하지 않기 때문이다. 그래도 이들은 평화롭고 선량한 성향들을 무시하라고 재촉하는 도덕적 압박을 다소나마 받기 마련이다. 왜냐하면 예절 규약은 약탈 소질들에 근거한 생활 습관들을 이들에게 강요하기 때문이다. 신분 체계가 고스란히 존속하는 한에서, 그리고 유한계급이 무목적 낭비 행각들에 시간을 소모하기보다는 오히려 비산업적 활동들에 시간을 들이는 한에서, 유한계급의 명예로운 생활도식을 멀리 벗어나는 일탈은 결코 발생하지 않을 것이라고 기대된다. 그런 단계의 유한계급에서 출현하는 비약탈적 기질은 돌연변이의 일례로 간주될 것이다. 그러나 경제가 계속 발달하며, 대형 사냥감들이 사라지고, 전쟁이 감소하며, 봉건제가 타파되고, 성직 제도가 쇠락하면, 인간의 행동 성향은 명예로운 비산업적 출구들을 봉쇄당하기 시작한다. 이때부터 상황은 변하기 시작한다. 인간의 생명력은 기존 방향에서 표현용 출구를 봉쇄당하면 다른 방향에서 표현용 출구를 찾기 마련이다. 그래서 약탈 기질도 기존 배출구를 봉쇄당하면 다른 배출구를 찾기 마련이다.

앞에서 암시되었듯이, 발달한 산업사회들의 유한계급 여자들에게 강조된 금력의 압박은 여태껏 다른 여느 유력한 인간 집단의 유한계급 여자들에게 강조된 것보다 더 미미했다. 그래서 여자들에게 유전되는 공평무사한 기질은 남자들에게 유전되는 것보다 더 현저하게 표현될 것이라고 예상될 수 있다. 그러나 차별용 구별을 목적하지 않아서 이기적인 것으로 분류될 수 없는 소질들에서 유래한 행동들의 종류와 범위는 유한계급 남자들 사이에서도 상당히 증가하는 듯이 보인다. 예컨대, 금력을 취용하는 기업경영자로서 산업에 관여하는 남자들의 대다수는 원활하고 능률적인 산업 과정을 보면 얼마간 흥미로워하며 얼마간 자랑스럽게 느낄뿐더러 심지어 조금이라도 개선(改善)된 산업에서 창출될 수 있는 이익과 별개로 그렇게 느낀다. 산업 능률을 이렇게 공평무사하게 향상시키리고 애쓰는 성인협회들과 제조업지단체들의 노력도 유명하다.

차별 목적을 벗어나는 자선활동이나 사회개량 활동 같은 다른 목적에 부응하면서 생활하려는 성향은 여태껏 다양한 단체들에서 표현되었다. 대체로 유사(類似)종교나 사이비종교의 성격을 띠는 이런 단체들에는 남녀를 막론한 회원들이 소속한다. 이런 단체들은 수다하게 예시될 수 있겠지만, 여기서 논의되는 성향들을 더 현저하게 구체적으로 표현하는 몇몇 단체만 예시되어도 그런 성향들의 종류와 특성이 암시될 것이다. 예컨대, 금주운동과 유사한 사회 개혁 운동들, 교도소 개혁 운동, 교육기회 확대 운동, 범죄 퇴치 운동, 중재나 군비축소 같은 대책들을 앞세운 반전운동(反戰運動)의 주동 단체들도 그런 성향들을 표현한다. 대학생 복지관들, 지역 자원봉사단들, 기독교 청년회와 기독교 청년 노력협회를 위시한 여러 종교단체, 자선 바느질 봉사회들, 각종 친목회와 사교모임, 예술 동호회들뿐 아니라 심지어 상인협회들도 그런 성향들을 얼마간 표현한다. 그리고 부요한 개인들의 기부금이나 다소 여유로운 개인들의 후원금을 모집하여 운용하는 쥬공립(準公立) 자선재단이나 장학재단이나 위문재단도 — 종교적 성격을 띠지 않는 한에서 — 그런 성향들을 미미하게 표현한다.

이 논의는 물론 '이기적이지 않은 동기들이 이런 노력을 시종일관 추동한다'라고 주장하려는 의도의 소산이 아니다. 이런 동기들은 일반적 단체들에서도 표현된다고 주장될 수 있으며, 이런 노력들은 신분 원칙을 고스란히 유지하는 체제에서보다 현대의 산업 생활환경에서 더 현저하게 널리 시도된다고 주장될 수 있다. 이런 주장들은 현대 생활에 내재하는 '경쟁 생활도식의 충분한 정당성을 불신하는 유력한 의심주의'를 암시한다. 경쟁적 노동을 부추기는 동기들은 이기적일뿐더러 특히 차별용 구별을 부추기는 만큼 외부에서 유래한 다른 동기들과 공존한다고 주장되지만, 이런 주장은 여태껏 진부한 농담으로 치부될 정도로 수다한 악평을 받았다. 만약 사익에 무관심한 공익 정신을 표현하는 갖가지 대외 활동들이 후원자들의 고양된 명예를 우선시하는 관점에서나 심지어 그들의 금력 취득을 우선시하는 관점에서 개시되어 완수된다고 확신된다면, 이런 주장은 타당할 것이다. 이런 단체들이나 재단들 중에 유력한 몇몇 단체나 재단의 주도적 활동가들과 그들의 후원자들을 동시에 지배하는 동기는 공평무사한 동기처럼 보인다. 이런 소견은 특히 이런 단체나 재단에서 운용되는 기금의 대부분을 과시적으로 낭비하는 활동가를 돋보이게 부각하는 활동들과 관련되면 더 타당하다고 주장될 수 있을 것이다. 예컨대, 대학교나 공립도서관이나 박물관을 운영하는 재단에도 이런 소견이 적용될 수 있다. 그러나 이런 소견은 특히 상류계급 단체들처럼 저명한 단체들과 운동들에 동참하는 더 진부한 활동에도 어쩌면 똑같이 적용될 것이다. 이런 단체들과 운동들은 회원들의 금력 명예를 증빙할 수 있을뿐더러 회원들과 '개선시키려는 하류 인간들'을 대조하여 회원들에게 각자의 우월한 신분을 유쾌하게 상기시킬 수도 있다. 예컨대, 요즘에 얼마간 유행하듯이 설립되는 대학생 복지관도 이런 기능들을 수행한다. 그러나 비경쟁적 동기들과 관련하여 참작되어야 하고 추론되어야 할 것은 아직 더 남았다. 고상한 평판이나 명예가 이런 방식으로 추구된다는 사실은 현대사회들의 생각 습관을 형성하는 요인들 중 하나의 직접증거인데, 그런 요인이 바로 비경쟁적인 공평무사한 관심의 정당성을 인지하고 그런 관심의 추정된 유력한 현존을 인지하는 우세한 감각이다.

이렇게 공평무사한 비종교적 관심에서 파생하여 근래부터 실행된 유한계급의 모든 활동에 남자들보다 여자들이 더 활발하게 더 꾸준히 참여한다는 사실은 주목받을 만하다. 물론 막대한 수단을 낭비하는 활동들은 아직 당연히 남자들의 몫이다. 여자들의 의존적 금력 지위는 막대한 수단을 낭비해야 하는 활동을 여자들에게 불허한다. 다소 세련된 종파들이나 세속화된 교파들의 성직자들이나 목회자들은 소속 종파나 소속 교파의 여자들과 협력하여 일반적 개선 활동들을 실행한다. 이런 현상은 이론적으로도 설명될 수 있다. 다른 경제적 관계들에서도 이런 성직자들의 위상은 여자들과 경제활동에 종사하는 남자들 사이에 다소 모호하게 설정된다. 전통과 우세한 예절 감각은 성직자들과 상류계급 여자들을 대리유한계급에 위치시킨다. 성직자들과 상류계급 여자들에게 요구되는 소속 계급의 생각 습관을 형성시키는 특징적 관계는 상명하복 관계이다. 이것은 인격을 기준으로 추정되는 경제적 관계이다. 그래서 성직자들과 상류계급 여자들은 현상들을 인과관계로 환산하기보다는 오히려 인격관계로 환산하여 해석하려는 특수한 성향을 공유한다. 이들 모두는 돈벌이나 생산직처럼 의례적으로 불결한 활동들을 금지하는 체면 규범들을 엄수해야 하므로 오늘날의 산업 생활 과정에 참여하기가 도덕적으로 불가능하다. 괄시당하는 생산적 노동이 이렇게 의례적으로 배제되면 결국 현대의 여성들과 성직자들은 이기적 관심사보다는 다른 관심사들에 상대적으로 훨씬 많은 에너지를 투입한다. 이런 결과를 초래하는 규범은 합목적행위(合目的行爲)의 충동을 다른 여느 방향으로도 표현될 수 없도록 억압한다. 유한계급 여자들의 산업적으로 유용한 활동을 철저히 금지하는 규범의 효과는 사업(事業) 활동을 부단히 표현하기보다는 오히려 다른 방향들에서 기량 발휘 충동을 부단히 표현하는 듯이 보인다.

앞에서도 주목받았듯이, 유복한 여자들과 성직자들의 일상생활에 포함된 신분제의 요소는 평균적 남자들의 일상생활에 포함된 신분제의 요소보다 더 많을뿐더러 특히 현대의 본격적 산업에 종사하는 남자들의 일상생활에 포함된 것보다도 훨씬 더 많다. 그래서 유복한 여자들과 성직자들 사이에서 보전되는 종교적 태도는 현대사회들의 보통 남자들 사이에서 보전되는 종교적 태도보다 더 견실하다. 그러면 대리유한계급들의 이런 구성원들 사이에서 비영리활동으로써 표현되려는 에너지의 상당 부분은 종교적 의례들과 활동들로 귀착할 것이라고 예상될 수 있다. 이런 과정은 앞 단원에서도 거론된 여자들의 종교적 성향을 얼마간 과열시킨다. 그러나 여기서 논의되는 비영리 운동들과 비영리단체들의 활동을 규정하고 그들의 목적을 채색하려는 이런 성향의 효과는 더 면밀히 주목받을 만하다. 이런 단체들이 애써 달성하려는 경제적인 어떤 목적을 종교적으로 채색하면 그런 목적을 직접 달성하려는 나름의 능률을 하락시킬 것이다. 다양한 자선단체들과 개선단체들은 개선 활동의 대상들로 여기는 사람들의 관심을 끄는 종교적 행복과 세속적 행복을 차별하여 고려한다. 만약 이 단체들이 이 사람들의 세속적 관심들을 차별하지 않고 똑같이 진지하게 고려하여 활동하려고 노력했다면, 이 단체들의 활동에 매겨진 경제적 직접 가치는 세속적 관심들을 차별하는 활동에 매겨진 것보다 현저히 더 상승했을 것이 거의 확실하다. 이것과 비슷한 추론도, 이 대목에서 용납될 수 있다면, 당연히 가능하다. 그러니까 종교적 목적에 부응하려는 이런 개선 활동들의 직접 효과는, 언제나 현존하는 세속적 동기들과 목표들의 방해를 받지 않았다면, 더욱 증대했을 것이라고 추론될 수 있다는 말이다.

종교적 관심은 이런 공공사업들의 경제적 가치를 침해하여 얼마간 차감시킬 수 있다. 그러나 기량 발휘 본능을 이렇게 비경쟁적으로 표현하려는 경제적 추세를 다소 노골적으로 거스르는 다른 이질적 동기들의 현존도 공공사업들의 경제적 가치를 차감시킬 수 있다. 이 모든 가설이 증명될 경우에, 심지어 이런 사업들은 하나같이 미심쩍은 경제적 가치를 — 이런 사업들의 대상들로 선정되는 개인들이나 계급들의 생활 만족도나 생활 편의성으로 환산될 수 있는 가치를 — 함유하는 듯이 보일 수 있다는 추론도 더 주밀하게 검토되면 타당하게 보일 수 있다. 예컨대, 현재 대도시들에서 빈민의 생활을 개선하겠다고 명예롭게 유행하는 사업들의 다수는 문화적 선교사업의 성질을 아주 많이 타고났다. 이런 사업들은 상류계급 문화의 기존 요소들을 하류계급들의 일상생활도식에 주입시키는 속도를 높이는 방편들로서 강구된다. 예컨대 “사회복지사업들”에 담긴 배려심(配慮心)은 빈민의 산업 능력을 향상시키고 그들의 가용 수단을 더 적절히 사용할 수 있도록 그들을 교육하는 방향으로 얼마간 집중된다. 그러나 이런 배려심은 상류계급의 예절들과 관습들에 부속하는 몇몇 자지레한 격식을 빈민에게 교시(敎示)하거나 시범(示範)하여 거듭 주입하는 방향으로도 부단히 집중된다. 이런 예절들이 면밀히 검토되면 시간과 재화를 과시적으로 낭비시키는 경제적 본질을 공유한다고 밝혀질 것이다. 빈민을 인간답게 교화하려고 애쓰는 선량한 사람들은 하나같이, 그리고 짐짓, 생활의 예절 및 체면 유지와 관련된 것들을 지극히 꼼꼼하게 암묵적으로 강조한다. 그런 사람들은 대체로 번듯하게 생활할 뿐더러 일상적으로 소비하는 다양한 물품들의 의례적 청결을 끈질기게 강조하는 고집마저 타고난 사람들이다. 시간과 상품들의 소비와 관련하여 예의 바른 생각 습관들을 이렇게 주입하는 교양이나 교화의 효력은 과대하게 평가받지 않을 것이다. 더구나 더 고상하고 명예로운 이상형들을 습득한 개인들에게는 그런 효력의 경제적 가치도 중요시되지 않을 것이다. 금력 과시 문화가 현존하는 상황에서 개인이 명예를 얻어서 마침내 성공하려면 시간과 재화의 습관적 낭비를 증명하는 소비의 태도와 방법들을 충분히 훈련하여 대단히 숙달해야 한다. 그러나 더 명예로운 생활 방법들을 숙달하는 이런 훈련의 드러나지 않는 경제적 결과와 관련하여, 숙달된 방법들의 실행 결과는 더 많은 비용을 소모하거나 더 미숙하면서도 똑같은 세속적 결과들을 달성하는 방법들을 다분히 대체한다고 주장될 수 있으며, 그런 맥락에서 세속적 결과는 중요한 경제적 가치의 실상이라고 주장될 수 있다. 문화 선교활동의 대부분은 (선교 대상자들에게) 새로운 취향들을 주입하고, 더 정확하게는, 새로운 예법 절차들을 주입하는 활동이다. 이런 취향들이나 절차들은 신분 원칙과 금력체면 원칙을 정립한 유한계급의 방침을 준수하는 상류계급의 생활도식에 적합하도록 개작된 것들이다. 이런 새로운 예법 절차들은 산업 과정을 벗어나서 생활하는 인구의 타고난 본성대로 설정된 규범에서 출발하여 하류계급의 생활도식으로 침투한다. 그래서 침투력을 가진 이런 예법 절차는 하류계급들 사이에 이미 유행하는 예법 절차와 비교되면 하류계급들을 생활 위기들에 더 원만히 적응시킬 것이라고 거의 기대될 수 없을뿐더러 특히 현대 산업 생활의 압박을 받는 하류계급에서 자생한 예법 절차와 비교되면 아예 그렇게 기대될 수도 없다.

이 모든 논의는 물론 신식 절차를 채택한 예법들이 구식 절차를 고수하는 예법들보다 더 예의 바르다는 사실을 문제시하지 않는나. 여기서는 단순히 이런 개선 사업의 경제적 편의주의를 미심쩍게 여기는 의문만 제기될 뿐이다. 이런 경제적 편의주의란 개인의 관점에서는 신뢰받을 수 없지만 집단생활의 편익을 중시하는 관점에서는 다소 신뢰받을 수 있는 변화의 결과들을 즉각 실질적으로 산출하는 것이다. 그래서 이런 개선 사업들의 경제적 편의주의가 평가되려면, 심지어 그런 사업들이 경제적 목표의 달성을 최우선시하되 이기적 관심에나 차별적 관심에는 결코 부응하지 않더라도, 그런 사업들의 유효한 작용은 그런 작용의 외견상 가치대로 이해되지 않아야 할 것이다. 편의주의대로 실행된 경제적 쇄신은 대체로 과시적 낭비의 방법들을 치환(置換)하는 성질을 띤다.

그러나 금력 과시 문화를 특징짓는 생각 습관의 영향을 받는 이 모든 사업을 진행시키는 공평무사한 동기들과 규범들의 성격은 조금 더 고찰되어야 한다. 그리고 이런 추가 고찰은 앞에서 이미 도출된 결론들의 신빙성을 강화할 것이다. 이전 단원들 중 어느 단원에서 고찰되었듯이, 금력 과시 문화의 명예 규범이나 체면 규범은 금력을 기준으로 비난받지 않는 생활을 표시하는 습관적 헛수고를 강조한다. 이런 규범들은 실용 직업들을 괄시하는 습관을 조장할뿐더러 사회적 명예를 취득할 권리를 주장하는 모든 조직된 인구를 지도하는 더 결정적인 중대한 결과를 초래한다. 금력 과시 문화권에는 저열한 생필품들과 연루된 과정들에나 세부 사항들에 속물스럽게 친숙하지 않도록 요구하는 전통이 존재한다. 그런 문화권에는 기부단체들이나 후원단체들의 운영에 동참하면서 하류계급의 복지에 양적(量的) 관심을 기울일 갸륵한 사람도 있을 수 있다. 그리고 어쩌면 심지어 하류계급의 취향을 고양하여 그들에게 정신적 개선의 기회들을 제공할 방안들을 모색하면서 그들의 문화적 복지를 포괄적으로 자상하게 염려할 더 갸륵한 사람도 있을 수 있다. 그런데 그는 이런 단체들의 노력을 세속의 실용 목적에 유효하게 부응시킬 만큼 하류계급의 저열한 생활환경이나 생각 습관들을 빠삭하게 아는 티를 무심결에라도 내지 말아야 한다. 하류계급의 생활 여건들을 속속들이 아는 구차한 티를 내기 싫어하는 이런 거부감은 당연히 개인마다 매우 다른 강도(强度)로 느끼는 감정이다. 그러나 기부단체들이나 후원단체들은 하나같이 이런 거부감을 단체의 활동 과정에 심대한 영향을 끼칠 만큼 집단적으로 충분히 드러낸다. 하류계급 생활에 구차하리만치 빠삭하면 오명을 뒤집어쓸까 두려워하는 이런 거부감은 그런 단체들의 관행과 선례들을 형성하고 누적시켜서, 사업을 추진하는 그들의 최초 동기를 점점 더 무시하기 십상인데, 그런 동기에서 비롯한 사업은 명예를 지도하는 몇몇 원리에 부응하며 궁극에는 금력 가치의 조건으로 환원될 수 있다. 그래서 오랫동안 유지된 단체에서는 하류계급들의 생활을 개선하려던 최초 동기가 기껏해야 겉치레용 동기에 불과한 것으로 점점 변질되고, 단체의 세속적인 유효한 활동은 흐지부지되기 십상이다.

이런 맥락에서 공평무사한 활동을 지향하는 단체들의 효력과 관련하여 타당한 것은 공평무사한 동기들을 실행하는 개인들의 활동과 관련해서도 타당하다. 그렇더라도 어쩌면 그것은 조직된 기업들에 부합하기보다는 오히려 개인들에게 더 순조로이 부합할 것이다. 공익 활동을 갈망하는 개인들은 어차피, 생산 방면에서든 소비 방면에서든, 헛된 낭비를 요구하고 하류계급 생활을 모르는 서툰 언행을 요구하는 유한계급규범대로 가치를 측정해버릇하는 습관에 심하게 얽매이기 마련이다. 그래서 만약 개인이 자신의 신분을 망각하고, 그의 노력은 서얼한 결과를 낳는다면, 사회의 상식은, 그러니까 금력체면 감각은, 당장에 그의 활동을 사절하고 그를 바로잡을 것이다. 다소 특수한 관점에서 (적어도 외견상) 인간 생활의 편익을 증진시키겠다는 단일한 목적에 부응하는 듯이 보이는 공익 정신을 가진 남자들의 유산을 기증하는 관행도 이런 추정을 예증할 것이다. 현재 이들의 유산은 학교, 도서관, 병원, 부랑자 수용소나 보육원 같은 곳들에 가장 빈번하게 기증된다. 이런 곳들에 유산을 기증하는 당사자의 공공연한 목적은 유산에 명기된 특수한 관점에서 인간 생활을 개선하겠다는 것이다. 그러나 이런 관행이 실행되는 과정에서 애초의 기증 동기와 상충하기 일쑤인 다른 동기들이 적잖이 출현하여, 애초에 기증된 유산에서 따로 분리된 수단의 상당히 많은 부분마저 처분시킬 수 있는 특별한 재량권을 결정짓는데, 이런 동기들의 출현과 작용은 불변하는 법칙처럼 인식될 것이다. 예컨대, 보육원이나 요양원에 기증된 유산에서도 여태껏 몇몇 기금이 따로 분리되어 처분될 수 있었다. 기증 유산의 용처를 이렇게 전환하여 명예롭게 낭비하는 관행은 드물지 않아서 놀랍지도 않을뿐더러 우습지도 않다. 변용되는 기금들의 상당 부분은 건물의 건축비로 소모되는데, 그런 건물은 미학적으로 다소 불쾌하되 사치스러운 석재로 마감되며, 기괴하고 패리(悖理)한 부조(浮彫)들로 뒤덮일뿐더러, 다소 야만적인 전투 방법들을 연상시키도록 설계되어 성가퀴 총안(銃眼)처럼 뚫린 창문들을 구비한 외벽, 포탑들, 거대한 출입문들과 전략적 접근 장치들을 겸비한다. 그런 건물의 내부구조도 과시적 낭비와 약탈적 훈업을 요구하는 규범들의 우세한 지도력을 똑같이 표현한다. 예컨대, 그런 건물의 창문들은, 지극히 당연하게도, 내부에서 활동하는 사용자들의 편리나 안락을 도모하겠다는 외견상 목적에 유효하게 부응하기보다는 오히려 창문 설치 공사에 소모된 막대한 금력을 외부의 우연한 구경꾼에게 선명히 연상시킬 수 있는 위치들에 설치되기 마련이다. 그리고 건물의 내부에는 금력의 미점이라는 이토록 기이하면서도 오만한 요건에 가장 충실한 설비들과 비품들이 배치되도록 요구된다.

물론 이 모든 경우에 유산 기증자가 관행의 맹점을 지적하든지 아니면 유산을 기증하지 않고 직접 관리하면서 다르게 사용했을 것이라고 추정될 수는 없을 것이다. 왜냐하면 그런 경우들에 유산의 소유자가 유산을 직접 관리하고 운용해도, 그러니까 그가 유산을 기증하지 않고 이런 건물의 건축비를 직접 부담하고 감독해도, 유산 관리의 목표들과 방법들은 다르지 않게 보이기 때문이다. 더구나 건물의 내부에서 활동하는 사용자들도, 외부에서 느긋하게나 자랑스럽게 건물을 바라보는 구경꾼들도, 기증된 유산들을 다른 용도로 소모하는 관행을 달가워하지 않을 것이다. 그러나 가용 수단을 애초의 세속적 건축 목적에 부합하도록 가장 경제적이고 효율적으로 직접 사용하기로 작정한 사람이 실행하는 사업은 아무도 만족시키지 못할 것이다. 당장의 이기심에 이끌리든 단순히 구경만 하고 싶

 유한계급론

든 하여간 그런 사업에 관심을 보이는 모든 사람은 약탈적 훈업과 금력의 낭비를 기준으로 비교하여 차별해버릇하는 습관에서 파생한 고상하거나 정신적인 욕구들을 충족시키는 방향으로 사업비의 상당 부분을 전용해도 좋다고 합의한다. 그러나 이런 합의는 오직 경쟁적 금력 명예 규범들이 일탈이나 회피를 결코 용납하지 않을 만큼, 그리고 심지어 외견상 순전히 공평무사한 관심만 실행하는 사업마저 용납하지 않을 만큼, 사회의 상식을 철두철미하게 지배하는 상황에서만 가능하다.

그리고 아울러 그런 사업은 이런 공평무사한 동기의 현존을 표현하면 획득할 수 있는 명예로운 미점을 이용하여 기부자의 명예를 고양시킬 수도 있다. 그러나 그런 사업은 비용을 낭비시키는 차별적 관심을 막지 못한다. 비경쟁적 활동들을 파생시키는 경쟁적 동기나 차별적 동기의 유력한 현존은 앞에 거론된 여느 사업에서나 충분히 세세하게 증명될 수 있을 것이다. 그런 사업들에서 발생하는 명예의 세부 항목들은 하나같이 미학이나 윤리학이나 경제학의 관심 영역에 속하는 칭호들을 뒤집어쓰고 위장된다. 금력 과시 문화의 기준들과 규범들에서 파생된 이런 특수한 동기들은 선의(善意)를 인지하는 행위자의 감각을 교란하지 않으면서, 혹은 그의 활동을 본질적 헛수고로 의식하라고 그에게 강요하지 않으면서, 공평무사한 노력을 유효한 사역으로 은밀히 변질시킨다. 이런 동기들의 효과는 유복한 계급의 공공연한 생활도식의 특징을 적잖이 그리고 특히 과시적으로 노출하는 공평무사한 사회 개선 사업의 모든 세부 과정에서 발견될 것이다. 그러나 어쩌면 이쯤에서 충분히 드러났을 이론적 취지는 더 설명되지 않아도 무방할 것이다. 그러면 이제 이런 계통의 사업들 중 하나가, 예컨대, 고등교육기관 설립 사업이, 또 다른 맥락에서 다소 면밀히 고찰될 것이다.

유한계급을 안전하게 보호하는 환경에서는 전약탈적 미개 문화를 특징짓는 공평무사한 충동들의 유전된 형질 같은 것이 발견된다. 그런 형질은 기량 발휘 감각뿐 아니라 나태성(懶怠性)과 사교성(社交性)마저 포함한다. 그러나 현대의 생활도식에서 금력의 가치나 차별적 가치를 준용하는 처세 규범들은 이런 충동들의 자유로운 재발(再發)을 방해한다. 그리고 현실에서 우세한 이런 처세 규범들은 '공평무사한 관심에서 파생한 노력'을 '금력 과시 문화를 지탱하는 차별적 관심에 부역하는 근무'로 변질시킨다. 여기서 진행되는 논의의 목적이 감안되면, 금력체면 규범들은 낭비의 원리, 헛수고의 원리, 호전성의 원리로 환원될 수 있다. 체면의 요건들은 여타 계통의 사업들을 거만하게 압박하듯이 사회 개선 사업마저 그렇게 압박하고, 모든 사업의 세세한 실행 과정과 운영 과정을 선택적으로 감독한다. 이런 요건들을 강조하는 체면 규범들은 세밀한 방법을 운용하고 조절하면서 모든 공평무사한 열망이나 노력을 헛되이 무산시켜버린다. 헛수고의 일반적이고 비인격적이며 안이한 원리는 날마다 즉시 작동하고, 기량 발휘 본능으로 분류될 수 있을 전약탈적 소질들의 대단히 많은 잔재를 유효하게 표현되지 못하게 방해한다. 그렇지만 헛수고 원리의 현존은 그런 소질들의 격세유전을, 아니면, 그런 소질들로 표현되려는 충동의 부단한 재발을 방해하지는 않는다.

근래에 발달한 금력 과시 문화권에서, 사회적 악평을 모면하려면 산업 과정에 불참해야 한다는 요건은 경쟁적 직종에 근무하지 않아야 한다는 요건마저 포함하도록 확장된다. 이렇게 발달한 금력 과시 문화는 경쟁적이거나 약탈적이거나 금력 과시적인 직종의 가치를 산업적이거나 생산적인 직종의 가치보다 더 사소하게 인지되도록 하락시키면서 공평무사한 성향들의 발현을 미온적으로 뒤받친다. 앞에서 고찰되었듯이, 인간에게 유용한 모든 직업에 불참해야 한다는 요건은, 만약 몇몇 종파의 성직이 이 요건의 예외로서, 특히 어쩌면 실상보다 외견상 더 그럴싸하게 보일 예외로서, 인용될 수 없다면, 이 요건을 적용받는 계급들 중에도 상류계급 여자들에게 가장 엄격히 적용된다. 이런 여자들의 무익한 생활은 동등한 금력과 사회적 지위를 겸비한 남자들의 무익한 생활보다 더 극심하게 강조되는데, 왜냐하면 그녀들은 상위유한계급인 농시에 대리유한계급이기 때문이다. 요컨대 이렇게 중첩된 두 가지 이유가 그런 여자들을 유용한 노력에 철저히 불참시킨다는 말이다.

여태껏 지식인들의 상식에 비추어 사회의 구조와 기능을 고민한 대중적 필자들과 연사들이 충분히 거듭 논평했듯이, 모든 사회에서 여성의 지위는 사회에서 달성된 문화 수준의 가장 확실한 지표일뿐더러, 사회에 소속한 모든 계급에서 달성된 문화 수준의 가장 확실한 지표일 수도 있다. 이런 논평은 어쩌면 다른 여느 분야의 발달단계보다 경제의 발달단계에 더 부합할 것이다. 그런 동시에 공인된 생활도식에서나 여느 사회에서나 여느 문화권에서도 여성은 전통들을 매우 뚜렷이 표현하는 지위를 부여받는데, 그런 전통들은 이전 발달단계의 상황들에 맞춰 형성되었고, 여태껏 기왕의 경제적 상황들에, 아니면 현대의 경제적 상황에서 살아가는 여자들의 기질과 생각 습관을 발동시킨 기왕의 위기들에, 오직 부분적으로만 순응했다.

현대의 경제구조에서 농능한 계급들에 소속한 남녀 지위들 중에 여자들의 지위는 기량 발휘 본능의 자극 요인들과 더 광범하게 더 일관되게 불화하는데, 이것은 경제 제도들의 발달 과정을 포괄적으로 고찰한 이전의 논의에서, 그리고 특히 대리 여가와 의류를 고찰한 논의에서, 우연히 논평 된 사실이다. 남녀기질들 중에 여성의 기질이 평화를 찬성하고 헛수고를 불허하는 제작 본능을 더 많이 포함한다고 논평되어도 타당할 성싶다. 그래서 현대 산업사회의 남녀들 중에 여자들이 '공인된 생활도식'과 '경제적 위기들' 사이의 모순을 더 생생하게 느끼는 감각을 표현하는 상황은 우연의 소산이 아니다.

초기 발달 단계의 경제적 상황들에서 정립된 상식의 근간은 현대사회에 소속한, 그리고 특히 상류사회에 소속한, 여자들의 생활을 규제하는데, "여성문제"의 몇몇 양상은 여태껏 그런 규제의 형식을 인식될 수 있도록 부각했다. 시민, 경제, 사회의 맥락에서 여성의 생활은 본질적으로 그리고 관례대로 여전히 대리 생활이라고 인지되며, 그런 생활의 장점이나 단점은 여자를 사유(私有)하거나 감독하는 다른 개인에게 귀속되어야 마땅하다고 인지된다. 그래서 예컨대, 공인된 예법 절차들을 강요하는 명령을 어기는 여자의 모든 행실은 그녀를 사유한 남자의 명예를 직접 훼손한다고 인지된다. 여성의 연약함이나 심술궂음을 이런 관점에서 생각하는 여느 누구의 심정에도 부조리를 느끼는 감각이 얼마간 내재할 수 있기 마련이다. 그러나 여성의 연약함이나 심술궂음 같은 문제들을 가늠하는 사회의 상식적 판단은, 하여튼, 단호하게 실행되는데, 그럴 때마다 자신의 감독권을 유린당했다고 느끼는 감각의 정당성을 문제시할 남자는 매우 드물다. 다른 한편에서 남자의 악행들은 그와 함께 생활하는 여자에게 상대적으로 미미한 불명예만 씌울 따름이다.

그래서 바람직하고 아름다운 생활도식은, 그러니까 우리에게 익숙한 생활도식은, 남자의 활동을 보조하는 "지위"를 여자에게 할당한다. 그러면 여성에게 할당된 의무들의 전통들을 벗어나는 모든 언동은 여자답지 못하다고 인지된다. 만약 여성의 시민권이나 참정권이 문제시되면, 우리의 상식이 내놓을 답변은, 그러니까 우리의 일반적 생활도식을 기준으로 삼는 논리적 평결은, 다음과 같을 것이다. 즉, 여성이 정치단체에 가입하거나 법 앞에 나서려면 직접 그리하기보다는 오히려 자신이 소속한 가족의 수장(가부장)을 매개로 그리해야 마땅하다는 것이다. 자발적이고 자수적인 생활을 열망하는 여자는 여지답지 못하다고 인식된다. 그리고 우리의 상식이 우리에게 알려주듯이, 공무나 산업 같은 사회활동들에 직접 참여하는 여자의 처신은 금력 과시 문화의 전통들대로 형성된 생각 습관들을 표현하는 사회질서를 위협한다고 인지된다. "경솔히 발끈하여 '남성에 종속된 노예 상태에서 여성을 해방하자'라고 운운하는 이 모든 성토와 객설은, 엘리자베스 캐디 스탠턴[54]의 정숙하고 유의미한 어법과 상반되게 표현되면, '가당찮은 말장난'에 불과하다. 남성과 여성의 사회적 관계들은 자연스럽게 결정된다. 우리의 온전한 문명은, 그러니까 우리의 문명에서 바람직한 모든 것은, 집안에서 유래한다."[55] 여기서 "집안(home)"은 남성 가부장에 예속된 가정(家庭)을 뜻한다. 그러나 여성 신분을 이렇게 인식하는 관점은, 비록 언제나 더 고상하게 표현될망정, 문명사회들의 보통 남자들 사이에서도 우세할뿐더러 여자들 사이에서도 우세하다. 여자들은 예절도식(禮節圖式)의 요건을 아주 민첩하게 인지하는 감각을 타고난다. 그래서 여자들의 다수는 자신들에게 강요되는 예

---

54) Elizabeth Cady Stanton(1802~1902): 미국의 초기 여성권리운동과 노예제도폐지운동을 주도한 사회개혁운동가 겸 작가.

55) 베블런은 남가부장주의(男家父長主義)의 관점을 예시하는 이 인용문의 출처를 명시하지 않았다.

법의 세밀한 절차들을 실제로 불편하게 느끼지만, 그런 여자들 중에 '기존의 도덕 질서가 여성을, 반드시 그리고 규범화된 신성한 권리대로, 남성에게 예속시킨다'라고 인식하는 여자는 거의 없다. 최근에 분석되었듯이, 바람직하고 아름다운 것을 인지하는 나름의 감각에 순응하는 여성의 생활은 남성의 생활을 에둘러 표현할뿐더러 어차피 이론상으로도 그럴 수밖에 없다.

그러나 여성에게 바람직한 자연스러운 지위를 인지하는 이런 감각이 우세한 곳에서는 '감독받는 대리 생활을 조정하고 그런 생활의 장단점을 산출하는 이 모든 제도가 잘못되었다'라고 느끼는 감정의 싹도 발견될 수 있다. 그렇잖으면, 적어도, 그런 생활은 비록 자연스럽게 발달할 수 있고 시대와 장소에 걸맞은 제도일 수 있어서 명백한 미학적 가치를 겸비하더라도 현대 산업사회에서 생활의 더 일상적인 목적들에는 적절히 부응하지 못한다. 심지어 부요한 상류계급과 중류계급의 여자들 중에 이런 신분관계를 근본적이고 영구적인 권리처럼 인지하여 선호하는 냉정하고 침착한 전통적 예절 감각을 가진 다수의 유력한 여자들도 — 그리고 심지어 이런 여자들 중에 보수적 태도를 고수하는 여자들마저 — 하나같이 이런 생활과 관련된 기왕지사(旣往之事)들과 당연지사(當然之事)들 사이에서 모순 같은 것을 미세하게나마 감지한다. 그러나 현대의 여자들 중에 한창 젊어서, 아니면 교육받아서, 아니면 타고난 기질대로, 야만 문화에서 전래된 신분적 전통들의 영향을 얼마간 무시하는, 그리고 어쩌면 자기표현 충동과 기량 발휘 충동을 재발시키는 유전형질을 과다하게 타고났을, 고분고분하지 않은 여자들도 이런 생활과 관련된 불만감을 가누지 못할 정도로 생생하게 느낀다.

이런 "신여성(新女性; New-Woman)" 운동은, 빙하기 이전에 살던 여성의 지위를 회복하겠다고 맹목적으로 중구난방으로 감행되는 이런 노력처럼, 적어도 식별될 수 있는 두 가지 요소를 내포하는데, 두 요소는 경제적 성격을 공유한다. 이런 두 요소나 두 동기는 "해방"과 "노동"이라는 짝진 표어들로써 표현된다. 이 표어들 각각은 널리 유행하는 불만감 같은 것을 대표한다고 인식된다. 오늘날 상황에서 불만감을 유발할 만한 어떤 실질적 원인을 알아채지 못하는 사람들마저 그런 불만감의 유행을 인식한다. 제거되어야 할 이런 불만감은 최선진 산업사회들에서, 그리고 유복한 계급들에 소속한 여자들 사이에서, 가장 생생하고 가장 빈번하게 표현된다. 그러니까 모든 신분 관계나 보호 관계나 대리 생활을 벗어난 해방이 다소 진지하게 요구된다. 그리고 신분체제에서 전래된 생활도식을 거의 고스란히 준수해야 하는 대리 생활을 강요당하는 여자들 사이에서, 그리고 이런 전통적 생활도식에 적합한 상황들을 가장 멀리 벗어나 경제적으로 발달한 사회들에서, 그런 불만감은 특히 역력하게 표현된다. 명예규범을 적용받아 모든 유효한 노동을 면제받고 여가생활과 과시적 소비를 가장 흡사하게 재현하는 여성인구가 해방을 요구하기 시작했다.

여태껏 이런 신여성 운동의 동기를 오판한 비평가는 적어도 한둘이 아니다. 근래에 어느 대중적 시사평론가는 약간 흥분한 듯이 미국의 "신여성"을 다음과 같이 요약했다. "그녀는 세상에서 가장 헌신적이고 근면한 남편의 귀염을 받는다……. 그녀는 받은 교육을 막론한 모든 방면에서 남편보다 우월하다. 그녀는 언제 어디서나 가장 많은 관심과 가장 세심한 배려를 받는다. 그래도 그녀는 불만감을 느낀다……. 앵글로색슨족 '신여성'은 현대의 가장 웃기는 제품이고, 금세기의 가장 끔찍한 실패

작으로서 예정되었다."[56] 어쩌면 꽤 그럴싸하게 보일 경멸감을 포함하는 이 묘사는 기껏해야 여성문제를 난해하게 만들 따름이다. 신여성의 불만감을 유발하는 것들은 신여성 운동의 성격을 특징짓는 이런 묘사에서 강조되는 그녀를 만족시킬 이유들과 같다. 그녀는 귀염을 받고, 남편을 대리하거나 다른 자연스러운 보호자를 대리하는 넉넉한 과시적 소비를 허락받거나 심지어 요구받기도 한다. 그녀는, 자연스러운 (금력을 취용하는) 보호자의 명예에 걸맞은 대리 여가를 수행할 수 있도록, 저열하고 유용한 노동을 면제받거나 금지당한다. 이런 소임들은 부자유(不自由)를 관습적으로 표시하는 동시에 인간의 목적 행위 충동과 불화한다. 그런데 그런 여자는 헛된 생활이나 낭비를 혐오하는 기량 발휘 본능을 나름대로 타고났을뿐더러 평균량보다 더 많이 타고났다고 믿길 만한 이유도 있다. 그녀는 자신이 접촉하는 경제적 환경에서 직접 즉시 받는 자극들에 반응하여 생활해야 한다. 자신의 의지와 자신의 방식대로 생활하려는 충동과 사회의 산업 과정에 어떻게든 더 밀접하게 개입하려는 충동은 어쩌면 남성보다 여성을 더 강하게 자극할 것이다.

시종일관 지루한 단순 반복 노동을 전담해야 하는 여성들의 평균에 해당하는 여성은 자신의 운명에 기꺼이 만족한다. 그녀는 아무튼 확실하고 유의미한 일을 해야 할뿐더러 자신이 물려받았을 자주적 인간성을 반항적으로 표출할 시간이나 생각마저 부여받지 못한다. 여성에게 단순 반복 노동을 보편적으로 강요하는 단계가 끝나고, 대단한 노력을 요구하지 않는 대리 여가가 상류계급 여자들의 공인된 소임으로 변질되면, 그녀들

---

56) 이 인용문의 출처는 미국 문예잡지 《노스 아메리칸 리뷰(The North American Review)》(Vol. 163, No. 476, Jul., 1896, pp. 101~114)에 실린 프랑스 작가·언론인 맥스 오렐(Max O'Rell; 레옹 폴 블루에Léon Paul Blouet, 1847~1903)의 〈치맛바람(Petticoat Government)〉이라는 시사평론이다.

에게 허례허식을 준수하라고 요구하는 금력체면 규범의 강제력은 고상한 여자들을 자주성과 "유용한 역할"로 치우치는 어떤 감정도 느끼지 못하도록 오랫동안 보호할 것이다. 이런 강제력은 특히 금력 과시 문화의 초기 단계들에서는 순조롭게 관철된다. 그런 단계들에서 유한계급의 여가 활동은 대단히 약탈적인 활동이고, 종사자를 부끄럽게 하지 않을 중대한 직무로서 인식될 수 있도록 차별화하려는 목적을 충분히 드러내는 우세한 역량의 능동적 표현이다. 이런 강제력은 현대의 몇몇 사회에까지 고스란히 전래되어 뚜렷이 현존한다. 개인에게 유전되는 생생한 신분 감각과 미약한 기량 발휘 충동에 부응하도록 변이하는 이런 강제력은 상이한 개인들에게 상이한 강도(強度)로 부단히 작용한다. 그러나 사회의 경제구조가 신분에 의존하는 생활도식보다 훨씬 커져버리면, 인격적 복종관계는 이제 유일하게 "자연스러운" 인간관계라고 인지되지 않는다. 그런 경제구조에서 불편한 개인들은 근래에 형성된 상대적으로 얄팍하여 단명(短命)하는 습관들과 관점들을 거슬러 고대의 목적 생활 습관을 표현하기 시작하는데, 이렇게 얄팍한 습관들과 관점들은 약탈 문화와 금력 과시 문화가 우리의 생활도식에 제공한 것들이다. 약탈 규율과 외견상 평화로운 규율에서 파생한 생각 습관과 인생관이 근래에 발달한 경제적 상황과 맞물린 연동을 중단하면, 그런 즉시 이런 습관들과 관점들은 경제구조를 거대하게 발달시킨 사회에나 계급에게 행사하던 강제력을 잃기 시작한다. 이런 추세의 증례는 현대사회들의 산업계급들에서 확인된다. 유한계급 생활도식은 여태껏 산업계급들을, 특히 신분의 요소와 관련하여, 구속한 강제력의 대부분을 상실했다. 그러니 이런 구속력이 상실은 상류계급에서도, 비록 똑같은 방식으로 진행되지는 않아도, 번연히 진행된다.

약탈 문화와 외견상 평화로운 문화에서 파생한 습관들은 인간 종족에 유전되는 몇몇 근성 및 정신적 특성들의 비교적 짧게 존속하는 변종들이다. 그런 근성들과 정신적 특성들을 형성시킨 것은 '비교적 단순하고 거의 불변하는 물리적 환경을 접촉하면서 평화롭고 비교적 미분(未分)된 경제생활을 영위한 더 오래된 원생인류(原生人類)의 문화 단계에서 지속된 훈련'이었다. 경쟁적 생활 방식에 덧붙은 습관들이 기존에 발생한 경제위기들의 제재를 받지 않기 시작하면, 최근에 발달하여 다소 특수한 생각 습관들은 인간 종족의 더 오래되고 더 우세한 정신적 특성들보다 얼마간 더 일찍 해체되기 시작한다.

그래서 신여성 운동은 인간의 더 포괄적인 성격유형을 재현하거나 인간성의 더 미분(未分)된 표현을 복원하는 유전형질의 징표일 수 있다. 그것은 원생인류의 것으로 간주될 만한 인간성의 유형이고, 그것에서 우세한 특성들의 형식이 아닌 내용과 관련되면, 미개인(sub—human)의 단계로 분류될 수 있을 문화 단계에 속하는 것이다. 이런 인간성의 특수한 운동이나 두드러진 진화양상은 이런 특성을 근래 사회에서 발달한 나머지 분야와 당연히 공유하지만, 이런 사회적 발달이 '경제적 진화의 더 오래되고 미분된 단계를 특징지은 정신적 태도를 재현하는 유전형질'을 확실히 표현하는 한에서, 그런 공유가 가능하다. 우세한 차별적 관심대로 그런 유전형질을 재현하려는 포괄적 경향의 증거는 풍부하지도 않을뿐더러 확신될 수도 없지만 아예 없지는 않다. 현대 산업사회들에서 진행되는 신분 감각의 전반적 쇠락은 이런 경향을 얼마간 예증할 것이다. 또한 인간 생활의 헛수고를 비난하려는 성향의 현저한 재발(再發)과, 자신의 소속집단이나 다른 사회집단을 희생시키는 개인의 잇속만 채워주는 행위들을 비난하려는 성향의 현저한 재발도, 이런 경향을 만만찮게 예증할 것이다. 심지어 그런 차별적 관심의 표현들이 바로 그런 표현들을 평가하는 집단에나 개인에게 물질적 손해를 명백하게 입히지 않는 곳에서도, 고통유발행위를 비난하는 동시에 모든 약탈사업을 불신하려는 경향이 현저하게 존재한다. 더구나 현대사회들에서는 남자들의 평균적인 냉정한 감각에 부합하는 이상적인 인간의 성격은 자신의 잇속만 챙기고 폭행과 사기를 일삼으며 군림하는 생활에 치중하는 성격이 아니라 평화, 선의, 경제적 능률을 진작하는 성격이라고 논평될 수도 있다.

유한계급의 영향력은 이런 원시적 인간성의 복원을 일관되게 촉진하지도 저지하지도 않는다. 원시적 특성들을 이례적으로 많이 타고난 개인들의 생존 기회와 관련되는 한에서, 유한계급의 안전한 위상은 그 계급에 소속한 구성원들의 금력 취용 경쟁을 면제시켜서 구성원들에게 직접 유리하다. 그러나 간접으로는, 재화와 노력의 과시적 낭비를 요구하는 유한계급 규범들에 편승하는 유한계급의 제도는 전체 인구 중에서 그 계급에 소속한 개인들의 생존 기회를 감소시킨다. 체면치레용 낭비의 요건들은 명예를 노린 차별적 투쟁에 가담하는 인구의 잉여에너지를 흡수하여 공평무사한 생활을 아예 표현될 수 없게 만들어버린다. 체면치레용 예절 훈련의 더 간접적이고 더 모호한 정신적 영향들도 낭비 요건들의 작용 방향과 똑같은 방향으로 작용할뿐더러 어쩌면 똑같은 목적에 낭비 요건들보다 더 효과적으로 부응할 것이다. 체면치레하는 생활 규범들은 차별적 비교 원칙의 정교한 결과들이라서 당연하게도 모든 공평무사한 노력을 철저히 금지하고 이기적 태도를 집요하게 고취한다.

제14장
금력 과시 문화를 표현하는 고등학문

어떤 학문 분야가 연구하는 주제들에 적합한 생각 습관들을 차세대에 까지 보전할 수 있으려면 사회의 상식에 순응해야 하고 공인된 생활도식에 정합해야 한다. 교육자들과 학문 전통들의 지도를 받아 형성되는 그런 생각 습관들의 경제적 가치는, 그러니까 개인의 유용성에 영향을 주는 가치는, 일상생활에서 그런 지도를 받지 않아도 훈련되면 형성되는 생각 습관들의 유사한 경제적 가치 못지않게 실질적인 것이다. 공인된 학문 도식과 학문 분야의 모든 특성은 유한계급의 편애를 받는 것들에서 유래할 수 있든지, 아니면 유한계급 제도의 소산들로 간주될 만한 금력 과시 규범들의 지도력에서 유래할 수 있으므로, 교육체계의 이런 특징들에 담긴 모든 경제적 가치는 유한계급 제도의 가치를 구체적으로 표현한다. 그래서 이 단원에서는 교육의 목표 및 방법과 관련하여, 아니면 교육되는 지식의 범위 및 성격과 관련하여, 유한계급 생활도식에서 유래했을 교육체계의 모든 고유한 특징이 고찰될 것이다. 유한계급의 이상형들은 본격적 학문에서, 그리고 더 특유하게는 고등 학문에서, 영향력을 가장 현저하게 드러낸다. 그래서 이 단원의 목적은 교육에 파급되는 금력 과시 문화의 영향을 예시하는 모든 자료를 취합하여 대조하자는 것이 아니라 오히려 교육에 영향을 끼치는 유한계급의 방법과 경향을 설명하자는 것이므로, 이런 목적에 부응할 수 있도록, 고등 학문의 몇몇 뚜렷한 특징만 앞으로 고찰될 것이다.

학문의 유래와 초기 발달 과정이 감안되면, 학문은 사회의 종교적 기능과 다소 밀접하게 관련되고, 특히 초자연적 유한계급을 섬기는 제례(祭禮)로써 표현되는 종교의례들의 대부분과 관련된다. 원시종교들에서 초자연적 행위자들을 달래려는 의도로 실행되는 제례는 사회의 시간과 노력을 소모하는 만큼 산업적으로 유익한 업무가 아니다. 그래서 제례의 대부분은 초자연적 권력자들을 대리하여 수행되는 여가 활동으로 분류될 수 있는데, 그런 권력자들은 제례의 실행자들과 부단히 교섭하고 그런 실행자들의 제례와 복종 고백을 받으면 그런 실행자들에게 선의를 베풀 존재들이라고 상상된다. 원초적 학문의 대부분은 초자연적 행위자를 섬기는 지식과 솜씨를 익히는 학습이었다. 그래서 그런 학습의 성격은 세속적 가주(家主)의 가업에 요구되는 훈련의 성격과 흡사했다. 원시 사회의 성직자끼리 가르치고 학습한 지식의 대부분은 의례 지식과 관례 지식이었다. 그렇게 학습된 것은 스스로를 초자연적 권력자들에게 불가결한 존재로 만드는 방법, 그리하여 사건들의 경과에 개입하여 중재해달라고, 아니면, 기왕에 진행되는 사업에 간섭하지 말라고 그들에게 부탁하든지 심지어 요구할 수도 있는 위상에 스스로를 올려놓는 방법이었다. 그런 학습의 목적은 초자연적 행위자를 달래는 위무나 속죄였고, 이 목적의 대부분은 '복종하는 솜씨'의 습득 과정에서 추구되었다. 세속적 가주의 숙련된 가업에 포함되지 않는 요소들은 오직 점진적 단계들을 거쳐서만 성직자들이나 샤먼들의 학습 체계에 편입된 듯이 보인다.

외부 세계에서 활동하는 불가사의한 권력자들을 섬기는 종복 같은 성직자는 그런 권력자들과 무지한 평민들을 중개하는 영매(靈媒)로서 등장했다. 왜냐하면 그는 그런 권력자들 앞에 나서려면 준수해야 하는 초자연적 예법을 알았기 때문이다. 그리고 속인들과 그들의 자연스럽거나 초자연적인 지배자들을 중개하는 자들이 하나같이 체험하듯이, 영매는 불가사의한 권력자들에게 소원을 빌면 성취할 수 있다는 사실을 속인들에게 곧바로 확실히 각인시킬 수 있는 수단을 편리하게 확보할 수 있다고 깨달았다. 그러자마자 경이로운 효과를 연출하도록 이용할 수 있는 몇 가지 자연현상에 정통한 지식은, 마술 같은 손재주와 함께, 성직자의 필수 지식이라고 인정받기 시작했다. 이런 지식은 "불가해한 것"을 헤아리는 지식이라고 인정될뿐더러 난해한 성격을 띠면서 성직자들의 목적에 부응하는 유용성을 획득한다. 이런 과정에서, 마치 제도처럼 발생한 듯이 보이는 학문은 이런 주술 의례와 샤머니즘 의례에 이용된 술수들에서 천천히 끈덕지게 분화(分化)한 듯이 보이지만, 심지어 가장 발달한 고등교육기관에서도 아직 완전히 분화하지 않은 듯이 보인다.

학문의 난해한 요소는, 지난 모든 시대에도 그랬듯이, 무식자들을 감동시킬 수 있거나 심지어 위압할 수도 있는 여전히 아주 매력적이고 유력한 요소이다. 그래서 문맹자들의 대다수에게 학자는 신비력(神秘力; occult force)들과 친밀하다고 인지된다. 예컨대, 금세기(19세기)의 중엽에도 노르웨이 농민들은 마르틴 루터, 필리프 멜란히톤, 페테르 다스 같은 신학박사들의 우월한 학식과 심지어 근래에 활동한 니콜라이 그룬트비[57] 같은 신학자의 우수한 학식마저 흑마술(Black Art)로 인지하는 감각을 본능적으로 명확히 표명했다. 이들 신학자뿐 아니라 생존 여부를 불문한 별로 유명하지 않은 여타 수많은 신학자도 여태껏 온갖 마술의 달인들이라고 인지되었다. 그래서 (노르웨이 농민들 같은) 양민들에게는 고위 성직이 마술과 신비학문에 달통한 심오한 지식을 암시한다고 인식되었다. 그리고 서민들에게 인지되는 학식과 불가해한 것의 밀접한 관계를 예증할, 비슷하되 더 본질적인 사실도 있다. 그런 사실은 인식력을 요구하는 관심사에 치중하는 유한계급 생활의 성향마저 다소 거칠게나마 예증할 것이다. 오직 유한계급만 유별나게 모든 신비학(occult science)을 신봉하지는 않지만, 오늘날의 유한계급은 어울리지 않게 그것들의 신봉자를 굉장히 많이 포함한다. 현대 산업과 무관하게 형성된 생각 습관에 물든 그들에게는 불가해한 것을 헤아리는 지식이 비록 유일하고 참된 지식이라고 인지되지는 않아도 여전히 궁극적 지식이라고 인지된다.

그러니까 학문은 성직에 종사한 대리 유한계급의 부산물 같은 것으로서 발생했다. 그래서 적어도 근래에까지는 고등 학문이 성직계급들의 부산물이나 부업 같은 것으로서 존속했다. 체계화된 지식이 증가하기 시작하면 곧바로 비전지식(祕傳知識; esoteric knowledge)과 공개지식(公開知識; exoteric knowledge; 통속지식)을 가르는, 교육 역사에서 아주 오래전에 생겨난, 분계선이 생겨난다. 두 지식의 본질적 차이가 존재하는 한에서, 비전지식은 비경제적 결과나 비산업적 결과를 우선적으로 산출

---

57) 필리프 멜란히톤(Philipp Melanchthon, 1497 1560)은 마르틴 루터와 함께 독일 기독교개혁을 주도한 신학자이고 인문주의적 교육자이다. 페테르 다스(Petter Dass, 1647~1707)는 노르웨이 시인이자 신학자이다. 니콜라이 그룬트비(Nikolai Grundtvig, 1783~1872)는 덴마크 교회개혁과 부흥운동을 주도한 이른바 그룬트비주의(Grundtvigism) 신학운동의 선구자로서 유명한 목사, 시인, 역사학자, 문학자, 교육이론가이다.

하는 지식을 포함하고, 공개지식은 대체로 생활의 세속적 목적들을 달성하도록 습관적으로 이용되는 산업 과정들과 자연현상들을 파악하는 지식을 포함한다. 세월이 흐르자, 이 분계선은 어느덧, 적어도 서민들에게는, 고등 학문과 하등 학문의 정규적 분계선이라고 인식되었다.

모든 원시사회에서 학자계급은 대체로 신분, 의례, 예식에 걸맞은 의복들과 학용품들의 형태, 전례, 등급을 무척 까다롭게 따지는데, 이런 행태는 그들과 성직자들의 긴밀한 제휴 관계를 증명할뿐더러 그들의 활동들이 대체로 예절과 교양이라고 인식되는 과시적 여가의 범주에도 포함될 수 있음을 암시하기 때문에 의미심장하다. 당연히 예상될 수 있는 이런 행태가 감안되면, 초기 양상을 띠는 고등 학문은 유한계급의 직업으로 간주될 수 있으며, 더 각별하게는, 초자연적 유한계급을 섬기는 대리 유한계급의 직업으로 간주될 수 있다. 그러나 학용품들을 편애하는 이런 성향도 성직과 학문의 관계를 좁히는 접점이나 연결점을 암시한다. 성직뿐만 아니라 학문도 대체로 공감 주술(sympathetic magic)에서 파생한다. 그래서 이런 주술적 학용품들과 의례용품들은 원시사회의 학자계급에서는 당연한 필수품들이라고 인식된다. 의례용품들과 학용품들은 주술 목적에 부응하는 신비한 효능을 함유한다고 인식된다. 그러므로 주술과 과학의 초기 발달 단계들에서 그런 용품들의 존재가 핵심 요인이냐 여부는, 상징체계를 단순히 친애하는 존경의 문제와 흡사한, 편의주의의 문제이다.

상징적 의례의 효력을 인지하는 이런 감각은, 그리고 계획된 연극에나 목적에 부응하도록 교묘하게 이용되는 전통적 부속 장치들의 공감 효과를 인지하는 이런 감각은, 과학들에서보다, 심지어 신비학들에서보다도, 주술 행위에서 당연히 더 선연하게 더 많이 표현된다. 그렇지만 내가 이해하듯이, 과학에 부속하는 온갖 의례용품을 헛되이 여기는 학자의 가치를 인지할 만큼 세련된 감각의 소유자는 드물다. 근래에까지 이런 의례용품들을 집요하게 발달시킨 대단히 강력한 고집은 서양 문명에서 여태껏 학문의 역사였던 것을 되돌아보는 누구에게나 분명히 실감될 것이다. 학사모와 가운(예복) 같은 의례용품들은 심지어 오늘날의 대학 입학식, 성년식, 졸업식에서도 관용(慣用)될뿐더러 학문적 권위의 계승을 얼마간 암시하는 학위, 명예, 특권의 수여식 같은 학계의 행사들에서도 관용된다. 성직계급의 (안수 의례나 서품식 같은) 관례 행사는 학문적 의례, 예복들, (세례식 같은) 입교식(入敎式), 특수한 명예들과 미덕들을 안수하듯이 수여하는 예식 따위를 특징짓는 이 모든 의례용품의 가장 근접한 원천이 확실하다. 그러나 이런 용품들의 더 오래된 원천은 과거의 어느 시절에서 발견될 수 있다. 그 시절에 (마술사나 요술사 같은) 주술사와 구별되는 한편으로 세속적 주인을 수발하는 비천한 하인과 구별되면서 분화되고 전문화된 본격적 성직계급이 이런 용품들을 사용하기 시작했을 것이다. 의례용품들의 원천 및 심리학적 내용과 관련되는 한에서, 그것들을 떠받치는 이런 관례들과 개념들은 앙게코크와 기우사[58]의 활동 시기와 거의 일치하는 문화 발달 단계에 속한다. 종교의례의 근대적 국면들에서도 고등교육체계에서도 이런 의례용품들의 위상은 인간성의 발달 과정에서 아주 오래된 애니미즘의 단계부터 전래된 유산의 위상이다.

---

58) 앙게코크(angekok; 앙가코크angakkoq; 앙가쿠크angakkuq)는 북아메리카 북부지역과 그린란드의 이뉴잇(Innuit; 에스키모)족에서 정령과 교신할 수 있다고 인식되는 주술사나 제사장의 호칭이다. 기우사(祈雨師; rain-maker)는 비를 내리게 할 수 있다고 인식되는 주술사의 별칭이다.

현재와 가까운 과거의 교육체계를 특징짓는 이런 의례용품들은 교양을 넓히는 고전적 고등교육기관들과 고등 학문들에서 우선시되지만 하등한 기술이나 실용 학문을 교습하는 하급교육기관들에서는 그리되지 않는다고 정평되어도 거의 무방하다. 별로 명예롭지 못한 하급교육기관들이 이런 의례용품들을 보유한다면 분명히 고등교육기관들에서 차용하여 그리했을 것이다. 그래서 실용적 학교들이 적어도 고전적 고등교육기관들을 부단히 본보기로 삼지 못하면 이런 의례용품들을 고집스럽게 계속 보유할 확률은 거의 없을 것이라고 추정될 수 있다. 하등한 실용적인 학교들과 학자들이 이런 의례용품들을 차용하고 장려하는 관행은 모방의 증례이다. 그런 모방은 직계전수권리(直系傳授權利) 같은 것에 의존하여 이런 특징적 의례용품들을 합법적으로 취득한 상급 학교들과 상류계급들에서 보존된 학문적 명예의 기준들에 최대한 부합하려는 욕망의 발로이다.

이 문제는 더 자세히 분석되어도 무방할 것이다. 의례주의의 잔재들과 유전형질들은 성직계급 및 유한계급의 교육과 근본적으로 관련된 학문기관들에서 가장 활발하게 가장 자연스럽고 자유롭게 발현된다. 그래서 근래에 단과대학과 종합대학교의 발달 과정을 조사한 결과가 아주 명확하게 예시하듯이, 실생활에 즉시 이용될 수 있는 지식 분야들을 하류계급들에게 교육하도록 설립된 학교들은 고등교육기관들로 발달하는데, 그런 모든 학교에서 나란히 관찰되는 두 현상 중 하나는 의례주의적인 관행들 및 용품들과 정교한 교육적 "기능들"의 발달이고, 다른 하나는 소박한 실용성의 영역에서 고등한 고전적 영역으로 변이하는 실용적 학교들의 진화이다. 이런 두 진화 단계의 첫 단계에 해당하는 실용적 학교들의 설립 목적과 주요한 역할은 산업계급의 젊은이들을 노동에 적합하도록 교육하는 것이었다. 그런 학교들이 하나같이 지향하는 고전적 고등교육기관으로 발달하면, 그들의 주된 목표는 유형무형(有形無形)의 재화들을 소비하는 관습상 공인된 명예로운 범위와 방법을 성직계급과 유한계급의 — 아니면, 신참 유한계급의 — 젊은이들에게 예습시키는 교육으로 변이한다. 이런 다행스러운 결과는 여태껏 대체로 생활고와 싸우는 젊은 남자들을 도우려는 "인민의 벗들"[59]이 설립한 학교들의 운명이었고, 이런 변이가 원만하게 진행되는 곳에서는 학교생활을 너 의례주의적인 생활로 바꾸는 변이가, 언제나 반드시 병행되지는 않아도, 대체로 거의 동시에 진행된다.

오늘날의 학교생활에 포함되는 학문적 의례는 주로 "인문학" 교육을 목적하는 학교에서 대체로 가장 친숙하게 실행된다. 미국에서 근래에 발달한 단과대학들과 종합대학교들의 연혁은 이런 (학교생활과 학문적 의례의) 상호 관계를 어쩌면 다른 여느 교육기관들의 연혁보다 더 산뜻하게 예시할 것이다. 이런 규칙의 예외는 많겠지만, 대체로 명예롭고 의례주의적인 교회들에 부설되어서 그런지 보수적이며 고전적인 지반에서 출범했거나 최단시간에 고전적 명문 학교로 등극한 학교들에서 그런 예외는 특히 많이 발견된다. 그러나 19세기에 미국의 신생 공동체들에서 설립된 단과대학들과 관련하여 여태껏 발견된 일반적 규칙은 다음과 같다. 즉, 그런 대학을 설립한 공동체가 계속 가난했던 한에서, 그리고 그런

---

59) friends of the people: 이 호칭은 1790년대에 잉글랜드와 스코틀랜드에서 결성되어 활동하다가 해체된 의회개혁정치운동단체 "인민의 벗들의 협회(Society of the Friends of the People)"에서 유래했을 것이라고 추정된다. 그러나 훗날에 정치적 색채를 벗어버린 이 호칭은 포함하는 낱말들의 일반적 의미대로 '자선의지나 구빈의지(救貧意志)를 실천하는 사람들'을 뜻하도록 통용된 듯이 보인다.

대학들에 재학한 학생들의 생활 지역에서 산업 습관과 검약 습관이 우세했던 한에서, 주술사를 상기시킨 요소들은 대학 생활도식에 단지 미미하고 불안하게만 수용되었다. 그러나 공동체에 상당한 재력이 축적되기 시작하면, 그리고 기존의 학교도 유한계급에 소속한 후원자들에게 의존하기 시작하면, 곧바로 덩달아 현저히 강조되기 시작하는 두 요건 중 하나는 학문적 의례이고, 다른 하나는 예복들과 사회적이고 학문적인 의례들의 고색창연한 형식에 어울리는 적응이다. 그래서 예컨대, 미국 중서부 지역에 설립된 어느 단과대학을 후원한 지역민들의 재력이 증가한 시기(時期)는 그들에게 남성용 야회복(이브닝드레스)과 여성용 야회복(데콜테)이 근엄한 학술 행사들에나 대학교 내의 친교 행사들에 요구되는 학문적 예복들처럼 인지되어 수용된 — 처음에는 관대하게 용인되다가 나중에는 규범화되어 유행한 — 시기와 거의 일치했다. 방대한 증례를 취합해야 하는 기계적 난관과 별개로, 이런 상호 관계는 어렵잖게 추적될 수 있을 것이다. 학사모와 가운의 유행 경위도 어렵잖게 추적될 수 있을 것이다.

미국 중서부 지역의 많은 대학에서는 최근 몇 년 전부터 학사모와 가운이 학위를 상징하도록 채택되었다. 그래서 이런 현상은 아주 오래전에는, 그러니까 교육의 정당한 목적과 관련하여 고대의 관점을 복원하는 강력한 운동을 응원할 수 있는 유한계급의 감정이 지역사회에 충분히 팽배했던 시절에는, 도저히 발생할 수 없었을 것이라고 추정되어도 무방하다. 이처럼 특수한 학문적 의례용품들은 장엄한 연출 효과를 선호하는 고대의 성향과 고색창연한 상징체계를 편애하는 성향에 호소하여, 사물들의 적합성을 따지는 유한계급의 감각에 영합할 수 있는 만큼 주목받을 만하다. 그런 동시에 이런 의례용품들은 과시적 낭비의 현저한 요소를 포함하므로 유한계급의 생활도식에도 부합한다. 학사모와 가운을 복원한 유전형질의 정확한 발현 시기뿐 아니라 거의 동시에 그런 형질이 수많은 학교에 영향을 끼쳤다는 사실도 같은 시기에 지역사회를 아랑곳하지 않던 순응주의와 명예심을 복원한 감각의 파도에서 얼마간 유래한 듯이 보인다.

이런 진기한 감각이 복원된 시기는 다른 방면들에서 복원된 감정과 전통이 최고조로 유행한 시기와 일치하는 듯이 보인다는 주장은 논점을 완전히 벗어나지는 않을 것이다. (이런 감각을 복원한) 격세유전의 파도를 최초로 유발한 동력은 미국내전(남북전쟁)의 심리적 해체 효과들에서 나왔을 것이라고 짐작된다. 전쟁에 익숙한 습관은 반드시 약탈적 생각 습관들을 수반하기 마련이고, 그러면 당파심이 유대감을 얼마간 대신하며, 차별적 명예심은 공평한 일상적 실용성에 치중하는 욕구를 대신한다. 이런 요인들의 작용이 누적되면, 종전 이후에 태어난 세대는 사회생활에도, 종교의례와 기타 상징의례나 기념의례의 도식에서도, 복원되는 신분제의 요소를 쉽사리 목격할 수 있다. 외견상 약탈적인 사업 습관들을 선호하고 신분, 의인주의, 보수주의를 대체로 강조하는 감정의 파도가 1870년대부터 미약하게 발생하여 1880년대에는 줄곧 점점 더 확연하게 거세졌다. 야만 기질의 이런 표현 중에 몇몇 "대기업 회장"의 거듭된 무법 행위들과 외견상 약탈적인 경악스러운 사기행각들처럼 더 노골적이고 적나라한 표현들은 1870년대의 초엽에까지 극심하다가 말엽에는 뚜렷이 감소했다. 그리고 1880년대가 끝나기 전에는 의인주의적 감정도 쇠약해지기 시작했을 것이라고 추정된다. 그러나 이 단원에서 논의되는 학문적 의례와 학용품들은 야만적 애니미즘 감각을 훨씬 더 에둘러서 더 난해하게 표현한다. 그래서 이것들은 더 느리게 유행하여 더 느리게 정교해지므로 훨씬 더 늦게야 가장 유효하게 발달한다. 현재에는 이것들의 최전성기도 이미 지났다고 충분히 믿길 만하다. 새로운 전쟁 경험이 새로운 동력을 공급하지 않았다면, 그리고 부요계급이 발달하여 모든 의례를 후원하지 않았다면, 특히 낭비적이고 신분의 등급을 날카롭게 암시하는 모든 의례를 후원하지 않았다면, 근래에 학문적 상징물들과 의례들을 개량하고 증가시킨 동향은 점차 쇠약해졌을 가능성도 있다. 그러나 학사모와 가운은, 그리고 학계에서 그것들과 함께 생겨난 예법을 더욱 열심히 준수하는 관행은, 미국내전 이후에 야만주의를 복원한 이런 파도에 떠밀려 유행하기 시작했다고 주장되어도 타당할 수 있겠지만, 유산계급(有産階級)이 거주지역의 대학들을 유한계급(有閑階級)의 요구수준에 부합하는 고등 학문기관들로 변이시키는 운동에 필요한 자금을 넉넉하게 제공할 수 있을 만큼 재산을 축적하기 전까지, 그런 의례주의는 대학생활도식에서 복원될 수 없었을 것이라고 주장되어도 확실히 타당하다. 학사모와 가운을 착용하는 관행은 현대의 대학 생활에서 뚜렷이 복원되는 특징들 중 하나이다. 그런 동시에 이 관행은 '현대의 대학들이 여태껏 유한계급의, 실제로 설립되었거나 열망되는, 교육기관들로 확실히 변이했다'라는 사실마저 표시한다.

최근에 고등교육기관의 통솔자가 성직자에서 대기업 회장으로 대체되는 경향도 얼마간 목격되는데, 이런 경향은 교육체계와 사회적 교양기준의 밀접한 관계를 보여주는 또 다른 주목받을 만한 증거이다. 물론 이런 대체는 결코 완결되지 않을뿐더러 명료하지도 않다. 고등교육기관을 통솔하는 대기업 회장은 뛰어난 금력 취용 능력과 아울러 성직 능력마저 겸비하면 가장 유능하다고 인정받는다. 이것과 비슷하면서도 다소 막연한 경향도 목격되는데, 그것은 일정한 요건에 부합하는 금력을 갖춘 남자들에게 고등 학문 교육을 위임하려는 경향이다. 대기업 회장의 경영 능력과 광고 솜씨는 기업계에서보다 오히려 교육계에서 훨씬 더 요긴하게 인식된다. 이런 능력과 솜씨는 특히 일상생활의 사실들과 가장 밀접한 학문에 부응하고, 특히 경제적으로 단일한 목적을 공유하는 사회들의 학교들에는 톡톡히 부응한다. 성직 능력의 일부분이 금력 취용 능력으로 대체되는 이런 현상은 과시적 여가라는 주요한 명예 획득 수단이 과시적 소비로 변이하는 현대적 현상과 동시에 발생한다. 이런 두 사실의 상호관계는 더 자세히 설명되지 않아도 확연히 인식될 것이다.

여성 교육을 바라보는 교육기관들과 학자계급의 태도는 '학문이 성직계급과 유한계급의 특권으로서 차지했던 고전적 지위를 어떻게 얼마나 멀리 벗어났느냐'라는 문제의 답변을 예시할 수 있을뿐더러, 진정한 학자들이 현대의 경제적 관점에, 아니면 산업적 관점에나 사무적 관점에, 얼마나 접근했는지 암시할 수도 있다. 고등교육기관들과 학문 직업들은 최근까지도 여성들에게는 터부시되었다. 이런 교육기관들은 성직계급과 유한계급을 가르치는 교육에 처음부터 매우 고집스럽게 몰두했다.

이전 단원들에서도 고찰되었듯이, 여자들은 원래부터 노예계급이었고, 특히 그들의 유명무실하거나 의례적인 지위와 관련되는 한에서, 현재에도 여전히, 얼마간, 노예 취급을 받는다. 여자들이 고등 학문을 가르치고 배울 수 있는 특권들을 (엘레우시스 밀교 의례[60]에서 누렸듯이) 누릴

---

60) Eleusinian mysteries: 이것은 그리스 본토의 남해안도시 엘레우시스(Eleusis)에서 고대부터 농경과 수확을 주관한다고 믿긴 지모신(地母神) 데메테르(Demeter)와 그녀의 딸이자 지하세계를

수 있으면 학자계급의 위엄을 실추시킬 수 있다고 느끼는 강력한 감각이 여태껏 존재했다. 그래서 최근에야 거의 오직 산업적으로 가장 발달한 사회에서만 비로소 고등교육기관들이 여자들에게 문호를 자유롭게 개방했다. 그리고 심지어 현대 산업사회들의 급변하는 상황에서도 최상위 명문대학교들은 그런 개방을 지극히 망설이는 듯이 보인다. 지식인들의 학위를 차별하듯이 남녀의 명예를 차별하는 구분법의 계급적 가치를 인지하는 감각은, 그러니까 신분 감각은, 학문적 귀족주의를 고집하는 이런 교육기관들에서 강경하게 존속한다. 여자들은 모든 예법 중에도 오직 다음과 같은 두 종류 지식 중 어느 하나에 포함될 만한 예법을 아는 지식만 습득해야 마땅하다고 인식된다. 두 종류 중 하나는 (1) 가사노동 — 집안일 — 의 숙달을 직접 돕는 지식이고, 다른 하나는 (2) 대리 여가 활동으로서 실행되면 선연히 표현되는 외견상 학문처럼 보이는 소양과 외견상 예술처럼 보이는 솜씨이다. 학습자의 사생활을 적나라하게 표현하고 학습자의 사사로운 관심대로 습득되는 지식, 그러나 예절 규범에서 파생하지 않은 지식, 주인에게 이용되거나 과시되어도 주인의 안락을 증진하지 못하거나 주인의 명예를 고양하지 못하는 지식은 여성에게 부적합하다고 인식된다. 그래서 대리 여가를 증빙하기보다 오히려 여가를 증빙할 수 있는 모든 지식도 여성에게는 거의 부적합하다고 인식된다.

사회의 경제생활과 이런 고등 학문기관들의 관계가 정확히 평가되려면 앞에서 검토된 현상들이 중요하게 감안되어야 한다. 그런 현상들은 최상의 경제적 결과를 산출하는 사실들이기 때문에 중요하기보다는 오히려 일반적 태도를 암시하기 때문에 중요하다. 그런 현상들은 산업사회

___

다스린다고 믿긴 남신 하데스(Hades)의 왕후 페르세포네(Persephone)를 기념하여 해마다 거행된 비밀제례(秘密祭禮)나 비밀제전(秘密祭典)이다.

유한계급론

의 생활 과정을 가늠하는 학자계급의 본능적 태도와 아니무스를 예시할 것이다. 그런 현상들은 고등 학문과 학자계급이 산업 목적에 부응하여 도달한 발달단계를 대표할 수 있다. 그러므로 학문과 학자계급의 생활이 사회의 경제생활 및 경제 능률과, 그리고 시대의 요구를 충족하는 사회 생활도식의 적응력과, 더 밀접하게 직결되는 지점들에서, 그런 현상들은 학자계급의 관점에는 충분히 기대될 만한 것을 암시할 수 있다. 이런 의례주의의 유산들은, 비록 반동적 감정의 우세를 암시하지는 않아도, 특히 새래식 학문을 장려하는 고등교육기관들에서 유행하는 보수주의의 우세를 암시할 것이다.

보수적 태도를 암시하는 이런 지표들에 포함되어야 할 또 다른 특징은, 비록 동일한 방향으로 발현될망정, 잡다한 형식과 의례를 즐겨버릇하는 이런 성향보다 훨씬 더 중대한 결과의 징후이다. 예컨대, 미국의 수많은 단과대학과 종합대학교는 저마다 특정한 종교단체에서 유래하기 때문에 종교의례를 얼마간 엄수한다. 만약 그런 대학들이 과학적 방법과 관점에 익숙하리라고 추측된다면, 그런 대학들의 교수진은 애니미즘 생각 습관들에 얽매이지 않을 것이라고 추측될 것이다. 그러나 그런 교수들의 상당수는 여전히 옛 문화의 의인주의적인 신념들과 종교의례에 애착하는 심정을 고백한다. 종교적 열정을 드러내는 이런 고백들은 법인 자격을 갖춘 학교들의 편에서도 교수들 개개인의 편에서도 다분히 편의주의적인 겉치레들이 확실하다. 아무리 그래도 고등교육기관들에는 의인주의적 감정의 매우 뚜렷한 요소가 현존한다는 사실은 의문시될 수 없다. 이것이 엄연한 사실인 한에서, 그런 감정의 요소는 오래된 애니미즘 생각 습관의 표현으로 간주되어야 마땅하다. 이런 생각 습관은 교육과정에서 반드시 다소라도 표현될 수밖에 없는데, 이런 맥락에서 교육받는 학생들의 생각 습관을 형성하는 애니미즘 생각 습관의 영향력은 보수주의를 조장하고 보수성을 복원할 수 있다. 왜냐하면 이런 생각 습관은 산업 목적들에 가장 잘 부응하는 사무적 지식을 배워야 하는 학생들의 발달을 저지할 수 있기 때문이다.

오늘날 명문대학들에서 대단히 성행하는 대학 스포츠도 이런 생각 습관과 비슷하게 사무적 지식 학습을 방해하기 쉽다. 그리고 스포츠의 심리적 근거뿐 아니라 교육효과마저 동시에 관련되면, 스포츠는 대학들의 종교적 태도와 실제로 매우 흡사하다. 그러나 야만 기질의 이런 표현은 명문대학들의 체질에서 파생하기보다는 주로 학생 대다수의 기질에서 유래한다고 판단될 수 있다. 그러나 대학들이나 대학 직원들이 스포츠를, 이따금, 적극적으로 장려하고 발달시키는 경우에는 그렇게 판단될 수 없다. 대학 스포츠들에 적용될 수 있는 이런 판단은 남학생 스포츠 동호회들에도, 비록 양측의 차이가 감안되어도, 비슷하게 적용될 수 있다. 남학생 스포츠 동호회들은 대체로 단순한 약탈 충동을 표현한다. 대학 스포츠들은 약탈적 야만 기질의 대부분을 특징짓는 애교심(愛校心) 같은 당파심의 유산을 더 전문적으로 표현한다. 남학생 스포츠 동호회들과 학교 스포츠들 사이에 유지되는 밀접한 관계도 주목받을 만하다. 스포츠를 연습하고 당파적 단체활동을 연습하는 이런 훈련의 경제적 가치는 스포츠 습관과 도박 습관을 고찰한 이전 단원에서 이미 논의되었으므로 이 단원에서는 더 논의되지 않아도 무방할 것이다.

그러나 학자계급의 생활도식을 특징짓고, 고등 학문을 보전하도록 설립된 교육기관들을 특징짓는, 이 모든 요소는 다분히 부차적인 것들일 따름이다. 이런 요소들은 고등교육기관들의 외견상 존재 목적에 부응한다고 공언되는 연구활동과 교육활동의 유기적 요소들로 간주될 수 없다. 그러나 이런 암시적 징후들은 고등교육기관들에서 실행되는 활동의 — 경제적 관점에서도 관찰되는 — 성격과 관련하여, 그리고 고등교육기관들의 후원을 받아 실행되는 진지한 활동이 그런 교육기관들에 의존하는 젊은이들에게 함양하는 습성과 관련하여, 일정한 가설을 성립시킬 수 있다. 이전에 시도된 고찰들에서 파생하는 그 가설은 '고등교육기관들의 의례뿐 이니라 연구 교육 활동도 보수저 성향을 띨 것이라고 예상될 수 있다'라는 것이다. 그러나 이 가설은 반드시 현장에서 실행되는 연구 교육 활동의 경제적 성격을 비교한 결과와 대조되어 검증되어야 하고, 고등교육기관들에 위임되는 보수적 학문을 어떻게든 조사한 결과와 대조되어 검증되어야 한다. 이런 맥락에서, 공인된 학문기관들이 최근까지도 보수적 태세를 고수했다는 사실은 유명하다. 그들은 여태껏 모든 혁신에 반발하는 태도를 취했다. 지식을 새롭게 바라보는 관점이나 새롭게 설명하는 공식은 여태껏 대체로 오직 교육기관들의 바깥에서 먼저 공인받아야만 비로소 교육기관들의 내부에서도 인정받아 교육되었다. 이런 규칙의 예외들에는 주로 과시될 수 없는 혁신들이 포함될 수 있고, 인습화된 전통적인 관점이나 생활도식과 무관한 이탈 현상들도 포함될 수 있다. 그런 이탈 현상들에는, 예컨대, 수리물리학에서 연구되는 사실의 세부 현상들도 포함될 수 있으며, 고전들을, 특히 오직 문헌학이나 문학과 관련된 고전들만, 새롭게 읽고 새롭게 해석하는 방법들도 포함될 수 있다. 공인된 학자계급과 고등 학문기관들은 여태껏, 좁게 한정된 관점에서 "인문학"으로 간주될 수 있는 영역을 벗어난 모든 혁신을, 그리고 개혁자들의 관심을 받지 못해서 방치된 인문학들을 바라보는 전통적 관점을 벗어난 모든 개혁을, 대체로 의심스러워하며 흘겨봤을 수 있다. 과학이론을 혁신할 만한 새로운 관점들과 새로운 이견(異見)들은, 그리고 특히 어느 시점에서든 인간관계론에 영향을 끼치는 새로운 이탈 현상들은, 여태껏 대학교의 조직 체계에서 진실로 반갑게 환영받기보다는 거북스럽게 우물쭈물 억지로 수용되었다. 그래서 인간의 지식을 확장하려고 전력투구한 남자들은 거의 하나같이 동시대 학자들의 환영을 받지 못했다. 여태껏 혁신들이 감행되고 한참 후에야, 그리고 혁신의 유용성이 다분히 소진된 다음에야, 그러니까 학계를 벗어난 새로운 지식과 새로운 관점의 영향을 받으며 성장했고, 그런 영향대로 형성된 생각 습관에 물든, 신세대의 진부한 상식들로 혁신들이 변이한 다음에야, 비로소 고등교육기관들은 대체로 지식 방법들이나 지식 내용의 진지한 발전을 은근히 장려하기 시작했다. 이런 행태는 근래에도 유지되었다. 물론 이런 행태가 지금 당장에도 유지된다고 단정될 수는 없을 것이다. 왜냐하면 오늘날의 사실들을 각각의 상대적 비중(比重)대로 공정하게 가늠할 수 있는 관점에서 바라보기는 불가능하기 때문이다.

부요계급의 마이케나스[61] 역할은 아직까지 한 번도 거론되지 않았지만, 문화 발달과 사회구조 발달을 고찰하는 작가들과 연사들은 이런 역할을 상당히 장황하게 습관적으로 강조한다. 유한계급의 이런 (마이케나

---

61) 가이우스 마이케나스(Gaius Maecenas, 서기전70~서기전8): 고대 로마 외교관·정치인이고 학문과 예술의 후원자로서 유명하다. 그는 로마 제국 제1대 황제(카이사르) 아우구스투스(Augustus; 가이우스 옥타비우스Gaius Octavius, 서기전63~서기14)의 고문이자 막역한 친구였고, 베르길리우스(Publius Vergilius Maro, 서기전70~서기전19)와 호라티우스(Quintus Horatius Flaccus, 서기전65~서기전8) 같은 시인들의 후원자였다. 그런 동시에 마이케나스는 사치스럽게 생활해서 그랬는지 후대의 철학자·정치인·작가 세네카(Lucius Annaeus Seneca, 서기전4~서기65)는 마이케나스를 비난하기도 했다. 여기서 베블런이 사용하는 "마이케나스 역할(Maecenas function)"이라는 표현은 "학문과 예술의 후원자 역할"을 뜻한다.

유한계급론

스) 역할이 고등 학문과, 그리고 지식 보급 및 문화 보급과, 중요한 관계를 아예 맺지 않는 것은 아니다. 학문을 후원하여 촉진한 유한계급의 방식과 공로는 충분히 알려졌다. 여태껏 이런 주제에 정통한 대변인들은 이런 문화적 요인의 심오한 의미를 남들에게 확신시키느라 감동적이고 유효한 용어들을 사용했는데, 바로 그런 용어들이 학문을 촉진한 유한계급의 방식과 공로를 자주 표현했다. 그러나 이런 대변인들은 경제적 권익의 관점에서 문제를 설명하기보다는 문화적 권익이나 명예를 중시하는 관점에서 문제를 설명했다. 유한계급의 이런 역할은, 유한계급 구성원들의 지식적 태도와 마찬가지로, 경제적 관점에서 파악되고 산업적 실용성을 기준으로 평가되기 때문에, 얼마간 주목받을 만한 가치를 지닌 만큼 예시적으로 설명될 것이다.

마이케나스 관계의 특성이 묘사되는 과정에서 주목받을 만한 것은, 그런 관계가 단순한 경제적 관계나 산업적 관계처럼, 외부에서 고찰되면, 신분관계로 보인다는 것이다. 후원받는 학자는 그의 후원자를 대리하여 학문 생활이라는 의무를 수행한다. 주인을 대리하는 여가 활동이 주인에게 명예를 안기듯이 학자의 대리 학문 생활도 그의 후원자에게 일정한 명예를 안겨준다. 역사적 사실의 관점에서, 마이케나스 관계에 편승한 학문의 촉진이나 학술 활동의 지속은 가장 일반적으로는 고전적 지식에나 인문학에 정통한 학식의 촉진과 가장 흡사하다는 사실도 기억될 만하다. 이런 지식은 사회의 산업 능률을 고양하기보다는 오히려 저하시키기 십상이다.

유한계급 구성원들이 지식의 촉진에 직접 관여하는 경우와 관련해서도, 고찰되어야 할 것이 있다. 명예로운 생활 규범들의 작용은 유한계급에서 표현되려는 지식적 관심을 사회의 산업 생활과 얼마간 관련되는 학문들에 투입하기보다는 오히려 고전적이고 형식적인 학식으로 투입한다. 유한계급 구성원들은 고전적 지식 분야들을 벗어나면 법학과 정치학에 가장 빈번히 참견할뿐더러 경영 행정 계열의 학문에는 특히 상습적으로 참견한다. 이른바 과학들이라고 인식되는 이런 학문들은 본질상 정권을 독점하여 운영하는 유한계급 정치의 방침에 부응하는 사익추구용(私益追求用) 처세술의 집합들이다. 그래서 이런 학문에 끌리는 관심은 대체로 단순한 지식적 관심이나 인식적 관심이 아니다. 그것의 대부분은 유한계급 구성원들의 우월한 위세를 위협하는 긴급 현안들에 쏠리는 실용적 관심이다. 정치는 오래된 유한계급 생활도식의 필요불가결한 약탈 기능에서 유래했다. 정치는 유한계급이 이용할 생활 자원을 뽑아내는 인민을 통제하고 압박하는 행사이다. 그래서 이런 학문뿐만 아니라, 이런 학문에 내용을 공급하는 실천의 우연한 결과들도, 인식의 모든 문제와 별개로 유한계급을 얼마간 매료한다. 이 모든 설명은, 정치가 형식상으로나 내용상으로나 독점된 직무로서 속행되는 여느 곳에나, 그렇게 속행되는 한에서, 타당하게 적용될 수 있다. 그러므로 만약 정권의 진화 과정에서 더 오래된 단계의 전통이 현대사회들의 생활에도, 그러니까 유한계급에게 독점된 정권이 쇠락하기 시작하는 현대 사회들의 생활에도, 엄연히 존속한다면, 이 모든 설명은 독점되는 정치의 한계를 벗어난 곳에마저 타당하게 적용될 수 있다.

우세한 인식적 관심이나 우세한 지식적 관심을 내포하는 학문 분야는 ― 이른바 본연의 학문들은 ― 유한계급의 태도와 관련되어도 약간 다르게 보일뿐더러 금력 과시 문화의 전체 동향과 관련되어도 약간 다르게

유한계급론

보인다. 아무리 긴급한 세속적 관심의 압박을 받아도 지식 탐구를 속행하는 남자들은 순전한 지식용 지식을 탐구하기 마련이며, 다른 아무것도 따로 목적하지 않는 이해력을 발휘하기 마련이라고, 예상될 수 있을 것이다. 산업을 면제받는 유한계급의 지위는 유한계급 구성원들의 인식적 관심을 자유롭게 발휘시킬 것이다. 그러면 많은 작가가 우리에게 확인시키듯이, 우리는 유한계급 출신 학자, 과학자, 석학의 굉장히 높은 비율을 확인하고, 그들의 학문적 탐구와 사색을 자극하는 요인의 기원을 여가생활의 기풍에서 찾을 것이다. 이런 결과는 얼마간 예상될 수 있겠지만, 앞에서 이미 충분히 고찰되었듯이, 학문의 내용을 형성하는 현상들의 인과관계로 유한계급의 지식적 관심을 돌리기보다는 다른 주체들로 그런 관심을 돌릴 유한계급 생활도식의 특징들이 존재한다. 유한계급 생활을 특징짓는 생각 습관들은 인격지배관계를 기반으로 작동하고, 명예, 가치, 장점, 성격 따위의 파생적 차별 개념들을 기반으로 작동한다. 이런 관점에서는 학문의 주제를 구성하는 인과관계가 파악될 수 없다. 더구나 세속적으로 실용되는 사실들을 아는 지식에도 명예가 부여되지 않는다. 그래서 금력이나 기타 명예로운 장점을 비교하여 차별하려는 관심은 유한계급의 주의력을 사로잡아 인식적 관심을 등한시하게 하는 듯이 보일 수 있다. 이런 인식적 관심이 발동하면 과학 지식 탐구로 쏠리기보다는 오히려 대체로 명예롭고 헛되이 사색하거나 탐구하는 분야들로 쏠릴 것이다. 그런 경향은, 만약 학문의 외부에서 체계화된 중요한 지식이 학문 분야로 대거 침입하지만 않았다면, 성직계급과 유한계급의 학문 역사에서 실제로 관찰될 것이다. 그러나 주종관계가 사회의 생활 과정을 지배하는 공식 요인으로서 작용하지 않기 시작하면, 생활 과정의 다른 특징들과 다른 관점들이 학자들에게 강요되기 시작한다.

순혈 유한계급 남자는 인격 관계의 관점에서 세계를 바라보기 마련이고 또 그렇게 바라본다. 그래서 인식적 관심은, 그를 자극하는 한에서, 이런 세계관에 맞게 현상들을 체계화하려고 들기 마련이다. 그것은 실제로 전혀 해체되지 않은 유한계급의 이상형들을 겸비한 재래식 교육을 받는 유한계급 남자의 인식적 관심이다. 그리고 그한테서 상류계급의 덕목들을 고스란히 물려받은 후손은 그의 인식 태도마저 물려받았을 것이다. 그러나 이런 덕목들의 상속 방식들은 모호하고, 모든 유한계급 남자의 아들이 영지(領地)를 상속받지는 않는다. 약탈적 주인을 특징짓는 생각 습관들은 특히 유한계급의 규율을 적용받는 후세대들 중에 가장 뒤늦게 태어난 한두 세대에게는 다소 불확실하게 유전된다. 인식적 소질들을 발휘하려는 선천적이거나 후천적인 강력한 성향은 하류계급 혈통이나 중류계급 혈통을 타고난 유한계급 구성원들에서 가장 확연하게 자주 발현될 수 있다. 그들은 산업계급의 고유한 소질들을 고스란히 물려받았고, 유한계급 생활도식의 형성 시대에 적합하던 자격들보다 오늘날에 더 적합한 자격들을 취득해서 유한계급의 반열에 올랐다. 그러나 심지어 유한계급의 자격을 뒤늦게 취득한 이런 신입 계급의 외부에도 나름의 이론적 관점을 형성할 수 있는 차별적 관심에 완전히 지배당하지 않으면서 학문적 탐구에 열중할 수 있는 충분히 강력한 이론적 성향을 가진 개인은 상당히 많다.

고등 학문에 과학들을 침투시킨 책임의 일부분은 유한계급의 상규(常規)를 벗어난 이런 신입 구성원들에게 있다. 이들은 최근에 비인격적 관계를 형성시킨 전통의 우세한 영향권에서 출현했고, 신분체제를 대표하는 기질의 현저한 몇몇 특징과 다른 인간적 소질들을 고스란히 물려받았다. 그러나 고등 학문에 과학 지식의 이런 이질적 집합을 현존시킨 책임의, 더 중대한, 일부분은 산업계급 구성원들에게도 있다. 이들은 여태껏 생계 수단을 확보하려는 관심뿐 아니라 다른 관심들에도 쉽게 주의력을 집중할 수 있는 상황들에서 살았고, 신분체제에서 유래한 소질들을 물려받았으므로, 차별적 의인주의의 관점은 이들의 지식 과정을 지배하지 않는다. 과학을 진보시키는 유효한 동력을 거의 비슷하게 포함하는 이 두 집단 중에 과학 진보에 최대로 공헌한 집단은 산업계급 구성원들이다. 그래서 두 집단은 모두 실제로 이론 지식의 원천들이 아닌 전달 수단들이라고 단정되든지, 아니면, 대체로 소통 수단들이라고 단정될 수 있을 듯이 보인다. 사회에 강요되는 생각 습관들은 이런 수단들에 의존하여, 현대의 협력 생활을 위협하는 상황들의 영향과 기계화된 산업들의 영향을 받는 사회의 환경과 접촉하면서, 이론 지식을 설명할 수 있다.

과학이 물리현상과 사회현상을 아우르는 현상들의 인과관계를 엄밀하게 인식하는 학문이라면, 여태껏 과학은 서양 문화의 특징이었겠지만, 그랬을 수 있는 까닭은 오로지 서양 사회들의 산업 과정이 본질상 물리적 동력들을 식별하고 평가하는 남자의 직무로써 진행된 기계장치 발명 과정이었다는 것뿐이다. 여태껏 과학이 얼마간 번성했어도, 정확히 사회의 산업 생활이 이런 과정에 적응한 만큼만, 그리고 산업적 관심이 사회 생활을 지배한 만큼만, 번성했을 뿐이다. 그래서 과학은, 그리고 특히 과학 이론은, 인간 생활과 지식의 여러 분야를 진보시켰고, 이렇게 진보한 분야들 각각은 산업 과정과 경제적 관심을 더 밀접하게 잇달아 접촉할 수 있었다. 아니, 어쩌면 이런 분야들 각각이 진보하면서 인격관계 개념이나 신분 개념의 세력권을 벗어났고, 이어서 의인주의의 적합성과 명예의 가치에서 파생한 규범들의 세력권마저 벗어났다고 설명되어야 더 타당할 것이다.

현대 산업 생활의 위기들이 인류와 주위 환경의 실질적 접촉을 인과관계대로 인식하도록 강요하면서부터 비로소 남자들은 이런 환경의 현상들을, 그리고 이런 환경에서 접촉하는 사실들을, 인과관계대로 체계화하기 시작했다. 그래서 스콜라철학(scholasticism)이나 고전주의(classicism)를 만개시키면서 한동안 최고로 발달했던 고등 학문이 성직과 여가생활의 부산물이었듯이, 현대 과학도 산업 과정의 부산물이라고 평가될 수 있다. 이런 남자들에는 교육기관들의 울타리 밖에서 가장 뚜렷한 업적을 거둔 남자들의 — 그러니까 탐구자들, 지식인들, 과학자들, 발명가들, 사상가들의 — 대다수가 포함되는데, 현대 산업 생활에서 강요된 생각 습관들은 이런 남자들에 편승하여 현상들의 인과관계와 관련된 이론과학들로서 일관되게 표현되고 세련될 수 있었다. 그래서 과학적 사색의 방법과 목적도 학문의 외부에서 변천하다가 때때로 학문 분야로 침투할 수 있었다.

이런 맥락에서 초중등교육기관들의 교육 내용과 교육 목적이 고등 학문기관들의 교육 내용과 교육 목적과 확연히 다르다는 사실은 주목받을 만하다. 이런 두 가지 기관에서 전수(傳授)되는 정보와 습득되는 실력의 즉각적 실용성을 상이하게 만드는 차이도 얼마간 중요시될 수 있을뿐더러 여태껏 때때로 받았던 만큼 주목받을 수도 있다. 그러나 두 가지 기관에서 선호되어 촉진되는 심리적·정신적 성향들 사이에는 더욱 본질적인 차이가 존재한다. 고등 학문과 하등 학문을 상이하게 만들기 십상인 이런 차이는 선진 산업사회들에서 최근에 발달한 초등교육과 관련하여 각별히 주목받을 수 있다. 이런 초등교육의 주안점은 비인격적 사실들을 파악하고 사용할 수 있는, 그래서 그것들의 명예로운 영향범위보다는 그것들의 인과관계를 파악하고 활용할 수 있는, 지능과 신체의 실력이나 솜씨에 맞춰진다. 예전에는 초등교육도 유한계급의 과시용 상품이었는데, 그런 시절의 전통들에 얽매인 평범한 초등학교들에서는 학생들을 경쟁시키는 교육 수법이 여전히 시시때때로 사용된다. 그러나 경쟁을 편리한 교육수단으로 삼는 이런 관행은 심지어 종교적 전통이나 군사직 진통의 지침대로 하등 교육을 실시하지 않는 사회들의 초등교육기관들에서도 현재 확연히 쇠퇴한다. 이 모든 설명은 유치원에서 채택되는 교육 방법들과 교육 목적들의 영향을 직접 받는 초등교육계에는 각별하게, 그리고 정신에는 더 각별하게, 적용될 수 있다.

유치원 교육의 특이하게 공평무사한 경향은, 그리고 고유영역을 벗어나 초등교육에도 영향을 끼치는 유치원 교육의 엇비슷한 성격은, 현대의 경제적 환경에 얽매인 유한계급 여성의 특유한 정신적 태도와 관련하여 이 책에서 이미 논의된 것과 관련되기 마련이다. 유치원 교육은 선진 산업사회들에서 가장 원활하게 ― 아니면, 고대의 가부장적이고 교육학적인 이상(理想)들을 가장 멀리 벗어나서 ― 실시된다. 왜냐하면 선진 산업사회들에는 지성을 갖춘 한가한 여자가 상당히 많고, 일관된 종교적·군사적 전통들이 사라진 상황에서 산업 생활이 여태껏 신분제를 얼마간 느슨해지도록 해체시켰기 때문이다. 여자들은 이런 편안한 상황에 편승하여 유치원 교육을 도덕적으로 후원할 수 있다. 유치원 교육의 목표들과 방법들은 명예로운 생활의 금력 규약을 준수하지 못할까 노심초사하는 이런 여자들의 마음을 특히 강하게 사로잡는다. 그래서 유치원 교육은, 그리고 현대의 교육계에서 유치원의 교육 정신으로 간주되는 모든 것은, 나란히 진행되는 두 가지 동향에서 파생했을 수 있는데, 하나는 "신여성 운동"이고, 다른 하나는 '현대의 상황에서 유치원 교육에 가장 빨리 노출되는 여자들을 부추기는 유한계급 생활의 허영과 차별적 비교'를 혐오하는 반동이다. 이런 맥락에서 유한계급 제도는 여기서 공평무사한 태도의 발달을, 에둘러, 거듭 촉진하는 듯이 보이는데, 이런 태도는, 마침내, 유한계급 제도의 안정성을 무너뜨릴 만한 위험뿐만 아니라 유한계급 제도를 떠받치는 재산 사유 제도를 무너뜨릴 만한 위험마저 증명할 수 있을 것이다.

***

가까운 과거부터 단과대학과 종합대학교의 학과들은 얼마간 현저하게 변했다. 이런 변화들은 주로 인문학들의 — 전통적인 "교양," 인격, 취향, 이상(理想)들을 함양하리라고 추정되는 학문분야들의 — 일부분을, 시민 능력과 산업 능률을 증진하는 더 실무적인 학문 분야들로 대체하는 방향으로 진행되었다. 그러니까 효율(궁극에는 생산능률)을 고양하는 지식 분야들이 여태껏 소비를 고급화시키거나 산업 능률을 하락시키고 신분체제에 적합한 성격의 전형을 조장하는 지식 분야들에 반발하여 세력을 점점 확대했다. 고등교육기관들은 교육 계획을 이렇게 재편하면서 대체로 보수적 태도를 취했다. 그래서 그들의 선제조처들 각각은 얼마간 양보(讓步)의 성질을 띨 수밖에 없다. 과학들은 하등 학문에서 고등 학문으로 승격하기는커녕 오히려 학계의 외부에서 내부로 침투했다. 과학들에 그렇듯 마지못해 자리를 양보한 인문학들이 전통적이고 이기적인 소비의 도식(圖式)대로, 그리고 예모와 미점의 전통적 기준에 부합하는, 그러니까 여가라는 — 명예로운 유유자적(悠悠自適)이라는 — 명백한 특징에 부합하는, 참된 것과 아름다운 것과 우수한 것을 감상하고 향락하는 도식대로, 학생들의 성격을 형성하도록 매우 일률적으로 재편된다는 사실은 주목받을 만하다. 인문학의 대변자들은 여태껏, 고풍스럽고 예의 비른 관점을 체질화한 그들의 습관에 감싸인 언어를 차용하여, "자연 자원을 소비하도록 타고났다"[62]는 고언(古言)에서 구현된 이상(理想)을 강조했다. 유한계급 문화의 영향을 받아서 형성되고 그런 문화에 의존하는 교육기관들에서는 이들의 태도가 아주 당연시될 것이다.

기존에 수용된 문화의 기준들과 방법들을 가급적 원래대로 보존하도록 여태껏 모색된 공식적 근거들도 고대의 기질과 유한계급의 인생관을 비슷하게 특징짓는다. 예컨대, 고전주의 시대의 유한계급에서 유행한 고풍스러운 생활, 이상들, 사상들, 시간과 재화의 소비 방법들을 기대해 버릇하는 습관에서 파생하는 유락(遊樂)과 기호(嗜好)가 현대사회에서는 평민들의 일상생활, 지식, 소망들에 익숙해진 유락과 기호보다 더 "고등하고" 더 "고상하며" 더 "귀중하다"라고 인지된다. 현대의 남자들에나 사물들에 빠삭한 지식의 내용을 익히는 학문은 고풍스러운 유락이나 기호와 비교되면 더 "하등하고" 더 "저열하며" 더 "비속하다"라고 인지될뿐더러, 인간과 일상생활에 빠삭한 이런 실무적 지식은 심지어 "천민(sub-human)"의 것이라고 모멸당할 수도 있다.

---

62) fruges consumere nati: 이 문구는 고대 로마 시인 호라티우스의 《서간시집(書簡詩集; Epistles)》(제1권 제2서간시 제27행)에 쓰였다.

유한계급에 소속한 인문학 대변자들의 이런 논쟁은 본질상 유효한 듯이 보인다. 예컨대, 과거 귀족 남자의 의인주의, 당파심, 한가로운 자아도취를 동경해버릇하는 습관에서 파생하거나, 아니면, 애니미즘의 미신들에 익숙해지고 호메로스의 서사시들에 등장한 영웅들의 왕성한 호전성에 익숙해진 습성에서 파생하는 만족감과 문화나 정신적 태도나 생각 습관은, 본질적 사실의 관점에서 미학적으로 고찰되면, 무덤덤하고 사무적인 실용 지식에서도 파생하고 현대 시민이나 직공의 능률을 기대하는 심정에서도 파생하는 만족감, 문화, 정신적 태도, 생각 습관보다 더 정당하게 보인다. 친숙한 습관들은 미학적 가치나 명예로운 가치를 더 쉽게 획득할 수 있으므로 비교의 기준으로서 인식되는 "재산 가치"마저 더 쉽게 획득할 수 있다고 주장되어도 거의 의문시될 수 없다. 취향 규범들의 내용은, 더 각별하게는 명예 규범들의 내용은, 본성상 과거에 그런 규범들을 발생시킨 인종의 생활과 환경에서 파생하여 그들의 후세대로 유전되거나 전래된 것이기 마련이다. 그래서 약탈적 유한계급 생활도식의 오래 지속된 지배체제가 그런 생활도식을 준수한 과거 인종의 생각 습관과 관점을 근본적으로 규정했다는 사실은 현재 취향의 문제들과 대단히 많이 관련되는 그런 생활도식의 미학적으로 정당한 지배체제를 떠받치는 충분한 근거이다. 지금 진행되는 논의의 당면목적에 부응하는 취향 규범들은 취향대로 사물들의 호불호(好不好)를 판단하여 칭찬하거나 비난하는 버릇을 길거나 짧은 기간에 체질화한 인종의 습관들이다. 다른 사물들의 호불호를 같은 취향대로 판단하여 칭찬하거나 비난하는 버릇을 더 오랫동안 더 확고하게 체질화한 인종의 취향 규범은 더 정당하다고 인식된다. 이 모든 설명은 일반적인 취향의 판단들보다 오히려 가치나 명예를 가늠하는 판단들에 훨씬 더 타당하게 적용될 것이다.

그러나 새로운 학문을 폄훼하는 인문학 대변자들의 판단이 미학적으로 아무리 정당해도, 그리고 고전적 학문이 더 존귀하여 더 충실한 인간 문화와 인성으로 귀결한다는 주장의 장점들이 아무리 중요해도, 여기서 당면한 문제와 무관하다. 여기서 문제는 이런 학문 분야들이, 그리고 이것들이 교육계 안에서 고수하는 관점이, 현대의 산업 상황에서 효율적 집단생활을 얼마나 돕느냐 방해하느냐는 것, 그러니까, 이런 학문 분야들이 오늘날 경제적 상황에 얼마나 더 쉽게 적응하느냐는 것이다. 이 문제는 미학적인 것이 아니라 경제적인 것이다. 그래서 실용 지식을 폄훼하는 고등교육기관들의 태도에서 표현되는 유한계급의 학문 기준들은, 현행되는 논의의 목적에 비치면, 오직 경제적 관점에서만 평가될 수 있다. 이 목적이 감안되면, "고상하다," "저열하다," "고등하다," "하등하다" 같은 형용사들의 용법은, 논쟁자들이 그것들을 사용하여 신식 학문을 옹호하든 구식 학문을 옹호하든 상관없이, 오직 그들의 아니무스와 관점을 예증하는 만큼만 중요할 뿐이다. 이 모든 형용사는 존경심이나 폄훼 의도를 표현한다. 그러니까 이것들은, 최근에 분석되었듯이, 명예의 범주에나 불명예의 범주에 포함되는 차별 비교 용어들, 신분체제의 생활도식을 특징짓는 관념들의 영역에 속하는 용어들, 이른바 스포츠꾼 기질을, 그러니까 약탈적 애니미즘 생각 습관을, 실질적으로 표현하는 용어들이다. 그래서 이 형용사들은 고대의 인생관과 인생론을 암시하는데, 그런 인생관과 인생론은 그것들을 태동시킨 문화와 경제조직의 약탈 단계에는 적합했을 수 있겠지만, 경제적 효율성을 감안하는 폭넓은 관점에서는 불리하고 낙후한 것들로 간주된다.

고등 학문기관들의 맹신적 편애를 받는 고전들은, 그리고 교육계에서 고수되는 고전들의 특권적 지위는, 새로운 지식을 학습한 세대의 지식적 태도를 규정할 수 있고 그런 세대의 경제적 능률을 하락시킬 수 있다. 고전들이 이렇게 작용할 수 있는 까닭은 남성의 고전적 이상형을 추켜올리는 동시에 명예로운 지식과 불명예스러운 지식을 차별하여 교육할 수 있기 때문이다. 이런 작용은 두 가지 방식으로 완수된다. 두 방식 중 하나는 (1) 순전히 명예로운 학문과 대조되는 순전히 실용적인 학문을 싫어버릇하는 습관적 혐오감을 조장하여, 평소에는 오직, 아니면 거의 오직, 산업적 이득이나 사회적 이익으로 귀착하지 않는 지능만 발휘해야 자신의 취향을 충족할 수 있다고 확신하도록 초심자의 취향을 형성시키는 것이다. 다른 하나는 (2) 학자의 시간과 노력을, 여태껏 그에게 요구된 학문의 총합에 관습적으로 혼입(混入)되어 실용적 지식 분야들의 용어법과 표현법에도 영향을 끼친 비실용적 지식을 제외한 나머지 모든 비실용적 지식의 습득에 투입하여 소모시키는 것이다. 과거에 진행된 고전들의 유행에서 파생한 이런 용어법이 난해하지 않았다면, 예컨대, 고대 언어들을 헤아리는 지식은 언어학적 성격을 띠는 학과를 전공하지 않는 과학자에게나 학자에게는 실제로 무의미할 것이다. 당연하게도 이 모든 설명은 고전들의 문화적 가치를 논의하려는 의도를 포함하지 않을뿐더러 고전 교과목들을 폄훼하려거나 그것들을 교육받는 학생들에게 함양되는 성향을 폄훼하려는 의도도 결코 포함하지 않는다. 그런 성향은 경제적으로 불리한 것처럼 보이지만, 실제로 다소 얄궂게 소문난 이 사실은 고전 지식에서 위안과 활력을 찾는 행운을 누리는 어느 누구도 굳이 혼란에 빠뜨리지는 않는다. 고전 학문은 학자의 타고난 기량들을 교란할 수 있는

데, 이런 사실은 예의 바른 인간형들의 교양과 비교되면 사소하게 보이
는 기량을 타고난 사람들의 불안감을 살짝 가중시킬 것이다.

그리하여 성심, 평화, 명예, 고대의 겸양이
방치되었던 미덕과 함께
마침내 되살아나리라[63]

이런 지식을 미국 교육계의 기본 요건들에 포함시키는 상황 때문에,
남부유럽의 몇몇 사멸한 언어를 사용하고 이해할 수 있는 능력은 미국
교육계에서 자신의 지식을 과시할 기회를 포착한 개인을 만족시킬뿐더
러, 여느 학자라도 이런 지식을 과시하면 일반인과 지식인 모두의 호감
을 살 수 있다. 본질적으로 무실(無實)한 이런 지식을 익히는 학습은 오
늘날에도 족히 몇 년을 소모할 것이라고 예상되므로, 그런 세월을 소모
하지 않은 학습의 결과는 벼락치기로 공부한 미심쩍은 학문일 것이라고
추정될뿐더러 건전한 학식과 지성의 관습적 기준들에 똑같이 미달하는
저열한 속물지식일 것이라고 추정되기도 한다.

이런 경우는 소비재를 보자마자 그것의 제작 과정이나 원료들을 알아
채는 숙련된 전문가가 아닌 구매자가 소비재를 구입하는 경우에 비견될
수 있다. 그는 구매하려는 제품의 고유한 쓰임새와 직결되지 않게 장식
된 부분들이나 특색들의 마감 상태에서 확인한 사치스러움을 주요한 기
준으로 삼아 제품의 가치를 산정한다. 왜냐하면 그는 제품의 실질 가치
와 제품 가격에 부가되는 장식 비용 사이에 어렴풋한 비례관계 같은 것

---

63) 호라티우스의 찬시(讚詩) 〈세속찬가(Carmen Saeculare)〉 제57~59행.

이 존재할 것이라고 추정하기 때문이다. 고전 지식과 인문 지식을 갖추지 않은 건전한 학문은 대체로 존재할 수 없을 것이라고 지레짐작하는 학생이라면 거의 누구나 그런 지식을 학습하려고 시간과 노력을 과시적으로 소비할 것이다. 모든 명예로운 학문에는 과시적 낭비가 미미하게라도 붙따라야 한다고 강조하는 관습은 여태껏 학문의 문제와 관련된 우리의 취향 규범과 실용성을 따지는 규범에 영향을 끼쳤는데, 과시적 낭비 원칙은 공산품의 실용성을 가늠하는 우리의 판단에도 여태껏 거의 똑같은 영향을 끼쳤다.

여태껏 명예 획득 방편 중에 과시적 소비가 과시적 여가보다 점점 더 자주 채택되었기 때문에, 사멸한 언어들을 읽고 쓰는 지식은 이제는 예전과 다르게 결코 필수 요건이 아닐뿐더러 그간에 학식을 증빙하는 부적 같았던 그런 지식의 마력도 실제로 감소했다. 그러나 아무리 그래도 고전들은 학자의 명예를 증빙하던 절대적 가치를 실제로 아직 거의 고스란히 간직한다. 왜냐하면 학자는 무엇보다도 낭비한 시간의 증거로서 관습상 인정받는 일정한 고전 지식을 안다고 증명할 수만 있으면 명예를 유지할 수 있기 때문이다. 그래서 고전들은 학자의 아주 유용한 명예 유지 수단들이다. 낭비된 시간과 노력을 증명할 수 있으며 이런 낭비에 반드시 요구되는 금력마저 증명할 수 있는 고전들의 유용성이 여태껏 고등 학문의 영역에서 고전들의 특권적 지위를 보장했을 뿐 아니라 모든 학문 중에 고전 학문을 가장 명예롭게 존경받도록 만들었다고, 실제로, 거의 확실시될 수 있다. 고전들은 유한계급을 치장하는 장신구 같은 학문의 목적들에 다른 여느 지식 분야보다 더 톡톡히 부응하므로 유력한 명예 획득 수단들이다.

이런 맥락에서 고전들의 맞적수는 최근까지도 거의 없었다. 유럽 대륙에는 고전들을 위협하는 적수가 아직 없지만, 미국과 잉글랜드에서는 최근부터 대학 체육이 학문 성취의 공인된 분야라고 인식되었기 때문에, 이 학문 분야는, 만약 체육이 학문에 너끈히 포함될 수 있다면, 이제 학교들의 유한계급 교육에서 고전들 못지않게 중요시되는 맞적수로 변이했다. 체육은 유한계급용 학문의 목적에 고전들보다 더 현저하게 부응한다. 왜냐하면 성공한 운동선수는 시간을 낭비하고 돈마저 낭비했을 것이라고 추측될뿐더러 매우 비산업저인 고대이 몇몇 형질을 간직한 성격과 기질마저 타고났을 것이라고 추측되기 때문이다. 독일의 대학교들에서 유한계급 학업의 일환이라고 인식되는 체육동아리들과 그리스문자 동아리들[64]의 지위를 여태껏 얼마간 결정지은 두 요인은 기량과 학년을 기준으로 차별된 음주량과 형식적인 겉치레용 격투였다.

유한계급과 그들의 덕목 기준들은 ― 고풍주의[65]와 낭비는 ― 고등 학문의 영역으로 고전들을 끌어들인 노력에 거의 관여할 수 없었다. 그러나 고등교육기관들이 고전들을 끈질기게 고집하면서 그것들에 여전히 높은 명예를 부여하는데, 확실히 그런 교육기관들은 고풍주의와 낭비라는 요건들을 매우 충실하게 준수하기 때문에 그럴 수밖에 없다.

"고전"이라는 낱말은 언제나 이런 낭비와 고풍주의를 암시한다. 그러니까 이 낱말은 사멸한 언어들을 의미하도록 사용되든, 아니면 현용(現用)되는 언어로써 노후하거나 쇠퇴한 생각방식과 표현법을 의미하도록 사용되든, 아니면 이 낱말을 부정확하게 적용받는 다른 학문적 활동들이

---

64) Greek-letter fraternity: 그리스분사로써 냉냉된 내학생친목동아리.

65) 古風主義(archaism): 이 낱말은 "의고체(擬古體), 의고주의, 복고풍(復古風), 복고주의"라고 번역될 수도 있다.

나 기관들을 의미하도록 사용되든, 하여간, 낭비와 고풍주의를 암시하기 마련이다. 그래서 영어의 고풍스러운 숙어는 "고전"영어로써 사용된다. 진지한 주제를 다루는 모든 강연과 모든 글은 반드시 "고전"영어를 포함해야 한다고 인식되므로, 심지어 가장 평범하고 사소한 대화에도 "고전"영어를 유창하게 사용하는 사람은 존경받을 수 있다. 그래서 영어의 최신식 표현법은 결코 사용되지 않아야 한다고 인식된다. 고풍스러운 표현법을 요구하는 유한계급의 예절 감각은 심지어 지극히 무식하거나 선정적인 통속작가들의 최신식 표현법마저 충분히 예방할 수 있는 강제력을 발휘한다. 그런 한편에서 고풍스러운 표현법의 가장 고상하고 가장 관습적인 양식은 오직 인격신과 그를 섬기는 신자들의 교신(交信)에만 — 자주 각별히 — 당연하게 사용된다. 이런 양극의 중간에, 그러니까 최신식 표현법과 가장 고풍스러운 표현법의 중간에, 유한계급의 일상적 대화체와 문어체가 자리한다.

글에나 말에 사용되는 우아한 표현법은 명예를 획득하는 유력한 방법이다. 여느 주제를 둘러싼 대화에도 관습적으로 요구되는 고풍주의의 수준을 다소 정확히 인지하는 감각은 중요시된다. 설교자의 어법과 장사꾼의 어법은 분명히 다르다. 시장판에서는 꾀까다로운 사람들도 상대적으로 새롭고 효율적인 신조어들과 표현법의 사용을 용납하리라고 예상될 수 있다. 신조어들을 식별하여 사용하지 않는 언행은 명예롭다고 인식된다. 왜냐하면 그런 언행의 행위자는 고색창연한 언어습관을 체득하느라 시간을 낭비했다고 증명할 수 있을뿐더러 고풍스러운 숙어에 친숙한 사람들과 어릴 때부터 습관적으로 교류했다고 증명할 수도 있기 때문이다. 그런 언행으로써 행위자는 자신이 유한계급의 후손이라고 증명할 수 있을 것이다. 언어의 굉장한 순수성은 그런 언어를 사용하는 사람의 가문이 여러 세대 동안 비천한 실용적 직업들을 제외한 다른 직업들에 종사했을 것이라는 추정을 뒤받칠만한 증거일 수 있다. 그러나 아무래도 언어의 이런 순수성은 결코 이런 추정을 완전히 확증시킬 수 없다.

극동지역의 바깥에서는 쉽게 발견될 수 있는 헛된 고전주의의 적절한 증례는 영어의 관습적 철자법이다. 진실과 미점을 인지하는 발달한 감각을 함양한 모든 사람의 관점에서 철자법을 위반하는 글은 지극히 불쾌하게 보이고 그런 글을 쓰는 작가의 제면은 추락힐 것이다. 영어의 칠자법은 과시적 낭비 법칙에 순종하는 명예 규범들의 모든 요건을 충족한다. 그것은 고풍스럽고 까다로우며 비효율적인 철자법이다. 왜냐하면 그것을 익히는 과정은 대단히 많은 시간과 노력을 소모시킬뿐더러, 그것을 익히지 못했음을 암시하는 징후도 쉽사리 발각되기 때문이다. 그래서 철자법은 학문적 명예의 가장 중요하고 가장 편리한 시금석이므로, 철자법의 관례를 준수하는 순응주의는 비난받지 않는 학문 생활에 불가결하다고 인식된다.

철자법의 대변자들은 다른 쟁점들과 관련해서도 그랬듯이 언어의 순수성과 관련해서도 고풍주의와 낭비라는 규범들에 의존하는 인습적 관례를 본능적으로 변호하려는 태도를 보인다. 고풍스럽고 공인된 관용어들을 격식대로 사용하는 표현법은 최신식 구어체 영어를 곧이곧대로 사용하는 표현법보다 더 적절히 더 정확하게 사용자의 생각을 전달할 수 있다고, 실제로, 강력히 주장된다. 그런 반면에 오늘날의 발상(發想)들은 오늘날의 속어로써 유효하게 표현된다는 사실도 유명하다. 그렇더라도 고전적 언어는 존경받는 명예로운 미덕을 함유한다고 인식된다. 그래서

그런 언어는 사용자의 산업 면제권을 정확히 암시하기 때문에 유한계급
생활도식을 준수하는 공인된 소통 방법으로서 주목받고 존경받는다. 공
인된 관용어들은 명예롭기 때문에 우월하다고 인식된다. 그것들은 까다
로우며 고풍스러워서 그것들을 습득하는 시간의 낭비를 증명할뿐더러
직설적이고 강력한 언어의 불용성과 불필요성마저 증명하기 때문에 명
예롭다고 인식된다.

번역자 후기

"가장 잔잔한 말(言)들이 폭풍우를 유발한다. 그러니까 비둘기처럼 되똑되똑 걸어오는 사상들이 세계를 이끈다."[1]

독일 고전문헌학자·철학자 니체는 1883~1885년의 어느 즈음에 창작하여 자신의 분신으로 삼은 차라투스트라(Zarathustra)의 입을 빌려 이렇게 말했다.

그리고 몇 해가 흐른 1888년 연말의 어느 날에 니체는 어떤 확신에 사로잡힌 듯이 과감하게 다음과 같이 선언했다.

"나는 인간이 아니라 다이너마이트이다."[2]

그리고 더 많은 세월이 흐른 1935년에는 미국 역사학자·사회철학자·기술철학자·문학평론가 루이스 멈퍼드가, 공교롭고 기묘하게도, 소스타인 베블런의 개성을 "막대사탕처럼 보이도록 포장된 다이너마이트"에 비유했다.[3]

---

1) 프리드리히 니체(Friedrich Nietzsche, 1844~1900), 《차라투스트라는 이렇게 말했다: 모두에게 유익하되 아무에게나 읽히지 않을 책(Also sprach Zarathustra: Ein Buch fur Alle und Keinen)》(1883~1885)의 제2부 제22장 〈가장 조용한 시간〉

2) 니체, 《이 사람을 보라(Ecce homo)》(1888)의 제4단원 〈내가 운명인 까닭〉 첫단락.

3) 본서, p. 25 참조.

여기서 니체와 베블런의 관계[4]나 니체와 멈퍼드의 관계[5]가 논외로

4) 미국 경제학자경제사상학자 존 버테일 홀(John Battaile Hall)은 2023년 유럽 진화론적 정치 경제학회 제35차 연례회의 중에 "발전하는 진화론적 경제제도학(Advancing Evolutionary Institutional Economics)"을 주제로 진행된 토론회 발표 논문 〈소스타인 베블런과 프리드리히 니체의 유사점들, 공통점들, 닮은 점들(Similarities, Commonalities and Parallels in the Contributions of Thorstein Veblen and Friedrich Nietzsche)〉(pp. 22~23)에서 니체와 베블런의 관계를 다음과 같이 해설했다. "니체가 베블런보다 열세 살이 더 많다는 사실은 단지 그가 베블런에게 직접 영향을 끼쳤을 만한 가능성을 제외한 다른 아무것도 암시하지 않는다. 물론 미국 정치경제학자·경제사상학자·공공정책학자 릭 틸먼(Rick Tilman, 1939~2025)의 2011년판 저서 《베블런과 그의 동시대인들: 1880~1940년대 사회학 연구(Veblen and His Contemporaries, 1880-1940: A Study of Contemporary Sociologies)》는 '베블런은 독일을 위시한 유럽에서 활동한 수많은 저자의 논저들을 독파한 학구적 독자였다'라고 평가한다. …… [그러나] 베블런이 니체를 직접 인용했다고 알려주는 확실한 증거를 간직한 문건은 현존하지 않는다. 그런데도 미국 뉴욕의 바사르 대학(Vassar College) 정치학 교수 시드니 플럿킨(Sidney Plotkin)이 2017년 어느 날 나에게 보낸 개인적인 이메일에서 강조했듯이 '정말이지, 베블런은 자신의 출처들을 공유하지 않았다고 전설될 만하다.' 베블런을 다방면으로 깊게 전공한 학자의 이런 의견이 바로 이 두 위대한 사상가를 연결시킬 유사점들, 공통점들, 닮은 점들과 21세기에도 영향력을 고스란히 유지하는 그들의 심오하고 매력적인 사상들을 더 면밀히 깊게 이해하려는 연구를 촉진할 것이라고 기대할 만한 나의 탐구에 박차를 가했다." 그리하여 존 버테일 홀은 2024년에 미국 사회과학회(American Social Sciences Association)와 미국 경제학회(American Economic Association) 공동 토론회 발표 논문〈소스타인 베블런과 그의 저변에 깔린 철학적 영향들(Thorstein Veblen and His Underlying Philosophical Influences)〉에서 다음과 같이 요약될 수 있는 견해를 피력했다. "소스타인 베블런은 무엇보다도 포괄적으로는 사회과학들을 발전시켰고 특수하게는 경제학을 발전시킨 철학자였다. 베블런의 사상과 논저를 뒤받친 전통들은 미국 과학자·수학자·논리학자·철학자 찰스 샌더스 퍼스(Charles Sanders Peirce, 1839~1914), 임마누엘 칸트, 프리드리히 니체처럼 저명한 여러 철학자의 풍성한 업적들에서 유래했다." 그리고 미국 동료평가 학술지 《이론, 문화, 사회(Theory, Culture & Society)》(2015년판 통권32호, pp. 105~131)에 개재된 잉글랜드 서식스 대학교(University of Sussex) 세계정치학 강사 얼 개먼(Earl Gammon)과 덴마크 코펜하겐 경영 대학원(Copenhagen Business School) 경영학·정치학과 조교수 둔칸 비간(Duncan Wigan)은 공저한 논문 〈베블런, 바타유, 금융개혁(Veblen, Bataille and Financial Innovation)〉(p. 127)에서, 제프리 마틴 허지슨의 2004년판 저서 《경제제도학의 진화(The Evolution of Institutional Economics)》(p. 127)를 참조하여, "우리는 베블런의 논저들에서 니체를 초드는 어떤 언급도 발견하지 못했지만, 특히 베블런이 독일어를 유창하게 구사했고 다방면으로 독서했다는 사실을 감안하여, 베블런의 사상은 적어도 니체의 영향을 에둘러 받았을 것이라고 추정할 수 있었다"라고 기록했다.

5) 루이스 멈퍼드는 1944년판 저서 《인간의 조건(The Condition Of Man)》과 1946판 산문집 《생존용 가치들: 정치 및 교육 관련 에세이들, 강연문들, 편지들(Values for Survival; Essays, Addresses, and Letters on Politics and Education)》에서 다소 통속적인 관점에서 스치듯이 니체를 언급한다. 예컨대, 《인간의 조건》(p. 366)에서는 "독일 작곡가 리하르트 바그너(Richard Wagner, 1813~1883))의 젊은 제자였고 초인 숭배자였던 니체의 사자굴(獅子窟; the lion's den)에는 나치즘의 악취를 풍기는 하이에나들이 이미 숨어들어 매복했다"(p. 366)라거나 "19세기 후반~20세기초반에는 브리튼 출신 독일 철학자 휴스턴 스튜어트 체임벌린(Houston Stewart Chamberlain, 1855~1927)부터 프랑스 사회사상가·정치학자·역사학자 조르주 소렐(Georges Sorel, 1847~1922)까지, 그리고 니체부터 이탈리아 경제학자·정치학자·철학자 빌프레도 파레토(Vilfredo Pareto, 1848~1923)까지, 많은 예언자가 야만풍조(Barbarism)의 도래를 줄곧 예언했다"(p. 369)라고 언급되었으며, 《생존용 가치들》에는 "니체가 《차라투스트라는 이렇게 말했다》에서 묘사한 옹졸한 전문가들과 멀뚱한 기술자들의 대량 생산물"(p. 296)이나 "[멈퍼드의 편지를 받아서 읽는] 당신의 니체는 지극히 독창적인 인간이었죠. 왜냐면 그는 '잔인성과 고뇌의 전형'을 되살렸을 뿐 아니라 노예제의 개념마저 되살려 자신의 지성으로써 축복했죠 ……"(p. 309)라고 언급되었다. 그런데 미국 월간 인문잡지 《코멘터리(Commentary)》(1946년

차치(且置)된다면, 그리고 비록 니체는 자의로 과감하게 비유했고 베블런은 타의로 다소 에둘러 비유되었을망정, 하여튼 베블런이 "다이너마이트"에 비유되었다는 사실은, 베블런의 사상도 어쩌면 니체의 사상에 필적하거나 버금갈 만한 독창성과 내구력뿐 아니라 혁신성이나 폭발력마저 겸비했을 것이라고 은연히 암시하는 듯이 보인다. 또한 1934년에는 조지프 도프먼이 "지성계의 주류(主流)를 벗어난 '아웃사이더,' 강단 학계에 '연연하지 않는' 사상가 …… 베블런은 오히려 이렇게 주류를 '벗어나서' 마치 '올림포스의 신들치럼 초연(超然)'할 수 있었기 때문에 이단적인 경계 사상을 정립"[6]할 수 있었다고 평가했는데, 이것은 니체의 사상에도 어지간히 비슷하게 적용될 수 있을 만한 평가이다.

　그러나 이런 유사점이나 공통점과 별개로, 니체의 사상은 귀족적 급진주의(aristocratic radicalism)[7]를 지향한 반면에 베블런은 귀족과 부르주아계급을 포함한 유한계급의 기원, 발달 과정, 실태를 분석하고 비판하는 방향으로 나아갔다. 그런데도 베블런이 다이너마이트에 비유될

8월호)에 게재된 미국 철학자 윌리엄 배리트(William Barrett, 1913~1992)의 서평에서는 멈퍼드의 이런 통속적 니체관(Nietzsche觀)이 다음과 같이 지적된다. "멈퍼드는 자신은 밴시터트주의자(Vansittartist)가 아니라고 강조하면서도 독일 문화와 독일 "심리학"을 혐오한 밴시터트의 근본 확신들을 답습한다. 독일 문화계의 진정한 국제적 인물들인 철학자 고트홀트 에프라임 레싱(Gotthold Ephraim Lessing, 1729~1781), 칸트, 정치인·문인·과학자 요한 볼프강 괴테(Johann Wolfgang von Goethe, 1749~1832)를 언급하지 않는 멈퍼드는 거의 무심결에 니체를 나치당(Nazis)에 포함시켜버린다. 멈퍼드의 관점에서 니체는 단지 독일 나치 친위대장 하인리히 히믈러(Heinrich Himmler, 1900~1945)의 전임자처럼 보였을 뿐이다. 이렇게 통속적 해석은, 멈퍼드의 독창적 해석은 결코 아니지만, 현대인의 심정에 잠복한 잔인성은 짐승에게 워낙 근접하여 '굴복할' 수밖에 없는 현대인의 또 다른 증거라고 니체가 주장했다는 사실을 망각한다." 밴시터트주의(Vansittartism)는 브리튼 정치인·외교관 로버트 밴시터트(Robert Vansittart, 1881~1957)의 반독일주의(反獨一主義; Anti-Germanism)를 뜻한다.

6) 본서, p. 21 참조.

7) 덴마크의 저명한 문예비평가·미학자(美學者) 기오 브란데스(Georg Brandes, 1842~1927)의 1909년판 저서 《니체(Nietzsche)》(한국어판: 《니체 귀족적 급진주의: 니체론; 브란데스와 니체가 주고받은 편지들》, 2014) 참조.

수 있었던 까닭은, 기존하는 모든 최고 가치를 재평(再評)[8]하려는 시도를 감행한 니체와 얼추 비슷하게, 자본주의를 추동하는 유한계급의 기원과 발달과정, 그들에게 중시되는 가치들, 그들의 생각버릇(사고습관), 그들에게 유리하도록 발달한 차별 관습과 제도, 그것들을 떠받치는 기준들과 이상(理想)들을 재평할뿐더러, 그런 가치들을 선망하여 유한계급의 거의 모든 것을 모방하는 중하류계급의 생각버릇과 행태마저 규명하고 비판하려는 시도를 감행했기 때문일 것이다. 이것이 어쩌면 브리튼의 걸출한 경제학자 조운 로빈슨(Joan Robinson, 1903~1983)의 관점에서 베블런이 "미국에서 태어나 성장한 가장 독창적인 경제학자"[9]로 보일 수 있는 까닭이기도 했을 것이다.

그러나 "폭풍우를 유발"할 수 있는 사상은 "비둘기처럼 되똑되똑" 걸어오면서 세상을 이끌기 마련이다. 더구나 니체의 사상보다 더 잔잔한 베블런의 사상은 더 되똑되똑 느리게 세상에 이해될 수밖에 없었을 것이다. 그러나 베블런의 다음과 같이 의미심장한 통찰은 베블런의 사상을 오히려 더 독창적이면서도 더 오묘하게 보이도록 만들 수 있다.

"유한계급 제도는 하류계급들의 생존 수단을 박탈하여 그들의 소비력을 약화시키고 결국에는 그들의 가용 에너지를 소진시켜서 새로운 생각 습관들의 학습과 응용에 필요한 그들의 노력마저 불가능하게 하므로 그들을 보수적 계급들로 변이시킨다. 금력을 갖춘 상류계층의 축재

---

8) 니체의 1888년판 저서 《우상들의 황혼: 혹은, 쇠망치로써 철학하는 방법(Götzen-Dämmerung: oder Wie man mit dem Hammer philosophiert)》참조. 재평(再評; Umwerthung)은 여태껏 대체로 전환(轉換), 전복(顚覆), 전도(顚倒), 역전(逆轉)이라고 번역되었지만, 이런 번역어들은 니체의 의도를 거의 절반쯤밖에 반영하지 못하는데, 어쩌면 니체의 과감한 어투에 지나치게 감화된 성급한 심리의 소치들일 것이다.

9) 조운 로빈슨, 〈경제학의 해체(The Distintegration of Economics)〉, 《조운 로빈슨 경제학 논문집 (Collected Economic Papers)》(Vol. V, 1979).

 유한계급론

(蓄財)는 금력을 미비한 하류계층의 빈곤을 의미한다. 하층민의 확연한 빈곤은 어디에서 발생하더라도 모든 변혁을 가로막는 심각한 걸림돌이다."[10]

이것은 마르크스나 마르크스주의의 관점에서는 얼핏 당연시될 수 있는 상식처럼 보일 수 있다. 유한계급은 부르주아계급(자본계급, 자본가계급, 유산계급)을 당연히 포함하고 하류계급이나 빈곤계급은 프롤레타리아계급(노동계급, 노동자계급, 무산계급)을 당연히 포함하므로,《유한계급론》에서 분석되고 비판된 모든 것이 마르크스와 엥겔스의《공산당선언》과《자본(Das Capital)》(이른바《자본론》)에서 분석되고 비판된 것들처럼 보일 수 있다. 또한《유한계급론》에서 암시된 자본주의의 야만성도《공산당선당》과《자본》에서 이미 충분히 암시된 듯이 보일 수 있다. 어쩌면 마르크스의 경제결정론을 비록 다른 방식으로나마 응용하는 베블런의 관점이 마르크스의 관점과 어지간히 비슷하게 보여서 그럴지도 모른다.

그러나 "하류계급들을 보수적 계급들로 변이시키는" 빈곤의 원인과 효과를 오직 프롤레타리아계급의 노동을 착취하는 부르주아계급의 탓으로만 돌리는 마르크스나 마르크스주의자들과 다르게, 베블런은 유한계급과 중하류계급 모두가 공유하거나 답습하거나 준수하는 유한계급의 약탈 기질을 유전시키면서 발달한 생각버릇, (과시적 소비) 습관이나 관습, 풍조(문화)와 제도에서 그런 빈곤의 원인과 효과를 찾는다. 마르크스주의자들은 베블런의 관점에서 탐구되는 이런 빈곤의 원인과 효과를 이른바 '상부구조(上部構造; superstructure)'라고 총칭하고플 것이다.

---

10)　　본서, p. 228.

그러니까 마르크스주의자들의 관점에서 변혁은 오직 이른바 '하부구조(下部構造; substructure)'부터 시작되어야 비로소 가능하다. 왜냐면 그들의 관점에서 상부구조는 하부구조의 결과일 뿐이므로 세계를 변혁하려면 하부구조부터 변혁해야 한다.

그런데 바로 이렇게 인식하는 일방적 변증법이야말로, 즉, 유물론적 변증법의 일방성이야말로, 마르크스의 《자본》을 자본주의체제의 하부구조만 분석한 반쪽짜리 책으로 전락시켰고, 거의 모든 마르크스주의 운동이나 혁명을 결국에는, 그러니까 근래에는, 좌절시킨 결정적 원인들 중 하나였을 것이다. 베블런의 《유한계급론》에서도 하부구조를 중시한 마르크스의 경제결정론이 응용되지만, 일방적인 유물론적 변증법은 답습되지 않는다. 마르크스의 경제결정론이 하부구조의 분석에만 치중하여 절반밖에 유효할 수 없을 다분한 가능성은 《자본》에서 발견되는 다음과 같은 대목들로써 얼추 예증될 수 있을 것이다.

"돈은 물건인 동시에 탐욕(Bereicherungssucht)의 근원이다, 그것은 본질적으로 황금을 갈구하는 저주받은 욕망이다."[11] "자본은 돈이면서 상품이다. 그러나 자본은 돈과 상품으로 번갈아 부단히 변모하는 동시에 변량(變量)하고 자체의 잉여가치를 증식하면서 분화(分化)하는데, 가치는 이 과정을 주동하는 진정한 요인이다. 왜냐면, 요컨대, 원초가치는 자동으로 증폭되기 때문이다. 잉여가치를 증식하는 자본의 운동은 자기운동(自己運動)이므로 자본의 증폭은 자동증폭이다. 자본은 가치를 지니므로 여태껏 자체의 가치를 증식할 수 있는 신비한(occult) 성질을 획득했

---

11) 마르크스, 《1857~1858년 정치경제학비판 초고(Grundrisse der Kritik der Politischen Okonomie)》(Notebook II, c. November 1857, The Chapter on Money). 여기서 "황금을 갈구하는 저주받은 욕망"은 고대 로마 시인 베르길리우스(Vergilius; 서기전70~서기전19)의 서사시 《아이네이스(Aeneis)》(제3권 제57행)에서 차용된 표현이다.

다. 자본은 생동하는 자손을 낳든지 아니면, 적어도, 황금알을 낳는다."[12]
"자본은 죽은 노동이므로 흡혈귀처럼(vampirgleich) 오직 살아있는 노
동을 빨아먹어야만 살 수 있을뿐더러 더 오래 살수록 더 많은 노동을 빨
아먹는다."[13] "다대(多大)한 이윤(利潤)은 더 많은 이윤을 갈구하는 자본
가의 욕망을 증폭시킨다."[14]

여기서 이윤은, 마르크스의 비유법을 적용받으면, 자본자체에서 발생
하여 스스로 증식하는 잉여가치, 죽은 노동을 살리는 생노동(生勞動), 흡
혈귀의 사양분, 칙취되는 노동, 자동으로 증폭하는 자본이다. 마르크스
의 이런 유물변증법적 경제결정론은 하부구조만 들입다 분석하느라 하
부구조의 근간인 자본을, 기묘하고 아이러니하게도, "흡혈귀"로 '의귀화
(擬鬼化; demonization)'해버리는데, 이런 비유법은 베블런이 《유한계
급론》에서 주목하여 분석한 의인화와 애니미즘 생각버릇을 정확히 거
울처럼 반영하는 것이다. 요컨대, 마르크스의 자본을 속속들이 파헤치려
는 철두철미한 분석은 기묘하고 아이러니하게도 자본을 신비화(神祕化;
mystification)하는 동시에 자본가의 욕망을 오직 "더 많은 이윤을 갈구
하는" 것으로만 간주하여 방치해버린다. 자본가가 "더 많은 이윤을 갈구
하는" 까닭은 분석되지 않는다.

이런 까닭은 상부구조의 문제이다. 아니, 더 정확하게는, 서로 영향을
주고받는 상부구조와 하부구조의 상호관계에서 파생하는 문제이다. 이
런 상호관계를 도외시하고 두 구조 중 어느 하나에만 치중하는 모든 관
점, 이론, 학문은 반쪽짜리로 전락할 수밖에 없다. 비단 하부구조에만 관

---

12) 마르크스, 《자본(Das Kapital; 자본론)》(1867, 제1권 제1권 제4장).

13) 앞 책(제1권 제10장 제1절).

14) 앞 책(제1권 제15장 제3절 제B항).

심을 집중하는 유물론뿐 아니라 상부구조에만 집착하는 관념론도 반쪽
짜리 관점, 이론, 학문이기는 마찬가지이다.

마르크스 경제결정론의 이런 일방성이나 편향성이 베블런의《유한계
급론》에서는 경계되고 절제된다. 왜냐면 베블런이 분석하는 유한계급들
에게 격세유전되는 약탈 기질이나 습관, 차별 기준과 관습, 차별해버릇
하고 과시해버릇하는 성향이나 생각버릇 같은 상부구조를 구현하는 관
습, 풍조(문화), 제도들의 이력과 효과야말로 유한계급의 욕망을 규명할
수 있는 실마리들이기 때문이다. 이런 맥락에서《유한계급론》을 "쌍발
권총"에 비유한 스튜어트 체이스[15]의 눈썰미는 적확했다. 물론 이런 비
유가, 그리고 베블런의 관점이, 이른바 '기계적인 중립, 중용(中庸), 중관
(中觀)' 따위를 의미하지도 않을뿐더러 이른바 '양비론(兩非論)이나 양
시론(兩是論)' 따위를 의미하지도 않는다는 것은 분명하다.

베블런의 관점은 종합적 관점이라고 요약될 수 있다. 그러나 이것은
칸트나 독일 철학자 게오르크 빌헬름 프리드리히 헤겔(Georg Wilhelm
Friedrich Hegel, 1770~1831)의 변증법적 관념론과 마르크스나 마르크
스주의자들의 변증법적 유물론을 가동시킨다고 널리 인식된 이른바 정
반합(正反合) 또는 정립-반립-종합의 과정을 함의하지 않는다. 왜냐면
이런 관념론과 유물론의 종합들은 모두 일방적·편파적 종합을 요구하는
적대적 변증법의 결과이기 때문이다. 이런 종합은 점령, 병합, 정복의 성
격을 띠므로 정(正)과 반(反) 중 어느 하나를 다른 하나에 복속시키거나
굴복시키거나 병합하거나 말살하기 마련이다. 그런 반면에 둘 중 어느
하나를 희생하거나 말살하지 않는 종합은 접목이나 반죽이나 혼합이나

---

15) 본서, pp. 22~23.

화합에 비유될 수 있다. 이렇게 양쪽을, 비록 아주 동등하게는 아니라도 얼추, 상생시키는 긍정적 종합의 관점이 베블런의 관점이라고 잠정될 수 있다.

그런데 쉽게 이해할 수 있는 단순하고 명쾌한 생각과 설명만 요구해 버릇하는 성향의 소유자에게 이렇게 상부구조와 하부구조의 상호관계를 주목하여 분석하려는 베블런의 관점은 복잡하고 까다로운 난제처럼 인지되기 십상일뿐더러 심지어는 어색하고 거북하며 불쾌하게 인지될 수도 있을 것이다.

그러나 하부구조와 상부구조의 상호관계를 감안하지 않는 관점은 《유한계급론》의 장점과 심장한 의미들을 놓치거나 간과하기 십상일 것이다. 예컨대, 《유한계급론》에서 부단히 주목되는 제도들의 성격과 효과를 주목하는 관점이야말로 유한계급 현상들과 그것들의 원인들, 그리고 그것들의 현대적 양상들인 자본주의적 병폐들이나 폐단들의 원인들을, 적어도 마르크스와 마르크스주의자들의 관점보다는, 더 정확히 조명할 수 있을 것이다. 왜냐면 제도(制度)와 그것의 준말 제(制)가,《표준국대사전》에서 정의되듯이, "관습이나 도덕, 법률 따위의 규범이나 사회구조의 체계"를 뜻한다면, 상부구조와 하부구조의 상호관계를 구현하는 것들 중에 하나라고 유추될 수 있기 때문이다. 그러니까 물질과 정신의 상호관계, 경제와 종교의 상호관계, 정치와 이념의 상호관계나 그것들의 변증법적 종합관계들 중 하나가 제도이기 때문에 제도를 주목하는 관점은 유한계급이나 자본주의의 일면에만 매몰되지 않고 전모를 다각적으로 분석할 수 있을 것이다.

이런 맥락에서 베블런이 미국 경제학자·토지공유주의자(土地公有

主義者; 지익공유주의자; 地益公有主義者; 조지주의자; Georgist)·진보적 노동사학자 존 로저스 커먼스(John Rogers Commons, 1862~1945)나 미국 경제학자 존 모리스 클라크(John Maurice Clark, 1884~1963)와 함께 이른바 경제제도학파[16]의 창시자에 포함될 수 있었을 것이다. 마르크스의 경제결정론을 참신하게 응용하고, 경제에 영향을 끼치는 관습, 문화, 제도마저 동시에 주목하여, 미국 자본주의 사회, 문화, 경제제도를 고찰한 "베블런의 연구들은 19세기후반부터 20세기초반 미국 경제학의 초석이었다. 그는 대체로 20세기초반에 미국 경제학의 주류를 차지하던 신고전파 경제학(neoclassical economics)과 경쟁한 미국 제도학파(American Institutionalism)의 창시자라고 인정된다. 그럴 뿐만 아니라 베블런의 경제학적 영향력은 이제 미국 제도학파의 영역에만 국한되지 않는다.[17]

오늘날 "경제학자들 사이에서는 '제도론'이 '진화론'과 함께 유행한다. 1990년대 초엽부터 거의 모든 경제학자가 제도들의 중요성을 강조하는 법을 배웠고, 브리튼 경제학자 로널드 코즈(Ronald Coase,

---

16) 제도학파(制度學派; institutionalists)라고 약칭되기도 하는 경제제도학파(經制制度學派; institutional economists)는《표준국어대사전》에서는 "1880년대에서 1930년대 사이에 미국에서 경제의 제도적인 면을 중요시하고 관습이나 사회의 제도적 구조와 관련하여 통계적·실증적 이론을 전개한 경제학파"라고 정의된다. 미국 법학자 월턴 헤일 해밀턴(Walton Hale Hamilton, 1881~1958)이 1919년판《아메리칸 이코노믹 리뷰(American Economic Review)》(통권9호(1), Supplement, pp. 309~18)에 게재한 〈경제 이론을 보는 제도적 접근법(The Institutional Approach to Economic Theory)〉에서 처음 사용한 경제제도학(institutional economics)이라는 용어는 한국에서는 여태껏 주로 '제도경제학'이라고 번역되었지만, 이것은 한국어의 어순에 어긋나는 번역어일뿐더러 자칫 '제도의 경제를 연구하는 학문'이라고 오인될 여지마저 겸비한다. 이런 경우와 비슷하게, 예컨대, 정치비교학(政治比較學), 종교비교학(宗敎比較學), 생물진화학(生物進化學)도 영어의 어순을 그대로 답습하여 각각 비교정치학, 비교종교학, 진화생물학이라고 번역하는 관행이 여태껏 고수되었다.

17) 브라질 파라나 연방대학교(Federal University of Paraná)의 브라질 경제사학자겸경제사상사학자 루이스 구스타보 데 파울라(Luis Gustavo de Paula)와 브라질 경제학자 펠리페 데 알메이다(Felipe Almeida) 〈소스타인 베블런의 논저들과 사상들을 다각도로 읽는 서지학적 분석(A Bibliometrical Analysis of Different Readings of the Thorstein Veblen's writings and ideas)〉(2021, p. 1)

1910~2013), 미국 경제학자·경제사학자 더글러스 노스(Douglass North, 1920~2015), 미국 정치경제학자 엘리너 오스트럼(Elinor Ostrom, 1933~2012), 미국 경제학자 올리버 이튼 윌리엄슨(Oliver Eaton Williamson, 1932~2020) 같은 경제제도학자들은 노벨 경제학상을 수상했다. 진화론적 주제들은 (경제제도학의) 게임 이론과 여타 접근법들을 주류(主流) 경제학계에 널리 보급했다. 오늘날 모든 경제학자는 사실상 경제제도진화학자들(institutional and evolutionary economists)이다."[18]

베블런의 관점과 사상은 여태껏 비록 "비둘기처럼 되똑되똑" 걸어왔어도 이렇게 현대 경제학계에서 나름대로 다소나마 혁신적 위력을 발휘할 만한 위상을 차지한 듯이 보인다. 게다가 미국 경제학자·역사학자·철학자·회계사 도널드 리처드 스코트(Donald Richard Scott, 1887~1954)도 일찍이 베블런이 단순히 경제제도학파에만 국한되지 않을 것이라고 예견해서 그랬는지 다음과 같이 논평했다.

"베블런의 아이러니(irony; 반어법), 유머, 조롱 같은 문학적 기법들은 냉소주의자[19]의 초연(超然)한 태도를 숨기기보다는 오히려 마치 자신의 철학적 대의(大義)를 발전시키려고 분투하는 십자군의 열렬한 전의(戰意)를 숨기는 외투처럼 기능한다. 베블런은 비록 이런 십자군의 열

---

18) 제프리 마틴 허지슨, 〈소스타인 베블런: 진화론적·제도론적 경제학의 아버지(Thorstein Veblen: The Father of Evolutionary and Institutional Economics)〉, 노르웨이 경제학자 에리크 스텐펠트 라이네르트(Erik Steenfeldt Reinert) & 이탈리아 국제관계학자·역사학자 프란체스카 리디아 비아노(Francesca Lidia Viano) 편찬 《소스타인 베블런 위기의 시대에 요구된 경제학(Thorstein Veblen: Economics for an Age of Crises)》(2012, pp. 283~296) 참조

19) 냉소주의자(冷笑主義者; cynic)는 대체로 이른바 견유주의자(犬儒主義者)나 견유학파(犬儒學派)라고 번역되지만, 어원이 감안되면, 조금 더 정확하게는, 퀴니코스주의자(Kynikos主義者)나 방견주의자(倣犬主義者)라고 번역될 수 있을 것이다. 고대 그리스 철학자 시노페 디오게네스는 가장 유명한 방견주의자일 것이다.

의나 전투 같은 것들을 극도로 혐오했지만, 인간들의 상식을 믿는 신념을 되살리려고 애쓰느라 이런 기법들을 활용했다. …… 일정한 시기들에, 예컨대, 신성 로마 제국이나 현대 정치적 민주주의의 개념들이나 이념들처럼, 인간들의 생각 습관들을 규정할 정도로 널리 유행한 기준들의 신화나 이상들의 신화와 개인적 자유라는 일반적 신화처럼 현재에도 유행하는 신화뿐 아니라 …… 심지어 오늘날에는 과학의 신화마저 정치의 영역에서 항진(亢進)한다 …… 베블런은 다른 무엇보다도 바로 이런 새로운 신화의 예언자였다. …… 만약 향후에 과학의 명성이 기껏해야 아무 중요한 문화적 의미도 띠지 못하고 잠시 스치듯이 유행했을 뿐이라고 판명된다면, 베블런은 독특한 어휘를 구사한 총명한 에세이스트였을 뿐이라고 평가될 것이다. 그러나 만약 과학이 장래의 모든 기대에 부응할 만큼 우세한 지배적 신화가 된다면, 베블런은 최상급 사회철학자의 위상을 차지할 것이다. 그래서 베블런을 경제제도학자로 호칭하는 처사는 그의 업적의 본질적 특징들을 묘사하기보다는 그것의 부차적 측면을 부각시킬 뿐일 것이다."[20]

경제학자에 머물지 않는 철학자 베블런이 《유한계급론》에서 시도한 관점과 방법론은 이처럼 상부구조와 하부구조의 상호관계를 주목하게 만드는 만큼 니체의 귀족적 급진주의와 마르크스의 변증법적 유물론 및 《자본》을 보완할 수 있을 만큼 의미심장하다고 평가될 수 있을 성싶다. 베블런의 이런 관점이야말로, 예컨대, 한국에서 최근에야 의혹되기 시작한 이른바 "재벌을 걱정하는 서민"의 희한하면서도, 간혹 당연시되기도

---

20) 도널드 리처드 스코트, 〈베블런은 경제제도학자가 아니다(Veblen not an Institutional Economist)〉, 《아메리칸 이코노믹 리뷰(American Economic Review)》(Vol. 23, No.2, June 1933, pp. 274~277).

하는, 심리를 발생시킬 만한 조건을 대략적으로나마 설명할 수 있을, 어쩌면, 유일할 방편일 것이다. 이것이 베블런을, 니체나 마르크스의 경우와 비슷하면서도 더 절묘하게, 현대적인 사상가로 만드는 중대한 이유일 것이다.

그래서 "경제학이라는 특수한 분야를 멀리 벗어난 사상의 지도자들마저 베블런의 업적이 새싹을 틔우듯 그들을 자극하여 분발시켰다고 인정했으며, 독일 출신 미국 이론물리학자 알베르트 아인슈타인(Albert Einstein, 1879~1955)과 미국 이론물리학자 로버트 오펜하이머(Robert Oppenheimer, 1904~1967)처럼 저명한 물리학자들도 베블런을 새싹 같은 정신의 소유자로 여기며 깍듯이 존경했다."[21]

특히 아인슈타인은 "(브리튼 철학자·논리학자·수학자) 버트런드 러셀(Bertrand Russell, 1872~1970)의 논저들을 읽으며 무량하게 행복한 시간을 만끽했는데, 다른 여느 현대 과학자의 논저를 읽어도 느낄 수 없었던 그런 행복을 베블런의 논저를 읽어야만 비로소 만끽할 수 있었다."[22] 그리하여 아인슈타인은 "우리는 베블런이 인간 발달 과정의 '약탈 단계(predatory phase)'로 지칭한 것을 정녕 어디에서도 극복하지 못했다"고 개탄했다.

이렇게 야만적인 상황에서 이윤을 갈망하는 욕망은 다른 욕망들에 부속하거나 부역하기보다는 오히려, 마르크스의 암울한 암시대로, 자본을 신비하게 의귀화하여 다른 모든 욕망을 고착시키는 궁극원력(窮極原力)

---

21) 조지프 도프먼, 《현대 문명에서 과학이 차지하는 위상》(1961) 제5쇄 서문.

22) 알베르트 아인슈타인, 〈버트런드 러셀의 지식론을 가능한 소견(Remarks on Bertand Russell's Theory of Knowledge)〉, 미국 철학자교육자 폴 아서 쉴프(Paul Arthur Schilpp, 1897~1993) 편찬 《버트런드 러셀의 철학(The Philosophy of Bertrand Russell)》(1944, p. 279).

처럼 보일 수 있다. 그런데 자본가의 이런 갈망이나 탐욕은 오직 더 많은 이윤만 갈구하는 욕망, 애오라지 더 많은 이윤만 갈구하고 다른 아무것도 갈구하지 않는 순수 이윤 욕망, 절대 이윤 욕망일 뿐일까? 마르크스와 엥겔스는 《공산당선언》 제1장에서 이 의문의 답을 다음과 같이 얼핏 암시했다. "여태껏 존재한 모든 사회의 역사는 계급투쟁의 역사였다. …… 봉건사회의 폐허에서 발육한 현대 부르주아 사회는 계급대결을 일소하지 못했다. 부르주아 사회는 단지 옛 계급들을 새로운 계급들로, 계급대결의 옛 조건들을 새로운 조건들로, 옛 계급투쟁형식들을 새로운 계급투쟁형식들로 대체했을 따름이다. 그래도 우리 시대는, 부르주아 시대는 …… 계급대결들을 단순화시켰다. 사회 전체는 적대하는 양대 진영으로, 직접 대결하는 두 계급으로, 부르주아계급과 프롤레타리아계급으로 점점 더 확연하게 양분된다."

마르크스와 엥겔스의 이런 계급투쟁사관(階級鬪爭史觀)이 감안되면, 부르주아계급의 이윤 욕망은 계급투쟁에서 승리하려는 욕망에 부속하거나 부역하는 욕망, 프롤레타리아계급을 계속 착취하고 지배하려는 욕망에 부속하거나 부역하는 욕망처럼 보일 수 있다. 실제로 이른바 냉전(冷戰)이라는 두 계급진영의 투쟁이 반세기쯤(1940년대 중엽~1990년대 중엽) 속행되다가 부르주아 진영의 압승으로 끝났든, 아니면 프롤레타리아 진영의 기권이나 해체로 끝났든, 하여간, 사실상 거의 종결되었다.

하지만 그때부터 서른 해가 훌쩍 흐른 오늘날에도, 요컨대, 계급투쟁에 승리한 진영이 상대진영을 계속 착취하고 지배하려는 욕망을 거의 실현했는데도, 부르주아계급의 이윤 욕망은 해소되거나 사라지기는커녕 오히려 더 맹렬히 더 지독하게 기승(氣勝)할뿐더러 심지어 프롤레타리

　　　　　　　　　　　　　　　　　　　　유한계급론

아계급의 이윤 욕망마저 휘어잡아 부려먹으며 세계의 대부분에서, 아니, 거의 전역에서, 극성부린다.

자본주의는 이른바 생성형 인공지능(AI), 양자컴퓨터, 증강현실 따위마저 산출할 정도로 과학기술문명을 발달시켰고 인류의 자원총량과 식량총량을 대폭적으로 증가시키면서 세계화되었지만, 그런 동시에 수많은 부작용과 병폐를 유발했고 때로는 거의 돌이킬 수 없을 만치 만연시켰다. 특히 점점 더 격심해지는 부익부빈익빈 현상은 어쩌면 이 모든 병폐를 집약하여 예시하는 듯이 보인다. 총자본의 대부분을 이른바 인구의 0.0000몇%에 불과한 극소수 자본가들이 독점하다시피 취용하면서 나머지 절대다수인구를 부려먹거나 박탈감에 시달리게 한다. 그리하여, 예컨대, 한국에서는 이른바 "금수저 흙수저" 따위를 운운하는 자본신분제마저 거의 정착할 지경이다.

이문(利文), 이익금, 수익, 순수익, 순익 따위라고 별칭(別稱)되는 이윤은 이런 판국에서는 그것을 갈구하는 욕망의, 부르주아욕망의, 프롤레타리아욕망의 절대순수궁극목적처럼 보일 수 있다. 이렇게 바라보는 이런 관점에서는 "자본을 신비롭게 변질시키는 끝없는 이윤 욕망"이 "인류전체"의 연간 식량 생산량을 역사상 최대로 증가시켰고 과학기술문명을 최고로 발달시킨 동시에 이른바 빈익빈부익부로 집약되는 현대 자본주의의 온갖 병폐를 연발시키는 유일한 궁극원인처럼 보일 수 있고, 모든 설명을 불허하는 최종근거처럼 보일 수 있으며, 예컨대, 오스트리아 출신 브리튼 철학자 루트비히 비트겐슈타인(Ludwig Wittgenstein, 1889~1951)이 지목한 "말할 수 없는 것," "생각한계선," "생각들의 표현한계선"[23)]처럼 보일 수도 있다.

마르크스와 엥겔스뿐 아니라 모든 마르크스주의자와 현대 사회비판자들의 대다수, 그리고 거의 모든 경제학자마저, 바로 이런 지독한 이윤 욕망을 당연시하는 경제결정론의 관점에 강박된 듯이 보인다. 어쩌면 이른바 "현대주의(modernism; 모더니즘)"라고 별칭될 수도 있을 이런 관점은 자본계급과 노동계급, 자본주의체제, 자본주의식 계급투쟁을 과거의 것들과 다른 "새로운" 계급들, 새로운 체제, 새로운 계급투쟁처럼 인지되도록 착색하는 듯이도 보일 수 있다. 그러나 이런 관점은 감히 더 "말할 수 없는" 그래서 인지하거나 인식하는 사람을 어색하거나 거북스럽거나 불쾌한 기분에 빠뜨릴 수 있을 이윤 욕망의 형성과정과 작용방식을 도외시해버린다.

베블런은 이런 관점을 얼마간 응용하면서도 맹신하지 않았기 때문에 "생각한계선"을 돌파할 수 있었다. 베블런에게 관찰된 "현대의 산업발달은 경쟁을 격화시켰고, 경쟁에 부속하는 질투심을 강화했으며, 물질적 재화들의 사유(私有)와 향락에 경쟁과 질투심을 집중시켰다."[24)] 여기서 '물질적(material)'이라는 형용사는, 베블런이 지적하듯이, "심지어 마르크스주의 이론에서도 현실의 과정을 설명하는 적확한 낱말이 아니다."[25)] 왜냐면 "계급투쟁은 기계적 투쟁이나 신체적 투쟁이 아니고 심지어 생리적 투쟁도 아닌 경제적 투쟁"이므로 "인간의 욕망과 정념이라는 정신

---

23) 루트비히 비트겐슈타인, 《논리철학논고(Tractatus Logico-Philosophicus)》(1922) 서문.

24) 베블런, 〈사회주의 이론에서 간과된 몇 가지 논점(Some Neglected Points in the Theory of Socialism)〉, 《현대 문명에서 과학이 차지하는 위상(The Place of Science in Modern Civilization)》(1919, p. 397).

25) 존 앳킨슨 홉슨, 《베블런》, p. 58.

유한계급론

적 지평에서 진행되기"[26] 때문이다.

이 대목에서 상부구조와 하부구조의 상호관계를 주목한 베블런의 관점이 거듭 확인된다. 서양에서 가장 독창적이고 파괴적인 두 사상가로 손꼽히는 니체와 마르크스도 물론 현대 서양의 병폐들을 나름대로 심오하게 진단하고 비판했다. 하지만 니체는 인간 정신, 생리, 심리의 심연까지 들여다보면서도 귀족적인 것만 추구했고, 마르크스는 오직 물질세계만 주목하면서 프롤레타리아계급만 두둔했다. 그래서 둘의 사상은 단순하고 명쾌하게 요약될 수 있었던 만큼이나 열렬한 환호나 극심한 비난을 동반한 대대적인 관심을, 물론 상당한 시차를 두고, 받을 수 있었을 터이다. 그러나 베블런은 유한계급을 위시한 상류계급의 문제들뿐만 아니라 중하류계급과 빈곤계급의 문제들을 아울러 주목하고 물질적 조건과 정신적 조건의 합류점마저, 그러니까 생각 습관, 약탈 관습, 과시적 소비와 낭비의 기준, 그런 습관, 관습, 기준을 규범화는 제도들마저, 아울러 분석했다. 그런 복합적 분석은 단순히 명쾌하게 요약되기는 당연히 어렵다. 그래서 베블런의 사상과 논저는 미심쩍은 냉소주의의 소치처럼 보이든지, 아니면, 어색해하거나 거북스러워하거나 불쾌한 반응을 유발하기 십상이었다.

어쨌거나, 베블런의 《유한계급론》은, 적어도 시력을 완전히 잃지 않은 두 눈을 가진 사람에게는, 하부구조와 상부구조의 상호관계를 주목하는 관점의 중요성을 부지불식간에라도 감지할 기회를 얼핏이나마 암시할 수 있을 것이다.

---

26) 베블런, 〈카를 마르크스의 사회주의경제학 제1장(The Socialist Economics of Karl Marx. I)〉, 《현대문명에서 과학이 차지하는 위상》(1919, p. 415).

찾아보기